ARNAUD DÉMARE

UNE ANNÉE DANS MA ROUE

DANS LA MÊME COLLECTION

2021

Alain Bernard – Mon destin olympique
Niki Lauda – La biographie
Guy Roux – Confidences

2020

Jenson Button – Comment devenir pilote de F1
Jürgen Klopp – De Mayence à Liverpool, les secrets d'un succès
Luka Modric – Mon jeu
Wayne Gretzky – 99 histoires du Hockey
Derrick Rose – I will show you

2019

Wendie Renard – Mon étoile
John McGuinness – Built for Speed
Shaquille O'Neal – Shaq sans filtre
Peter Sagan – Mon monde
George Eddy – Mon histoire avec la NBA

2018

Guy Martin – Mon autobiographie
Stephen Curry – Golden
Adrian Newey – Autobiographie
Kelly Slater – Pipe Dreams
Jenson Button – Une vie à la limite
Maria Sharapova – Unstoppable
Kobe Bryant – Showboat
Loïc Korval – Apprendre à se relever
Nadia Comaneci – Lettres à une jeune gymnaste

2017

Michael Dunlop – Road Racer
Neymar – Conversation avec mon père
Eddy Merckx – Le cannibale
Larry Bird – Magic Johnson – Quand le jeu était à nous
Arsène Wenger – 20 ans dans les coulisses d'Arsenal
Diego Simeone – Mes secrets de coach

2016

Steve Williams – Ma vie avec Tiger Woods
Allen Iverson – Not a game
Jonah Lomu – L'autobiographie
Jack McCallum – Dream Team
Jorge Mendes – Mes clés pour réussir dans le football
Suzy Favor Hamilton – Fast girl

2015

Djibril Cissé – Un lion ne meurt jamais
Kodjovi Obilalé – Un destin foudroyé
Marc Madiot – Parlons vélo
Michael Jordan – The Life
Guga – Un Brésilien, une passion française

2014

Alex Ferguson – Mon autobiographie
Phil Jackson – Un coach, onze titres NBA – Les secrets du succès
Michael Schumacher – Sa vie - Ses victoires - Ses rêves
Franck Ribéry – L'incompris

Collection disponible en version numérique
Retrouvez-nous sur www.talenteditions.fr, Facebook, Twitter et Instagram

TALENT ÉDITIONS
115 rue de l'Abbé Groult, 75015 Paris

Photos de couverture : © Nicolas Götz et
© Groupama-FDJ/Nicolas Götz

ISBN : 978-2-37815-214-7

ARNAUD DÉMARE

UNE ANNÉE DANS MA ROUE

En collaboration avec Mathieu Coureau

Talent Sport

Sommaire

Avant-propos

Tout a été simple avec Arnaud. Un jour il a dit oui. Il y aurait dans ce livre lui, son vélo, et sur son porte-bagages un cahier, un crayon. Rien d'autre, rien de plus, rien ni personne. Ça durerait des mois, des milliers de kilomètres, ça se ferait à n'importe quelle heure du jour et de la nuit et peu importeraient ses résultats. Il y aurait autant de pensées furtives que de longs chapitres, tout cela écrit au fil de l'eau, daté à l'encre. Il y aurait son quotidien de sportif de très haut niveau en mots, les émotions en flots, son existence cycliste tout entière jour après jour, course après course.

Tout a été simple avec Arnaud. Il a dit oui un soir de novembre. Ce ne serait pas une biographie parce que les biographies l'ennuient, parce que ce serait de la prétention et qu'il n'est pas prétentieux. Ce serait un carnet de route et quelques digressions. Ce serait pour raconter les mois d'hiver, le recommencement, l'entrain, sa vie en décalage, la passion au fond du ventre, le doute, l'autonomie, la vraie fatigue, les brûlures, les entraînements, le silence, les écœurements, les dénivelés, les doigts congelés, la peur, la vitesse, le vent, les envies, la famille, le cocon, la vie. Ce serait pour raconter le présent, partout où il serait. Lui et la brutalité des pavés flamands et wallons, lui et l'Italie romantique de la Via Roma, lui et le bruit d'un peloton, lui et l'hystérie du Tour de France, lui dans son potager, lui face à l'hypothèse du renoncement, lui et la chaleur du Tour d'Espagne, lui et la violence d'un Paris-Roubaix, ses pavés qui vous cognent pendant des heures, lui derrière le scooter de Josué, son papa. Lui et elle, chère Morgane, son épouse.

Tout a été simple avec Arnaud. C'est rare dans un monde où il n'y a plus de savoir-faire sans faire-savoir, dans un monde où le commentaire public, anonyme et violent, est roi, où le diktat de l'immédiateté médiatique et le jugement permanent vident souvent la (contre)performance de son sens. Il faut défendre le cyclisme contre tous ses propres poisons et aussi celui-ci. Donc il n'y aurait que lui, son vélo, et sur son porte-bagages un cahier, un crayon. Rien ni personne d'autre.

Tout a été simple avec Arnaud. Tout ne peut qu'être simple quand le jeune homme, tout juste trentenaire, vous dit ceci, le ciel aux yeux, le sourire continu : « *Tu sais, peut-être que les gens ne comprennent pas, mais moi j'aime me coucher tôt. J'aime sentir le soleil sur ma peau, le vent qui me caresse, l'odeur de la pluie. J'aime manger bien, j'aime les légumes de pleine terre, j'aime les fraises. J'aime le petit-déjeuner. J'aime être fatigué, j'aime avoir tout donné. J'aime ces soirs d'été où, avec Morgane, au lieu de regarder un film, on sort les vélos, on se dit qu'il fait bon après tout, et on part rouler une demi-heure sur les petites routes, le long des champs de blé, au soleil finissant. Je prends tout, je vis tout. Je me sens libre sur mon vélo. »*

Tout a été simple avec Arnaud. Le quotidien. Juste pour témoigner, raconter, rendre compte, dire, s'agacer, se féliciter, gagner, s'encourager, ne pas gagner et peut-être échouer, mâchoires serrées. Une vie sur un fil, toujours en équilibre. La peur d'être mauvais d'un côté et la volonté de gagner de l'autre pour seul balancier de funambule. Ce serait ça, tout ça.

Les premières pages de ce livre ont été noircies en hiver puis ont coloré au rythme des saisons. Au moment douloureux des derniers mots, m'est revenue cette phrase de l'écrivain Philippe Brunel, confiée un midi, en terrasse à Saint-Germain-des-Prés : *« Tu sais, ce n'est rien d'autre qu'une émotion le cyclisme, un long voyage, une mélancolie. Bien sûr, il faut parfois aimer les fables, il faut faire un effort pour y croire. Mais il faut le défendre. Ce n'est pas un sport. Le cyclisme est un genre, quelque chose d'existentiel. Comment peut-on ne pas aimer cela ? »* C'est beau, il avait dit.

Tout a été simple avec Arnaud. Authentique. Une saison, du premier au dernier jour. Lui dans sa vie.

Mathieu Coureau.

À Morgane, aux miens.

Les matins d'hiver

Vendredi 11 décembre 2020

C'est l'heure des premières sorties, malgré le deuxième confinement lié au regain de l'épidémie de Covid-19. C'est l'envie de rouler qui monte et le décalage avec le rythme de ses amis, sa famille, son épouse Morgane. Ce sont les matins d'hiver d'Arnaud, hors du temps.

Ma saison s'est terminée il y a quelques semaines après le Tour d'Italie. Je suis entré dans une phase un peu particulière. Un entre-deux, c'est-à-dire un moment entre deux saisons, mais aussi un entre-soi. Le contexte sanitaire, le confinement ont beaucoup modifié cette période et mon ressenti, car je ne croise pas grand monde. Habituellement, je prends le temps de souffler, je pars en vacances avec Morgane, ma femme. C'est une période durant laquelle on se retrouve enfin, où je profite des amis, de la famille. On fait des longues marches, des raclettes, les soirées s'allongent, je me couche plus tard, je fais tout ce que je ne m'autorise pas en pleine saison.

Cette année, rien n'est normal compte tenu de la pandémie et il n'y a donc pas eu tout cela, ou très peu, parce que je ne veux pas faire trop d'entorses ni prendre de risques inconsidérés. Le soir, on reste à la maison. La journée, les amis, la famille, tout le monde travaille. Les gens sont dans leurs vies, et moi un peu à part. Je me retrouve dans mon quotidien et dans le silence de la maison vide. Je suis là à me dire : *« Allez, c'est bon, là j'y vais, je sors. »* Le lien social d'un coureur cycliste, le mien en tout cas, se fait surtout sur le vélo depuis dix mois maintenant.

J'ai ma routine, les matins d'hiver. Je suis un gros dormeur, neuf ou dix heures par nuit, c'est le bon tarif. Peut-être un peu moins quand je suis à la maison, mais généralement, en course, avec la fatigue, je dors beaucoup. Quand Morgane ne travaille pas, le week-end notamment, j'aime bien que l'on petit-déjeune ensemble. On prend le temps. L'hiver, je ne pars pas rouler avant 10 h 30 ou 11 h. J'attends les heures les plus chaudes, si l'on peut dire, car le climat en Picardie est un peu rude à cette période de l'année. C'est rare, mais parfois la route est gelée et je n'ai pas d'autre choix que d'attendre.

Je jette un œil par la fenêtre, je regarde la couleur de la terrasse, si elle a blanchi durant la nuit ou pas. Quand Morgane travaille, qu'elle est partie plus tôt le matin, elle me prévient si elle repère des endroits potentiellement dangereux. Je reçois des sms de ma mère aussi, qui me dit : *« Attention Nono, la route de Beauvais est glissante. »* J'ai mes petits espions qui seraient comme en avant-course, qui s'en vont travailler à 8 h 30.

Morgane part et je me retrouve seul, donc. On pourrait parler de solitude, mais je n'aime pas trop ce terme. Disons que je me retrouve au calme. Ça ne me pèse pas. J'aime bien mon autonomie, j'aime bien être seul. J'aime bien faire ma petite vie. À moi le calme, à Morgane la solitude quand c'est moi qui pars en stage ou en course, la nuance est importante.

Les premières semaines de coupure, je n'ai pas de plan d'entraînement. Mais j'aime quand même faire fonctionner un peu les jambes. Alors, je marche. J'aime les sorties à VTT. On roule avec quelques amis, dans la forêt de La Neuville-en-Hez, c'est beau, ludique, proportionné pour s'amuser deux heures. Je pourrais peut-être pousser à trois heures sans tourner en rond dans les bois mais au-delà ce serait juste. On se donne rendez-vous à la maison ou sur Beauvais avec les cousins et des copains. J'emmène mon père aussi, car techniquement il va bien comme on dit. On est quatre ou cinq, on s'attend, on se tire la bourre, on monte des bosses à bloc, on se fait des sprints. Je me refais gentiment la caisse comme ça.

Une fois ma sortie terminée, je rentre. Morgane n'est pas là. Je me prépare ma petite collation. Je mange. Quand tu reprends l'activité, le corps a tendance à te lâcher. Je me retrouve alors à comater l'après-midi dans le canapé alors que je n'ai fait qu'une heure et demie de sortie, c'est-à-dire pas grand-chose. Je regarde la télé, ou plutôt c'est la télé qui me regarde. Je laisse aller. Morgane rentre, on fait la popote pour le soir. On vit très simplement.

Pour tout vous dire, j'aime les séances où j'ai un but précis, des exercices variés, une progression à l'horizon, même si ça doit durer quatre heures. Finalement, le plus difficile peut-être en termes de motivation, ce sont les jours de repos où je ne dois rouler qu'une heure et demie. Là, je traîne à la maison, j'avoue. Je n'ai qu'une heure et demie à faire, sur un rythme léger, mais j'ai du mal à décoller pour ces sorties-là, pourtant faciles.

La semaine dernière, j'ai enchaîné deux sorties d'affilée en deux jours. VTT puis route le lendemain. Et j'ai eu un coup de fringale avec les cousins. Je l'ai vu venir, je n'avais pas pris assez à manger dans les poches et j'ai dû leur réclamer un truc, je n'avais plus d'énergie. Il y a une raison à cela. L'hiver, les deux premières semaines de coupure, tu as envie de profiter, de manger. Au bout de quinze jours, c'est bon, tu as fait le tour. Tu dépenses moins d'énergie, tu as moins d'appétit. L'effet inverse se produit alors : tu reprends le vélo mais tu as encore peu d'appétit. Donc, le soir de ma sortie VTT, j'ai mangé à ma faim mais pas assez pour être prêt à m'exposer au froid et bien compenser les dépenses énergétiques. Le lendemain, j'avais fait un peu de muscu le matin. L'après-midi, j'étais parti rouler avec les cousins.

On est comme monsieur et madame Tout-le-monde. On est des gens normaux. Il faut bien manger pour faire du sport, c'est évident. D'autant plus que quand je roule, je ne le fais pas à moitié. Je roule assez bien. Et le corps est là pour te rappeler que tu n'es pas assez entraîné, qu'il faut tout reprendre depuis le début.

Là, ça y est, cette période un peu à part est passée. Je reçois mes premiers plans d'entraînement préparés par Julien Pinot, mon entraîneur. Des plans à la semaine auxquels je me tiens sauf gros coups de fatigue mais cela arrive surtout en pleine saison ce genre de chose, pas en ce moment. Donc c'est parti et il était temps. Je sens qu'il y a du boulot. S'il y avait une course demain, je ne serais pas du tout compétitif. C'est le jour et la nuit avec le moment où j'ai terminé ma saison. C'était il y a peu de temps, mais pour des sportifs comme nous, c'est une éternité. Là, c'est la nuit. J'ai le cœur qui tabasse à fond en roulant, le cœur qui, au moindre effort, ne redescend pas car il est en train de récupérer, j'ai les muscles qui brûlent vite.

Mon père, lui, ne coupe pas de l'année. Il va rouler quand il a envie et maintient ainsi un niveau de forme à peu près constant. Nous, on a de telles charges de travail que ça ne fonctionne pas comme ça. On roule parfois vingt-cinq heures par semaine, puis on ne touche plus au vélo sur ordre de l'entraîneur. Je gratte de la patte parce que j'aime bien me promener mais je n'ai pas le droit parce qu'il faut récupérer. Et quand tu reprends ensuite, tu as tellement perdu… c'est hallucinant. Là, c'est un peu pareil.

Il y a du boulot, donc, mais ça me motive. Je refais les bases. Et dans ma tête, ma saison 2020, je ne l'ai clôturée que cette semaine, à la reprise. Pas avant. Si je veux regagner des courses, c'est maintenant que ça commence.

J'adore ces périodes de reprise. Je fais du VTT, de la marche, de la route, de la prépa physique, je ne suis pas encore arrivé au moment où je me prends la tête pour la bouffe, je ne roule que deux, trois heures. Bon, d'ici trois semaines je vais monter à quatre ou cinq heures, mais ce que je veux dire c'est que les charges de travail sont encore légères et dynamiques, dynamisées en tout cas par la variété de ce que je fais. J'ai encore le temps de faire un peu ce que je veux l'après-midi, sans être à plat. Pour progresser, et c'est l'objectif, il faut s'entraîner sans générer trop de fatigue. Quand je mets de l'application dans mes exercices, ça fatigue énormément, parfois plus la tête que le physique. Quand je fais des 30x30 (30 secondes à fond, 30 secondes calmes), au bout d'un moment, ma tête en a marre. Ce n'est pas le cas pour le moment.

On a quand même réussi à prendre quelques jours de vacances avec Morgane, entre la fin du Giro et ma reprise de l'entraînement, nos vélos dans le coffre de la voiture car elle roule un peu avec moi. Elle est remontée en Picardie mercredi. Moi, je suis resté dans le Sud, je vais faire le tampon avec le stage de l'équipe Groupama-FDJ qui a lieu du 14 au 17 du côté de Fréjus. Ce ne sera pas un vrai stage au sens strict du terme, mais plutôt un moment où l'on fera des photos avec les nouveaux maillots, des tests, des petites sorties.

Je ne pense qu'à rouler en ce moment. S'il ne fait pas beau temps en Picardie, j'allongerai un peu mon séjour dans le Sud, jusqu'au 19 sans doute. Je n'ai pas trop le choix, avec la météo. Ce ne serait pas du tout productif de rester dans le

Nord. Je sais que si je veux gagner des courses, optimiser ma préparation, je dois partir, chercher le soleil.

Mais c'est dur cette rupture avec Morgane, je dois bien l'avouer. Depuis mercredi, je suis tout seul. Et c'est plus dur de la quitter, de ne pas être à la maison, que de s'entraîner au soleil dans de bonnes conditions. Je vais quasiment être parti trois semaines, voire un mois, sur un mois et demi, des départs ponctués par de brefs retours. Là, on ne va pas se voir pendant dix jours. À chaque fois que je vais rentrer, ce sera une période d'assimilation, donc de fatigue. Si j'ai du mauvais temps sur les intervalles à la maison, je roulerai léger. Je vous parlerai de Morgane dans un prochain chapitre, parce qu'elle le mérite tellement. C'est un métier, femme de coureur...

Depuis mercredi, je suis donc seul. J'ai loué un appartement. Je me fais à manger. Je peux laver mon linge, ce qui est plus difficile à faire quand on est à l'hôtel. J'ai mon vélo, un seul vélo, je fais la mécanique. On fait ça depuis qu'on est gamin, nous les cyclistes. J'ai mon *home-trainer* dans la voiture si jamais il fait mauvais temps, mes boissons énergétiques, mes bottes de récupération, ma caisse à outils en cas de pépin, si jamais je casse une chaîne. Le coffre de la voiture est plein. Ça me permet d'être autonome. J'ai réussi à motiver Simon Guglielmi, un de mes coéquipiers, qui m'a rejoint aujourd'hui.

Le rythme est particulier. Quand on est en stage avec l'équipe, je vais me faire masser le soir et ensuite, je monte dans ma chambre car je suis fatigué et que j'ai envie de souffler. Là, je regarde parfois une série le soir, je réserve les vols pour Gran Canaria, où on se rendra avec Morgane du 27 décembre au 7 janvier, à nos frais, car le premier vrai stage d'équipe n'aura lieu que le 19 janvier. D'ici-là, je ne veux pas risquer d'être contre-productif en raison de la météo. Je n'ai pas envie de mal travailler à cause du froid. Je pars pour faire du travail de qualité.

Je me crée les meilleures conditions possibles. Je ne veux pas avoir de regrets, car une carrière, ça passe tellement vite. J'en suis conscient à présent. Et à chaque fois que je fais ça, que je pars un peu au soleil, ça paie, il y a la récompense au bout. J'aimerais bien passer le nouvel an en famille dans un grand chalet à la montagne, façon carte postale. Mais ce n'est pas possible, ça.

Voilà. Je regarde où on va dormir, je motive des gars de l'équipe pour qu'ils viennent avec leurs compagnes à Gran Canaria eux aussi, pour que ce soit plus convivial pour rouler. Je ne sais pas si vous savez à quel point on est autonome pour beaucoup de choses quand on est coureur cycliste professionnel. Je vous raconterai tout cela, aussi, dans un prochain chapitre : on est un peu notre propre entreprise, on investit, on la gère pour nous-mêmes.

Bref. J'aime bien cette période aussi parce qu'il n'y a pas d'objectifs chiffrés, pas de pression. Cette année on ne fera pas notre premier stage à Calpe en raison du contexte sanitaire. Calpe, c'est souvent le moment où sonne l'heure du programme de course. C'est là que tu vois ceux qui ont repris un peu avant toi et qui ont mal aux jambes. C'est là que je me dis, « *Arnaud, ça va être ton tour* ». C'est là que je me dis que la saison va vite arriver maintenant.

Mais patience, on n'y est pas encore…

Morgane

Vendredi 18 décembre 2020

La préparation suit son cours. Morgane, là, tout près, tous les jours, aux côtés d'Arnaud ou dans ses pensées.

J'ai envie de vous parler de Morgane, ma femme. Elle le mérite, vous n'imaginez pas à quel point et je vais essayer de vous raconter pourquoi. C'est presque un métier, femme de coureur. Je vous ai précédemment écrit : « *À moi le calme quand la préparation reprend, à elle la solitude quand je pars sur des courses ou en stage.* » Voilà ce qu'elle vit à nouveau depuis une dizaine de jours. On avait passé un peu de temps tous les deux avant que je ne la dépose à l'aéroport afin qu'elle remonte en Picardie, chez nous, pendant que moi je descendais dans le Sud en quête des meilleures conditions pour travailler, pour un mini-stage personnel avant de rejoindre l'équipe Groupama-FDJ quelques jours.

Elle est donc seule à la maison. Le contexte sanitaire n'aide pas non plus, mais globalement elle vit cela très souvent à cause de moi. Quand je pars sur un grand tour comme le Giro, je dois être sur place une semaine avant le départ, donc je m'absente un mois. Caleb Ewan, le sprinteur de Lotto-Soudal, était devenu papa trois ou quatre jours avant le départ du dernier Tour de France. Il a retrouvé son enfant un mois après. C'est chaud quand même, parce que ce sont des choses que tu ne vis que rarement dans une vie.

Nous n'avons pas encore d'enfant, mais il n'empêche que partir de la maison, pour moi, est un vrai sacrifice, plus grand que tous les autres. Une fois que je suis en course, c'est bon. Mercredi, quand je l'ai laissée à l'aéroport, j'ai retrouvé Simon Guglielmi, on avait pris un appartement ensemble. Je n'étais donc jamais seul, on prenait le petit-déjeuner ensemble, on allait rouler ensemble, on retrouvait des gars sur la route. Contrairement à Morgane. Elle travaille, elle est pédicure-podologue, mais une fois qu'elle rentre à la maison, elle vit une vraie solitude quand la plupart des gens sont tous les soirs avec leur mari ou leur femme.

Je l'admire, Morgane.

Je pense que ce manque que je ressens est particulièrement fort compte tenu de notre relation, très fusionnelle. Je parle beaucoup d'elle, tout le temps, autour de moi, quand je suis parti. On passe du temps au téléphone. Là, je lui ai envoyé des photos de ma sortie, le ciel bleu. On se raconte nos journées, le soir venu. Elle vient de changer de cabinet.

Elle rejoint une maison médicale, elle sera à son compte. Elle a reçu les clés en début de semaine, elle a géré la réception des travaux toute seule, elle doit faire le choix des peintures, mon père va l'aider pour installer l'établi. Elle veut que tout soit prêt début janvier pour accueillir les premiers patients. Elle ira à vélo quand il fera beau, ses affaires de rechange dans son sac à dos.

Je la trouve courageuse, Morgane.

Il y a le manque d'elle, le manque de nous. Il y a autre chose, aussi. Elle subit toutes mes émotions. Quand je reviens d'une séance d'entraînement, que j'ai eu de bonnes sensations, que je ne doute pas, là c'est génial. Cette saison, ça a été génial. Je ne rentrais presque jamais en cogitant. Par contre, quand tu as des moments de doute, que tu as eu une merde à l'entraînement, de la pluie, que tu as froid et que tu n'arrives pas à te réchauffer, que tu restes trois heures sous la douche, que tu t'es loupé sur une course, que tu te dois d'être bien pour la prochaine, elle peut subir un peu le bonhomme ronchon qui rentre. Je fais gaffe quand même.

En fait, elle vit tout avec moi, elle est au premier rang. Elle coupe avec moi et elle bosse avec moi. Quand je commence à être dans ma bulle, elle s'y glisse avec moi. Elle sait. Quand le Giro commence dans ma tête, elle le sait, elle le sent. J'ai conscience de mon égoïsme. Mais elle sait que mon sport est tellement dur, demande tellement de rigueur, que je dois un peu penser à moi. Aller faire ma sieste, aller chez le kiné, mettre mes bottes de récupération, me reposer quand je suis fatigué…

Je la trouve compréhensive, Morgane.

Elle me lit. Elle sait tout de suite, sans un mot, si je suis bien ou pas. Juste à travers mon comportement, une posture, un geste. J'entends : « *Toi, tu avais de bonnes jambes aujourd'hui.* » Ou alors : « *Qu'est-ce qui ne va pas ?* » Et on parle. Elle me conseille : « *Appelle Julien [mon entraîneur], et règle ce problème avec lui.* » On est une équipe, Morgane et moi. Elle sait que c'est dur. Elle sent ce dont j'ai besoin. Quand je refuse un truc à manger parce que je fais attention, elle fait en fonction de moi aussi. Parfois on se fait plaisir, parfois elle me dit : « *Tu as oublié de manger des féculents.* » Parfois, elle me dit : « *Bon, ce n'est pas en mangeant ça que tu vas gagner des courses.* » Je râle un peu, mais je sais qu'elle a raison. Elle sait jauger les bons moments pour faire ou ne pas faire. Avant un repas de famille, elle me donne les limites horaires de la soirée. C'est souvent elle qui me dit : « *Allez Arnaud, on rentre là, il est 23 h 30.* » Ou qui me dit : « *En ce moment, on se couche trop tard, Arnaud.* » Et on se couche plus tôt. Elle me cadre.

Et moi je lui dis toujours que quand elle me voit lever les bras sur une ligne d'arrivée, c'est elle aussi qui lève les bras. C'est tellement ça. Ce sont nos victoires.

Elle est mon phare, Morgane.

Elle est toujours dynamique et positive, Morgane. Elle fait du *running* et elle m'empêche toujours de courir avec elle l'hiver parce que ce ne serait pas bon pour moi. Par contre, elle me dit : « *Tiens, tu pourrais refaire une séance de cyclo-cross, ou un petit rappel sur piste.* » Plein de petites choses comme ça. On se connaît depuis longtemps. J'ai tout de suite adoré sa bonne humeur. On se motive toujours tous les deux. On n'est pas du genre à être en vacances sous la pluie et à se dire qu'on ne peut rien faire. On se dit que ce n'est pas grave, on enfile nos vêtements de pluie et on se bouge, on part marcher. Il y en a toujours un des deux qui va réagir.

Elle est entraînante, Morgane.

Elle n'est pas du tout issue du milieu du vélo. J'étais Espoir quand on s'est connu, mais elle n'imaginait pas que ça avait déjà de la gueule les courses dans cette catégorie-là. Pour elle, j'étais un cycliste du dimanche alors que moi je voulais en faire mon métier. Je me souviens, un jour, alors qu'on devait être ensemble depuis six mois environ : elle vient à La Côte Picarde [de 2007 à 2015, la course fait partie de l'UCI Coupe des Nations U23], je portais le maillot de l'équipe de France, des journalistes autour de moi, et je gagne (en 2011). C'était une folie. Et elle ne pensait pas du tout que c'était ça que je faisais. C'était drôle au début. Et sain. Je n'étais pas pro, j'avais 19, 20 ans. J'ai été champion du monde espoir avec elle, puis pro avec elle. On a passé toutes les étapes ensemble.

Elle m'accompagne, Morgane.

Elle est donc très *running*. Elle s'y est mise quand elle faisait ses études à Lille mais je crois pouvoir dire que je lui ai donné le virus du sport. Petit à petit, elle a couru de mieux en mieux, elle a des qualités physiologiques. Et elle s'est mise au vélo en parallèle. Quand je ne suis pas là, elle s'entraîne sur le *home trainer* à la maison parce que ça la sécurise. Et elle a un objectif en tête : pouvoir partager mes sorties de récupération sur route. Du coup, ça me fait de vraies sorties récup', sinon j'ai tendance à appuyer un peu trop. On rentre, on a roulé à 28 ou 29 km/h de moyenne et on a partagé un moment à deux. C'est génial, ça.

Entre les derniers championnats de France et les Europe, on avait roulé ensemble, on avait fait un petit tour de 50 kilomètres dans Lorient et ses alentours. Pareil le lendemain de la Wallonie. On parle, c'est génial. On savoure, on se remémore les grandes discussions de l'année dernière, les remises en question, notamment avec Julien Pinot, tous les trois. La liste des choses à améliorer à l'époque, à appliquer dans la préparation. Et on se dit qu'il ne faut pas lâcher, continuer, rester sérieux.

Elle est là moralement, Morgane.

Cette semaine, je lui ai dit mon envie qu'elle se libère des jours pour m'accompagner à Gran Canaria, pour mon stage personnel du 27 décembre au 7 janvier. Elle va venir et je suis trop content. Ça va réduire son *timing* pour faire les peintures du nouveau cabinet, mais j'ai besoin qu'elle soit avec moi. Elle vit tout mon quotidien, elle connaît toute la partie immergée de l'iceberg, bien plus importante que la partie émergée qu'on ne voit qu'à la télé. Je me répète, mais on est une équipe elle et moi. Quand je gagne, je pique toujours le téléphone de l'assistant et c'est elle que j'appelle en premier. Même si elle bosse, je sais qu'elle aura la course en fond sur une télévision. Je connais des pros qui ne vivent pas ce genre de relation. Morgane connaît la sensation de sortir à vélo, de prendre des trombes d'eau, de rentrer frigorifiée, même si ça ne dure que vingt minutes.

Elle me touche, Morgane.

En Ardèche, il y a quinze jours, elle a connu la première « piquette » de sa vie. Vous savez ce que c'est, une « piquette » ? C'est quand vos mains sont tellement gelées après une sortie que vous ne savez même plus quel doigt est dans quelle partie du gant ! On est rentré, elle a vécu cette sensation magique des mains froides qui se réchauffent, le sang qui vient taper dans le bout, qui cogne. Je lui disais que nous, ça nous arrivait souvent les petites « piquettes ».

En juillet dernier, à La Clusaz, on avait partagé de magnifiques moments, aussi. Je faisais mes cinq ou six heures de vélo, j'étais en fin de prépa avant la reprise, je lui disais de partir quatre heures après moi et de monter tel col pour me rejoindre en haut afin que l'on fasse toute la descente ensemble pendant vingt-cinq minutes. Elle me racontait sa montée. Pour moi, ce sont des moments géniaux.

Sur mes journées de repos, on louait un VTT électrique et on se baladait comme ça, plutôt que de marcher. Elle pourrait avoir un vélo électrique le reste du temps, mais elle ne veut pas. Une fois, elle en a loué un. Soi-disant 120 bornes d'autonomie. J'étais parti faire une grande boucle et je l'avais récupérée dans ma roue pour monter le col des Saisies. Je montais à 18-20 km/h, elle à 24-25 km/h.

Elle s'amusait avec le mode éco, le mode turbo, me chambrait un peu : « *C'est bon comme ça, c'est bon comme ça ?* » En haut des Saisies, on avait mangé une tarte aux myrtilles, bu notre petit café. On était redescendu. Dans le dernier col, celui des Aravis, elle me dit : « *Oh là là, il ne me reste plus que 10 % de batterie !* » Et d'un seul coup, son truc a lâché à trois kilomètres du sommet. Et tu passes d'un vélo qui roulait super bien à 25 km/h, branché sur batterie, à un tracteur qui pèse 24 kilos. Je l'avais poussée jusqu'en haut. Qu'est-ce qu'on avait rigolé.

Je la respecte beaucoup pour ce qu'elle est, pour tout ce qu'elle fait, Morgane.

J'aime quand on part faire des sessions de *run and bike*, l'hiver. J'aime les soirs d'été où, au lieu de regarder un film, on sort les vélos, on se dit qu'il fait bon après tout, on part rouler une demi-heure sur les petites routes, le long des champs de blé, la lumière qui décline doucement, dans la tiédeur. C'est trop, trop bien.

Une image me revient. J'étais sur le podium des championnats de France à Grand-Champ, en juin dernier, je venais d'enfiler le maillot tricolore pour la troisième fois. Elle était en face de moi. Elle pleurait. Et elle m'avait fait pleurer.

J'aime tout avec Morgane.

Le déguisement

Jeudi 24 décembre 2020

Noël au balcon.

C'est un peu spécial cette période des fêtes chez nous, les cyclistes, à la fois pour l'alimentation mais aussi parce que nous ne sommes pas en vacances. Là, compte tenu du contexte sanitaire et des restrictions, c'est encore plus bizarre.

Chez nous, je veux dire chez les Démare, on fête toujours Noël en famille avec les parents, les grands-parents, les oncles, les tantes et les cousins. On est habituellement une petite vingtaine. Cette année, on sera huit en comptant les enfants de ma sœur aînée, Hélène. Ce sont des jumeaux, Rose et Louis. Depuis qu'ils sont nés, j'ai pris l'habitude de me déguiser en Père Noël. J'ai acheté un déguisement de compet'. Et en dessous, je mets une chemise, bien repassée. Parce qu'évidemment, si le Père Noël a trop chaud et qu'il enlève son manteau, il se doit d'être élégant. J'ai aussi un faux gros ventre parce que je suis assez affûté en cette période de l'année. Donc, chaque 24 décembre au soir, je l'enfile et je fais la distribution des cadeaux. J'adore ce moment, j'adore. On fait souvent le dîner du réveillon chez mes parents et le déjeuner du 25 chez ceux de Morgane.

Je vais bien manger pendant deux repas, disons normalement, comme les autres, un peu de foie gras, une coupe de champagne. Mais cela implique que je fasse attention les cinq autres jours de la semaine. Si je fais comme ça, ça ne posera pas de souci. Si je suis au repos complet, que je mange bien au réveillon le soir et que je remets ça le vendredi midi sans rouler, c'est moyen en revanche…

Ce jeudi matin, je vais donc rouler quatre voire cinq heures je pense, en fonction de la météo. Je m'arrange souvent pour faire une belle sortie le 24 décembre. Je l'aime bien, celle-là. Les gens sont en vacances et sont disponibles pour aller rouler avec moi, notamment mes cousins. Du coup, j'en profite pour faire de l'endurance, en groupe, sans exercices particuliers.

L'année dernière, je m'étais aussi calé une séance sur *home trainer* le vendredi. Il s'agit plus de digérer, au sens propre du terme, que de s'entraîner réellement. Je vais refaire pareil demain, je pense. Ça me permet de gagner du temps plutôt que de sortir au grand air. Ça me permet de me faire une petite suée et d'être content.

Les gens pensent souvent que lorsque l'on rentre de stage, comme c'était le cas il y a une dizaine de jours à Saint-Raphaël avec l'équipe, on reste tranquille à la maison et on se repose. Ce n'est pas le cas du tout. Dès que je rentre, je fais des bornes autour de la maison. J'en ai fait 110 dimanche, repos lundi pendant lequel j'ai fait tous mes cadeaux de Noël, 80 mardi, tout est calibré. Mardi, j'ai participé au *Challenge of Stars*, une course virtuelle pour sprinteurs organisée par le Giro d'Italia sur nos *home trainers* connectés.

Comme je sortais d'un gros bloc, j'avais une petite partie de récupération avant que ça reprenne de façon un peu plus intense. Julien Pinot m'avait programmé une séance de préparation physique mercredi matin, puis trois heures de vélo. Jeudi et vendredi, je vous ai raconté. Samedi, on fera les valises entre une séance de muscu et deux heures et demie de travail spécifique sur le vélo de contre-la-montre.

Viendra ensuite le départ pour Gran Canaria, dimanche. Un stage personnel d'une dizaine de jours comme je vous disais. Les années précédentes, on partait plutôt en famille, avec mes parents, ma sœur et ses enfants. On louait une grande maison du côté de Calpe. Cette année, ce sera donc différent. Je suis content d'y aller, surtout parce que Morgane vient avec moi. De toute façon, je lui avais dit : *« Si tu ne viens pas, je n'y vais pas. »* Elle a quasiment terminé les peintures de son futur cabinet de pédicure-podologue. Je suis allé monter un bureau avec elle et son père dimanche dernier, ça avance bien.

Ils ont fait le déménagement mercredi après-midi. Il y avait ses parents, les miens, la remorque. Je devais arriver pour les objets un peu plus lourds. J'ai l'habitude des exercices de squats, de bien plier les jambes, de soulager les charges avec les sangles. Il faut porter intelligemment pour ne pas se broyer le dos. Il n'y avait que 200 mètres à faire entre les deux endroits, mais ça n'allait pas se faire tout seul. Malheureusement, je suis arrivé trop tard. J'ai pris de la flotte pendant toute ma sortie et franchement, j'aurais préféré taper le flan du boulanger avec eux plutôt que de rouler dans ces conditions. Bref. Samedi, on fera le fignolage dans le cabinet et comme ça, quand elle rentrera de Gran Canaria, elle pourra attaquer les consultations directement.

J'ai hâte de partir au large du Maroc. Hâte de vous raconter à quel point nous, les cyclistes, nous sommes très autonomes. Je fonctionne presque comme si je gérais ma propre entreprise : les réservations pour les stages personnels, l'équipe de gens qui m'entourent près de la maison, qu'ils soient kiné, ostéo, préparateur physique, masseur, mon père (sur le scooter), autant de gens qui comptent beaucoup en dehors de la structure Groupama-FDJ.

En fait, c'est comme s'il y avait plein de petites équipes indépendantes de la grande équipe avec le maillot bleu, blanc et rouge.

Ma petite entreprise

Vendredi 25 décembre 2020

Le coureur cycliste est autonome. On n'imagine pas à quel point.

Le retour à la maison a été assez furtif, finalement. J'y ai passé une semaine durant laquelle j'ai roulé, puis il y a eu le réveillon de Noël hier soir dont je vous ai parlé. Il y aura le déjeuner ce midi puis on fera, avec Morgane, les valises pour Gran Canaria, décollage dimanche, retour le 7 janvier. On part vers le soleil et la tiédeur pour que je puisse avaler les kilomètres en cuissard court, là où en Picardie et ailleurs en France, le froid et l'humidité se sont installés durablement.

Gran Canaria, c'est un stage que je fais de mon plein gré, un stage personnel que j'entreprends à mes frais afin de m'entraîner dans les meilleures conditions possibles. Je dis ça parce que les gens pourraient penser que tous nos stages sont pris en charge et organisés par nos équipes. Non, ça ne se passe pas comme ça dans la vraie vie de tous les jours des coureurs cyclistes. La pandémie mondiale a bouleversé pas mal de choses, mais nous évoluons malgré tout, tout au long de nos saisons, dans une grande autonomie. Tous les coureurs de l'équipe Groupama-FDJ sont éparpillés aux quatre coins de l'Europe. Nous habitons loin les uns des autres, nous ne bénéficions pas d'un centre d'entraînement à l'instar des footballeurs par exemple, pour lesquels tout est mis à disposition, chaque jour, pendant toute une saison.

Si Julien m'envoie mes programmes d'entraînement chaque semaine, finalement, les seuls moments où nous disposons des moyens logistiques et humains dont nous avons besoin, c'est pendant les courses.

Le reste de l'année, donc, il convient de s'organiser au mieux. Comme si on était, chacun, à la tête de sa propre entreprise. Entendez par là que tout ce que j'investis, je le fais pour moi-même. J'investis pour me donner les meilleures conditions d'entraînement possibles.

Pour le stage à Gran Canaria, j'ai choisi mes dates, puis le lieu exact. Gran Canaria, j'y suis allé pour la première fois en 2015. Des coureurs étrangers de l'équipe y allaient, ils me montraient leurs photos avec leurs cuissards et maillots courts en plein hiver. Il n'y a que là-bas que tu peux faire ça. Même à Calpe, il peut faire 5 degrés le matin, 12 ou 13 l'après-midi. Parfois, pendant deux jours, ça va monter à 16 ou 18 mais de façon exceptionnelle. Donc, j'ai choisi ce lieu avant tout pour la météo. Rouler au chaud, prendre quelques couleurs. Il y a aussi d'autres îles intéressantes à côté comme Lanzarote, Tenerife ou Fuerteventura. Mais Tenerife c'est trop dur pour moi, Lanzarote c'est trop plat et à Fuerteventura, comme son nom l'indique, il y a trop de vent.

Deuxième aspect important à Gran Canaria, et ne croyez pas que je suis payé par l'office de tourisme, c'est une terre de vélo. Il y a tout sur place. S'il m'arrive une bricole, il y a plusieurs magasins de cycles à Maspalomas. Au niveau du trafic, c'est top. Les gens qui vont là-bas prennent le taxi à l'aéroport, rejoignent leur hôtel et n'en bougent plus, ou très peu. Donc, il y a peu de monde sur les routes. Ceux qui roulent en voiture le font tranquillement parce qu'ils ne connaissent pas et ne veulent pas abîmer leurs véhicules de location. C'est, de fait, très sécurisant pour nous, les cyclistes.

Je n'ai pas à me soucier de la météo. J'ai regardé : ces jours-ci, c'est doux, juste un peu de pluie. Je me souviens un jour où j'étais là-bas, d'un message de William Bonnet qui m'avait dit : « *T'as bien fait de partir, ici les routes sont gelées, on attend, il fait −1 °C.* » Je connais ça. Tu as un peu peur sur le vélo, tu es crispé. Là-bas, j'enchaîne les heures. Je passe devant la maison et je me dis : « *Allez, je rallonge, je refais une petite demi-heure le long de la mer* », et je tue une heure supplémentaire comme ça.

Au niveau des dénivelés, c'est intéressant aussi. La Picardie, c'est un peu limité pour monter des bosses même si j'ai quelques petits coteaux sympas pour faire « le peigne » comme je dis, c'est-à-dire multiplier ces petites bosses qui dessinent comme un peigne à la fin quand on regarde le profil de la sortie. À Gran Canaria, il y a des parcours exigeants, des cols un poil trop durs encore, mais auxquels je me fais bien.

Je dessine mes parcours sur Strava le matin. Les tracés, c'est une habitude de cycliste que l'on prend très jeune. Quand j'étais petit, cadet, je piquais la carte de l'Oise dans un tiroir, je la dépliais sur la table, chez mes parents, je la regardais longuement et je repérais des endroits où je n'étais encore jamais allé avec mon père. Je notais sur un bout de papier les noms des villages à traverser, les numéros des routes à emprunter et je filais tout seul. Maintenant, évidemment, je trace tout sur Strava et ça se synchronise avec mon compteur Garmin. À Gran Canaria, distances et temps sont différents d'ici. Souvent, je fais des heures en rab que je ne compte même pas. Il m'arrive de me planter un peu, de voir trop grand, mais ce n'est pas grave. Quand je reviens à la fin de mon stage, j'ai souvent dix ou quinze pourcents d'entraînement en plus par rapport à ce que Julien m'avait donné à faire.

Comme Morgane s'est libérée et vient avec moi, j'emmène nos deux vélos. Morgane adore aussi ces moments-là, comme à La Clusaz. Les vacances, pour elle, sont synonymes de sport et de bien-être. Elle veut en profiter pour rouler et courir. Elle va faire une douzaine d'heures de sport dans la semaine, se reposer un peu aussi parce qu'entre Noël et son nouveau cabinet, elle en a besoin. Je suis sûr qu'elle fera sa boucle habituelle, une journée : 85 bornes avec 2 000 mètres de dénivelé. On se mettra en partage de connexion sur les téléphones et comme ça, je saurai où elle est pour la rejoindre. On ira boire un café et moi je continuerai ma route. J'adore quand on partage ces moments-là.

Cette année, Valentin Madouas nous rejoindra avec sa copine, qui fait du *running* elle aussi, à partir du 2 janvier. Elles courront ensemble avec Morgane. Je suis content parce que ça peut être un peu long de nous attendre parfois quand on part rouler cinq ou six heures.

On a donc deux valises avec nos vélos et puis un peu de matériel. J'emmène des trucs très compacts de préparation physique. Mes élastiques TRX, mes fringues de vélo, de ville, ma boisson énergétique d'entraînement, une mini-caisse à outils, mes bottes de pressothérapie car je n'aurai pas de massages là-bas.

J'ai aussi motivé Jacopo Guarnieri, mon poisson-pilote, ainsi que Ramon Sinkeldam et Miles Scotson. Ils ont loué un petit appartement en rez-de-chaussée d'une maison à 200 mètres de chez nous. Ils arriveront un peu tous au compte-gouttes à partir du 2 janvier, comme Valentin. Il n'y a que « Kono » (Ignatas Konovalovas) qui ne sera pas là parce que sa femme attend un heureux événement fin janvier. On passera donc le 31 là-bas, mais je ne suis pas un grand fêtard. Passé minuit, il n'y a plus de bonhomme, je vais au lit. Et puis de toute façon, je suis déjà dans ma saison, je me mets déjà la pression et ça, j'en parlerai dans un autre chapitre. Dès que je roule, je me mets la pression, à chaque entraînement. Les victoires se construisent maintenant. J'ai besoin de faire de beaux hivers, de tout faire bien.

D'ailleurs, dimanche dernier, ma mère est passée me voir. On ne s'était pas vu depuis trois semaines, on avait plein de choses à se dire. Et puis on parlait, on parlait... À un moment donné, je lui dis : « *Maman, vite, je te laisse, il faut que j'aille rouler.* » Même les vingt dernières minutes passées avec elle ont été gâchées parce que je ne pensais qu'à aller rouler. Je suis comme ça.

Donc j'ai géré ce stage à Gran Canaria, les dates, les réservations de vols, le lieu, l'hébergement, la voiture de location. Je fais comme monsieur et madame Tout-le-monde qui partiraient en vacances, sauf que c'est pour le boulot. Les gars ont fait pareil. On est motivé, on a envie de gagner.

On s'est vu la semaine dernière à Fréjus. C'est une autre équipe dans l'équipe. On est cinq avec dans l'ordre Kono, Miles Scotson, Ramon Sinkeldam et Jacopo Guarnieri. On est cinq et on court toute l'année ensemble. Forcément, j'ai plus de liens avec eux qu'avec le reste de l'effectif. Thibaut Pinot, par exemple, je n'ai pas couru avec lui de l'année. Je regardais le final des étapes du Tour à la télé, mais j'avais mes entraînements et mes courses. Je regardais les sprints aussi, en *replay*. Pareil, je n'ai pas vu Seb Reichenbach ni Stefan Küng de la saison. David Gaudu, j'ai juste couru l'UAE avec lui. On est trente coureurs. Finalement, il y a plein de mecs que je ne vois qu'à la séance photos annuelle et certains aux championnats de France comme Bruno Armirail. On n'est pas comme les footballeurs, on ne vit pas ensemble. C'est assez particulier, non ? C'est le vélo.

De fait, naturellement, des groupes se créent. Même quand on est en stage, ça se sent. Les grimpeurs parlent entre eux, se remémorent des moments de la saison, les glissades à Nice le premier jour du Tour de France 2020. Nous, les sprinteurs, on avait aussi nos anecdotes qui étaient liées au Giro. Quand je retrouve Simon Guglielmi, Benjamin Thomas ou mon train, je revis des émotions. Avec mon train, il y a de l'affect.

Coureur, on doit aussi savoir s'entourer de compétences autour de chez nous parce qu'on n'a pas de staff au quotidien, excepté le docteur de l'équipe, Jacky Maillot, avec qui on n'a pas attendu le Covid pour faire des téléconsultations, et mon entraîneur bien sûr, Julien, qui me fait mes plans à distance. J'écrirai un chapitre sur Julien, sur notre relation. J'ai envie de vous parler de lui, de nous.

Le reste, donc, je gère. Depuis un an, j'ai un préparateur physique, un mec super que Julien a rencontré, à qui il commande des séances pour moi, qui bosse beaucoup avec les footballeurs. Il s'appelle Fabien, il a un rythme de vie assez incroyable et je l'adore, ça a tout de suite « collé » entre nous. Il me fait sauter des marches, un cycliste qui saute des marches... Il me fait faire plein d'exercices. Avant, je me concoctais mes séances de muscu moi-même, je les trouvais dans des livres. Elles étaient parfois trop longues, pas assez dynamiques. Ce n'est pas facile de trouver quelqu'un de bien, compétent, efficace, qui ne te fait pas faire n'importe quoi.

Je voulais retrouver un peu d'explosivité. Je trouvais que j'avais perdu à ce niveau-là comparé à mes années de néo-pro. Il y a l'âge, bien sûr, mais quand même… Il m'a fait regagner ce que je voulais, il m'a recadré sur certains points. Il m'a mis un petit coup de pied au cul il y a quinze jours parce que j'étais mauvais. Et je m'y suis remis bien comme il faut. Il suffit parfois d'un rien pour que tout se dérègle. Comme un léger manque de sommeil. Tu es un peu plus fatigué donc tu as moins d'énergie pour faire l'entraînement qu'on te demande. Tu mets un peu moins d'intensité, tu fais moins attention à la bouffe, tu zappes une séance d'étirement, par flemme. Si tu fais tout bien et que tu te sens fatigué, ce n'est pas pareil, ça veut dire que ton corps a besoin de repos.

J'ai donc depuis quelque temps un préparateur physique. Je suis en quête d'un ostéopathe aussi. J'allais en voir un sur Paris quand j'avais vraiment un problème, après une chute notamment. Mais aller jusqu'à Paris, c'est contraignant, tu perds vite une demi-journée. J'en ai trouvé un à vingt minutes de chez moi. Ce sera mieux pour le suivi.

De la même manière, j'ai un kiné à Beauvais en cas de blessure. En revanche, ce n'est pas lui qui me masse. J'ai un masseur en plus. Un mec qui me masse les jambes deux fois par semaine, trois quand je suis dans des périodes d'objectifs importants. Chaque fois que j'allais chez lui, j'avais encore les cheveux mouillés de la douche tellement j'étais speed pour être à l'heure. Il vient à la maison, maintenant. Il connaît plein de techniques différentes de massages. Avant, c'était mon père qui le faisait, une fois par semaine. Maintenant, c'est lui, de façon plus fréquente. Je l'ai trouvé par hasard, une carte de visite qui traînait dans un restaurant à la caisse. J'avais checké son profil sur Internet et j'étais allé le voir. Il est bon. Je le paie au mois. Et au moins, quand je rejoins l'équipe sur une course, je suis déjà prêt, massé. J'optimise. C'est un vrai gain.

Je suis mon propre mécano, aussi. Je change mes plateaux, la cassette, le jeu de direction, la purge des freins. Et puis dans mon équipe, j'ai mon père. C'est lui qui colle mes boyaux de cross ou de route. On bricole souvent. Mon père, il est aussi sur le scooter. C'est une vraie chance qu'il soit là, qu'il soit coursier donc qu'il sache quand ça fait mal, quand il faut ralentir, accélérer, anticiper les trous, les voitures. J'ai confiance quand je suis derrière lui. Je ne pourrais pas demander ça à un copain qui a le permis moto mais qui ne fait pas de vélo.

Je me suis entouré de tous ces gens-là, à mes frais, quand d'autres préfèrent s'acheter une console de jeux peut-être, parce que je suis quelqu'un d'exigeant, une exigence liée à de l'appréhension, celle d'être mauvais, de ne pas réussir. Donc j'essaie de mettre toutes les chances de mon côté pour y arriver, d'être rigoureux. Je suis comme ça. Je préfère aller au magasin bio. Ça me coûte plus cher mais l'alimentation, c'est mon essence et je veux faire les choses bien.

Tous les coureurs du peloton ne font pas ça. Ce n'est pas toujours facile de faire confiance, ça prend beaucoup de temps aussi pour trouver les bonnes personnes, et il faut que tout soit fluide pour être concentré sur ce que tu fais. Mais au fil du temps, on y arrive et c'est un cercle vertueux. Il est nécessaire parce que je me sais attendu cette saison prochaine depuis mes quatre victoires d'étape sur le Giro. Ça aussi, j'en parlerai dans un autre chapitre : l'attente que l'on peut susciter, la polarisation de la valeur d'un coureur quasi uniquement sur le Tour de France. Ce qui est assez réducteur à mon sens…

La peur

Vendredi 1er janvier 2021

En direct de Gran Canaria, cuissard court et maillot ouvert.

Je vous disais l'importance pour moi d'être bien entouré, de gens de confiance, dans un quotidien où, finalement, nous évoluons dans une grande autonomie, nous les cyclistes professionnels. Je vous disais qu'il était plus important pour moi de me payer les services d'un masseur, d'un kiné, d'un préparateur physique ou d'un ostéo, plutôt que d'acheter une console de jeux ou d'autres choses. Je vous disais aussi que je suis quelqu'un d'exigeant, une exigence liée à de l'appréhension, celle d'être mauvais, de ne pas réussir. Que, de fait, j'essaie de mettre toutes les chances de mon côté pour y arriver, d'être rigoureux. Je veux faire les choses bien.

On est arrivé à Gran Canaria dimanche, avec Morgane, pour ce stage personnel d'une dizaine de jours. C'est génial ici. Il fait 24 degrés et beau temps. Le vélo n'a pas subi de dommages pendant le trajet en avion, c'est toujours ma hantise. On s'est posé, on a monté les vélos, on est allé au magasin les faire gonfler, on a fait un petit resto le soir parce que pas mal de boutiques étaient fermées pour faire les courses. Et dès lundi j'ai attaqué.

Depuis un moment, je ne pense plus qu'à rouler. C'est une obsession. Je suis dans ma saison, dans mes objectifs et je m'y accroche. C'est ma priorité. Tout tourne autour du vélo et de la volonté de bien faire. Je suis lancé. Parfois, ça peut être un peu long pour se remettre dedans, repartir dans un cycle de préparation, ne serait-ce que pour faire les exercices de base, travailler la vélocité, la force max, des choses comme ça. Mais là j'y suis et quand j'y suis, je prends du plaisir.

Quand Julien m'a préparé un planning d'exercices spécifiques, j'y pense dès le matin, je suis concentré dessus. J'ai beau parfois rouler en groupe, je m'extirpe pour pouvoir les faire, puis je reviens. Une fois que c'est écrit noir sur blanc, je fais. Je déteste faire les choses à moitié car c'est le meilleur moyen d'aboutir à rien, à un résultat nul, à un entraînement qui ne sera pas bénéfique.

Voilà. Je mets mon réveil tous les matins, je me fixe une heure à laquelle je pars, une heure à laquelle je vais rentrer, puis m'étirer, récupérer, faire une sieste. Tout est séquencé, pas à la demi-heure près non plus, mais je cadre beaucoup. Si tu pars rouler quatre heures mais que tu manges mal après, que tu ne prends pas le temps d'assimiler ta séance comme il faut, ces quatre heures de sortie n'auront pas la même valeur au bout du compte. Je ne pars jamais rouler après 10 h 30. Je commence ma journée par une séance de gainage d'environ trente minutes. Si je n'en fais pas, je pars plus tôt, vers 9 h 30, car il fait vite assez chaud. Rouler plus tard, rentrer à 18 heures et attaquer sa nuit assez rapidement derrière, ce n'est pas productif. J'ai besoin d'un vrai temps de récupération. Récupérer, ça peut être une sieste, « faire un peu de bottes » c'est-à-dire enfiler mes bottes de pressothérapie, profiter aussi de la journée, faire autre chose, à un rythme différent.

Avant d'arriver à Gran Canaria, j'avais ma semaine en tête, je connaissais les thématiques de chaque journée. Le matin, je n'ai plus qu'à checker avec précision chaque temps d'exercice à faire. Morgane les connaît aussi d'ailleurs, elle peut ainsi organiser ses journées. Lundi matin, par exemple, on a roulé la première heure ensemble, puis elle a fait demi-tour et moi je suis parti dans les montagnes faire un peu de dénivelé. Il faut être rigoureux en amont, j'ai besoin de savoir ce que je vais faire et comment. Je suis ici pour enchaîner les kilomètres, me constituer une grosse base pour la saison 2021. Je vous ferai un bilan chiffré de tout ce que j'ai fait ici pour que vous ayez une petite idée. Je vous parlerai de watts, de kilomètres parcourus, de dénivelé, etc.

Pour tout vous dire, si je fais tout ça, c'est parce que, au fond de moi, j'ai souvent peur d'être mauvais, de ne pas être à la hauteur des attentes. Je parle là des attentes de l'équipe Groupama-FDJ mais aussi de celles des gens, des spectateurs, de mes coéquipiers, de mon train, ceux qui m'emmènent dans les sprints. Si les mecs bossent comme des fous et que moi, derrière, je ne gagne pas, ça peut devenir compliqué. Tu peux te louper une fois, deux fois, trois fois, mais à un moment donné, ils vont me dire : *« T'es gentil, mais nous on veut bosser pour un mec qui gagne. »*

Je n'ai pas envie d'être nul. Pour moi, c'est inconcevable, alors je me mets un peu la pression. Quand je dis que 2019 n'avait pas été une bonne année malgré une victoire sur le Giro et cinq dans la saison, c'est parce que je savais que je valais mieux et qu'il était quand même dommage de ne pas utiliser tout mon potentiel. Avec un peu de recul, j'ai compris que la méga grippe que j'avais chopée en sortant du Tour d'Algarve m'avait flingué. Et qu'après, j'avais couru après le temps perdu. Dix jours avant de retrouver des sensations sur le vélo, beaucoup plus encore pour être performant. Je n'avais pas gagné sur Paris-Nice alors que ça m'arrivait tous les ans. J'avais donc perdu un peu de confiance. Des beaux sprints mais pas la force optimale. Mauvaise spirale, mais je ne vais pas refaire l'histoire ni radoter.

Parfois, je me dis aussi qu'il y a des cycles physiologiques. Je me trompe peut-être, il faudrait demander à des spécialistes, mais il m'était arrivé un peu la même chose en 2015 où je sortais de deux grosses années. Inconsciemment, mon corps avait peut-être besoin de récupérer, la tête aussi. Et ça repart après. En 2020, le confinement m'a sûrement fait beaucoup de bien, surtout psychologiquement.

Donc, j'ai souvent peur d'être nul, d'être mauvais, et je n'aime pas décevoir. Si je ne gagne pas mais que j'ai fait une belle course, ça peut passer. Si je regrette des choses, de ne pas avoir pris un espace alors que j'aurais pu et qu'à cause de ça je n'ai pas gagné, là… c'est dur à avaler.

Bref, je me suis engagé, au fil des ans, dans ce cercle vertueux de la rigueur, du travail. Je dis « au fil des ans » parce que j'ai toujours été comme ça mais que j'ai longtemps avancé dans une certaine facilité. En 2020, j'ai récolté tout ce que j'avais semé pendant des mois. Et j'ai pris un plaisir assez dingue.

Le plaisir, c'est gagner. Le plaisir, c'est aussi comme aux championnats de France, ne pas ressentir de fatigue après trois heures de course, presque comme si la course n'avait pas commencé. À Grand-Champ, j'avais mal aux jambes mais ça allait. Elles répondaient bien. Même à haute intensité, je sentais que mon corps éliminait les déchets, les toxines. Tout était fluide. Il pouvait y avoir un gros coup de bourre, ça pouvait visser fort, moi je sentais qu'après deux minutes d'accalmie (relative), je pouvais repartir pour le même effort. Que j'étais capable d'encaisser et de répéter les choses à haute intensité. Récupérer alors que je pédalais un peu quand même. C'est peut-être ça, ma quête, finalement.

J'ai souvent peur d'être mauvais. Mais si j'ai bien travaillé, si je me sens prêt, je suis moins anxieux, je me sens fort dans ma tête, relâché, juste ce qu'il faut. C'est comme à l'école. Quand tu as bien révisé et que tu arrives devant ta feuille, tu as déjà fait le plus dur. Si c'est arriver en course pour souffrir loin derrière ou juste pour accrocher le peloton, c'est non. Je veux souffrir pour gagner, pour être devant, jouer la gagne et prendre du plaisir, ce plaisir-là en tout cas. Ce stage à Gran Canaria, il sert à ça. La pression, je me la mets là, maintenant.

Ces jours-ci, je me sens au taquet au moindre effort. S'il y avait une course demain, je ne serais pas opérationnel du tout. Donc, il faut que je bosse, il faut attraper aussi de la régularité pour éviter d'être bien un jour et mal le lendemain. Mais quand on sera rentré, je sais que je me sentirai bien, serein à la maison. Et puis je ne le dis peut-être pas assez, mais j'adore ce que je fais. J'aime aussi ces périodes-là. Je pars du principe que tous ces investissements vont payer à un moment donné dans la saison.

Je veux faire les choses bien. Je n'aime pas bâcler. C'est comme ces chapitres. J'essaie de les faire bien. Par respect pour vous qui les lisez. C'est pareil pour tout dans ma vie. Je fais les choses par respect pour mon sport, mon équipe, le salaire qu'elle me verse, et par respect pour moi. Je n'imagine pas un jour arriver avec cinq kilos de trop au départ d'une course par exemple. Je veux être honnête. J'aurais honte de faire les choses à moitié. Et puis j'aime trop ça, le vélo. Peut-être que je tiens ça de mes parents, de mon éducation. Peut-être de mes entraîneurs, croisés depuis mes premières années, je pense notamment à Hervé Boussard chez les juniors.

Je me sais attendu cette saison depuis mes quatre victoires d'étape sur le dernier Giro ou mon troisième titre de champion de France. Je vais bouffer un peu de jus avec ça. La pression, tu ne l'as pas que dans le dernier kilomètre d'une course contrairement à ce qu'on pourrait croire vu de l'extérieur. Mais j'arrive à gérer, on a souvent joué ma carte depuis que je suis jeune. Parfois, des gens me disent que j'ai une petite étoile au-dessus de la tête. Moi, je me dis que c'est le destin et le travail. Qu'il faut provoquer les choses, les mériter. Il n'y a pas de petites victoires ni de victoires inaccessibles (sauf quand même l'Alpe d'Huez pour moi !). Quand je suis devenu champion du monde chez les espoirs, je pensais que ça n'arrivait qu'aux autres.

Vraiment, y croire et faire bien. Et puis... Je ne veux pas avoir de regrets à la fin de ma carrière. J'ai 29 ans et j'ai pris conscience que ça passait très vite tout ça. Tout ce que je fais, je le fais à fond, on le vit à fond avec Morgane. Quand on rentrera de Gran Canaria le 7 janvier, j'aurai le sentiment du devoir accompli parce que j'aurai bien poinçonné chaque étape du plan.

D'ailleurs, vous allez peut-être rire, mais ce stage, je l'aborde psychologiquement comme une course à étapes de dix jours avec ses quelques journées de repos. J'enquille mes exos, mes sorties. L'année dernière, j'étais ratatiné les deux derniers jours. Julien a ajusté la fin cette fois, il a fait plus léger. Chaque soir je me dis : *« Allez Nono, plus que six, cinq, quatre, trois étapes. »*

Je kiffe tellement cette période, vous n'imaginez pas. Je suis heureux sur un vélo.

La fatigue

Vendredi 8 janvier 2021

Retour de Gran Canaria, fatigue, assimilation, analyse des données collectées pendant le stage. Petit bilan chiffré.

On est rentré de Gran Canaria jeudi, retour à la maison en Picardie. J'ai sorti mon ordinateur portable pour faire un bilan chiffré de ce stage personnel de dix jours. Je mêle les données enregistrées sur Strava et sur la plate-forme de l'équipe Groupama-FDJ. Cette plate-forme, c'est le lien entre moi, mes séances et Julien Pinot. Il les regarde tous les jours, il commente mes sorties et me poste des commentaires. Du genre : « *Arnaud, je sais que c'est dur, mais force-toi à tourner un peu plus les jambes.* » Ou alors : « *Super ta série de sprints. La prochaine, tu essaies d'atteindre les 1 700 watts.* »

Il me fait des comparaisons par rapport aux années précédentes, les puissances développées, le couple, la cadence de pédalage. Sur ce dernier point, je mettais un peu trop de braquet, donc de force. Il m'a demandé de corriger ça, de travailler un peu plus la vélocité, le dynamisme, en augmentant la cadence de pédalage. Faire 200 bornes tranquille en ne tournant pas trop les jambes, ce n'est pas assez bénéfique. Il faut mettre un peu de stimulation nerveuse dans tout ça.

Donc, Julien m'envoie ses commentaires tous les jours, parfois tous les deux jours, il est super-réactif. Il m'a mis des exercices plus cool à partir d'aujourd'hui. Ce vendredi, c'est repos. Et là, ça me lâche. J'ai un gros coup de fatigue et c'est normal. Ça va durer quelques jours. Je remettrai en route lundi ou mardi, avec les premières intensités pour préparer les courses. D'ici là, voici quelques chiffres, donc...

45

En dix jours, j'ai roulé quarante-cinq heures au total. On peut considérer que c'est un très gros bloc de travail. Dans ce bloc de Gran Canaria, j'ai fait des sessions de trois jours de travail entrecoupées d'une journée de repos durant laquelle je ne faisais rien, juste une heure et demie ou deux heures de vélo tranquille. Je vous explique plus bas pourquoi je roule quand même un peu...

1 250

C'est le nombre de kilomètres parcourus en dix jours. En comptant les journées de repos, ça me fait une moyenne de 120 kilomètres par jour. C'est bien. J'ai pris ce stage personnel comme une course à étapes, un jour après l'autre, comme je vous le disais dans le chapitre précédent. Mentalement, c'était intéressant d'avancer ainsi.

20 000

C'est le dénivelé positif avalé. Forcément, je n'ai pas roulé à 32 km/h de moyenne comme à la maison. J'ai tourné en 27 et 30. En janvier de l'année dernière, à la maison en Picardie, j'avais fait entre 5 et 6 000 mètres de dénivelé sur une grosse semaine. C'est donc incomparable. Le dénivelé, ça m'amène le coup de pédale. Je suis sur le petit plateau et je peux faire de plus longs efforts en prise. À la maison, je ne peux pas faire vingt minutes comme ça.

À Gran Canaria, je pouvais donc rouler quarante minutes à un bon tempo. J'avais un niveau de puissance, d'intensité plus élevé et plus long. Même quand je voulais rouler tranquille, j'étais obligé de pousser des watts. Pas le choix, il fallait monter les bosses. Forcément, plus t'es lourd, plus tu produis de watts pour grimper… Si je mets David Gaudu à côté de moi, on aura 100 watts d'écart pour rouler à la même vitesse ! Tout ça ne demandait pas la même implication mentale. À la maison, si je veux rouler fort et faire autant de watts, je suis obligé de le faire à bloc sur du plat. C'est très différent.

Watts

Je sais que beaucoup de cyclistes amateurs aiment parler de watts, mais ça ne voudrait pas dire grand-chose que de vous donner une moyenne sur ces dix jours. Si je vous dis que j'ai fait 180 watts de moyenne sur une journée de récup', ou 270 sur une sortie pendant laquelle j'ai un peu bourriné, ça n'a pas de réelle valeur. Sur certaines journées, les séances étaient très fragmentées, aussi. On pouvait aller chercher très haut puis retomber très bas.

Je sais que j'ai atteint 1 732 watts sur un sprint lors de ma dernière séance spécifique mardi, quand j'étais resté à 1 699 la veille. C'est beaucoup, mais pas extraordinaire non plus pour un sprinteur. C'est de la pure explosivité sur une seconde. L'idée, c'est de pouvoir le répéter plusieurs fois. Et surtout, de tenir une haute puissance sur sept à dix secondes, après 200 bornes dans les pattes. C'est ça, l'intérêt de l'entraînement. Être endurant, puis puissant au moment voulu.

2

J'ai eu deux journées de repos, en tout cas considérées comme telles. C'est-à-dire que ces jours-là, je n'ai pas mis de réveil le matin, je me suis permis deux déjeuners en terrasse avec Morgane, mais j'ai roulé quand même. Quarante-deux bornes la première journée, puis soixante la deuxième. J'en profitais parce qu'il faisait beau. Le soleil, ça donne envie de sortir le vélo, c'est fou. Donc, j'ai roulé quand même mais je ne me suis pas du tout occupé des watts, j'ai fait comme je voulais, selon mon envie. Le but était vraiment de tourner les jambes, d'oxygéner, de ne pas forcer. Et puis mine de rien, je me rentre tellement dedans les autres jours que ça me fait du bien de tourner les jambes, tranquille, ça me permet de cumuler des heures, de décompresser psychologiquement. Sur ces deux jours de repos, j'aurai roulé deux heures et quarante minutes. J'aime bien ces sorties-là. Quand je suis à la maison à cette période de l'année, les journées de repos sont en revanche de vraies journées de repos. Je ne roule pas.

210

C'est, en nombre de minutes, le temps que j'ai passé à faire de la PPG, c'est-à-dire de la préparation physique généralisée. La PPG, c'est un panel d'exercices qui permettent de renforcer l'ensemble du système musculaire. L'objectif est de prévenir le risque de blessure avec des exos qui participent au renforcement global ainsi qu'à l'équilibre du corps. J'ai essentiellement fait du gainage, de la proprioception, des exercices de planche, etc. Je n'avais pas la possibilité d'emmener beaucoup de matériel dans l'avion, juste le strict nécessaire, des choses assez compactes dans les valises. Je n'en ai pas fait tous les jours, j'avoue. J'aurais aimé, mais j'étais parfois trop fatigué. J'ai réussi à en faire une journée sur deux, finalement, ce qui est déjà bien.

Fatigue

À vrai dire, je suis fatigué, j'en ai plein les pattes. La fatigue s'est installée au fur et à mesure à Gran Canaria. Parfois, je rentrais d'une longue sortie, je prenais ma collation, et on s'installait sur le lit avec Morgane pour regarder une petite série sur l'ordinateur. Juste allongés. Rien que ça, ça me requinquait. C'était plus compliqué lors des journées de repos, j'avais l'impression de ne pas récupérer. Ce n'était que le lendemain que j'en ressentais les effets bénéfiques. Ça fonctionnait en décalé, je retrouvais de l'énergie.

Quand je m'entraîne à la maison, j'ai des blocs de récupération durant lesquels j'assimile tout ce que j'ai fait, mon corps « tamponne » tout ça. Et une fois que j'ai récupéré, ça repart fort.

Mais pour moi, c'est indispensable de me mettre dans cet état-là pour vraiment pousser le corps dans ses retranchements. C'est cet état-là qui permettra, ensuite, de performer. Je le sais. Lundi matin, j'avais mal aux jambes. Parfois, je me demandais même comment j'allais pouvoir faire mes exercices, mes séances. Pour rouler, pas de problème, tout le monde est capable de rouler cinq heures tranquillement. Mais faire trois kilomètres à 50 km/h quand tu es fatigué, ce n'est pas pareil. Bref, je les faisais quand même et plus ma sortie avançait, mieux je me sentais. Comme si le corps chauffait. Et dans ma tête, je me disais : « *Allez Arnaud, tu y vas, tu y vas.* »

0

Pardon pour l'expression, mais là, j'ai les pattes défoncées. J'ai mal. Si j'avais pu bénéficier ne serait-ce que d'un massage à Gran Canaria, ça aurait été top. Mais je n'ai pas pu. Je crois que c'est le truc qui m'a le plus manqué pour me refaire la patte. J'ai eu beau faire des bottes (mettre mes bottes de pressothérapie) et faire des étirements, ça ne suffisait plus. Quand je dis que j'ai mal, ce sont des contractures musculaires. J'en ai tellement que même si j'avais eu un massage, il aurait fallu qu'il soit léger. J'aurais eu trop mal sinon.

12

Une fois, j'ai fait une nuit de douze heures. Je ne sais pas si je devrais le dire mais un soir, je me suis couché à 21 h tellement j'étais cramé. On avait dîné de bonne heure, je me suis mis au lit et je me suis réveillé le lendemain après avoir fait le tour de l'horloge. Sans forcer !

4

Quatre coéquipiers m'ont rejoint en fin de semaine dernière, comme je vous l'avais dit dans le précédent chapitre. Miles Scotson est arrivé vendredi, Jacopo Guarnieri samedi soir, Ramon Sinkeldam et Valentin Madouas dimanche. Pour la petite histoire, au bout de dix bornes de sortie, sa première en 2021, Miles a pété la patte de son dérailleur avant. Heureusement, Ramon, qui arrivait le lendemain soir, a pu lui amener la pièce neuve et le dépanner. Parce qu'on n'en aurait pas trouvé sur place, c'était trop spécifique.

L'arrivée des gars m'a stimulé. Ils étaient plus frais que moi et ça me poussait à les suivre. Les entraîneurs avaient dû se parler avant parce qu'on a tous eu, parfois, le même exercice à faire le même jour. C'était le cas notamment lundi et mardi dernier. C'était pratique, on a trouvé les bosses dont on avait besoin, les endroits pour faire nos sprints sous forme de confrontations. On se donnait un point de rendez-vous avec les coordonnées GPS et les partages de localisation, c'est assez facile désormais avec les smartphones. Ça nous a bien boostés. Dimanche soir dernier, on a mangé tous ensemble.

Et on n'en revenait pas de se dire que dans un mois, ce sera le début des courses. Petit coup de pied au cul…

60

J'ai fait une soixantaine de sprints au total. Soit des sprints prévus par Julien, soit une pancarte que je voyais au loin, et je me la faisais. Sur une petite dizaine de secondes. Soit à bloc, soit au max de ce que je peux faire pour gagner comme lundi dernier avec Valentin Madouas, où on a fait une pancarte sur une trentaine de mètres. Valentin est descendu avec ses parents. Lundi, il y avait son père, Laurent, avec nous. Il nous a suivis en voiture, c'était sympa, on avait notre petite assistance, les bidons, les vestes à portée de main pour la descente parce qu'il faisait un peu plus frais.

2

On a fait deux terrasses avec Morgane. En habits de vélo, avec les chaussures, en fin de sorties avant de rentrer à l'appartement. Ce n'est peut-être pas très élégant, mais ça passe dans les pays comme là-bas où il y a plein de cyclards ! Je ne le ferais peut-être pas en Picardie… En même temps, tout est fermé à cause du contexte sanitaire.

45

J'ai bu environ un bidon d'un litre d'eau par heure de sortie, soit 45 bidons en dix jours. J'avais toujours deux bidons sur le vélo, exceptionnellement des bidons d'un litre car la norme c'est plutôt 500 ml. Ça me permettait de m'arrêter moins souvent. Je faisais une pause de temps en temps pour les remplir dans les bars ou les petites supérettes que je trouvais sur ma route. Je prenais un petit café, je demandais une bouteille d'eau et je repartais.

1 020

Je vous l'avais dit, Morgane aussi a fait beaucoup de sport. Exactement dix-sept heures en dix jours, quatorze heures et quinze minutes de vélo, mais aussi deux heures et quarante-cinq minutes de course à pied. 1 020 minutes au total. C'est énorme. Elle s'est fait plaisir, c'est top. On était bien.

Travail

J'ai bien travaillé, je suis content. Même si on avait perdu cinq degrés les derniers jours, qu'il ne faisait plus « que » 17-18 °C et que le ciel s'était couvert, j'ai toujours pu rouler en cuissard court, le maillot ouvert dans les bosses, et ça, ça n'a pas de prix. J'ai fait un peu de rab par rapport à ce que m'avait demandé Julien, entre 10 et 15 % au total. Notamment à cause d'une sortie de 6 h 30 où je m'étais un peu planté sur mon parcours initial. J'étais persuadé qu'il ne faisait que cinq heures… Et puis, aussi, à cause d'une journée de repos où j'ai fait 2 h 10 de vélo au lieu d'1 h 30 parce que Jacopo, Ramon et Miles partaient pour quatre heures et que je les avais accompagnés un peu plus longtemps avant de rentrer.

Progression

Vraiment, j'ai bien bossé, j'ai pris du plaisir. Je me suis senti progresser. Entre Saint-Raphaël et ici, je trouvais que je n'avais pas fait grand-chose à la maison pendant les fêtes. C'était sans doute relatif, mais j'avais cette sensation. À Gran Canaria, au fil des jours, je trouvais que ça allait de mieux en mieux. De fait, je suis désormais moins anxieux qu'il y a dix jours où j'avais peur d'être mauvais en arrivant. C'est stressant, mine de rien, de mesurer tout ce boulot qui se présente devant soi. Là, je sais que tout ce qui est fait est fait. Et bien fait. Je sais que le cap que je cherche à franchir tous les ans à cette période est passé. Place au fractionné maintenant, puis à un stage avec l'équipe. Je serai alors fin prêt pour les courses.

Le père siffleur

Vendredi 15 janvier 2021

Picardie. Arnaud travaille. Sous le regard bienveillant de ses parents. De son père Josué, de sa mère Nadine.

J'ai bien dormi depuis mon retour de Gran Canaria. J'ai bien mangé. Les entraînements étaient aussi plus *light*, juste deux ou trois heures de vélo par jour samedi et dimanche derniers, un peu de PPG, de préparation physique généralisée. Ça m'a maintenu bien comme il faut. Depuis lundi, c'est reparti. Je bosse l'intensité en faisant du fractionné, des exercices où je fais des efforts à bloc par petites séquences de 30 ou 40 secondes pendant dix minutes ou plus.

À mon agenda, j'ai la présentation de l'équipe Groupama-FDJ, mardi matin à Paris, sous la forme d'une émission de télé, et conférence de presse en visio avec les journalistes. Puis, l'après-midi je décolle direction l'Espagne pour un stage de sept jours jusqu'au 26. On sera basé à Elche, près d'Alicante, pour la première fois, car à Calpe, pas mal d'hôtels étaient fermés à cause de la pandémie.

Depuis qu'on est rentré, j'ai retrouvé mes parents, ma famille. Et j'ai bien envie de vous parler d'eux.

Pour moi, les parents sont indispensables pour réussir dans le vélo. Mon papa, c'est un papa. Ça peut vous sembler bête ce que j'écris. Il est fier de ce que je fais, il roule avec mes maillots distinctifs, le jaune de Paris-Nice, le vert du Tour de France, le cyclamen du Giro, mais il reste mon papa. Il ne m'a jamais mis la pression pour quoi que ce soit. Quand j'étais junior, j'en ai vu des pères sur le dos de leurs fils, à crier sur le bord des parcours, à leur faire plein de reproches après les courses. Le mien, non. Jamais. Il a toujours été d'une grande bienveillance.

Oui, je crois que la présence des parents est indispensable pour avancer, progresser dans ce sport. Le fonctionnement n'est pas celui du foot où on emmène son gamin à dix kilomètres, qui prend le minibus ou le covoiturage avec ses coéquipiers et qui part jouer accompagné des encadrants du club. Faire du vélo, même en club, c'est faire face à une plus grande solitude, c'est être, déjà, beaucoup plus éloigné géographiquement les uns des autres. Donc, on a besoin de ses parents. Chez les jeunes, entre dix et quinze ans, on a au maximum un entraînement commun par semaine.

Moi, j'ai eu de la chance. Le contexte familial a favorisé mon apprentissage parce que j'ai toujours roulé avec mon père Josué, ma mère Nadine, ma sœur aînée Hélène, mon oncle, mon grand-père et mes cousins. On formait presque un peloton à nous tous. J'ai signé ma première licence au CC Formerie, j'y suis toujours. Mes parents y étaient déjà, mon père était un bon cycliste régional, un peu plus petit et trapu que moi, il allait vite au sprint et même encore aujourd'hui. Ma mère était coursière aussi. Son frère Jacky également, il est d'ailleurs président du club maintenant.

Donc on roulait beaucoup en famille chez nous, sous les couleurs du CC Formerie, et souvent mon grand-père nous suivait en voiture. Comme ça, les petits qu'on était pouvaient s'arrêter, monter à l'arrière, et les grands continuaient. Petit, je détestais m'entraîner. Ça me barbait, surtout l'hiver, je me plaignais, j'avais tout le temps froid, mon grand-père pourrait vous en parler. Encore aujourd'hui, il conduit la voiture pour sécuriser les sorties du club avec son gyrophare et assurer le dépannage. Il aura 81 ans le 12 février.

Petit, on allait souvent voir mon père courir. Je coupais les boucles des parcours à travers les chemins avec mon vélo, ma trottinette ou mes rollers, et je le retrouvais ainsi plusieurs fois pour l'encourager. Je criais comme un fou sur le bord de la route. Je le fais toujours, d'ailleurs, quand je peux, parce qu'à 58 ans, il court encore même si le rythme s'est ralenti à cause du Covid.

J'ai plein de souvenirs avec eux. Dans les années 90, mon père s'était mis au VTT. Et chaque course ressemblait à des grandes réunions de famille. Il y avait celle des adultes, et le même jour, juste avant ou après, il y avait celles pour les petits, souvent les enfants des coureurs, auxquelles je participais. On pique-niquait tous ensemble, il y avait de la camaraderie, c'était génial, j'adorais ça.

Tout ça pour redire que les parents sont importants dans l'accompagnement quand tu commences à prendre goût au vélo. Il faut partir assez loin, il y a de moins en moins de courses de clochers. J'ai eu cette chance que toute la famille soit impliquée et passionnée.

À chaque période de vacances, on faisait des sorties à vélo. De l'île de Ré, un jour, on était parti manger à La Rochelle, on avait passé le pont et c'était un col de haute montagne pour moi, un truc de fou. Je me souviens de la sensation de vitesse incroyable dans la descente, amplifiée par l'étroitesse de la bande cyclable.

Je me souviens aussi du trophée national des jeunes vététistes. Là, je portais le maillot de la sélection de Picardie. Ça durait une semaine, il y avait une course d'orientation, du trial, de la descente et du cross-country, la discipline phare que j'avais gagnée. Il y avait le défilé des délégations, les drapeaux, c'était une immense fête et elle m'avait marqué. Mon père avait passé ses brevets de formation de niveaux 1, 2 et 3 et encadrait les jeunes Picards. Il me suivait, tout comme ma sœur, quand il encadrait les jeunes féminines espoirs. Il donnait un coup de main au comité.

En école de cyclisme, il y avait des petits jeux d'adresse à effectuer, comme passer entre des quilles, faire des petits parcours. Mon père avait regardé le règlement de la FFC et m'avait refait à la maison le même tracé, au centimètre près, qu'il avait dessiné à la craie sur le bitume de la cour de la maison. Il m'avait aussi fabriqué des petites quilles en bois aux dimensions exactes en vue des championnats. Il est très bricoleur. Heureusement que je ne faisais pas du bobsleigh...

Tous les jeunes qui commencent le vélo n'ont pas cette chance, donc. J'avais tout à la maison. Je faisais des huit, des ronds, je m'entraînais à poser le bidon dans un cercle. Plus tard, quand j'ai fait du cyclo-cross, mon père m'avait installé des planches à franchir dans le jardin. Quand c'était du trial, il avait ramené de son travail des vieilles bobines en bois, des trucs énormes que j'essayais de franchir. Il est en pré-retraite aujourd'hui, il était salarié à l'usine Nestlé Grand Froid de Beauvais, qui a fermé après avoir licencié près de 350 personnes. Il a bénéficié du plan de pré-retraite pour les natifs de 1962.

Une fois, mon cousin et moi avions déroulé de la rubalise autour des arbres, dans le jardin, planté des piquets en bois avec un marteau pour faire un circuit de cyclo-cross. Tout l'après-midi, on avait ruiné la pelouse. Si j'avais un gamin, je l'encouragerais aussi. Vas-y, amuse-toi, la pelouse ça repousse, ce n'est pas grave. Mais combien de parents diraient *« Arrête, tu es en train de nous labourer le jardin ! »* Plein, sans doute, au lieu d'encourager. Pourtant, c'est mieux que d'être devant la console, non ?

On faisait des ronds. On mettait trente secondes à faire le tour. Un été, on assistait un cousin avec bidon, serviette et encouragements pour qu'il fasse cent tours. Cent fois trente secondes...

Mes parents étaient toujours là, pour moi ou ma sœur. Une fois, Hélène avait participé aux championnats de France de l'Avenir, à Brignoles, sur la Côte d'Azur. C'était loin et on n'avait pas prévu de l'y accompagner. Au dernier moment, mon père avait dit : « *Allez, tout le monde en voiture, on va voir Pépète !* » On avait roulé toute la nuit. Elle avait terminé cinquième. Et j'avais adoré ça.

Quand mon père participait aux manches de coupe de France de VTT, nos week-ends étaient ainsi réglés : les parents nous prenaient le vendredi à la sortie de l'école, ils avaient la caravane, la voiture était déjà pleine, on filait sur le lieu de l'épreuve souvent dans des régions de moyenne montagne, il faisait sa course, on rentrait le dimanche soir dans la nuit et le lundi matin on était à l'école. Quand j'ai participé au Trophée Madiot sur le Tro Bro Leon, à l'âge de 15 ans, on avait passé la semaine des vacances à Pâques du côté de Lanarvily. Ma sœur révisait son bac dans la caravane pendant qu'on allait faire des petites reconnaissances du parcours avec mon père. J'ai des centaines de souvenirs comme ça.

On faisait tout à fond et tout à quatre. Le vélo est un sport qui coûte un peu cher, surtout quand on pratique tous. Mon père avait de belles roues de course, on n'en avait qu'une paire, alors il nous les prêtait à ma sœur et moi. Souvent, la paire faisait trois courses le dimanche. On s'échangeait aussi les vélos. Je roulais sur les vélos de ma sœur. Quand j'étais plus grand, ma sœur prenait les miens. Ma mère prenait ceux de mon père, puis ça a été moi. Les vélos tournaient dans la famille en fonction des tailles.

C'était une enfance assez itinérante. Les dimanches à la maison se comptaient sur les doigts de la main. Sauf peut-être l'hiver, où on passait du temps au coin du feu de cheminée. Mais le reste de l'année, pour moi, chaque week-end c'était comme des vacances.

L'année où je suis passé junior, au team Wasquehal, mes parents avaient acheté un camping-car. J'avais un entraînement collectif le samedi là-bas, c'était un peu loin. Et mon père m'emmenait. Quatre heures de route pour trois heures de sortie vélo dans la journée. Au début, on avait dit que j'irais une ou deux fois par mois. Finalement, il m'emmenait tous les samedis et il roulait avec nous. Si mon père n'avait pas été là, je ne me serais pas intégré dans ce groupe, un groupe qui m'a stimulé.

Le reste du temps, mon entraîneur Hervé Boussard, le premier de ma carrière, m'envoyait ses programmes. Et jamais mes parents n'ont interféré. Ils ont toujours fait confiance, sont toujours restés à leur place si je peux dire. Et ça, ça n'a jamais changé.

J'étais bien encadré mais ils m'accompagnaient parfois très loin, pour le plaisir. Une année, j'avais été sélectionné en équipe de France juniors pour les coupes des nations au Canada. Ils étaient venus avec ma sœur. Ils étaient restés plus longtemps que moi, avaient pris des vacances là-bas. Quand j'avais fait les championnats d'Europe à Ankara en Turquie, ou les Mondiaux avec Morgane au Qatar, pareil. Mais aussi par amour du vélo, pas uniquement parce qu'ils étaient supporters de leur fils. Mes parents sont des amoureux du vélo. Des vrais. Il leur est arrivé, en plein hiver, alors qu'il n'y avait pas de courses en France, de prendre la voiture sur un coup de tête et d'aller assister à une coupe du monde de cyclo-cross à Namur, en Belgique, pour encourager les Français et vivre ça. Ils sont toujours partants pour faire quelque chose. On est tous comme ça dans la famille. On aime vadrouiller, on aime le goût de l'effort.

Après coup, ma mère m'avait avoué un jour qu'elle trouvait les charges de travail très lourdes chez les juniors. Il faut dire que j'étais passé de petits jeux le mercredi, de « coursettes » le dimanche, à 10 à 12 heures de vélo par semaine. Mais elle n'avait rien dit. Ça passait ou ça cassait.

Je roule toujours avec mon père. Souvent. On part faire du VTT, de la route, des *road-trips* comme en mai dernier où j'avais repris à rouler après ma fracture du scaphoïde, 1 200 kilomètres en sept jours tous les deux jusqu'en Alsace, pour aller voir ma sœur et mon beau-frère.

Quand je m'étais cassé le scaphoïde, j'étais avec mon père. On était à VTT tous les deux. On était mi-mai. On sortait tout juste du premier confinement. Mes plans d'entraînements évoluaient avec Julien, je devais reprendre, faire de l'endurance puis du volume la troisième semaine, puis encore plus la quatrième.

On roulait tranquille, donc. Autant la descente précédente, on l'avait faite à bloc, autant à ce moment-là, ce n'était pas le cas. J'ai pris une ornière, j'ai déjanté, en *tubeless*. Le gel avait sans doute séché, ça n'a pas tenu. Je suis tombé. Mon père s'était déjà cassé le scaphoïde, il ne le sentait pas trop en me voyant par terre. J'ai fini la sortie, on est des durs au mal dans la famille. Ça allait, même si je ne pouvais actionner le frein avant à la fin, la douleur. Bilan de la radio, donc : fracture. Je me disais que j'allais rater tout un cycle de prépa, qu'il allait me falloir beaucoup de temps pour revenir à un niveau convenable. Le chirurgien, quelques jours après m'avoir opéré, m'avait autorisé à rouler avec une attelle. Je l'avais faite mouler au guidon, pour éviter les flottements. J'étais allé chez un orthésiste avec mon cintre de vélo, comme un tennisman avec sa raquette, et il l'avait moulée comme ça. C'était vraiment pas mal.

Un mois après environ, j'ai donc dit à mon père que je devais rouler à présent et je lui ai proposé de partir en *road-trip* une semaine tous les deux. J'avais acheté les sacoches, réservé quelques gîtes ou hôtels. Il était enchanté de partir. On a sorti les cartes. On avait décidé de partir de la maison à cause du coronavirus et on a visé l'Alsace où on voulait rejoindre ma sœur et mon beau-frère, qui était alors prof de menuiserie dans un lycée là-bas, pour sa première année d'affectation. On avait fait 1 150 bornes, 36 h 30 de vélo. On était passé par Meaux, puis au-dessus de Coulommiers. On s'était arrêté à Sézanne dans une petite maison d'hôtes.

On avait léché les Vosges, j'avais demandé à Julien si ça ne faisait pas trop mais il m'avait donné l'autorisation.

Saint-Dizier, Vittel, Épinal, Saint-Dié-des-Vosges, Saverne, 175 bornes le premier jour, 166 le deuxième, puis 203 avant une petite journée de 55 bornes. Le lendemain, 245 bornes parce que le mauvais temps était annoncé donc il fallait avancer. Enfin, 135 bornes. Au retour, Morgane était venue nous rejoindre en train à Reims et on avait fait Épernay jusqu'à la maison ensemble. On avait toujours eu vent dans le dos, trop de chance. Mon père était dans la roue, à de bonnes puissances. En roulant à basse intensité, il est inarrêtable. C'était chouette à vivre. Aller comme ça, en itinérance, je trouve ça génial. On l'avait fait une fois avec Morgane, sur trois jours, et j'avais adoré.

Ça, je m'étais promis de le refaire en 2021. Soit après Paris-Roubaix, soit à un autre moment. Pas le même parcours, mais pour repartager ça avec lui. On n'a pas pu mais on le fera.

Il pilote aussi le scooter, mon père, et le Burdin qu'on a acheté d'occasion cette année à la famille Turgis. Il profite à fond de sa pré-retraite.

En 2019, il m'avait rejoint à vélo alors que je participais au Tour de Slovaquie. Il était jeune pré-retraité, il avait plein d'envies. On parle de plus en plus de tous ces gens qui font le tour du monde à vélo. Mon père a toujours eu ce petit côté routard. Il a fait Paris-Brest-Paris en 2008, en 47 h 59. Il s'était entraîné pour. Il avait passé les brevets de 200, 400, 600 kilomètres. Il nous arrivait, quand il passait tous ces brevets-là, de l'appeler alors qu'on était en repas de famille, pour savoir où il était. On était chez mes grands-parents et lui roulait en pleine nuit. Il nous racontait. Après, il a fait Bordeaux-Paris, tout en faisant des compétitions en parallèle.

Donc, pour la Slovaquie, il avait préparé son *roadbook* et m'avait dit : « *Je viendrai à vélo.* » Il lui fallait un objectif. Il y avait 1 800 bornes à faire. Il était parti de la maison dix jours avant que moi je parte. Il avait pris la tente et faisait une nuit sur deux à l'hôtel. Il avait acheté un petit Gravel, il était ravi. Le jour où il était arrivé, j'avais gagné l'étape. Je savais qu'il était là. On s'était retrouvé juste après la ligne.

Vous savez comment ? Dans le peloton, mon père est surnommé « le père siffleur ». Le repère, pour savoir où il se trouve, c'est son sifflement. Quand il siffle, je sais où il est. La saison dernière, mes parents sont venus me voir sur le Giro, ils voulaient me voir avec le maillot cyclamen. Ils m'avaient dit qu'ils seraient à l'arrivée de l'étape. Il y avait un col à monter, beaucoup de lacets sur la fin. À deux kilomètres de la bascule, alors qu'il devait nous voir en contrebas, il se met à siffler. Je l'entends et je me dis : « *Ils sont là.* » Pourtant, il y a plein de gens qui sifflent ou qui crient. Mais lui, je le capte direct. Du coup, je siffle aussi pour lui répondre, tous les mecs sont morts de rire dans le gruppetto. Je prends cent mètres d'avance parce que plus ça allait et plus je sentais ses sifflements se rapprocher. On pouvait se le permettre parce qu'on était hyper large pour les délais, on avait bien roulé dans la vallée. Donc, j'avais pris cent mètres et je m'étais arrêté pour leur faire un petit coucou avant de repartir.

Ma mère, elle, est toujours aux petits soins. Le week-end dernier, elle m'a fait une galette des rois allégée, en remplaçant le beurre par de la compote. J'ai eu la fève mais je soupçonne mon père de l'avoir vue en la découpant. Elle a toujours été comme ça avec moi, ma mère. Elle était secrétaire de l'agent comptable dans un lycée de Beauvais, le lycée où j'étais scolarisé. Elle bataillait pour que je puisse bénéficier d'aides parce que la difficulté, pour moi, c'était de concilier mes dix ou douze heures d'entraînement par semaine en plus des cours, sans aménagement d'horaires ni soutien, et sans compter les absences quand j'étais sélectionné en équipe de France.

Parfois, j'avais des trous dans mon emploi du temps. Alors il arrivait que mon père gare le camping-car familial sur le parking du lycée. Je sortais de mes cours, j'avais passé la journée à regarder par la fenêtre le temps qu'il faisait dehors. Mon vélo était dans le camping-car. J'allais faire mes deux heures de vélo, je faisais mes exercices, je rentrais, je prenais ma petite douche et je retournais en cours.

C'était dur, franchement, de concilier les deux. L'hiver, il m'arrivait d'aller rouler dans Beauvais et dans la nuit, après mes cours. Il était 17 h 30, j'avais ma petite lumière et je faisais une boucle dans une zone industrielle bien éclairée. Je prenais toujours à droite. La boucle faisait près de deux bornes. Je faisais ça pendant une heure et je rentrais.

Les mardis d'école, il y avait souvent des réunions sur piste en soirée. Quand j'étais au collège, ma sœur et moi on se rejoignait à la récré et on était content quand il ne pleuvait pas. Ça voulait dire que la réunion piste ne serait pas annulée le soir. On se disait : « *C'est trop cool, il fait beau, ce soir on va pouvoir aller à la piste.* » Nos parents mettaient nos vélos dans la voiture, ils nous récupéraient à l'école et on filait sur le vélodrome de Creil ou de Senlis, à une heure de route de là. Et tout le monde courait, mon père, ma sœur et moi. On était avec les copains du vélo, on était bien.

Ça ne favorisait pas tellement les relations avec les camarades de classe. Je n'ai jamais eu vraiment de copains de classe, d'ailleurs. Je n'avais pas les mêmes centres d'intérêt. Au lycée, les mecs allaient parfois manger un kébab en ville quand moi je préférais rester à la cantine parce que je leur disais que dimanche, j'avais une course importante et que je voulais bien manger. C'était comme ça. Certains s'amusaient, sortaient picoler. Moi, je sortais mon vélo et je rentrais à la maison. Je voulais rouler.

Je ne les voyais pas non plus en dehors de l'école. Mon meilleur copain, c'était mon père. Il m'emmenait faire des petits parcours, sans cesse des trucs nouveaux. Avec lui, tous les week-ends c'était comme des vacances.

Je parle là des camarades de classe, mais il y avait aussi les profs. Je n'ai jamais été vraiment aidé. Quand je disais que j'étais en sélection avec l'équipe de France et que je manquais une semaine d'école, les profs faisaient la gueule. Quelques-uns étaient sympa, mais ils se comptaient sur les doigts d'une main. Ils me disaient tout le temps de choisir entre l'école et le vélo. Ma mère avait fait une demande d'athlète de haut niveau. C'est sur ce genre de points qu'elle était hyper-importante. Elle bataillait pour que je puisse bénéficier d'aides, pour que je puisse ne pas justifier mes absences sans cesse. Dès l'instant où j'avais une convocation pour l'équipe de France, c'était bon. Mais sinon, c'était galère.

Voilà, vous comprenez peut-être mieux pourquoi c'est important les parents pour un jeune cycliste. Les miens l'ont été en tout cas. Ils ne me font jamais de reproches. Ils savent que quand je perds, je suis le premier déçu. Ils ne sont ni mon coach, ni mon entraîneur, ni mon directeur sportif. Ils n'ont jamais remis en cause un entraînement, une course. Ils n'ont jamais tenté de connaître la tactique de course avant les autres. Ça a toujours été très sain. Tout a toujours été très constructif et bienveillant, sans pression. Ils ne m'ont jamais parlé de professionnalisme à la maison. C'est venu quand j'avais dix-huit ans, lors de mon premier contact avec la FDJ. Mais sans s'emballer. Il y avait toujours une marche à franchir après, une autre étape qui m'attendait.

Ils sont mon père et ma mère, une force tranquille, un socle. Ils ne sont pas juste supporters de leur fils. Mes parents sont des amoureux du vélo. Des vrais. Ils vivent le vélo. Et peut-être un peu plus fièrement encore, à travers moi, car ils n'auraient sans doute jamais imaginé que je devienne un jour cycliste professionnel. Et je les remercie. Tellement.

Julien

Vendredi 22 janvier 2021

Elche, au sud d'Alicante, en Espagne. Stage d'équipe. Arnaud va croiser son entraîneur, Julien Pinot. Ce qui n'est pas si fréquent.

On a une relation spéciale avec nos entraîneurs, nous les cyclistes. On se voit très peu avec Julien, sans doute moins d'une dizaine de fois dans l'année, tout simplement parce qu'il n'est pas juste mon entraîneur mais celui d'une petite dizaine d'autres coureurs.

Mardi dernier, on a rejoint Elche, au Sud d'Alicante en Espagne, pour le traditionnel stage avant la reprise de la saison. Je sais déjà que je ne vais presque pas le voir. Il va juste faire un saut de puce ce samedi parce que l'équipe est scindée en plusieurs groupes un peu partout dans le monde. Certains sont au mont Teide, d'autres à Gran Canaria, en Sierra Nevada, et à Elche. Julien va pas mal voyager. Vous imaginez si j'étais footballeur et que je voyais mon coach aussi peu souvent ?

Julien Pinot : « *La question des footballeurs est intéressante. On est trois entraîneurs dans l'équipe Groupama-FDJ, on a dix coureurs chacun, neuf pour moi cette saison. Donc autant de façons d'entraîner différentes. Je m'occupe d'Arnaud, de Thibaut Pinot, Stefan Küng, Rudy Molard, Sébastien Reichenbach, Anthony Roux, Tobias Ludvigsson, Kevin Geniets et Matteo Badilatti. Chacun sur des lieux différents, avec des objectifs propres. On n'est en effet pas dans les mêmes problématiques qu'une équipe de football.* »

C'est donc une relation singulière qui s'est bâtie au fil du temps avec Julien. Quand j'ai signé professionnel dans l'équipe FDJ, je voulais continuer à être entraîné par Hervé Boussard, mon coach de toujours depuis les juniors. La direction avait accepté. Malheureusement, Hervé est décédé quelque temps plus tard. Julien venait d'intégrer le staff, on avait fait connaissance et on avait fini par se lancer tous les deux. On avait un bon feeling. J'aimais déjà sa discrétion. Voilà, c'est ça : Julien, il est discret, efficace, humble, compétent.

Il fait beaucoup de choses pour l'équipe, au-delà des entraînements. Il prend des rendez-vous pour nous, il organise, il optimise, il s'investit aussi beaucoup avec Fred Grappe, directeur du département scientifique de l'équipe, sur les questions de développement du matériel. Il fait un boulot énorme. Et ça paie. C'est notre « doctor », je dis ça parce qu'il a un doctorat en Sciences du Sport.

Julien Pinot : « *Quand Hervé Boussard est décédé en juin 2013, Arnaud avait choisi de me faire confiance pour prendre la suite. Il était très attaché à Hervé. Ça n'avait pas été facile pour moi de lui succéder, la barre était haute. Pour moi, il y avait un challenge sportif élevé à relever, car j'étais tout jeune entraîneur, mais aussi un challenge humain. On avait posé les bases de notre collaboration une veille de Paris-Bourges, une discussion où j'avais voulu comprendre son approche, sa construction au fil des ans. L'idée, c'était de repartir de ce qu'Arnaud faisait puis, petit à petit, de l'amener vers le modèle d'entraînement auquel on croyait.* »

Donc, compte tenu du contexte et de l'absence quasiment totale de vrais échanges en présentiel, on échange énormément avec Julien, la plupart du temps sur WhatsApp, ou via la plateforme de l'équipe Groupama-FDJ sur laquelle on télécharge toutes nos séances d'entraînement. Il les dissèque, il m'envoie ses commentaires. Il est hyper-réactif, Julien. Il ne se passe pas deux jours sans que l'on ne se donne des nouvelles. Pour les sensations, c'est surtout par messages. Pour la météo aussi. S'il fait un temps pourri, il me dit si je peux sauter ma séance et la repousser au lendemain. Il m'aide à jongler, comme le week-end dernier avec la neige en Picardie. Il m'a dit que je pouvais remplacer ma sortie par du *home-trainer*.

En début de semaine, j'avais un rhume, j'étais pris du nez, ça me tombait sur les bronches et ça me bouffait de l'énergie. Julien a modifié un peu mes séances, avec l'idée d'être surtout opérationnel pour le stage et la première sortie vélo de mercredi en Espagne. J'ai roulé mais sans me fatiguer afin de lutter contre le virus. Un peu en équilibre, sur un fil. Il est hyper-rassurant : *« T'inquiète pas, le but c'est que tu récupères. Le stage va te permettre de travailler, ce que tu as déjà bien fait avant. »* Ou alors : *« T'es pas à une heure près. Reste au chaud. Ne va pas mouiller. T'as déjà fait un gros volume. »*

Mercredi, il y a dix jours, j'ai fait une grosse journée. C'était après le retour de Gran Canaria : une session sur le *home-trainer* durant laquelle je n'avais pas réussi à tenir les séries qu'il m'avait demandé de faire, et deux heures trente de VTT sous une météo pas terrible. Je n'étais pas très satisfait de moi et lui m'a répondu : *« Ça t'a fait une grosse journée au final. La première séance de PMA est toujours déstabilisante car tu retournes dans des zones d'efforts intermittents assez inconfortables. Mais il faut en passer par là. »* C'est typique des messages qu'il m'envoie. Là, il voulait me dire que c'était normal si je n'avais pas eu de bonnes sensations, que j'avais oublié que le vélo ça faisait mal.

Je suis sans cesse en train de douter car je suis exigeant, mais ça vous le savez maintenant. Est-ce que je fais les choses bien, est-ce que ceci, est-ce que cela ? Si ça se trouve, je suis chiant.

Julien est le premier à voir quand je suis en forme ou pas. Morgane, mon épouse, le voit à ma tête, je vous l'avais déjà raconté, ça. Julien, lui, il le voit à travers les chiffres. C'est assez fascinant. Il est capable de me dire comment je vais en comparant mes moyennes avec les années précédentes, les puissances de mes sprints d'entraînement et plein d'autres trucs.

Julien est toujours positif et ça me fait du bien. Il est motivant. Il est là. Ses paroles, ses écrits, comptent beaucoup. Notre relation va un peu au-delà de la relation entraîneur-entraîné. C'est obligé. On a besoin de ça, on a besoin d'humain. On a besoin de se prendre dans les bras, de se taper dans les mains. Cette année, la seule fois où il avait pu venir sur l'une de mes courses, j'avais gagné. C'était à Milan-Turin. Et c'était bon de pouvoir partager ça avec lui, au présent, autrement que par sms ou des semaines plus tard. Il essaie de venir de plus en plus sur mes courses.

Julien Pinot : *« Aller sur les courses, j'y tiens, même si je sais que dans certaines équipes, les entraîneurs n'y vont jamais. C'est pourtant là que beaucoup de choses se passent. Je me dis que si on était un peu plus nombreux, on passerait aussi un peu plus de temps chez l'athlète. »*

Je suis très reconnaissant du travail qu'il accomplit auprès de moi et des autres coureurs. En août 2019, on avait eu une longue et belle discussion tous les deux. Je sortais d'une saison décevante pour moi, malgré six victoires je crois. Et je sentais que ça n'allait pas, que ça allait moins bien entre nous. Julien était venu à la maison, on avait parlé des heures. Je lui avais dit : « Julien, j'aimerais te sentir plus présent avec moi. Je veux que tu me dises s'il y a des choses que je ne fais pas bien, voire mal. Je veux que tu me dises les choses. Je suis prêt à travailler plus, je veux gagner des courses, je veux aller plus haut. Dis-moi si je dois faire plus de sprints, plus d'heures, si tu veux me mettre des charges d'entraînement plus fortes. Dis-le-moi. Je suis prêt à y aller, à encaisser. »

Julien a été franc. Il m'a demandé, si je prends l'exemple d'une séance de fractionné, de rouler plus fort entre chaque exercice spécifique, de tenir un rythme plus élevé. Je faisais mes exos à fond mais entre les deux, je tournais la patte tranquille. Alors j'ai haussé le curseur. On a pu se dire les choses, sans se vexer l'un et l'autre, sans se faire la gueule après. J'ai besoin qu'il me dise quand ce n'est pas bien.

Julien Pinot : *« Je sentais moi aussi cet échange arriver, qu'il était nécessaire. 2019 était une saison charnière pour Arnaud et il avait été déçu par ses résultats. On avait une difficulté : on demandait à Arnaud de gagner des sprints, et l'équipe avait aussi de gros objectifs avec lui sur les classiques. Ça a pu fonctionner à une époque, mais quand on voit depuis trois ou quatre ans des Van Aert ou des Van der Poel briller sur ces classiques, ce sont des profils différents d'Arnaud qui, lui, n'était pas construit sur ce modèle. Donc, de mon côté, en termes d'entraînement, c'était compliqué. De son côté à lui aussi. On a voulu concilier les deux mais il a finalement perdu un peu au sprint. Ses équipiers ont aussi perdu parce qu'ils n'étaient pas faits pour les classiques. On avait donc affaibli un peu tout le train, et notre relation avec, de façon insidieuse. Donc on s'est vu chez lui. On a tout mis sur la table y compris le fait que je comprendrais s'il voulait choisir un autre entraîneur de l'équipe. On s'est dit ce* *qu'on attendait l'un de l'autre, Morgane était là et c'était bien qu'elle soit là. Et on avait fait le choix, avec lui et le staff, que le but en 2020 serait de gagner. Le programme s'était donc plutôt orienté vers le sprint, y compris pour son train et ça avait tiré tout ce groupe vers le haut. Ce sera pareil en 2021, en incluant quelques classiques susceptibles de se terminer au sprint. »*

Ça nous a relancés, presque comme un couple. De temps en temps, maintenant, il arrive à se libérer une journée pour venir à la maison ou sur un lieu de stage personnel. Il pilote le scooter, on mange ensemble. On est un peu pudiques avec Julien, mais quand même, quand on se voit, on se prend dans les bras. On se fait des petits cadeaux parfois. Il me ramène du miel des Vosges, moi du chocolat. Il prend de mes nouvelles tous les jours. Par contre, forcément, ça tourne souvent autour de ma petite personne et ça m'embête, ça. Forcément, je lui demande toujours comment il va, mais 90 % du temps ça tourne autour de moi. Vous comprenez ce que je veux dire ? J'ai l'impression de ne pas lui rendre la pareille. Et c'est comme ça avec quelques personnes qui comptent pour moi. J'aimerais partager plus de choses, que le prisme des discussions change. Ça me gêne mais quelque part je sais que j'en ai besoin et que c'est comme ça pour l'instant. Ça viendra après, j'espère.

Julien Pinot : « *Arnaud, c'est un bosseur et un mec très reconnaissant. Il aime bien faire des petits cadeaux, c'est vrai. Il y a de l'humain avec lui. On est capable de parler d'autres choses que de vélo. C'est pour ça que j'aime mon métier et que je ne me vois pas travailler ailleurs. J'ai eu des propositions, avec ou sans*

Thibaut, mais ce sont entre autres ces relations-là qui me font rester et prendre beaucoup de plaisir. »

J'ai confiance en lui. Je crois en ce qu'il me donne à faire. Les résultats valident notre travail. Souvent, Julien me dit : « *Arnaud, n'oublie pas les bases.* » La vélocité, le coup de pédale, la technique, comme les footeux. Il jauge, il gère ma forme. S'il n'y avait que moi, j'aurais envie de faire toutes les courses. Il me freine, me dit que ça va faire trop avec les voyages, les temps de récupération. Donc je freine et je le fais sereinement. Il programme mes journées, mon calendrier aussi, les dates de mes stages personnels. Morgane, par exemple, quand je coupe entre deux blocs de courses, attend que Julien nous donne des dates pour y caler les vacances. À La Clusaz, en juillet dernier, on était partis quinze jours avec Morgane. J'avais dit à Julien que je voulais bosser mais que j'avais aussi envie de profiter d'elle. Julien avait tout bien planifié : il avait réparti la même charge de travail que prévue initialement, mais différemment. Et il fait ça pour tous les autres coureurs.

Julien met de l'humain dans les relations. Quand j'étais arrivé à la FDJ, Fred Grappe, le directeur scientifique de l'équipe, et lui avaient fait un diaporama de présentation. Je me souviens qu'il y était écrit que la robotisation ça ne marchait qu'un temps. Qu'à un moment donné, il fallait détendre la corde au niveau psychologique. Qu'on était des sportifs de haut niveau, mais qu'il fallait parfois savoir lâcher un peu de lest. Si je dis à Julien un jour que je ressens le besoin de récupérer un peu, que ça ne va pas, il l'accepte, il adapte. Il sait que je ne suis pas un fainéant. Avec lui, l'aspect psychologique est tout aussi important que le reste, la fraîcheur est source de confiance et d'envie. C'est une génération d'entraîneur qui a intégré ça.

Julien Pinot : *« J'ai toujours considéré que les coureurs ne sont pas des élèves qui se contentent de boire des paroles et des cours théoriques. Ils sont acteurs de ce qu'ils font, avec des degrés d'autonomie qui diffèrent, des besoins différents. L'idéal, c'est de coller au mieux aux attentes tout en tirant le meilleur d'eux. »*

En août dernier, par exemple, je sortais du Tour du Poitou-Charentes où j'avais gagné. Julien m'avait prévu cinq jours sans vélo. Et moi, j'avais peur de couper. Je ne voulais pas couper tellement je me sentais bien. Je pensais que j'allais tout perdre. Julien m'a expliqué que c'était nécessaire, que sinon j'allais tout perdre sur le Giro. J'ai coupé, frustré. J'avais repris au Tour du Luxembourg avec de mauvaises sensations, même si j'avais gagné une étape en me faisant violence. Ça m'énervait, j'avais mal aux jambes, je souffrais, j'étais cramé.

Lui m'avait expliqué que c'était normal. Moi, je doutais. Je voyais arriver le Giro, le moment le plus important de ma saison, et ça n'allait pas. Finalement, j'avais récupéré en Sicile, avant le grand départ. La première arrivée au sprint n'était pas pour tout de suite. J'avais poussé un peu le moteur pour voir, comme ça, en faisant des petits exercices. Et là, ça faisait pam pam pam pam. Le corps répondait. J'avais envoyé un message à Julien : « Ça y est, c'est reparti, je le sens. C'est trop bien ! » Sur ses conseils, j'avais fait le chrono à fond, je sentais ma forme arriver. C'était monté crescendo. On connaît la suite, j'ai fini encore mieux qu'au mois d'août.

Julien Pinot : *« Quand Arnaud commence à gagner, il ne se pose plus de questions. Quand il perd la confiance, il s'en pose beaucoup, gagne moins alors qu'il est toujours aussi fort physiquement. C'est le propre du sportif de haut niveau exigeant. Et je préfère lui montrer le verre à moitié plein qu'à moitié vide. »*

Julien gère donc tous ces paramètres. J'ai beau me connaître, avoir de l'expérience du haut de mes 29 ans, c'est assez fascinant encore une fois de voir que lui sait. Sans doute parce qu'il a plus de recul et de hauteur que moi qui avance la tête dans le guidon avec mes émotions à gérer, canaliser. Pour moi, dossard + forme = à fond jusqu'à ce qu'il n'y ait plus d'essence dans le moteur

Julien me tempère, me motive, me guide. Et ça, pour moi, ça ne s'apprend pas. Il dégage ça. C'est inné. Rare. Précieux.

Les contrariétés

Vendredi 29 janvier 2021

Le Tour de Valence, en Espagne, course de reprise d'Arnaud, vient d'être annulé à cause de la pandémie mondiale.

Je suis rentré mardi soir. J'ai eu la chance d'avoir un vol direct Alicante-Beauvais. J'étais le seul de l'équipe à pouvoir rentrer sans faire d'escale. À 22 h 30 j'étais à la maison.

La mauvaise nouvelle, c'est l'annulation du Tour de Valence, tombée hier après-midi... Ignatas Konovalovas nous a envoyé un message sur notre groupe WhatsApp : « *Valence annulé* ». Dix minutes après, mail de confirmation de notre directeur sportif... J'étais dégoûté. Ça implique pas mal de choses. La première, c'est que ma saison ne reprendra qu'au Tour de Provence, le 11 février. Donc d'ici là, je fais quoi ? Est-ce que je garde mon billet d'avion de lundi, je retourne en Espagne comme c'était prévu mais je m'organise un petit stage perso là-bas à la place de la course ?

Ramon Sinkeldam m'a dit qu'il serait d'accord pour me rejoindre. Ça me permettrait, en plus, de récupérer ma valise et mon vélo que j'avais laissés. J'étais rentré juste avec un sac à dos vu que j'y retournais. L'équipe, elle, avait laissé quelques véhicules et va devoir aller les récupérer. C'est peut-être la solution. L'hiver est rigoureux en Picardie. Il pleut depuis que je suis rentré, il fait moche partout en France, c'est difficile de s'entraîner et je vais avoir besoin de soleil... Je vais voir avec Julien qui doit refaire les programmes de pas mal de coureurs... Je regarde depuis hier soir sur *Booking* pour un logement. Je suis dans le flou, pas mal déstabilisé.

De toute façon, depuis un moment, j'ai des craintes quand je vois toutes les courses qui s'annulent. On venait de finir un nouveau gros bloc de travail avec les gars, à Elche. On était tous contents, en forme. Mais quand on s'était quitté mardi, on s'était dit « peut-être » à la semaine prochaine... C'était prémonitoire. Lundi, déjà, on avait reconnu le final de l'étape Alicante-Alicante prévue jeudi prochain. L'arrivée devait avoir lieu dans Alicante, un sprint tout plat. Finalement, elle avait été décalée à quatre ou cinq kilomètres du centre-ville, par mesure de précaution. On y était donc allé. Arrivée dans un petit pétard, donc rien à voir. On se projetait. Et puis lundi soir, on avait reçu un mail qui nous informait que, finalement, l'étape ne serait plus Alicante-Alicante mais encore une autre. Bon, finalement il n'y aura rien du tout.

On devra s'adapter toute la saison de toute façon, au gré des changements de parcours et des annulations. J'avais prévu de courir le Circuit de la Sarthe entre Gand-Wevelgem et Paris-Roubaix. Annulé. J'ai donc un trou de quinze jours à ce moment-là. Est-ce que j'irai au Tour des Flandres ou ailleurs ? Je ne sais pas. Algarve est annulé, Denain reporté. En fait, cette saison sera l'opposé de la précédente. En 2020, on avait un programme post-déconfinement, on enchaînait les courses tout le temps sur une période très ramassée. Là, on va avoir une course, puis quinze jours sans. Et ainsi de suite. Et sans doute il faudra partir vers le beau temps pour garder la forme qu'on est allé chercher pendant l'hiver. S'entraîner. Ceux qui s'entraînent ces derniers temps en altitude pour préparer le Tour d'Algarve, ils font comment ? Ils font plus léger.

Là, avec l'annulation du Tour de Valence, ma saison devrait donc débuter au Tour de Provence. J'espère qu'il sera maintenu parce que sinon, ma saison ne commencera que dans un mois. Il faudra que je m'adapte, ce sera vraiment le mot d'ordre. J'ai vu que la Belgique avait fermé ses frontières. Nous sommes considérés comme des travailleurs, donc on va pouvoir passer. Mais les règles diffèrent selon les pays. Jacopo Guarnieri, mon poisson-pilote italien, est embêté parce que la région dans laquelle il habite est en zone rouge. Il va peut-être être obligé d'habiter dans une autre région pendant deux mois pour éviter les mises en quarantaine obligatoires à chaque retour.

Le Covid s'est installé durablement. Il faut bien l'intégrer dans notre organisation parce que sinon, ça peut vite nous compliquer la vie. Notamment la gestion des tests. Les nouveaux textes en vigueur depuis dimanche en France nous ont obligés à effectuer un test PCR avant de rentrer d'Espagne. Je trouve ça tout à fait normal. C'était déjà le cas en Italie ou aux Pays-Bas, on en avait parlé avec les collègues. Lundi dernier, on avait donc fait les tests dans un laboratoire à Alicante. J'avais peur de ne pas avoir les résultats à temps pour pouvoir rentrer. Ça m'aurait obligé à dormir une nuit de plus à Elche, ce qui m'aurait un peu contrarié vu que je n'avais que cinq jours à la maison avant de repartir. J'avais reçu mon résultat, négatif, par mail, mardi à 14 heures. J'avais donc pu rentrer sans encombre.

Ça n'avait pas été le cas d'Attila Valter, notre coureur hongrois, qui avait galéré pour rentrer à Budapest depuis Alicante. Son vol exigeait une escale à Amsterdam. Il avait fait un test PCR comme nous, sauf que les Pays-Bas exigeaient un test PCR négatif le jour de son arrivée à l'aéroport plus un test antigénique de moins de quatre heures. Donc il n'avait pas pu reprendre l'avion et il avait dormi une nuit de plus que prévu pour tout avoir à jour.

En Espagne, c'est 120 € le test. On était une vingtaine de coureurs. On y était allé entre les massages, en deux groupes. Je vous laisse calculer. Ça fait un bon budget pour l'équipe sur une saison… Parce qu'il faudra en faire à chaque retour quand on courra à l'étranger.

Entre les courses, il faudra que l'équipe s'organise pour trouver un labo, qu'on y aille après une étape bien ciblée pour avoir les résultats à temps afin de pouvoir reprendre l'avion. Sans oublier que les labos sont fermés le dimanche et qu'on doit présenter un test de moins de 72 heures…

Depuis début décembre, j'en ai fait un pour aller à Gran Canaria, un autre pour partir à Elche en stage et un troisième pour rentrer en France. Ce dernier devait m'autoriser à prendre le départ du Tour de Valence car l'UCI accepte un test PCR négatif à J−10 jours sur les courses World Tour. Je devais en refaire un aujourd'hui (vendredi) pour pouvoir reprendre l'avion et être ok pour le Tour de Provence. Je vais décaler un peu, sauf si je retourne en Espagne quand même...

Pour Milan-San Remo, par exemple, je vais en faire un pendant Paris-Nice puis un autre pour pouvoir prendre l'avion et rejoindre Milan. Et enfin un autre pour pouvoir monter dans l'avion du retour.

Bon, pour résumer, on va tourner en moyenne à deux ou trois tests PCR par semaine. La saison dernière, entre juillet et novembre, j'ai dû en faire une trentaine, je crois. Ça va assez vite le test en soi. Mais ce qui est plus compliqué à intégrer, c'est de trouver les labos, les prises de rendez-vous pour avoir les résultats à l'heure, et se déplacer pour aller les faire. On fait ça nous-mêmes quand on n'est pas en course.

Bref, je ne dis pas ça pour me plaindre. On s'adapte, ça va le faire. C'est juste pour vous raconter comment ça se passe, parce que, globalement, je trouve ça assez normal de faire des tests car on voyage beaucoup. Autant j'ai toujours plein de petites peurs qui surgissent quelque temps avant la reprise de la compétition, autant je n'ai pas peur de choper ce virus. J'ai surtout peur de ne pas pouvoir courir si je le chope.

Je traîne une bonne rhinopharyngite depuis dix jours. Je n'aurais pas pu prendre le départ d'une course il y a une semaine. C'était dur à Elche, en début de stage. Ça m'a mis un coup au moral, d'ailleurs. Je pensais que ça allait repartir à fond en étant au soleil, mais non, ça a stagné un moment. Par contre, lundi et mardi dernier, super jambes, ça allait beaucoup mieux.

J'avais tout mon train avec moi, Jacopo Guarnieri, Ramon Sinkeldam, Miles Scotson, Kono (Ignatas Konovalovas). Il y avait aussi Clément Davy et Mickaël Delage. J'ai vu Julien Pinot, il est resté quelques heures avant de repartir vers un autre groupe. On a parlé une heure et demie, de l'après stage, de la saison, de l'hiver. On a bien su s'adapter à mon virus.

C'était bien ce stage à Elche. Il y avait beaucoup d'envie de jouer sur le vélo. Lundi, sur la fin, il y en a un qui s'est mis à jouer, à attaquer. Ça suivait, ça se retournait, ça accélérait, et ça partait en mode course. Quinze bornes comme ça, à se flinguer. C'était à celui qui allait faire le plus mal à l'autre, à faire péter les mecs un par un. On avait fait nos exercices, on était bien entamé. Mais ça jouait. Ça veut dire qu'il y a une forme d'excitation. Jacopo me disait qu'il avait hâte d'être en course. Et ça se voyait. Les mecs sont en forme, c'est agréable de le sentir.

On a travaillé le train, le sprint. J'étais stressé, moi. Je me disais : « *Est-ce que je vais pouvoir sprinter après leurs relais ?* » Parce que je ne connaissais pas trop mon niveau avec le contretemps dû à la rhinopharyngite. Je soufflais dans leur roue. Ils lançaient vraiment fort. J'étais déjà à bloc après le relais de Miles. Suivait celui de Ramon. Puis Jacopo très fort. On avait des petits marqueurs au sol, 500 m de la ligne, 200 mètres, l'arrivée avec le scooter, les gars avec leurs indicateurs, leurs temps de puissance à maintenir. Et moi, je me parlais : « *Allez, allez, vas-y, vas-y.* » Et je lançais mon sprint. T'es en Espagne, il n'y a personne sur la route ni autour de toi, et je m'arrachais, comme si j'étais en course.

On a fait plusieurs simulations comme ça, chacune différente. Faux plat descendant, vent au cul ; petit pétard où en haut, j'étais à 45 km/h à l'arraché. Ça m'a rassuré. Les mecs pouvaient m'emmener fort et ça répondait, j'arrivais à encaisser. Pour moi, ça fait plus mal ici, en stage, qu'en course. Donc je suis content. J'ai fait de beaux sprints. Les gars m'ont montré qu'ils étaient en forme et réciproquement. Ça m'est déjà arrivé par le passé de péter dans leurs roues. Je m'en souviens encore. On était au mois de juin, en Corse, pour préparer le Tour de France. Le dernier jour du stage, les gars lancent un sprint, et moi j'étais tellement cuit que je ne pouvais plus suivre, même pas boucher le trou. Les excuses. Le doute, après…

Ils voient quand je suis bien. Je vois quand ils sont bien. Là, on a confiance en nous. Ça ne veut pas dire qu'on va gagner, la course fera son œuvre, mais on sait qu'on sera là.

Et puis il y a une autre sensation avec laquelle j'ai renoué : la vitesse. Rouler vite, juste ça. Coller les roues à bloc. Freiner pour ne pas toucher. La sensation des vaguelettes, inévitables. Le vent. Le braquet. L'air. La force. Le collectif. Qu'est-ce que c'est bien, mais qu'est-ce que c'est bien de sentir ça, je vous jure !

C'est le fruit d'un gros hiver, de l'enchaînement et de l'assimilation de gros blocs de travail. De tout ce que je raconte depuis début décembre et ces chapitres.

Je suis rassuré aujourd'hui. J'ai poinçonné chaque étape de ma préparation. Les résultats, ce sera autre chose. Mais au moins, je n'ai pas de retard. J'apprécie chaque moment à la maison. Prendre un beau petit-déjeuner avec Morgane le matin. Voir mes proches. Dormir dans mon lit. C'est tout con mais j'aime ça.

En attendant de savoir si je repars lundi ou pas, je suis sûr d'une chose. J'ai envie. C'est difficile à expliquer, ça. J'ai envie de vitesse et de sprints. J'ai envie d'y être à ce début de saison. Je ne sais pas si je vais gagner, mais je sais que je suis prêt à me battre, à me faire mal, que je suis toujours plus fort en course qu'à l'entraînement. En course, je m'arrache.

À Elche, quand on faisait nos jeux, c'est comme si j'avais un dossard dans le dos. Je voulais leur faire mal. Je voulais les battre. L'adversité me stimule, me fait décoller. Je suis construit comme ça. Les mecs peuvent avoir trois ou quatre mètres d'avance, tant que je ne les ai pas doublés, je ne me relève pas. On a joué avec Ramon, lundi. On était tous les deux devant. Il me faisait mal. Je revenais, je revenais. Il avait gagné, avait coupé son effort, mais moi je n'avais pas coupé le mien. Et une fois doublé, je lui ai dit : « *Allez, c'est bon, on a fini.* » Ça me fait rire rien que d'y repenser. Je ne peux pas m'en empêcher. Je veux gagner.

Voilà. Je suis conquérant. Être conquérant, pleinement, c'est un sentiment difficile à atteindre. On se ment un peu à soi-même parfois, on peut se dire conquérant sans l'être au fond de soi, et ce pour différentes raisons. Là, je vous le dis : je suis conquérant. Je suis heureux. Dans l'incertitude depuis hier parce qu'il faut que je reste compétitif malgré l'annulation des courses, mais heureux quand même.

Adaptation

Vendredi 5 février 2021

Reprise de la compétition décalée. Vrai coup de blues. Nouveau stage personnel en Espagne.

L'annulation du Tour de Valence, qui devait être ma course de reprise cette semaine et pour laquelle je me sentais vraiment prêt, conquérant, m'a mis un vrai coup au moral. Je ne vais pas vous mentir, je suis transparent depuis le début… Le week-end dernier, j'avais vraiment le blues. Voilà. On n'est pas fait pour s'entraîner tout le temps. Moi, ce que j'aime, ce que je voulais, là, c'était courir et gagner le plus rapidement possible cette saison. L'idée de devoir patienter, de peut-être perdre les bénéfices de tout mon travail hivernal en attendant à la maison le départ de la prochaine course notée à mon calendrier, à savoir le Tour de La Provence (11-14 février), ne m'enchantait guère. C'est comme si c'était ma petite entreprise que je voyais couler jour après jour.

Parce qu'ici, dans ma Picardie, les conditions sont toujours un peu rudes. Dimanche dernier, j'ai roulé trois heures, il faisait 1 °C. J'avais la grosse cagoule sur la tête pour me protéger au mieux du froid. Ces conditions-là, ça va bien une journée ou deux, mais ça ne remplace pas les entraînements sous le soleil et la chaleur. Donc, l'idée de repartir dans le sud de l'Espagne pour un stage personnel improvisé a fait son chemin. En plus, j'avais laissé ma valise et mon vélo à l'hôtel à Elche vu que je devais y retourner cinq jours après le stage d'équipe pour la reprise de la saison…

Alors je suis reparti. Mardi. Morgane, mon épouse, m'a poussé. Elle m'a dit : « *Si, si, si, Arnaud, il faut que tu repartes t'entraîner au soleil. Il n'est pas question que tu perdes tout le bénéfice de ton hiver.* » Elle est quand même formidable. Même si je traînais un peu les pieds au début, que je n'avais pas envie de la laisser encore seule, je savais qu'au fond, elle avait raison.

J'ai passé mon samedi après-midi à regarder un plan de voyage, des logements, à changer ma localisation sur ADAMS (système de localisation conçu par l'Agence mondiale antidopage pour pouvoir effectuer des contrôles), à m'organiser pour récupérer mes affaires restées sur place depuis notre stage à Elche. J'ai trouvé un vol Beauvais-Alicante direct pour mardi en fin de journée. J'étais à la maison mais sans y être vraiment dans ma tête, tel un directeur sportif !

Pendant mon coup de blues, il y en a un autre qui m'a motivé : c'est Ramon Sinkeldam. Il m'a dit : « *Non, non, ne lâche pas Arnaud. On a bien bossé jusqu'ici, allez, on repart. »* Et Morgane a ajouté : *« La différence va peut-être se faire là, c'est peut-être maintenant que vous allez les gagner, les courses. »* Donc Ramon est venu, et il a été rejoint par Clément Davy, le jeune Mayennais de l'équipe. On était prévu tous les trois sur le Tour de Valence puis de Provence, donc nos programmes correspondaient bien. Clément, c'est un gros rouleur, un profil dont on avait besoin sur ces courses, dont la mission aurait été d'aller chercher les échappées à un contre six, deux contre six. On avait fait Milan-Turin ensemble la saison dernière. Il avait fait un super boulot.

Et puis, cerise sur le gâteau, j'ai motivé mon père, Josué, aussi. Ça n'a pas été très difficile, ça lui fait super plaisir d'être avec nous. Il nous fait l'intendance, gère la voiture, le scooter qu'on a loué sur place, le dépannage en cas de pépins. Il roule, aussi, il a pris son vélo. Il prend le soleil, ça lui fait beaucoup de bien ! J'ai loué une maison où on était déjà allé en famille l'année dernière, à Calpe. Et comme on ne sait pas si le Tour de Provence va avoir lieu, je n'ai pas pris de billets d'avion pour le retour. On s'adaptera, je vous l'avais dit, ce sera le maître-mot cette saison.

Depuis mercredi, je suis passé dans une phase post-assimilation. Julien Pinot m'a envoyé des programmes adaptés. On s'entraîne comme s'il y avait le Tour de La Provence. On a baissé le niveau du travail foncier, le volume, tout en augmentant les intensités. On cherche presque à simuler une course à étapes. Donc on tape bien dedans, à travers des exercices cadrés, mais sans entrer dans une fatigue aussi grande que l'on aurait vécue sur le Tour de Valence. À mesure que la Provence arrivera, je referai un peu de fraîcheur pour être prêt d'entrée de jeu. Il faut garder le cap, s'accrocher à ses objectifs dans la vie.

Souffrance et prétention

Lundi 22 février 2021

Quelques jours se sont écoulés depuis la fin de sa course de reprise (enfin), le Tour de La Provence (11-14 février). Arnaud termine notamment deuxième à Six-Fours-les-Plages, ville d'arrivée de la première étape, derrière Davide Ballerini, devant Nacer Bouhanni et Clément Venturini. Il n'a pas pu jouer sa carte à Salon-de-Provence lors de la quatrième et dernière étape dédiée aux sprinteurs.

L'atmosphère est différente lorsque l'on rejoint l'équipe pour une course, différente de celle d'un stage je veux dire. On retrouve le staff, des coureurs que l'on n'avait pas vu de l'hiver ou presque. Il y a une forme d'excitation. Certains sont joyeux, ça se tape dans les mains, sur l'épaule, il y a de grands sourires, des *« Ça va, c'est bon, vous êtes prêts ? »*. Tout cela témoigne d'un enjeu, d'un résultat à aller chercher.

Je suis arrivé mardi soir dernier, un peu fatigué par la route. J'avais prévu de faire une sortie « déblocage » le lendemain matin, veille du départ, de trouver une petite bosse à la sortie d'Aix. Chacun le fait comme il l'aime, comme il l'entend, ce déblocage. La question que je me posais, c'était : « Est-ce que j'ai bien récupéré de mon stage ? Est-ce que je vais être bien ? » J'appréhendais. D'autant qu'on partait dès le premier jour de course sur un col à franchir de dix kilomètres avec une pente à 5 %. Ce n'était pas commun pour une reprise. « Est-ce que ma préparation a été bonne ? Ai-je bien récupéré ? »

J'aurais été content d'avoir une semaine supplémentaire de préparation avant la reprise. Mais qu'est-ce que c'était bon de reprendre, de remettre un dossard ! Dès le départ, tu sens les automatismes se remettre en place, tu frottes, t'es dans un peloton, entouré de 150 bonshommes. Tu évites un mec, tu évites un trottoir, tu esquives un terre-plein… et au premier coup de frein, tu sais que c'est bon, que tu as toujours les réflexes.

On avait avec nous Clément Davy dont on savait qu'il serait mis à contribution pour rester à bonne distance des échappés. Pendant trois heures, ça allait nickel, on temporisait, on gérait. Et ça a mis en route d'un seul coup. La Deceuninck-Quick-Step a attaqué de partout, pour me faire la peau et celle des sprinteurs. Ils allaient fort. Et, très vite, ça a été « sauve qui peut ». J'étais dans l'effort, je souffrais. Impossible, même, de me dire à ce moment-là « Allez, c'est bon, je reviens ». Impossible… Je doutais tellement j'étais dans le dur. Et je crois même que j'avais oublié, au creux de l'hiver, que j'allais souffrir à nouveau sur un vélo. Morgane m'a dit : *« Tu t'es tellement bien entraîné tout l'hiver, tu as tellement suivi à la lettre le programme, que tu pensais que ça irait.* » C'est idiot, peut-être, mais j'avais oublié ces douleurs-là. C'est à ce moment-là, aux premières attaques de la Quickstep sur le Tour de La Provence, que je me suis rappelé à quel point ça pouvait faire mal le vélo.

Quand tu as mal, tu as l'impression d'être le seul à avoir mal, d'être seul au monde à traîner ta misère. Tu n'as pas le temps de discuter avec tes équipiers, c'est le feu partout. Et tu entres dans un truc pas bon pendant que tu pédales : « Merde, je ne suis pas au niveau, j'ai raté toute ma préparation. » Ce n'est que le soir, à table, que tu te rends compte à quel point ça a été dur pour tout le monde.

J'avais travaillé cet aspect de la souffrance, un temps, après une saison 2019 où j'avais l'impression que j'étais seul dans ce cas-là. J'avais travaillé pour apprendre à prendre conscience, dès lors que la situation se présente, à la relativiser. C'est très difficile à faire, mais quand tu y parviens, ton niveau de stress redescend : *« OK, j'ai mal, je galère, mais les autres doivent avoir encore plus mal que moi. »* Il s'agit d'accepter, sur un temps donné, que tu n'iras pas plus vite.

Ça avait duré trente minutes ces attaques. Très vite, je me suis donc dit que c'était normal, que c'était la reprise, qu'il me faudrait reprendre du rythme et de la force. J'ai fini par reprendre un peu de souffle. Par revenir. Par me rassurer. Le soir, lorsque j'ai téléchargé les données de mon compteur sur la plateforme de l'équipe, j'ai pu constater que, physiquement, j'étais à un de mes meilleurs niveaux, à 97 % de mon record sur un effort violent de

9 à 10 minutes. J'étais donc dans les clous, mais dans le dernier quart du peloton, ce qui signifiait que le parcours de ce Tour de La Provence était trop difficile pour moi. J'étais au mieux de ce que je pouvais faire, j'ai développé des puissances parmi les dix meilleures de la saison dernière mais, pourtant, je perdais du terrain sur les autres.

Julien me l'a d'ailleurs confirmé, après une analyse poussée des données qu'il avait faite. Pour une reprise, c'était du gros niveau, digne d'une course d'un jour, d'une classique presque. Malgré ce niveau très élevé du peloton, j'avais réussi à sortir un sprint hyper-explosif lors de la première étape, en montant à 1 600 watts. J'avais fini à la râpe, deuxième derrière Ballerini au terme d'un très beau sprint et d'un super travail collectif des gars. Les gens s'étaient dit : *« Il marche Arnaud, il est bien. »*

La vérité, c'est que j'étais dans le dur. Les sensations s'étaient confirmées dès le lendemain. Je n'avais pas récupéré. Et je l'avoue, ça me faisait chier de me voir comme ça. Cette deuxième place à l'arrivée de la première étape masquait tout ce que je ressentais. Lors de la quatrième étape, je n'ai même pas pu faire le sprint. On n'avait eu aucune possibilité de faire remonter le train tous ensemble. La fois où on l'a eue, je n'avais plus de jus parce que j'avais freiné dix fois avant et relancé la machine autant de fois. Trop limité pour répéter l'effort une onzième fois.

Dans le bus, je m'étais excusé auprès des gars. Notamment de Clément Davy, qui avait roulé tous les jours. Quand il arrive après tout le monde, qu'il te demande ce que tu as fait, et que tu lui dis que tu n'as même pas sprinté, tu as honte. Quand tu vois Jacopo faire la moue, ça fait chier. Ils ne m'ont trop rien dit. Ils savaient que j'étais le premier touché par mes mauvaises performances. Le dimanche, Jacopo a fini par me dire : « *Allez, ne t'inquiète pas, tu as fait un super sprint le premier jour.* » On avait pris nos douches, rangé nos affaires. Jacopo est revenu : « *Hey, mec, t'inquiète pas, je sais que t'aimes bien gagner, mais ne cogite pas, tu restes concentré. Ton sprint du premier jour, c'est ce qu'il faut retenir, tu as des super jambes.* » Il me connaît, Jacopo. Pour finir : « *Tu as été bien malade à Elche, tu es revenu vite, tu as peut-être un petit contrecoup. Tout cela est normal.* »

J'ai l'air d'avoir beaucoup de recul une semaine après, en écrivant ces lignes, mais il m'a fallu plusieurs jours pour prendre conscience de tout ce que je vous dis, là. Quand je suis rentré à la maison, j'étais en plein doute. Le lundi, le mardi, ça tournait en boucle dans ma tête : « Merde, tout ça pour ça… Tout un hiver à bosser pour faire ça… » Je voulais que ça paie, moi. Je voulais que mon travail paie tout de suite, dès la reprise.

Lundi, mardi et mercredi, j'ai eu Julien au téléphone. Il m'a dit qu'il fallait que je récupère, que je refasse du jus comme on dit, que je retrouve de la fraîcheur. Deux jours sans rouler, puis un peu de *home-trainer*, une sortie calme, avant de remettre en route en fin de semaine. C'est toujours au moment de remettre en route que tu as un coup de barre. C'est comme quand tu es en vacances, tu as toujours besoin de quelques jours avant de t'y sentir vraiment. J'ai fait de grosses siestes en plus de mes grandes sorties. Jeudi, ce n'était pas terrible.

Vendredi, je me suis carrément fait peur. Quatre heures, pas de force, et une galère pour ne rien arranger : il faisait 4 °C. Après plusieurs kilomètres, je sentais que j'étais en crevaison lente. Je stoppe à hauteur d'un arrêt de bus pour être à l'abri du vent le temps de réparer. Je change ma chambre à air, et au moment de regonfler, ma cartouche de CO2 foire. Le truc fonctionne tout le temps, et là non. Je toque au portail devant moi, un monsieur m'ouvre. Je lui dis que j'ai crevé et je lui demande s'il n'a pas une pompe à vélo. Super content de rendre service, il me ramène deux pompes. Et il me sauve la vie. Je regonfle, ça marche bien, je rentre en croisant les doigts pour ne plus crever. J'étais à 1 h 30 de la maison, il aurait fallu que j'appelle quelqu'un pour venir me chercher.

Je suis arrivé sans force, nul de bout en bout. Morgane m'a demandé si ça allait. Je lui ai répondu : « Non, ça ne va pas du tout. Mais ce qui me rassure, c'est que ça ne va tellement pas, qu'à mon avis j'ai une merde. Ce n'est pas moi, ce n'est pas possible, j'ai chopé quelque chose. »

J'ai essayé d'appeler Julien, puis Jacky Maillot, le médecin de l'équipe Groupama-FDJ. Pas de réponse. Alors je suis allé dormir pendant… une heure et demie. Mon masseur venait le soir. Je n'avais même pas de déchets, rien dans les jambes, pas même de courbatures. Je me sentais vide. Julien et Jacky ont fini par me rappeler. J'ai demandé à ce dernier si je pouvais faire un examen sanguin de contrôle. Il m'a dit : *« Il y a deux options, Arnaud. Option 1 : ton corps a tellement récupéré lundi, mardi et mercredi qu'il s'est mis en veille. Il faut alors le stimuler pour qu'il reparte. Option 2 : tu as en effet une merde qui traîne. »*

Samedi matin, je suis allé faire ma prise de sang. Il faisait beau, la météo annonçait 17 degrés cette fois. Morgane ne travaillait pas. J'avais prévu une sortie de cinq heures à vélo avec des copains du club, et dans ma tête, tout était déjà différent de la veille. J'avais rendez-vous à 13 h 30 avec l'un d'eux à Beauvais. Julien m'avait dit : « *Tu te cales quand même sur ce qu'on a dit, tu fais les exercices. Objectif : remise en route progressive avec des petits sprints, puis du tempo. Ça va aller en allant !* » Et je me répétais : « *Même si je ne suis pas bien, je ne serai pas seul, je serai en groupe.* » Je me disais : « *De toute manière, même si je suis collé au bitume, je suis capable d'aller rouler avec eux, cinq heures ça va passer tout seul. Au pire si je ne suis pas bien, je fais demi-tour avant et je rentre.* » Julien m'a dit : « *Tu verras bien comment tu es.* »

Rien que le fait de te dire que tu vas rouler avec les copains, discuter, ce n'est pas pareil. J'ai respecté les consignes de Julien, j'y suis allé crescendo, bien calé dans la roue d'un pote qui roulait bien. J'ai fait un petit déblocage, un sprint. Puis un autre, puis un autre encore. Ça envoyait bien. Je mangeais bien, il faisait beau, le maillot un peu ouvert. Et puis je les ai lâchés pour vraiment me débloquer. Rien à voir avec la veille. Ce n'était pas la folie, j'avais mal aux pattes, mais rien à voir. Les mecs m'ont retrouvé, ont commencé à jouer un peu dans une bosse, moi j'ai respecté les zones, je ne me suis pas emballé pour autant. Je suis monté costaud mais à mon rythme. Mon corps était reparti. Et le soir, je me disais que le corps humain est quand même quelque chose d'incroyable. Le doc avait raison, il s'était mis en pause. C'est la première fois que j'étais descendu aussi bas. Aussi bas en mode veille. Le soir, j'ai reçu les résultats de la prise de sang. Rien de spécial à signaler.

C'était un tout. Je suis beaucoup parti de la maison, j'ai beaucoup enchaîné de stages, il y a aussi la déception de La Provence, le fait de ne pas avoir gagné.

Quand je dis qu'il faut tout remettre à zéro chaque année, c'est aussi sur ce point-là. C'est se redire que tu vas souffrir comme tout le monde. L'année dernière, j'étais sur une autre planète. Dans la tête et physiquement, j'avais l'impression qu'il ne pouvait rien m'arriver. Je me disais : *« Ce n'est pas grave, je n'ai pas gagné aujourd'hui, je gagnerai demain. »* J'avais de bonnes sensations tout le temps, fruit du premier confinement, très long, d'une vraie coupure psychologique et physique, puis d'un enchaînement de courses jusqu'à l'automne.

L'annulation de plusieurs épreuves en ce début de saison a fait que le niveau sur La Provence est monté d'un cran. On savait déjà là que ça ne pourrait pas rouler beaucoup plus vite sur Paris-Nice. Voilà. Gros niveau, ajouté à cela la fatigue de ce stage improvisé à Calpe, peu de temps passé à la maison pour me ressourcer… Je n'ai pas respecté l'équilibre dont j'ai aussi besoin. Je viens de passer cinq jours à la maison, ça m'a requinqué ! J'ai récupéré, j'ai cogité un peu mais c'est fini, je me suis détaché de mes sensations. J'arrive aujourd'hui à me dire : *« C'est bien, tout ce que tu as fait, tu as déjà fait du bon boulot, ça va payer un jour ou l'autre mais décroche un peu, soit patient ça va venir. »*

Le fait d'être exigeant, ça se retourne parfois contre moi. Certaines années, j'arrive à être patient et quand je ne gagne pas, je suis juste persévérant. Là, j'étais impatient aussi, à vouloir tout trop vite, j'étais prétentieux dans la façon de vouloir réussir. J'étais sûr de repartir plein pot, comme 2020 s'était terminée. Et pas que moi, d'ailleurs. La presse aussi. L'équipe, aussi. Il était temps de redescendre sur terre. Finalement, j'étais en train d'oublier que moi, j'étais obligé de souffrir pour atteindre le haut niveau, et que le vélo, c'est dur. J'ai pris une claque. Avoir le palpitant à fond et sentir le cœur qui va exploser dans tes oreilles en haut d'un talus, c'est ça le vélo. Ce n'est pas siffloter en pédalant.

Je commence à entendre des gens dire : « *Arnaud va gagner une ou deux étapes du Tour de France et il va être dans le match pour le maillot vert.* » Peut-être, si je suis au top niveau. Ce que je veux vous dire, c'est que ce n'est pas acté, ce n'est pas facile. C'est pour ça que je suis en règle générale assez impressionné par des mecs qui gagnent tout le temps et qui ne sont jamais dans le dur.

À Paris-Nice, il faut que je sois au niveau. Je vais rouler un peu au vélodrome de Saint-Quentin-en-Yvelines, trois jours. Une façon de me mettre dans une zone inconfortable, avec des pistards, des spécialistes, que des gamins, espoirs, jeunes néo-pros, moyenne d'âge 21 ans. On va faire des courses. L'idée, c'est que ça me permette de performer plus tard. Je suis super content d'y aller.

Débriefing

Mardi 16 mars 2021

Surlendemain de Paris-Nice, fin de journée. Arnaud a terminé 106e du classement général, remporté par Maximilian Schachmann dimanche. Il a pris la deuxième place de la première étape à Saint-Cyr-l'École, derrière Sam Bennett, seul fait d'arme sur les huit jours de course.

Morgane est venue me récupérer à l'arrivée de Paris-Nice et on a filé sur Fréjus. On a fait ma sortie récup' ensemble hier. Ce matin, on est allé chez le coiffeur. J'ai fait une sieste de deux heures cet après-midi. On est allé marcher un petit peu au bord de l'eau. Je repars jeudi après-midi en voiture direction Milan, où je vais retrouver tout mon train ainsi que Kévin Geniets et Rudy Molard. Julien Pinot, lui, vient me chercher, il arrivera demain dans la journée. J'ai hâte de le voir.

Il y avait un tel niveau sur ce Paris-Nice… Du gros, gros niveau. Habituellement, ça pète plus facilement que ça. Là, il fallait vraiment que ce soit dur et que ça dure longtemps pour que ça explose. Du haut niveau. Même moi, j'ai fait ma deuxième meilleure performance sur une heure et demie : 300 watts lors de la dernière étape de moyenne montagne entre Le Plan-du-Var et Levens. Je n'étais donc pas si mauvais. On espérait rentrer sur les échappées, mais ça roulait trop fort devant.

Ça va me faire du bien pour Milan-San Remo, même si, après ce que j'ai observé sur ce Paris-Nice, je ne vois pas trop comment je pourrais battre les gros comme Van Aert ou Alaphilippe. À moins qu'ils arrivent un peu trop vite dans le Poggio et qu'ils tombent dans le premier virage, je ne vois pas comment je vais faire. Sans doute qu'on n'arrivera pas à les suivre, mais rentrer sur eux, s'ils commencent à se regarder, peut-être que ce sera possible. L'année dernière, c'était à celui qui allait en mettre le plus à l'autre, une folie, c'était très impressionnant.

Ce Paris-Nice était dur, mais j'en sors bien, juste fatigué comme il faut. Je sens que ça va être bénéfique. Je vous vois venir… Bien sûr que je voulais gagner. On n'a pas eu de réussite. Je termine deuxième le premier jour. Le lendemain, il y a une chute devant nous et on se retrouve trop loin pour jouer le sprint. À la troisième arrivée possible au sprint, on a merdé, clairement. Dans un train, il suffit qu'un mec fasse une erreur, ne fasse pas son boulot là où il doit le faire, et c'est trop tard, on ne revient pas. C'est de l'horlogerie, la mise en place d'un sprint.

À ce sujet, on a fait l'un de nos plus beaux débriefings, ce week-end. Le meilleur depuis un an, pour tout vous dire. On était dans le bus. On venait donc de se louper complètement. Pas un mot. Les directeurs sportifs au fond, loin de nous. Tu as encore beaucoup d'adrénaline dans le corps, il faut que ça redescende, il faut attendre dix, quinze, trente minutes avant de discuter vraiment. Chacun se disait dans sa tête : « Bon, on prend la douche et on parle après. » Ce moment où tu sens que si un mec dit quelque chose, tout pète, que tu peux dire des conneries et les regretter après. On a donc pris nos douches.

Et Jacopo a commencé. Le ton est monté, à la hauteur de la déception, de la frustration. On était tous concerné par notre échec. Tout le monde savait que Miles Scotson ne nous avait pas écoutés pendant la mise en place du train. À six kilomètres de l'arrivée, on lui avait dit « Allez, allez, go, go, go » et il n'avait pas bougé, pas assez concentré. Miles est capable du meilleur comme du pire, il est très, très fort, mais il faut le canaliser, bien prendre le temps de lui expliquer les choses.

Du coup, on avait pris une vague de trente coureurs dans un village à la faveur d'un gauche-droite et on s'était alors retrouvé aux alentours de la soixante-dixième place. À la sortie du village, c'était à Kono de faire l'effort. Mais le relais de Miles ayant sauté, l'effort de Kono a juste servi à nous remonter dans le trafic.

On pouvait encore jouer la gagne, mais Jacopo, pour finir, ne m'a même pas lancé. On était désorganisé, je ne savais pas s'il avait terminé son effort ou s'il pouvait encore me dégager. Ça se passe tellement vite. Et plus tu es proche de la ligne, plus l'erreur est fatale. Je n'ai même pas sprinté pour finir…

Jacopo a dit que de toute manière, la Deceuninck-Quick Step était au-dessus de nous. Ramon a répondu du tac au tac : « *Non, non, non, tu n'as pas le droit de dire ça, on est aussi fort qu'eux.* » Kono a embrayé : « *Ramon a raison, ils n'ont pas été plus forts, ils ont juste fait les efforts au bon moment.* » Jacopo a commencé ensuite à me reprocher des choses qu'il ne m'aurait jamais reprochées avant : « *Nono, pourquoi, à trente bornes de l'arrivée, tu n'es pas resté avec nous ?* » Je lui ai répondu : « *Je reste avec vous, mais quand il y a un coup de patin sur votre gauche, si je peux passer à droite sans freiner je le fais ! Je ne vais pas me priver de passer pour économiser des forces !* » Il ne comprenait pas. « *Jacopo, je peux quand même avoir un peu de liberté, ne serait-ce que dix pourcents du temps, non ? Si loin de l'arrivée, ça ne change rien au sprint.* »

Une bonne scène de ménage, quoi. Les nerfs. On s'était frité parce qu'on était déçu. Jacopo était venu s'excuser un peu plus tard.

Donc, je vous disais que l'on n'a pas gagné, certes, mais que ce serait bénéfique pour la suite. Je me sentais de mieux en mieux au fil des jours. Avant Paris-Nice, j'avais fait une de mes meilleures séances de sprint à la maison. Aussi tard dans la saison, avoir autant d'explosivité, c'est rare. Quand je dis « aussi tard », c'est parce que normalement c'est en décembre et en janvier que je suis le plus explosif à l'entraînement, parce que je n'ai pas encore accumulé de fatigue.

Les gars étaient bien, eux aussi. Quand je retrouve mon train, je ne sais pas dans quel état de forme il est. Je considère que c'est à eux d'être honnêtes lorsque l'on met en place la tactique de course, à chacun de dire s'il est capable de faire 300 mètres à bloc ou un peu moins. De toute façon, on s'en rend compte assez vite pendant la course. Je les regarde, leur coup de pédale, leur attitude, ils me regardent aussi. Il marchait bien Jacopo, Ramon pareil. Miles peut-être un peu mieux à La Provence mais il a encore un super niveau. Kono, il n'était pas encore au top mais c'était suffisant. Il le sera un peu plus tard, ce n'est pas grave.

Sur ce Paris-Nice, il s'est produit autre chose : je crois que je me suis un peu détaché de la nécessité impérieuse de gagner. Je n'ai pas d'autre choix, évidemment, puisque je n'ai pas encore levé les bras de la saison. Mais disons que ça m'obsède moins qu'en janvier dernier. Comme me dit Morgane : « *Tu fais tout bien, Arnaud. La victoire va venir.* » Qu'est-ce-que je peux faire de plus ? Rien. Je bosse, je fais les choses comme je peux, du mieux que je peux. Sur la table de massage, j'ai mal aux jambes, très mal en ce moment. Je n'ai pas des sensations de folie, je récupère beaucoup moins bien que sur le Giro à l'automne dernier par exemple, mais c'est comme ça. Je ne suis ni le premier ni le dernier. Autant sur le Tour de La Provence j'avais pris un coup derrière la tête, autant cette fois je sens que je progresse. Peut-être un peu à contretemps par rapport à ce que j'imaginais, mais à un moment donné, les courbes de succès avec les autres équipes déjà en grande forme vont finir par se croiser. Je l'espère en tout cas.

La difficulté du cyclisme, c'est aussi l'anonymat d'une deuxième place. Quand un biathlète français fait un podium mondial, on s'extasie. Quand un cycliste termine deuxième sur une course World Tour, il rentre et on oublie, comme si c'était une défaite. J'ai reçu plein de messages d'encouragements sur ce Paris-Nice, beaucoup plus que d'habitude, plein de bienveillance.

Ce qui m'a le plus impressionné dernièrement dans le peloton, c'est de voir la forme de certains mecs qui coupent assez peu, une semaine, enchaînent cyclo-cross, route, VTT, route à nouveau, et gagnent sur tous les fronts, quand toi tu coupes deux semaines et que tu mets deux mois à t'en remettre… Je suis persuadé qu'à un moment donné, ça pète, ça doit te lâcher dans la tête. Le physique peut suivre à la rigueur, mais mentalement...

J'ai l'impression qu'en ce début de saison, tout le monde souffre dans le peloton, dans toutes les équipes, même les meilleures. Tout le monde va plus loin encore que d'habitude, se fait encore plus mal.

Je ne pense pas encore à Milan-San Remo. J'ai débranché la prise. J'en ai grand besoin.

Le feu

Vendredi 19 mars 2021

Veille de Milan-San Remo. 17 h 20.

J'adore les Italiens pour la passion qu'ils mettent sur les courses qu'ils organisent. Milan-San Remo, c'est la classique des classiques. On est tous excité, on regarde la météo parce qu'on sait qu'on va rester très longtemps sur les vélos. J'ai connu des années très difficiles sur cette course, notamment quand j'étais néo pro. J'ai vu la neige en 2013, dans le Turchino. Je me souviens qu'on roulait dans les traces laissées par les roues de voitures pour ne pas glisser.

On regarde le vent, aussi. Milan, c'est une course pleine d'incertitude. Tu ne sais jamais jusqu'où tu vas pouvoir aller, où elle va t'emmener. Avec l'expérience, je ne me fais plus avoir par les capi (les petits monts italiens). Quand j'étais plus jeune, tu penses avoir encore de l'énergie quand tu arrives dans les capi, et finalement non. Or, c'est là que ça accélère. C'est donc une course qui se joue à fond sur l'économie. Même dans la vie de tous les jours, je fais tout au ralenti. Je vous assure que c'est vrai. Je fais tout plus lentement, volontairement.

Je fais la sieste une heure, parce que je sais que demain on va se lever tôt pour faire les 300 kilomètres et rallier le départ. Je réfléchis à la façon dont je vais gérer mon alimentation pendant la course, ce que je vais mettre dans les poches, combien de grammes par heure. Il ne s'agit pas de manger pour manger, il s'agit de manger juste assez. On bénéficie des conseils d'un nutritionniste dans l'équipe, et puis on se connaît à la longue.

San Remo, c'est tout ça et puis c'est ma victoire en 2016. Je vous la raconte un peu. Cette année-là, je ne m'attendais évidemment pas à gagner. On me disait tout le temps que pour la gagner, il fallait de l'expérience. On me rabâchait ça. On me disait c'est tellement dur…

J'étais tombé à 35 kilomètres de l'arrivée. J'étais revenu dans le peloton sur le haut de la Cipressa avec Michael Matthews. En bas de la descente, une cassure s'était formée. Kono m'avait bouché le trou, à bloc, je crois qu'il n'aurait pas lâché tant qu'il n'y serait pas parvenu. Kévin Réza m'avait replacé, puis Anthony Roux au pied du Poggio. Ça allait bien. L'ascension, pareil. Je m'étais positionné pour le sprint. Je lisais bien les choses à ce moment-là. J'avais vu Geoffrey Soupe remonter Nacer Bouhanni. Hop, je m'étais mis dans la roue. Il y avait une échappée devant. On était rentré sur eux. Dans ma tête, au moment où le sprint s'était lancé, j'étais déjà tellement content d'être rentré suite à ma chute que je m'étais dit « Allez, top 10, top 10, podium, podium ». Je ne visais rien de plus. Quand j'ai lancé, j'étais persuadé que j'allais me faire remonter, mais que je ne dégringolerais pas tant que ça. Je lance, je lance, je lance… Et personne ne me remonte.

C'est bizarre, mais chaque grande victoire que tu obtiens, encore plus quand tu ne t'y attends pas, tu as du mal à réaliser. J'avais déjà gagné de belles courses, mais celle-là, je ne sais pas… J'étais passé par tellement d'émotions pendant la course… Elle m'est tombée dessus. Voilà, c'est ça : elle te tombe dessus. Il y a cinq grandes classiques dans la saison et celle-là m'est tombée dessus. Je sentais bien sur le moment que c'était une victoire différente. J'avais appris pendant les cinq précédentes participations à m'y économiser, à bien manger, à garder mon sang-froid pour répondre au feu des cinquante derniers kilomètres. C'était fou, tellement inattendu.

J'étais content. Mais la vie ne s'arrêtait pas là. On attaquait les classiques. Mes parents et Morgane n'étaient pas là. J'avais le Grand Prix E3 puis Gand-Wevelgem quelques jours plus tard. Je pensais à dormir, à l'avion du lendemain matin. On était rentré à l'hôtel. J'étais très vite revenu à ma routine. Il n'y avait pas eu de célébration particulière. On n'est pas tennisman, où à la fin d'un tournoi du Grand Chelem, tu peux t'arrêter et savourer. Non, non, on fait du vélo, nous. On finit une course, on pense à l'autre. On n'a pas le temps d'être les maîtres du monde, même pas un instant.

Le titre que j'ai le plus fêté, c'est celui de champion du monde espoir. C'était la fin de la saison, on avait fait la fête avec les copains de l'équipe de France, puis ceux de Nogent. En 2017, on avait aussi fait une petite fête pour célébrer mon maillot de champion de France et ma victoire à Vittel. On avait pris ce temps-là. Parce que oui, ce Milan-San Remo 2016 avait sans doute marqué un point d'étape important de ma carrière : l'année suivante, j'étais redevenu champion de France, j'avais gagné sur le Dauphiné puis sur le Tour de France, à Vittel, une sacrée saison.

Voilà. Le lendemain de Milan-San Remo 2016, j'étais parti m'entraîner. J'entendais des « c'est grandiose, c'est grandiose », mais j'étais déjà sur d'autres objectifs, en espérant être dans une dynamique de victoires.

Je me suis rendu compte de l'impact de cette victoire bien plus tard, notamment en reprenant le départ les années suivantes. Il y a beaucoup de respect et d'admiration de la part des Italiens pour les cyclistes. Il y a une magie, ici. Tout est décoré, le vélo est une immense fête, ils t'encouragent par ton prénom. Depuis cette victoire-là et les quatre étapes du Giro 2020, je ressens encore plus de sympathie de leur part.

C'est marrant là, on s'est retrouvé avec les gars de l'équipe. On fait tout lentement. On marche lentement, on mange lentement. Quand tu es gamin, on te dit souvent, à table : *« Ne mange pas trop, ce n'est pas Milan-San Remo demain ! »* Et là, on se regarde et on se dit : *« Allez, c'est Milan-San Remo demain, on peut bien manger ! »* C'est la course où on fait le plus de kilomètres. Ça peut durer 7 h 30. Ça se joue sur l'endurance.

Prendre le départ de la *Primavera*, c'est partir pour une vraie aventure. Ce sont les rues de Milan. Ce départ arrêté après le fictif. Ce sont les vingt minutes de bagarre pour ceux qui veulent prendre l'échappée. Ça roule fort. Puis ça se pose. Et c'est parti pour deux heures de balade. On ne force pas, on est dans les roues, l'échappée prend sept minutes. Tu vois la pancarte « Arrivée : 250 kilomètres ». Ce sont tous ces ronds-points que tu enchaînes, tu évites le moindre coup de frein pour ne pas perdre d'influx, tout doit être fluide, à l'économie. Le Turchino, c'est dans deux heures et demie (même si on n'y passe plus depuis deux ans). Le direct à la télévision n'est pas pris. Tu arrives en bord de mer, il te reste encore 120 bornes. Ça fait vacances. La mer est bleu azur, il y a ces arbustes typiques de la Méditerranée. La pression viendra avec les premiers capi.

Puis ce sera le feu, comme je disais. Le peloton qui se déformera, passant d'une ligne étirée, chacun roue dans roue à s'économiser, à une boule en tête où les meilleurs chercheront à se placer. Il y aura les premiers capi, des équipiers en moins, de la tension, la Cipressa où ce sera dix minutes de gros efforts, grand plateau, à vive allure. Tu sauras là si tu as les jambes. Il faudra se replacer en haut pour la relance en bas. Rebelote au Poggio, où il ne sera question que de tenir, lutter et espérer que ça rentre sur la Via Roma. Deux virages, clac, clac. Puis clic, clic. Et pam-pam-pam.

Milan, 8 h 20

Samedi 20 mars 2021

Un message envoyé par WhatsApp depuis le bus, une heure avant le départ.

On y est ! Une grosse journée nous attend, 300 km au compteur, on aura vent de dos, ça sera une édition plus rapide que d'habitude, en moins de 7 heures c'est certain. Le temps sera frais, sec et ensoleillé.

On commence à douter mais prêt à se battre, dans ma tête l'image des capi, qui ne paraissent pas grand-chose à la TV mais qui font déjà mal aux jambes. Douter de quoi ? De cette distance ! De cette longueur de course. J'ai fait deux ou trois fois 7 heures à l'entraînement mais ça remonte à début janvier ces entraînements. Le corps se souviendra, de toute manière je suis résistant, j'ai l'expérience maintenant, et je sors de Paris-Nice confiant. C'est passé vite aussi entre

Nice et Milan, le corps a tout juste récupéré que l'on doit déjà être au meilleur de la forme pour aujourd'hui, il reste quelques résidus de fatigue quand même, mais avec l'euphorie et l'adrénaline ça s'effacera.

Je ne sais pas si je serai le meilleur mais j'ai envie, envie de me battre et de courir cette course. Cette envie, c'est bon signe. Je ne serai peut-être pas le plus fort, mais si j'arrive pour la gagne, je sais que ma pointe de vitesse peut faire mouche. C'est le principal objectif !

Il est 8 h 20 je sens mon corps se réveiller petit à petit.

On accroche les dossards sur les maillots, les combinaisons maintenant. Dans le bus, c'est calme. Chacun prépare ses affaires, écoute de la musique. Les jeunes qui découvrent ne décollent pas les yeux du *roadbook*, ont regardé dix fois une vidéo de Milan-San Remo des années précédentes, comme je le faisais auparavant. Ils me demandent : *« Combien de temps, à combien de watts se monte la Cipressa quand tu as gagné Milan en 2016 ? »* Ah oui, je l'ai déjà gagné !

Aller, je vais enfiler la combi, mettre les jambières, restez au chaud le plus longtemps possible. On l'appelle la *Primavera*, signe que le printemps arrive. Ici, les arbres et les fleurs, notamment les jonquilles, ont bien trois semaines d'avance par rapport à chez moi.

Cette année on sera à huis clos, on n'aura pas les fumigènes dans Capo Berta ni les tifosis en furie sur le haut du Poggio.

La journée sera belle et longue. À ce soir.

San Remo, 20 h 14

Samedi 20 mars 2021

Un message envoyé par WhatsApp sur le chemin du retour. À chaud.

Une course incroyable, cette *Primavera*. Tellement de patience, trois heures trente-quatre en mode randonnée, cent pulsations de moyenne. Tellement longue mais rapide aussi, tu passes sept heures sur ton vélo mais ça passe vite. Tu es concentré, dans ta course, ça roule à 45km/h, très peu de virages, tu ne touches quasiment pas au frein, le placement n'a aucune importance les 150 premiers kilomètres, juste de l'économie, ça roule en file indienne, tu enroules le braquet au maximum sans forcer, tu accompagnes le coup de pédale.

Premier coup de « pression » à l'approche de la Méditerranée. Cette édition vent de dos est très rapide, sur le bord de mer ça roule vite, une pause pipi coûte cher à ce moment de la course.

On approche des capi, la tension est là ! Tout le monde veut remonter, se placer, ça frotte beaucoup, les routes serpentent le long de la mer bleu azur.

On est enfin passé du mode *off* à *on*, l'adrénaline est là, la course commence ! On arrive dans le premier capo, capo Mele, ça passe bien, vite. Mais ça va aller crescendo, ils sont de plus en plus dur, Cervo puis Berta qui fait vraiment mal. Ce sont des bosses qui passeraient presque inaperçues sur une course normale, mais là on a déjà 5 h 30 de vélo dans les pattes. Partis depuis 9 h 40 de Milan.

Toujours de nombreux accrochages et coups de patins, on est sur la gauche de la route, on se fait tasser à chaque courbe à gauche par l'équipe qui mène le peloton, qui coupe sa trajectoire au plus court. Alors on relance, on repousse les gars qui viennent nous serrer le long de la balustrade. Avec les équipiers on se perd, se retrouve, se reperd, se retrouve.

La Cipressa arrive, on a de moins en moins le droit à l'erreur, tel un sprint, mon train est là : « *Arnaud !!* » Moi : « *Ouiiiiiii !!* » Jacopo ne se retourne plus, trop de mouvement, il s'assure que je suis au contact. Je lui réponds en hurlant. Il transmet immédiatement l'information à Ramon : « *Go go go !!!* »

On accélère, on fait l'extérieur du virage, la Cipressa est à la sortie. Ramon s'écarte, son travail depuis trente kilomètres et le début des capi est terminé. On a perdu Miles sur crevaison, ça sera dur de revenir à l'avant du peloton. Dans ma tête je ne compte plus sur son retour.

Clément Davy a remplacé Rudy à la dernière minute, malade après Tirreno. Il m'a protégé toute la première partie, pendant ces quatre heures de calme où il y avait des petites portions vent de côté. Les petits gains seront peut-être bénéfiques maintenant.

Nous sommes donc au pied de la Cipressa, je suis prêt, ça va piquer ! Je suis aux alentours de la vingtième position avec Jacopo et Kono, qui me laisse passer pour reprendre la roue de Jacopo.

Ça monte vite dès le pied, il y a un gros tempo, je lève la tête, les Jumbo durcissent. On commence à se prendre des équipiers qui ont fini leur travail, se « garent » comme on dit. J'observe à ce moment les sprinters autour de moi, je vois Bennett, Bouhanni, Ballereni, Nizzolo, Ewan, Viviani.

Coup de patin ! Encore un mec qui se gare, ça fait des vagues pour l'éviter. Ça roule toujours aussi fort, ça me brûle bien mais les jambes répondent.

Je retrouve Kévin, qui est remonté et vient à ma hauteur. Ça accélère encore après un virage accentué. Ça y est, ça lâche de plus en plus, je me retourne dans la courbe, je vois des mecs qui pètent, Fred Guesdon me confirme dans l'oreillette : *« Allez les gars ! Des hommes sont lâchés ! Ça fait mal ! Vous êtes dans le match. On ne lâche rien ! »*

Je vois quelques sprinters qui était avec moi reprendre leur souffle, et perdre quelques places. Jacopo en fait partie. On commence à remonter avec Kévin, ça monte grand plateau toujours, on prend vent de dos. Je me sens toujours bien, ça me motive de voir les autres sprinters à la peine.

Je sais que le placement est toujours important en haut pour attaquer la descente sereinement et éviter une éventuelle cassure en bas. Sans trop d'effort, j'arrive à me replacer dans la roue des Ineos, je fais la descente en cinquième position. Luke Rowe enchaîne de belles relances à la sortie de chaque virage.

En bas je vois les Ineos se retourner, je reste concentré, je me retourne pour observer la situation, ça a bien cassé, on doit être une trentaine ou une quarantaine.

Je me sens bien toujours, je suis dedans.

Il y a 9 km entre Cipressa et Poggio. Le groupe derrière rentre finalement à 3 km du pied du Poggio. Je me prends la vague qui remonte, je me retrouve trop loin ! Il y a le feu, vite ! « *Fait chier* » mais je retrouve Jacopo, ça frotte de nouveau très fort, on se perd, se retrouve, il me remonte d'une force !!! Il me fait super mal, on est à 500 m du pied. Ça ne sent pas bon.

J'attaque le Poggio trop loin, et j'ai surtout eu trop mal avant même d'être dans le Poggio.

Ce n'est pas encore fini, je suis au contact, environ vingt-cinquième. Ça me brûle, je sens que c'est dur alors que ça n'a pas encore attaqué.

On arrive sur le replat, je peine à suivre. Ça attaque à l'avant, ça se tend, je me mets debout sur les pédales mais je ne peux pas accélérer. Je suis à ma limite, je garde mon rythme, je me fais doubler, je garde les roues ! Je suis avec Laporte, Nizzolo, Bouhani, on lutte pour suivre !

Ça y est on bascule. Loin ? En quelle position ? C'est fini ?

Non ! On fait la descente à bloc. On est en bas, il reste trois kilomètres, on aperçoit le groupe devant et un mec ou deux en solo.

On ne rentrera pas, on lève notre cul pour une place accessoire. On passe la ligne. Déçu... mais tout donné. Je n'ai pas la forme que je veux, je ne suis pas à mon meilleur niveau, c'est de mieux en mieux mais ça tarde à venir. Je garde le cap. Le travail finit toujours par payer !

L'essoreuse belge

Mardi 30 mars 2021

Séquence belge, sitôt sorti de Milan-San Remo. Entre Gand-Wevelgem (44e) et À travers la Flandre. Le soir, à l'hôtel.

Mon résultat n'a pas été extraordinaire à Gand, dimanche, mais par contre c'était une journée de dingue. J'ai égalé mon record de puissance sur quatre et cinq heures de course. Julien m'a tout détaillé. J'étais sur mes records flandriens de 2017 et 2018, Roubaix 2019. En termes de sensations, j'étais bien. Je récupère bien. Je suis content. Petit problème, je sens mon pic de forme qui arrive mais il ne reste plus que trois courses devant moi, quatre si Paris-Roubaix a bien lieu. Limite, j'aimerais continuer après À travers la Flandre, La Roue Tourangelle, Scheldeprijs (anciennement Grand prix de l'Escaut) et Roubaix…

Dimanche, ça ne s'est pas joué à grand-chose pour que je sois dans le bon groupe. Il y a eu un coup de bordure, pas flagrant, ça casse devant moi et ça part. J'étais à quatre places de Stefan Küng et lui a pris le bon coup. On n'avait fait que soixante bornes, je m'étais dit que j'allais ouvrir la bordure, que ça allait tourner avec moi et qu'on allait rentrer, les maintenir à trente secondes puis rentrer. Mais on n'est jamais rentré... par manque d'organisation. Ils n'étaient pas plus forts devant, mais ils ont roulé lisse toute la journée, sur un bon tempo. Nous, c'était des attaques, des relances, des à-coups incessants.

Quand le bon coup est parti, je suis devenu nerveux parce que je ne voulais surtout pas rater la prochaine bordure. Elle était presque annoncée, vu le vent qui soufflait. Je me replaçais sans cesse, mais ça ne cassait pas. Les Quick Step sont montés à un moment donné, à six. Je me suis dit que c'était bon, qu'ils voulaient rentrer sur le groupe de devant, que c'était parti, que ça allait enfin s'organiser. Je ne l'ai pas loupée cette fois. L'écart a fondu jusqu'à trente secondes avec les échappées. Mais j'étais déjà mort, usé. Ça allait peut-être rentrer mais j'étais flingué, mal. J'avais fait trop d'efforts avant. Je commençais à avoir du mal à me replacer. On avait toujours le vent de côté, on arrivait au mont Kemmel. J'ai même tenté un coup de poker. J'ai attaqué, en me disant que je pouvais peut-être revenir à vingt secondes au pied, puis monter à mon rythme et voir ce que ça donnerait avec les autres. Intox totale. Ils sont revenus sur moi. Et là, ciao, rideau ! Il fallait être placé mais je n'y arrivais plus.

Ça s'appelle « l'essoreuse à salade ». Imaginons que le vent arrive de la gauche. Tu remontes de la gauche, tu te retrouves devant, tu prends du vent, tu te remets un peu à l'abri parce que c'est trop dur, une vague arrive, tu recules, tu te replaces devant, une vague revient, tu te retrouves derrière, à droite, tu te bats pour remonter, et ainsi de suite. Et à un moment donné, si tu te retrouves dans le mauvais *timing*, ça casse et ça part. Et tu ne peux plus boucher le trou.

C'est ça les classiques. Plus tu es fort, plus tu es fort. Moins tu es fort et plus tu subis chaque relance, plus tu recules, comme un combat de boxe où tu es acculé dans les cordes. Il faut se battre pour être devant, même pour reprendre dix places. On passe chaque virage à 25 km/h, on donne des coups de frein sans cesse. C'est autrement plus compliqué qu'une course comme Milan-San Remo où je vous disais qu'on économise même les coups de frein. Là, c'est toutes les trente secondes. Il y a une part de réussite, d'instinct, mais globalement, ce sont quand même des mecs balèzes devant.

Vraiment, et j'en rigole un peu, ce n'est pas bon pour la santé ces courses-là ! Il ne faut jamais perdre la roue devant toi. Trois mètres et c'est fini. Au niveau de la concentration et de la ténacité, c'est colossal. En plus des 6 000 mille calories dépensées, ça te bouffe de l'influx, c'est dingue.

C'est marrant, le surlendemain de Brugge-De Panne, à laquelle j'ai participé il y a une semaine, je suis allé rouler avec mon père. Je lui dis : « T'as vu comme ça frottait à De Panne. C'était intense, nerveux. » Et lui ne répond trop rien.

Je rajoute : « Mais ça se voyait quand même à la télévision, non ? » Sa réponse est brève : *« Pas trop, non... »* Ça m'a énervé. J'ai regardé le *replay* de la course. Et en effet, ce que l'on voit à la télévision n'est pas du tout représentatif de ce que l'on vit à l'intérieur du peloton. On mettait des coups de patin tous les cent mètres, on évitait sans cesse des îlots. Les routes, les revêtements étaient tellement difficiles, faisaient tellement mal ! Il y a beaucoup de bruit au sein d'un peloton. Ça crie, ça glisse, ça frotte, ça tombe, c'est le feu sans arrêt, ça joue des coudes, ça tasse, ça fait l'intérieur dans chaque virage. C'est peut-être moche, mais c'est toi ou l'autre. Et non, à la télé, tout semblait fluide. En effet, on ne mesurait absolument pas la tension que nous, coureurs, on pouvait vivre. Les pavés, la violence des pavés. Sur Paris-Roubaix, même par temps sec, quand on arrive à 150 bonshommes de front à la trouée d'Arenberg, à 50 km/h, pour un passage qui mesure deux mètres de large, on se dit que ce n'est pas possible et que ça va tomber. Et on flippe, on se fait une frayeur. Tous.

Pour autant, il faut y aller. Et tu te dis : « Si j'ai peur, c'est fini. C'est chaud, c'est chaud. Bon, si je dois tomber, je tombe. Tant pis. » Et tu suis la roue devant toi. Tu ne vois rien d'autre. Si le mec se ramasse, tu te ramasses aussi. Tu fonces et tu baisses la tête. La chance, c'est que tout le monde sait faire du vélo. Même le plus mauvais descendeur du peloton est un équilibriste. J'avoue que ça m'impressionne de plus en plus. Peut-être que je prends conscience des choses. Mais je vais quand même dans la bataille. Une fois que la course est décantée, ça passe, ça se calme.

Malgré tout ce que je vous raconte, j'ai adoré Gand-Wevelgem. J'adore cette course. Rien n'est figé, tout peut se passer. Le vent y joue un rôle important. S'il n'y en avait pas eu, on arrivait à 200 au pied du Kemmel. On est revenu un peu dans le final, on a eu cette petite lueur d'espoir, mais la journée avait été tellement longue…

Après Roubaix, normalement, je dois couper. J'aurais pu rajouter une course à mon calendrier mais au niveau du staff on est limité pour repartir sur un nouveau front. Il y a bien le Tour de Valence qui s'est repositionné à ce moment-là… Ça aurait été idéal que je puisse aller y chercher deux beaux sprints, cinq jours de course au soleil, mais pour le moment on réfléchit, ça semble compliqué. Je fais face à un petit dilemme : ma forme arrive un peu tardivement et je vais devoir couper malgré cela. Je ne peux pas pousser trop loin non plus, il faut se régénérer. On va voir. Peut-être que si Roubaix est annulé…

C'est compliqué de gérer les pics de forme. Au début de la saison, physiquement, je n'étais pas à la hauteur. Il y a bien eu cette deuxième place au Tour de La Provence, mais avec un peu de recul, c'est l'arbre qui a caché la forêt, les sensations n'étaient pas bonnes. J'ai ramassé. Paris-Nice, j'ai senti du mieux mais tout le peloton a aussi progressé, ça a fait du bien à tout le monde. Là, je ne progresse pas à la vitesse que j'aimerais. Les parcours et les scénarios de courses ne sont pas en ma faveur. Quand tu as des super jambes, tu peux te permettre de faire des erreurs. Quand tu ne joues pas à armes égales, que tu es un peu moins fort que les autres, même si tu te sens bien, tu as intérêt à la jouer fine. Combien ai-je disputé de vrais sprints depuis le début de la saison, en pleine possession de mes moyens ? Combien ai-je disputé de vrais sprints où j'ai pu lancer comme tout le monde à 300 mètres de la ligne ? Un seul à La Provence, les deux autres j'étais naze. Un seul à Paris-Nice, les deux autres on les a loupés. C'est tout. Je n'ai pu m'exprimer que deux fois sur les sept auxquels j'ai participé.

Une dernière chose : au-delà de la forme que je sens venir, j'ai de la hargne qui monte en moi. Peut-être que ce sera bénéfique pour ma future préparation. Il faut que je prouve, il faut que je prouve. Si tout se coordonne bien, je vais travailler avec acharnement, je le sais.

Quoi qu'il en soit, la coupure après Roubaix ou Valence sera intéressante. Je pense d'abord à bien terminer cette séquence, mais je sais qu'il faudra que je pose le vélo une semaine. Souffler. Profiter de Morgane. Voir la famille. Psychologiquement, je sais déjà que je vais lâcher. Le Tour sera encore très loin. Je sais aussi que durant cette semaine *off*, je retrouverai un bon niveau rapidement. Puis il y aura un stage, les courses de reprise, le championnat de France… le Tour de France.

Jacopo

Vendredi 16 avril 2021

Conversation avec Jacopo Guarnieri, poisson-pilote italien d'Arnaud. Puis avec Arnaud.

« Contairement à Arnaud, moi, je n'ai jamais gagné beaucoup, sauf chez les amateurs, puis les espoirs. Dans les équipes, les sprinteurs doivent gagner soit de très belles courses, soit très souvent. Quand je suis passé professionnel, j'ai gagné quelques courses, mais je n'avais pas la régularité suffisante pour être un leader, un champion. Je peux le dire maintenant, il m'a fallu plusieurs années pour le comprendre, pour l'admettre surtout.

C'est en devenant lanceur que je me suis apaisé. Sans doute parce que malgré ma grande responsabilité, ce n'était plus à moi de gagner. Je crois que ça m'a enlevé beaucoup de pression. J'ai eu moins peur de faire une erreur.

Chacun est poisson-pilote à sa manière. Mon objectif, moi, c'est de rester calme, réfléchi, froid, instinctif dans le final pour permettre à Arnaud de ne pas dépenser trop d'énergie avant le sprint. Quand je le sens derrière moi, je prends les trajectoires dont je sais qu'elles lui permettront de ne pas faire trop d'efforts, je le protège le plus loin possible, parfois jusqu'à 200 mètres de la ligne d'arrivée. On a deux entraîneurs distincts. Je travaille des efforts différents des siens, des accélérations un peu plus longues que lui car, finalement, je fais peu de sprints.

C'est très réfléchi, un sprint. Il y a un plan. Il est question, là, de confiance entre le poisson-pilote et le leader, d'opportunités à saisir, de prises d'informations rapides. Quand j'emmène Arnaud, il est calé dans ma roue et dans ma tête. Il sait ce que je vais faire. Il sait que si je prends l'option d'aller côté barrière, je vais lui ouvrir la porte à tel moment. C'est une connexion et du travail, des automatismes. Il nous arrive de nous louper, mais on corrige la fois d'après. Tout se fait beaucoup par la parole. Je l'appelle pour être sûr qu'il est bien derrière moi. Quand je le perds, on reste calme, on attend. Dès qu'il revient, il m'appelle, il me crie : "Je suis là." Il y a la parole et il y a l'instinct, comme quand tu conduis une voiture : au bout d'un moment, tu ne te rends même plus compte que tu changes les vitesses. On n'est pas un couple. On ne passe pas toutes nos étapes ensemble. Mais je le surveille un peu tout du long. Surtout quand les étapes sont difficiles. On se motive l'un l'autre pour s'accrocher. Et je sais que lui aussi me regarde. Juste pour savoir si on sera présent dans le final, capable de l'être.

Une bonne relation entre le leader et le lanceur aide. Si la confiance est mutuelle sur le vélo, elle l'est généralement en dehors aussi. Arnaud, c'est un super mec, je l'adore. Il y a ce que vous voyez et ce que nous, on voit. Il est calme à l'extérieur, généreux, il n'est pas rare qu'il fasse des cadeaux sans que l'on s'y attende. Et il se transforme en course. Il devient plus agressif, exigeant. Même s'il est mort, cramé, je sais combien les sprinteurs sont des coureurs différents des autres. Même s'ils ont un pied dans le fossé, ils peuvent gagner. Dès qu'ils aperçoivent la ligne d'arrivée, ils vont puiser une énergie qu'eux-mêmes ne pensaient plus avoir.

Cette année, comme il vous le raconte dans ce livre, on a vécu quelques sprints qui ne se sont pas très bien passés. On a discuté, on s'est retrouvé par moment dans des postures similaires à la première année où on courait ensemble. Il ne faut jamais croire que tout va bien, que tout est acquis. On sortait d'une année 2020 presque parfaite, et on s'est rendu compte qu'on avait du mal à gagner à nouveau. Alors il a fallu douter, échanger, s'engueuler parfois. Et après, dès qu'on s'est dit les choses, c'est fini. On est des professionnels. On veut gagner.

Les victoires d'Arnaud sont les miennes. Quand il gagne, je gagne. Le cyclisme est un sport d'équipe. »

Avant Jacopo, j'ai eu un certain Mickaël Delage comme poisson-pilote reconverti. C'était un baroudeur. Il avait de l'explosivité, assez pour mener un sprint. Et il faisait du super boulot. Il m'a aidé à prendre confiance en moi.

Un sprinteur doit croire à 100 % en son poisson-pilote. Jacopo, parfois, en cours d'étape, je vais le voir et je lui dis, parce que je me mets à douter : « *Ça roule fort aujourd'hui, c'est dur, ça fait mal.* » Et il me répond : « *Oui, oui, mais c'est pareil pour tout le monde, Arnaud. Tout le monde a mal.* » Et ça me rassure.

Au-delà d'être mon poisson-pilote, le rôle de Jacopo est de me canaliser. Au Giro, l'année dernière, il a passé son temps à ça. Dans l'oreillette, il me disait : « *Arnaud, c'est bon, relève-toi, on est soixante dans le gruppetto.* » Moi, j'étais devant, dans un petit groupe. Je voulais monter le col puis profiter des trente bornes de plaine qui allaient suivre pour forcer encore un peu. Et lui, toujours dans l'oreillette : « *Arnaud, t'es où ? Arrête un peu, là. Il y a même Sagan avec nous. Lève le pied et rejoins-nous au lieu de rouler comme ça, tout seul.* » Il pensait au lendemain, il avait raison. Quand on se sent bien, on ne pense pas toujours à s'économiser.

Beaucoup de coureurs font cette erreur. Ils sont toujours là, aux alentours de la trentième place, alors qu'ils feraient mieux de se relever un bon coup de temps en temps pour, un jour, jouer leur carte à fond et si possible la gagne.

Un bon poisson-pilote a de l'expérience mais aussi une lecture très fine de la course. Je crois que Jacopo la lit mieux que moi. Je me repose sur lui, je dirais même que, peut-être, je n'ai pas envie de la lire. Il s'en occupe, moi je me concentre, je m'économise, je prends le moins de vent possible, je me cache, roue dans roue, à quelques millimètres seulement de lui. Et s'il se plante, je me plante avec lui. S'il est trop tard, s'il fait une erreur, je la fais avec lui. S'il tombe, je tombe.

Milan, 25 octobre 2020. Arnaud remporte le maillot cyclamen du Tour d'Italie après quatre victoires d'étapes. Un exploit majeur qui marque la fin d'une saison exceptionnelle (14 victoires, meilleur total sur la scène mondiale), et le début d'une nouvelle où il se sait déjà très attendu. © Massimo Paolone/LaPresse/Icon Sport

18 avril 2021. Cinquième et dernière étape du Tour de Valence où il signe sa deuxième victoire, la troisième de la saison.

© ABACAPRESS.COM//Manuel Bruque/Icon Sport

En 2000, maillot
de la sélection de Picardie
sur les épaules, avec son père.

Avec Josué, son papa, et Nadine, sa maman.

Arnaud et son père, lors
d'un road-trip à deux de
1200 kilomètres en mai
2020.

Mai 2021, port de
Porto-Vecchio.
Les cuisses du train
d'Arnaud en stage
de préparation.

11 juin 2021. Route d'Occitanie, 2e étape entre Villefranche-de-Rouergue et Auch : il signe sa 8e victoire de la saison.

Les soirs d'été
avec Morgane,
son épouse.
Ils partagent
régulièrement
des sorties à vélo dans
la campagne picarde.

Juillet 2021, La Clusaz.
Road-trip et longues
promenades sur le
plateau des Confins.

Novembre 2020, chez lui. Musculation et gainage font à nouveau partie de son quotidien afin de se préparer au mieux pour la saison à venir.

Janvier 2021, en stage personnel à Gran Canaria. Arnaud et Morgane ont été rejoints par quelques coéquipiers dont Jacopo Guarnieri, Miles Scotson, Ramon Sinkeldam et Valentin Madouas.

28 août 2021. Tour d'Espagne, 14e étape, au milieu de la foule des supporters.

26 septembre 2021. Championnats du Monde à Louvain (Belgique) où Arnaud participe au deuxième sacre de Julian Alaphilippe avec l'équipe de France.

Dimanche 3 octobre 2021, à Roubaix. Arnaud boucle à la 34e place une édition dantesque, qui restera gravée dans les mémoires. © Groupama/FDJ

Dimanche 10 octobre 2021. Arnaud remporte la “classique des feuilles mortes”, Paris-Tours, sa dernière course de la saison, au terme d’un scénario complètement fou. © GUILLAUME SOUVANT / AFP

Tout le monde ne peut pas devenir poisson-pilote. Des mecs comme Bryan Coquard, Nacer Bouhanni, Caleb Ewan ou Elia Viviani, ces sprinteurs qui viennent sauter sur la ligne au dernier moment, ne pourraient pas faire ça. Ils sont trop légers pour emmener un sprint. Par contre, pour moi, un mec comme Marc Sarreau qui était chez nous a cette qualité de lanceur. Adrien Petit aurait pu l'avoir aussi.

Il faut dompter sa peur pour être poisson-pilote. Jacopo ou Ramon prennent autant de risques que moi. Mais ils ne les prennent pas pour eux. Il faut pouvoir le faire, ça... Il leur faut avoir intégré, comme le dit Jacopo avec beaucoup de lucidité, qu'ils ont eu leur chance mais qu'ils ont trop de mal à gagner pour prétendre devenir un leader. Ce n'est pas de la prétention de ma part, surtout pas, c'est simplement un fait. Combien n'ont pas eu cette lucidité et ont fini par se perdre ? Certains auraient pu devenir d'excellents poissons-pilotes mais ont voulu jouer leur carte à tout prix, gagner deux ou trois courses dans l'année.

Jacopo a raison, c'est un sport d'équipe le cyclisme. Quand je gagne, ils sont tellement contents. Bien sûr, c'est moi qui monte sur le podium, mais il faut les voir... À l'inverse, il faut les voir déçus quand je ne gagne pas. Ils s'en veulent autant que moi. On l'a vécu sur Paris-Nice, dans le bus, je vous l'ai raconté. Tout le monde boude. C'est là que tu mesures aussi la motivation d'un groupe. À La Roue Tourangelle, Kono n'a pas pu aider du tout de la journée. Il était très heureux que je gagne, il était soulagé, content.

Quand Miles Scotson gagne une étape comme au Tour de Valence, je suis très content pour lui. Je me dis même qu'il aurait pu le faire avant. Il y a des moments où, quand on attend de voir si je peux passer et que finalement je pète, que Ramon pète, que Jacopo pète, d'autres peuvent passer et gagner. Ça aussi, c'est génial. À Valence, Miles a eu sa petite cerise, on était heureux pour lui et cela ne l'a pas empêché d'être performant pour le train et moi dès le lendemain.

J'ai la chance d'avoir un groupe. Un vrai groupe dans le groupe.

Au jardin

Vendredi 30 avril 2021

Retour de Valence. Deux victoires à Alicante (2e étape) et Valence (5e étape). L'équipe Groupama-FDJ a remporté quatre succès au total et le classement général avec Stefan Küng.

On a bien fait d'y aller, finalement, au Tour de Valence… Je savais, je sentais que j'arrivais à un pic de forme et j'étais embêté qu'il n'y ait plus de course à mon programme. Certains membres de l'équipe auraient préféré couper. On n'était pas tous sur la même longueur d'onde. Jacopo trouvait que la coupure avant de repartir en stage serait trop courte ensuite. Mais moi, je lui disais que je me sentais de mieux en mieux. Finalement, on y est allé et tout le monde a bien marché, content de se retrouver.

Là-bas, avec deux victoires, j'ai pris de la confiance, malgré tout. Je dis « malgré tout » parce qu'il n'y avait pas l'adversité que je voudrais. Moi, je veux battre les meilleurs, je veux me confronter aux Bennett et compagnie. Mais depuis le début de la saison, je manquais d'opportunités pour gagner, je voulais pouvoir enchaîner dix beaux sprints, des vrais sprints, et voir ce que cela donnait.

Au bout du compte, c'est plaisant de gagner. C'est ce que j'ai dit en visioconférence depuis la maison sur le plateau de *La Chaîne L'Équipe* : il ne faut jamais banaliser la victoire. Peut-être n'y avait-il pas un plateau très relevé, mais je suis sûr d'une chose, c'est que tout le monde avait la dalle. Personne ne fait de cadeaux.

Ça me fait penser que quand j'ai annoncé pendant l'émission ma venue sur les Boucles de la Mayenne, il y a eu une avalanche de tweets et de messages très gentils de toute la communauté mayennaise. Ça fait chaud au cœur.

Je suis entré dans une nouvelle phase de ma préparation. Dans deux mois, c'est le Tour de France. Il s'est invité dans mon quotidien. Pas de façon obsessionnelle, mais il est là, il se promène au loin. Ce sera le gros objectif évidemment. Mais avant, j'ai besoin de me ressourcer. Mine de rien, et vous pouvez peut-être mieux vous en rendre compte depuis le début de ce livre, on n'a pas débranché depuis le mois de décembre. Je crois qu'il ne s'est pas passé une semaine sans que l'on fasse du vélo. Deux jours, maximum.

Physiquement ça allait, mais dans la tête, j'avais besoin de ne pas enfiler de cuissard. Mettre un dossard, enchaîner les compétitions tous les trois jours, les déplacements, c'est maintenir un niveau élevé de nervosité, la fatigue qui l'accompagne, que l'on accumule sans toujours s'en rendre compte… Les cinq semaines qui arrivent, sans course, avec une vraie coupure avant de reprendre en douceur, seront bénéfiques.

Je ne suis plus stressé. Il fait beau en Picardie. Je commence le nettoyage de printemps à la maison. J'ai nettoyé la terrasse hier. Et je dors. Je fais des nuits de dix ou onze heures. Plus rien n'est planifié pendant une semaine. Je me lève le matin et je me demande ce que je vais faire. Au gré de mes envies. Si Morgane part courir, je suis content, je la suis à VTT. Je ne le faisais plus depuis plusieurs semaines parce que je n'en avais pas envie, pas la force.

Je m'occupe du jardin les après-midis. Je taille les massifs, le buis, les « cheveux d'ange ». Ça a bien poussé au sortir de l'hiver. Je tonds le verger. Je suis content le soir venu, quand c'est beau, carré, l'odeur de l'herbe fraîchement coupée, la lumière qui décline. Je vais au potager, aussi. Je le remets propre, mais cette année je ne vais pas y planter grand-chose parce que je ne serai pas là en juin et juillet… et peut-être en août parce que j'aimerais bien enchaîner Tour de France et Tour d'Espagne. Il y a des sprints sur la Vuelta cette année. L'idée de gagner sur les trois grands tours me motive pas mal. Les sprinters finissent souvent cramés d'un grand tour. Il y a cinq semaines pour récupérer entre les deux. Ça ne me fait pas peur. Ce que je crains, c'est plutôt le fait de repartir de la maison pour une longue période. J'ai prévu de rentrer une semaine en Picardie après le Tour, puis de partir à nouveau quinze jours pour me préparer à la Vuelta. Je me dis que la Vuelta pourrait aussi être une bonne préparation pour les championnats du monde. Mais pour y aller, il faudra que je marche mieux qu'en début de saison. Au Tour de France aussi, d'ailleurs…

Bref, tout ça est encore un peu flou. J'ai nettoyé les fraisiers ce matin. J'ai posé un petit palis. Je prépare à manger pour Morgane, le soir. Ça me fait trop plaisir quand elle rentre du travail et qu'elle n'a plus qu'à se mettre les pieds sous la table. On a fait un repas en famille avec nos parents. On vit. On vit paisiblement.

Je me sens bien chez moi. C'est incroyable, je vous jure. On est trop sur les écrans de manière générale. C'est tellement bien d'être au jardin à 13 heures, après le déjeuner, et de rentrer à 19 heures. C'est ça pour moi la déconnection. Mon téléphone est posé quelque part dans la maison et moi, j'ai les mains dans la terre. Mon père et mon beau-père ont toujours jardiné. On a toujours eu l'habitude chacun de notre côté, Morgane et moi, d'aller cueillir les haricots verts, récolter les carottes, de manger des produits frais. Très vite, quand on s'est installé, ça nous a manqué. On a cassé un carré d'herbe et on a planté plein de choses.

Dès la première année, on avait un petit carré potager avec de la ciboulette et du persil, l'essentiel, comme tout le monde. Et puis après on s'est dit qu'on mangerait bien nos propres salades. On a quelques poules. Tout à l'heure, je voyais Morgane revenir avec des œufs dans la main. Rien que d'aller chercher ses œufs, c'est tout con, je sais, mais quand t'aimes bien manger et que tu sais encore plus que ça vient du fond du jardin… Quand mes parents partaient en vacances, ma sœur et moi, on se relayait pour venir arroser chez eux. Mon grand-père pareil. Et c'est toujours d'actualité.

Quand on est en course, on passe notre temps sur le téléphone. On scrolle, on regarde des conneries, des séries, on fait des réunions, on se fait masser, on passe des appels. Au secours… Je me rends compte que même pour un entraînement, je ne me verrais pas partir sans le téléphone. Comment on faisait avant ?

Il y a deux jours, Morgane est partie faire un *trail*, sur un parcours dans les bois qu'elle avait repéré. Je l'ai accompagnée à VTT. On est arrivé là-bas et je lui ai dit : *« Merde, je n'ai pas pris mon téléphone. »* On a ri, on s'en fichait, ça n'avait aucune importance et c'était bon signe. C'était trop bien. Ça, ce sont des trucs qui font du bien. C'est ressourçant de dormir chez soi, dans son lit, c'est ressourçant le silence, le bruit des mésanges. En parlant d'elles, elles ont fait des petits. Les bébés sont dans la petite cabane, c'est la fête là-dedans. J'ai observé la mère-mésange : avant d'entrer pour la becquée, elle se plante sur une branche du mirabellier et guette les alentours. Elle signale à la troupe de se taire pour qu'elle ne se fasse pas repérer. Et elle fond sur la cabane.

Notre maison n'a rien d'exceptionnel. On l'a construite alors que Morgane sortait tout juste de l'école et on avait trouvé ce terrain qui était à cinq minutes de chez mes parents et ma sœur. On s'était dit, on fait construire ici, on y reste quatre ou cinq ans, on la loue, on n'y met pas des fortunes, et on fera notre vraie maison de famille après. Ça fait six ans et on est toujours là. On sait néanmoins que ce n'est pas la maison de notre vie. Mais on y est bien pour l'instant.

On a quand même un projet en parallèle. On a déjà un terrain pour construire la maison de notre vie, la « vraie ». On l'avait avant celui-là, mais on ne voulait pas se louper, on n'avait pas la maturité pour s'installer tout de suite ni faire construire la bonne maison du premier coup. Au moins, maintenant, on sait exactement ce que l'on veut pour en faire quelque chose de joli. Ce terrain du reste de notre vie, je l'avais repéré quand j'étais néo-pro. J'y passais en VTT, je trouvais qu'il y avait de belles maisons, des grandes parcelles, que le quartier était sympa, situé sur une petite butte, sur les hauteurs de Warluis, dans un cul-de-sac, à cinq minutes de chez mes parents, dix minutes de Beauvais. Quand je suis passé pro, je me suis renseigné. Et j'ai vite signé le compromis de vente.

Ce sera notre maison de vie, celle où je me vois avec mes gamins plus tard et même après. On rêve tous d'un chalet à la montagne mais moi, ça va cinq minutes. J'ai besoin de voir ma sœur, mes parents, au moins de les savoir pas loin, savoir que si on veut, on se voit. On est comme ça. En ce moment il fait beau, c'est agréable d'être chez nous.

A Corsica

Mardi 25 mai 2021

Arnaud vient de rentrer d'un stage d'une semaine en Corse avec tout son train. Reprise de la compétition dans deux jours sur les Boucles de la Mayenne. Le Tour commence dans un mois. Les sollicitations médiatiques se multiplient.

On rentre d'un bon stage, d'un bon bloc de travail à Porto-Vecchio, en Corse du Sud. Après le Tour de Valence, j'ai donc coupé une semaine comme je vous le racontais. Et puis je me suis remis à pédaler. J'ai fait de bonnes semaines de travail, un peu comme si je reprenais toutes les bases l'hiver. J'ai fait de l'endurance, des heures de roulage. J'ai fait pas mal de dénivelé en allant chercher des bosses autour de la maison. Je suis allé chercher mon coteau favori pour faire le peigne, je vous en ai déjà parlé. Deux fois par semaine, j'ai fait 2 000 à 2 500 mètres de dénivelé à cet endroit. J'ai poussé jusqu'à 3 100. Sur 6 h 30 de sortie, certes, mais c'était pas mal. J'ai tourné en rond. Au lieu de perdre du temps, de faire quinze kilomètres de plaine avant de trouver une nouvelle bosse, je faisais demi-tour en haut, je descendais et je remontais, le tout à une bonne intensité mais sans jamais faire péter le cœur. Je faisais au plus court. J'avais mes cousins, mon père et un copain qui m'accompagnaient. J'ai rarement roulé tout seul, c'était motivant. Les conditions météo étaient bonnes.

Sacrées charges de travail donc, mais elles ont été bénéfiques pour bien aborder le stage en Corse durant lequel on a repris des niveaux d'intensité très violents, dans le vent et sous des températures qui oscillaient entre 18 et 20 °C, une journée de pluie. Depuis Porto-Vecchio, c'est parti, je suis en mode Tour de France. On a repris le foncier et l'intensité avant un nouveau bloc de courses. Ça nous a remis dedans. Le Tour est encore loin, mais les premières courses qui nous y conduiront arrivent et elles permettront d'augmenter le niveau de forme.

J'étais avec mon train, Jacopo, Ramon, Miles, Kono, Fred Guesdon, le masseur, le cuisto. J'aime beaucoup la Corse, ses habitants, la mer, la montagne. C'est un bijou, cette île. Très préservée. Et c'est un paradis pour les sportifs. On y est venu très souvent avec Morgane, trois années d'affilée, notamment quand j'avais une coupure au mois d'avril, après Paris-Roubaix. On prenait le vol direct Beauvais-Figari, la plupart du temps sans vélo. On descendait dans le Golfe de Porto-Vecchio. On randonnait. Morgane avait participé une année à un *trail* de 20 kilomètres là-bas. Une autre année, on avait fait ensemble le « Mare a mare » sud, ce sentier qui traverse l'île d'Est en Ouest, de Porto-Vecchio à Propriano. On avait fait ça en quatre jours alors qu'il était prévu en six. On était avec des amis, c'était au mois de septembre, j'avais un créneau sans course, j'avais besoin de souffler, on avait dormi en tentes. Ça avait été une superbe expérience.

Gamin, aussi, j'ai des souvenirs de la Corse. Mes parents nous y emmenaient souvent en caravane. D'ailleurs, elle est toujours là-bas, chez un fermier à la retraite qui stocke quelques caravanes comme ça. Elle séjourne là-bas et mes parents vont la chercher quand, tous les ans ou tous les deux ans, ils ont envie d'y passer quelques jours. Ils se posent alors sur le terrain de camping de Porto Pollo, comme quand on était gamin.

Pendant notre semaine de stage, on a retravaillé toutes les filières : l'endurance, la force, le sprint en bossant le train, des sprints individuels, du lactique, de la PMA, du tempo dans les cols, profitant du dénivelé. On s'est fait des belles journées jusqu'aux aiguilles de Bavella.

Vous allez trouver que j'insiste, mais je vous assure que la semaine passée à la maison, sitôt le Tour de Valence bouclé, m'a requinqué. Elle m'a fait un bien fou. J'ai dormi dans mon lit, puis j'ai bien travaillé. Cet hiver, je disais aussi que j'avais bien travaillé. Mais là, j'ai hissé le niveau un cran au-dessus. Je le mesure notamment sur l'assimilation des charges d'entraînement : je récupère mieux de charges d'entraînement identiques. Cet hiver, j'avais du mal à m'en sortir, j'étais fatigué. Là, je sens que mon corps encaisse beaucoup mieux. Je ne me l'explique pas trop. Autre chose : depuis ma reprise, j'ai le sentiment d'être plus régulier dans mes entraînements.

Les courses à étapes vont me faire du bien, comme Paris-Nice m'avait fait du bien. Toute la première partie de saison, après le Tour de La Provence notamment, c'était parti, j'avais enchaîné Kuurne puis beaucoup de courses d'un jour. Finalement, ce sont de petites semaines, quinze heures de vélo par semaine. Tu cours, tu récupères, tu voyages, tu cours, tu récupères, tu voyages. Donc, une fois que ce bloc commence, tu ne peux plus travailler. Ce qu'il faut, c'est donc une coupure de quinze jours où tu peux remettre des charges de travail, ce que je n'ai pas eu. J'aurais pu le faire après La Provence, mais j'avais besoin de récupérer, j'étais à contretemps. Là, je suis régulier, je fais de belles semaines. Je dois progresser pour être bien dans un mois, au départ du Tour de France.

Demain, je pars sur les Boucles de la Mayenne, le département de Marc Madiot. Peut-être va-t-il venir me chercher à la gare de Laval puis m'emmener au relais du Gué-de-Selle où nous logeons. Ensuite, j'ai déjà prévu de rentrer dix jours à la maison. Puis ce sera le toboggan : Route du Sud, championnats de France, Tour de France.

Ce n'étais pas évident de faire un programme. J'aurais pu faire le Dauphiné, mais il n'y avait qu'un seul sprint. Or, on a besoin de se roder, nous les sprinteurs. Le Tour de Suisse, c'était pareil : un seul sprint en neuf jours. En Mayenne, il y aura des opportunités de jouer. Sur la Route du Sud, pareil. Les championnats de France seront difficiles cette année. Je sais déjà que je me mettrai une bonne charge de travail à cheval sur les France. Ils feront partie d'un entraînement. Et puis le mercredi après les France, ce sera parti pour le Tour.

Autre indice qui me rappelle que le Tour de France arrive : les sollicitations médiatiques. L'équipe a respecté scrupuleusement les consignes gouvernementales depuis le début de la pandémie. Pas d'interviews en présentiel. Avec le déconfinement, on peut. Et ces quinze derniers jours, j'en ai fait pas mal. J'aime bien me prêter à cet exercice, ça ne me pose pas de problème. Mais c'est souvent sur des jours de repos. Qui ne sont donc plus tout à fait de tout repos parce qu'il s'agit de bien paraître, de bien parler, d'être concentré, de faire de la place à des gens inconnus, parfois à la maison. Canal + est venu chez nous jeudi, France Télévisions est venu en Corse. Groupama est venu aussi pour faire un spot publicitaire pour les réseaux sociaux. Ils sont venus deux jours à la maison, c'était un gros truc. Il faut s'organiser, en fait. Une semaine à l'avance, je planifie, je regarde. Et tant que ce n'est pas passé, j'y pense et ça me pèse parfois. Une fois que j'ai réussi à bien caler mes entraînements et tout l'agenda, pas de problème, je le fais avec plaisir.

J'ai aussi les journalistes du service des Sports de *Ouest-France* ponctuellement au téléphone. J'en profite pour saluer ce journal avec lequel j'avais raconté tout mon hiver sous la forme de chroniques hebdomadaires. Je n'avais jamais fait ça avant et ça m'avait beaucoup plu. Ce livre est né en Bretagne, quelque part, parce qu'une fois décembre et janvier passés, une fois ces chroniques terminées, je n'avais pas envie de m'arrêter.

Bref, je sens l'attente qui monte autour de moi. Le cyclisme d'aujourd'hui existe par le Tour de France. Certains voudraient déjà que je fasse comme au Giro l'an dernier, quatre victoires… Mais moi, je peux juste garantir que je vais essayer d'être au meilleur niveau possible, les gars de mon train pareil et voilà. Ce n'est qu'à cette condition qu'on fera, peut-être, de belles choses.

Faux positif

Mercredi 26 mai 2021

Veille du départ des Boucles de la Mayenne. Le soixantième test PCR d'Arnaud depuis le début de la saison est pour la première fois positif. Panique à bord.

J'ai bien failli ne pas prendre le départ des Boucles de la Mayenne. Hier soir, j'ai reçu le résultat de mon test PCR, mon soixantième depuis le début de la saison. Il était positif. Mon père, lui, était cas-contact depuis vendredi dernier, sans le savoir, d'un mec positif qu'il avait revu ensuite… Il s'est fait tester hier matin, comme moi, mais est négatif.

Donc là, quand j'ai eu mon résultat, ça a été panique à bord ! J'ai appelé Jacky Maillot, le directeur médical de l'équipe Groupama-FDJ et Fred Guesdon, le directeur sportif. Ma mère avait des autotests. Elle m'a demandé de passer chez eux pour en récupérer un pour Morgane. J'y vais. Je repars. Jacky me rappelle et me dit de le faire pour moi plutôt que Morgane. Résultat : négatif. Morgane me dit qu'elle en ferait quand même bien un pour elle. Je refais un aller-retour chez mes parents. Négatif pour elle aussi. Jacky m'a dit de ne pas m'inquiéter. On fait plus de 400 tests par mois dans l'équipe et il m'explique qu'on a entre quatre et six faux-positifs. Le lendemain matin, mercredi, alors que je devais prendre le train direction Laval, je me retrouve à 7 h 30 dans un laboratoire de Beauvais pour faire un nouveau test avec Morgane.

Comme je voulais être réglo, pas de transport en commun. On est rentré à la maison, on a décidé d'y aller en voiture avec mon père. J'ai nettoyé l'habitacle à fond, masqué, avec des lingettes, le tableau de bord, tout. On est parti vers 14 heures, un coup de poker, espérant recevoir un résultat négatif assez vite, sinon on faisait demi-tour. À 15 heures, le mail est tombé pour me dire que j'étais en effet négatif (Morgane aussi). On a enlevé les masques pour fêter ça.

Cette saison, on n'a pas pu faire le Grand prix de l'Escaut parce qu'on avait un faux-positif dans l'équipe la veille au soir. Heureusement, pour les Boucles, j'ai eu le temps de refaire un test. Marc Madiot était un peu tendu quand il a appris que, peut-être, je ne pourrais pas venir. J'en rigole maintenant. Je me voyais déjà planter des tomates dans mon potager au lieu de courir. Je n'avais pas couru depuis cinq semaines. Ça aurait fait sept avant la Route d'Occitanie, autant dire une éternité, surtout si proche du Tour de France. Il aurait fallu que je fasse des séances d'intensité dingues, passer des heures derrière le scooter à bloc…

Mon père m'a déposé à notre hôtel, au Gué-de-Selle. Il est reparti illico à la maison. Et il va revenir avec ma mère et mes grands-parents pour l'arrivée de l'étape à Évron. Ils ont réservé un hôtel à Laval. Ils rentreront dimanche.

En Boucles

Vendredi 28 mai 2021

Relais du Gué-de-Selle, en Mayenne. 18 heures. Arnaud vient tout juste de remporter la deuxième étape des Boucles de la Mayenne, à Évron. Promenade autour de l'étang, entre collation et massage. Soleil doux.

Il y a une heure, j'ai levé les bras. Je suis soulagé. Je me devais de gagner ici. Sur d'autres courses, il y a une notion de challenge, sans doute plus personnelle, basée sur l'adversité. Et plus l'adversité est grande, plus la victoire est belle. Il n'empêche que, pour la centième fois depuis le début de ce livre, je vous le redis : gagner n'est jamais anodin ni facile.

Ce que j'adore par-dessus tout, c'est le moment où je suis rejoint par les coéquipiers, un par un, une centaine de mètres après la ligne. D'abord Jacopo, puis Ramon, ensuite c'est au tour de Miles. On se prend tous dans les bras, on se lance des bravos, on débriefe comme des cadets : « T'as vu quand c'est remonté à gauche ? » ; « T'as vu le vent de face ? » ; « J'ai eu peur dans le dernier virage ! » Ça dure très peu de temps. Des petites phrases comme ça, le souffle encore court.

Ça me fait penser à un souvenir qui m'avait marqué, sur le Tour de Wallonie, la saison dernière : la course se disputait à huis clos en raison du Covid-19, et on s'était retrouvé entre nous, comme ici, après la ligne, la caméra du diffuseur avec nous. On avait rigolé pendant cinq minutes tous ensemble, le temps s'était étiré plus que d'habitude, sans contraintes. C'était assez inédit parce que, souvent, on n'entend pas les coureurs, il y a du monde, des demandes de photos de la part des spectateurs, d'autographes, ça file vite, on est happé. Cette fois-là, non. On avait pris ce temps pour nous.

Dès que je franchis la ligne, que j'ai pu retrouver mon train pour échanger brièvement, j'ai un autre réflexe : j'essaie d'attraper le téléphone d'un assistant pour appeler Morgane. Même si elle m'a vu à la télé, je veux l'avoir pour lui dire de vive voix : « On a gagné ! » Aujourd'hui, en plus, c'était son anniversaire. J'ai essayé de lui dire à la caméra qui me suivait après la ligne d'arrivée mais je ne suis pas sûr qu'elle a entendu.

Je file ensuite au protocole. Je me change. Suivant la catégorie de la course, toutes les quinze secondes environ, je me répète « Je l'ai fait, je l'ai fait. » Oui, c'est bon de gagner, de répondre présent, même si je catégorise les victoires. Le corps me lâche toujours un peu à un moment donné après une victoire. Les dix premières minutes, il réagit toujours comme si j'étais encore sur le vélo, c'est dû à l'intensité de l'effort produit. Puis il récupère, il s'oxygène. La célébration sur le podium aide bien. J'aime péter une petite bouteille quand il y en a une. Ensuite, c'est retour à l'hôtel.

Kono, je ne l'ai revu que là, dans sa chambre, soit une bonne heure après. Je les croise tous un par un. J'ai vu Clément Davy avec sa famille. Je l'ai félicité parce qu'il a fait un super boulot toute la journée pour maintenir les échappés à bonne distance puis les reprendre au bon moment. On reparle de la course, de vrais cadets.

Je dois le dire, il y a une forme de jouissance dans la victoire, encore plus sur une course à étapes. Le soir, tu traînes un peu plus sur les réseaux sociaux, tu regardes les photos, tu lis les messages de la famille, des cousins, des copains. Je regarde aussi des *replays* de l'arrivée quand je les trouve. C'est une douce euphorie.

Un titre, c'est encore différent. Je pense à celui de champion de France notamment. Je me dis à chaque fois : « Je vais le porter toute la saison ce maillot tricolore. » Toute une saison, tu portes sur toi le souvenir d'une victoire. Quand tu l'enfiles à nouveau en novembre ou en décembre au moment de la reprise de l'entraînement, que tu sors ton kit d'hiver, ça te donne de l'énergie, je vous assure. Et ça te suit, tu es identifiable, très encouragé. Dans une grosse quinzaine de jours, je vais le perdre ce maillot. Je pense qu'à Épinal, le parcours sera trop difficile pour moi. Ça me touche parce que mine de rien je l'ai porté trois années sur dix en tant que professionnel. J'irai le chercher une quatrième fois. Au moins pour égaliser avec Jean Stablinski.

Tout cela semble assez narcissique, sans doute. Ça l'est, après tout. Gagner signifie être le plus fort et j'aime ça. Mais c'est aussi l'aboutissement d'un travail, d'une préparation minutieuse, de sacrifices, d'un épanouissement dans la vie que je mène, que j'ai décidé de conduire. Il m'est arrivé, notamment sur Les Quatre jours de Dunkerque, de me sentir de plus en plus fort au fil des étapes et des sprints. C'était en 2014, j'avais pris le maillot de leader le deuxième jour et je n'en dormais presque plus la nuit. J'étais angoissé. J'avais peur de le perdre, j'en faisais des cauchemars. J'étais jeune. Je me réveillais soulagé de l'avoir encore là, juste à côté de mon lit. Je m'étais surpassé les étapes suivantes. Et j'avais remporté mon premier classement général. Je m'étais senti de plus en plus fort, euphorique. Ces angoisses m'ont quitté.

Être plus fort que les autres. Gagner. En 2020, sur le Giro, quand Sagan avait fait un geste d'agacement, sous-entendant que j'avais fait une vague alors qu'il était un mètre derrière et que je ne le gênais pas du tout, ça m'a motivé pour le sprint d'après. Le lendemain, je voulais bouffer Sagan. Le bouffer. Point. Les autres coureurs ne m'intéressaient plus. Je voulais gagner. Je le savais dans la roue. J'ai fait un sprint tout droit, je n'ai pas bougé d'un millimètre, et je l'ai écrasé. Il est resté au dérailleur et il n'est pas passé. La compétition, c'est vouloir être devant l'autre. C'est tout. Je ne sais même pas si ça s'apprend. Mon neveu et ma nièce ont des caractères très différents. Le premier fait tomber sa construction de Kapla, il s'en fiche. Rose, si elle la fait tomber, elle s'énerve, elle se dépêche, elle veut aller plus vite que son frère, elle veut être devant. Je suis comme ça. Même une pancarte à l'entraînement avec mes cousins, même si je sais que je vais les battre, il y a un truc qui monte en moi, et je fais le sprint pour gagner. Je ne leur laisse jamais la victoire. Enfin si, ça m'est arrivé une fois ou deux avec Morgane…

Voilà. D'ici une heure, je serai déjà focus sur demain et je me connais, je me dirai que j'aurai autant mal aux pattes que les autres et qu'il convient de bien récupérer, de se reconcentrer désormais.

Le lendemain, à Craon, Arnaud gagnera, avec le maillot vert sur les épaules, l'étape arrivant à Craon. Il récidivera le dimanche à Laval, remportant aussi le maillot jaune du classement général, à quelques kilomètres de Renazé, patrie de la famille Madiot.

Je suis super content. Le dernier sprint, dans les rues de Laval, ça a été à l'arrache un peu. J'ai lancé assez tôt, en confiance avec le maillot jaune, malgré le léger vent de face. Mais je sentais que c'était la reprise et le quatrième jour… L'équipe était aussi moins impressionnante, fatiguée. D'ailleurs, j'étais persuadé de ne pas avoir gagné ce sprint, ce qui est assez frustrant car je n'ai pas éclaté de joie. Jacopo, quand il m'a rejoint, m'a dit que j'avais terminé troisième. Et on s'est d'ailleurs quitté comme ça avec les gars car ils prenaient le train tout de suite pour rentrer, à 17 h 45.

Ce n'est que quelques minutes plus tard qu'on m'a dit que j'avais gagné. Ce sont des choses qui arrivent... Néo-pro, j'avais gagné l'une de mes plus grosses courses à Hambourg. J'avais fêté ça tout seul, le soir à l'hôtel, parce qu'à cause du protocole puis du contrôle antidopage, j'avais raté mon avion. C'était triste. Ça dure tellement peu de temps une victoire, finalement...

Voilà. Lundi et mardi, j'étais cuit. C'était une belle course ces Boucles, une belle organisation. Il y avait du monde au bord des routes, ça m'a fait beaucoup de bien.

Par contre, c'était dur, j'ai été surpris. En termes de dénivelé, ce n'est pas impressionnant sur le papier, mais il n'y a jamais un mètre de plat, on est toujours en prise. Après avoir enchaîné les victoires comme ça, je ne cogite pas. Les sensations étaient bonnes. Je sais que ça va me faire passer un cap.

Les incivilités

Mercredi 2 juin 2021

En Picardie. Quelques jours avant « La Route d'Occitanie-La Dépêche du Midi ». Une petite incivilité routière subie de plus. Un agacement, teinté de lassitude.

On est rentré de Laval avec mes parents et mes grands-parents en voiture, dimanche soir. Et en trois jours, j'ai encore vu pas mal d'incivilités routières à l'encontre des cyclistes. Depuis longtemps, je mets à profit ma petite notoriété pour porter la parole d'associations ou d'institutions afin de sensibiliser les automobilistes à la question des cyclistes sur les routes. Ça avait été le cas à la sortie du premier confinement, pour la Sécurité routière, où il s'était agi, face à l'explosion de la vente de vélos en France, de dire combien il fallait faire attention à ces nouveaux cyclistes, débutants quelque part, et être indulgent. Malgré cela, certaines communautés n'accueillent pas toujours très bien ces prises de parole. La plupart estime que je suis cycliste professionnel, donc privilégié parce que les routes sont fermées sur le passage des pelotons, sécurisées par les forces de l'ordre. Ils estiment que je n'ai pas mon mot à dire. C'est pourtant assez mal connaître mon travail.

On passe les trois quarts de notre temps à nous entraîner, des heures durant, vous le mesurez peut-être un peu mieux maintenant à la lecture de ces chapitres. On connaît toutes les routes. Celles de la campagne, les sous-bois, les chemins, les réseaux urbains. Ces derniers représentent sans doute un faible pourcentage du type de routes que l'on emprunte, mais compte tenu des distances que l'on parcourt sur une sortie d'entraînement, elles représentent aisément le trajet effectué par les travailleurs, les vélotafeurs. Et on n'est pas plus protégés qu'eux. Le maillot bleu-blanc-rouge ne protège pas, celui de la Groupama-FDJ non plus. Être quintuple vainqueur d'étape sur le Giro non plus. Personne ne me reconnaît sur un vélo. Je n'ai pas d'immunité.

J'ai vécu plusieurs situations qui m'ont fait peur sur les routes. Et les automobilistes ne sont pas toujours les premiers à réprimander. Certains cyclistes ne se comportent pas de façon responsable, il faut bien le dire. J'en vois de plus en plus griller les feux rouges en ville par exemple, ou « lisser » les stops.

L'engouement qu'il y a pour l'achat de vélos, pour le vélotaf, est une excellente chose. Les pistes cyclables que l'on voit désormais fleurir partout sont faites pour ces gens-là qui vont travailler à vélo, vont chercher le pain, emmènent leurs enfants à l'école. Et que pour ces gens-là. Pour la notion de déplacement, pas pour faire du sport. Je ne les prends pas, les pistes cyclables, tout simplement parce qu'à chaque intersection, je dois m'arrêter car la piste cyclable coupe les routes perpendiculaires. Je perdrais donc trop de temps et d'énergie à relancer. De même, à 30 km/h, il est intenable de les emprunter. Trop de virages, des revêtements parfois gravillonneux ou parsemés de bouts de verre pour lesquels nos vélos ne sont pas adaptés, sur lesquels on crève trop souvent. Je roule donc sur la route. Il faudrait expliquer cela à cette dame qui, un jour, m'a frôlé volontairement puis insulté parce qu'elle voyait une piste cyclable parallèle à nous et m'exhortait à la prendre. Ou à ceux qui arrivent en face, klaxonnent et te montrent la piste.

Beaucoup d'automobilistes font la police eux-mêmes. Beaucoup se moquent des cyclistes, c'est comme ça, on ne les changera plus et je les ignore, gagné par une forme de fatalisme. Les gens sympas, je les remercie. Ceux qui attendent que tu passes à un rond-point, je leur fais toujours un signe de la main. Idem aux routiers qui attendent parfois quelques minutes que la voie s'élargisse pour nous doubler. On serait des moissonneuses-batteuses, on ne nous dirait rien. Mais on n'est que des vélos, des petits vélos.

Je ne me suis jamais senti fragile à vélo, car je maîtrise ce que je fais. En revanche, je me sens vulnérable. Il m'est arrivé de me faire renverser. C'était à côté de la maison, en 2014, juste avant Gand-Wevelgem. On était trois coureurs alignés, Guillaume Levarlet, son frère et moi. On traversait un rond-point, on allait en face, on s'était déjà engagé. L'automobiliste ne nous a pas vus, ou alors elle ne s'est pas rendu compte de notre vitesse, et nous a shootés tous les trois. Pas à grande vitesse, mais assez pour nous faire mal. Guillaume avait eu une contusion à la hanche, notamment. J'avais fait demi-tour, j'étais rentré à la maison, pas envie de continuer, un peu sous le choc. Tout le mois suivant, j'avais fait pas mal de VTT, je fuyais la route, c'était mon premier accident et ça me mettait face à une forme d'impuissance.

Mon père aussi s'est fait renverser. Deux fois à trois mois d'intervalle, avant sa retraite. Il est toujours allé au travail à vélo, par tous les temps. Et j'ai toujours eu peur, c'était ma hantise, surtout les cinq dernières années avant sa retraite. Il avait beau me dire de ne pas m'inquiéter, que les gens s'étaient habitués à lui parce qu'il partait toujours à la même heure et croisait les routines des autres, j'avais peur. Je lui achetais des lumières, des gilets. Encore la semaine dernière, je lui ai acheté des lumières, les siennes étaient fatiguées. La première fois qu'il s'est fait renverser, l'automobiliste est passé tellement près de lui que son rétroviseur a frappé le coude de mon père. Il a eu très mal, a passé des examens pour déceler une éventuelle fracture. La seconde fois, une dame le double en voiture et tourne immédiatement à droite à l'intersection qui arrivait. Il a fini sur le parechoc avant avec de belles égratignures. Autant de fois où il a frôlé le drame.

L'explication est souvent la même : « Je ne vous avais pas vu… » Aussi, beaucoup d'automobilistes ne se rendent pas compte qu'ils nous frôlent. Mais un véhicule qui passe à dix centimètres de vous à 90 km/h, ça vous fait peur à chaque fois, croyez-moi, même si chacun des deux maîtrise sa conduite ou son pilotage. À Beauvais, dans une zone industrielle, cet hiver, j'ai connu une petite frayeur. Je décélère en apercevant un feu passé au rouge au loin. Je sens tout à coup un truc bizarre sur ma cuisse gauche. C'était le rétro d'une voiture. Incroyable. Une dame. Alors qu'on se retrouve tous les deux arrêtés au feu rouge, je toque au carreau. Elle sursaute, elle ne m'avait toujours pas calculé. Elle baisse sa vitre, me demande ce qu'il y a (j'adore ce moment où la question est posée alors que la personne sait pertinemment qu'elle est en faute). Et elle me dit quoi ? Je vous laisse deviner : « Je ne vous avais pas vu, je cherchais mes lunettes dans ma boîte à gants. » Imaginez si elle m'avait attrapé la pédale…

Ma mère s'est déjà fait renverser. Elle avait fini à l'hôpital, par contre. Mon père roulait avec elle dans sa roue pour revenir sur un groupe de cyclistes devant eux. J'étais espoir, on était en 2010. À une intersection, une automobiliste laisse passer le premier groupe puis décide d'enquiller juste derrière eux alors que mon père et ma mère arrivaient vite. Elle avait le soleil dans le visage, manquait de visibilité et de lucidité. Mon père était passé de justesse. Mais elle avait tapé ma mère qui s'était retrouvée projetée dans le fossé, son vélo coincé sous la voiture. Elle avait eu des points de suture au niveau du genou. Ça l'avait choquée. Elle avait remplacé les sorties par du *home-trainer*. Et ça l'a freinée durablement. Quand elle sort aujourd'hui à vélo, elle porte tout ce qu'elle a de plus fluo.

Je roule toujours avec des lumières, moi. Même en plein jour. Avec des spots qui crachent tellement qu'on me voit de très loin. Je pense souvent à celui qui a le regard penché sur son téléphone et qui jette un œil à la route toutes les cinq ou dix secondes : je me dis qu'à un moment donné, grâce à mes lumières, il va forcément me voir avant de me doubler. Je renforce mon dispositif de visibilité avec une veste jaune. On a la chance d'en avoir de belles grâce à l'équipe. J'ai aussi une application qui envoie une notification à Morgane quand je suis arrivé afin de la rassurer. Et quand je subis plusieurs incivilités, pendant plusieurs jours d'affilée, je sors parfois avec une petite bombe lacrymogène dans ma poche. Aussi parce que je ne suis pas un bagarreur et parce que j'ai un statut à honorer. Ça passe par une attitude, un comportement à avoir. Dès qu'on fait un signe d'agacement, face à une situation, certains automobilistes réagissent mal. Fréquemment, ils pilent quelques mètres devant vous puis accélèrent. Une voiture, c'est une arme blanche. Il suffit de tomber sur un fou, deux ou trois mecs énervés et…

Une fois, avec Morgane, une fille nous double, nous engueule parce qu'on n'était pas sur la piste cyclable. On la retrouve au feu suivant. Elle nous engueule encore plus fort. Ça finit en insultes. Et elle s'en va en faisant ronfler le moteur et en nous criant : « Moi, je vous écrase comme je veux. » On était consterné. Je suis surtout furax quand ça touche Morgane ou mon père. La semaine dernière, avec le beau temps, Morgane a décidé d'aller à son cabinet à vélo. Cuissard-maillot, jean et baskets dans le sac à dos. Vingt-sept minutes de trajet à l'aller, pareil au retour. Je lui dis toujours de faire attention.

Il y a parfois des histoires marrantes. Un jour, avec Guillaume Levarlet, un Berlingot nous frôle, je lève la main, je m'énerve. Le mec ralentit, baisse sa vitre. Je mets ma main sur le haut de la voiture pour pouvoir gérer la distance entre la voiture et moi tout pendant qu'on roule. Arrive un rond-point avec un début de trottoir. Il commence volontairement à me tasser. Je commence à tomber, je freine, il part à fond. Là, j'aperçois une voiture de police. Je les ralentis, je leur dis : *« Arrêtez-le, lui, il a failli nous renverser. »* Gyrophares. Ils arrêtent le mec quelques centaines de mètres plus loin et on arrive avec Guillaume. On s'explique. Le mec ne s'excuse pas. Mais au moins, il avait eu droit à un rappel à l'ordre.

Pareil, sur les petites routes, de nombreux automobilistes ne font pas attention quand ils arrivent face à toi. Ils ne ralentissent pas, ne s'écartent pas, ne serait-ce qu'un peu. C'est à toi de te pousser, de prendre le bord du fossé, en espérant que les mecs derrière toi passent aussi en file indienne.

J'évite les sorties entre 16 h 30 et 17 h 30. Les gens sont fatigués, ils rentrent du boulot, sont en retard pour aller chercher les enfants, et ne font pas attention. Tu n'es pas leur priorité, tu n'es rien. Une fois, en stage avec l'équipe alors que j'étais néo-pro, on faisait du derrière-scooter avec Martial Gayant. On était six, à Draguignan. Il y avait un rétrécissement, flèche rouge de notre côté. Il n'y avait personne, on arrivait vite, on s'est donc engagé. Entre-temps, une voiture est arrivée et a voulu s'imposer. Martial a pilé, le scooter a tapé dans le rétroviseur du conducteur, Martial est tombé. Nous, derrière, on s'est tous empilé les uns sur les autres, par terre. C'est parti en cacahuète. L'un de nous a mis un grand coup de cale dans la portière au moment de repartir. Et je me disais : « Le mec va revenir, il va faire demi-tour et il va revenir. » Ça n'a pas loupé. On a entendu le moteur vrombir. Il nous a frôlés une nouvelle fois, s'est arrêté cent mètres plus loin et a sorti un cric du coffre. Sur le coup, on ne faisait pas les malins. On était quand même six et on avait une GoPro. Le plus petit de notre bande, le plus sanguin aussi, Kenny Elissonde, a commencé à lui crier qu'il y avait eu plein de mort cette année-là à cause de gens comme lui. Martial, lui, n'avait pas attendu, il était parti avec le scooter. Ça s'est fini comme ça, bizarrement, chacun s'est calmé.

Chaque année, des dizaines de cyclistes meurent sur les routes. Dans ma région des Hauts-de-France, c'est presque un par semaine qui est tué. J'aimerais que, quand on passe le code de la route, on ne soit pas sensibilisé aux seuls motards, ce qui est très bien, mais aussi aux cyclistes. Ce sera déjà un pas.

Un pas après l'autre

Dimanche 13 juin 2021

Une terrasse. Discussion avec Marc Madiot, l'emblématique manager général de l'équipe Groupama-FDJ. Sujet ? Arnaud. Pas besoin de beaucoup de mots.

« Tout est facile avec Arnaud. C'est un calme. Un mec posé. Il avance pas à pas. Quand il fait quelque chose, il le fait bien. Tout est toujours structuré chez lui, carré. Il gagne depuis qu'il est tout petit.

On avait repéré Arnaud chez les juniors avec Yvon, mon frangin. Il était venu sur le Trophée Madiot aussi, chez les cadets. On se connaît depuis longtemps désormais, on a parcouru un long chemin. La confiance est réciproque.

C'est un champion. Il n'y a qu'à faire le compte de tout ce qu'il a gagné. Son palmarès est éloquent. Il a gagné un Milan-San Remo, il a gagné Hambourg, il a gagné le championnat du monde espoirs, il a gagné trois championnats de France, cinq étapes sur le Giro, un maillot cyclamen. Il a gagné sur le Tour de France, il a gagné des courses à étapes comme les Quatre Jours de Dunkerque, le Tour du Poitou-Charentes, les Boucles de la Mayenne. Il a gagné en Belgique.

Toutes générations confondues, il fait partie des plus grands champions cyclistes français. Il vit avec la pression du sprint en permanence, la pression de la victoire, et malgré cela il met toujours la balle au fond. Il en gagne des grands, des moyens, des petits. La finalité est toujours la même : il gagne.

Arnaud est un sprinteur, un vrai sprinteur. Longtemps, on a voulu jouer sur deux tableaux avec lui : les classiques et les sprints. Mais mentalement, c'est le sprint son registre. Avec Arnaud, il faut que ça gagne. S'il reste trop longtemps sans gagner, ce n'est pas bon. C'est comme un avant-centre dans une équipe de football. Faut que ça mette au fond. Arnaud, ce n'est pas le mec qui fait la dernière passe. C'est le buteur. Ce n'est pas dit qu'il ne remporte jamais Paris-Roubaix. Mais on sait désormais que les Flandriennes, par exemple, seront sans doute plus difficiles à atteindre. D'autant que ces courses se sont durcies. Arnaud a déjà terminé 2e et 3e de Gand-Wevelgem, je sais qu'il aimerait la gagner, mais cette course me semble moins prédestinée aux sprinteurs qu'elle ne l'était à une époque. Chaque classique est un vrai Tour des Flandres désormais.

Quand il doute, il sait se remettre en question. Arnaud va chercher le détail, il s'organise, il ne se disperse pas. Il est bien entouré. Papa, maman. Sa femme. Il vit simplement, il aime le vélo. Quand ça va moins bien, on essaie de se poser, de trouver des solutions calmement.

C'est limpide avec Arnaud. Même quand il cohabitait avec Nacer Bouhanni dans l'équipe. Ça a d'ailleurs été très profitable aux deux, je crois. Ils étaient en début de carrière. Quand Nacer gagnait, on savait qu'Arnaud allait gagner la suivante et nous, de cette concurrence, on buvait du petit lait. Une saison, à eux deux, ils ont dû lever les bras trente-cinq fois… Il y avait match à distance. Jusqu'aux championnats de France, en 2014, où ils étaient tous les deux. Une équipe commune pour faire le travail, un lanceur chacun. C'était de la haute voltige. J'ai vécu de grands moments, un truc de bonshommes.

La veille, Nacer m'annonce officiellement qu'il s'en va, ce sur quoi je n'avais pas de doute de toute façon. J'attendais juste sa confirmation. Je ne l'avais pas sélectionné pour le Tour de France qui arrivait. Imaginez s'il avait gagné ce championnat de France tout en n'étant pas retenu pour le Tour… J'en aurais pris plein la gueule. De toute façon, je n'aurais pas changé d'avis. Grand briefing la veille, donc. La messe. Nacer partait, sans doute qu'intimement, on n'avait pas envie qu'il s'en aille avec le maillot tricolore, mais il n'était pas question non plus de favoriser Arnaud plus que lui. Les deux avaient été mis sur un même pied d'égalité. Je sentais une tension digne d'une cocotte-minute dans la salle, dans l'équipe, à tous les étages.

Et c'est Arnaud qui gagne devant Nacer, à la pédale. Je pense que ça a été une bascule pour lui, parce qu'il y avait, mine de rien, une histoire de suprématie entre les deux.

Arnaud est un sprinteur réglo et déterminé. Sur un vélo, ce n'est pas un gentil, il n'est pas dans la politesse. Il ne fait pas de cadeau. Il tue. C'est son métier. C'est un vrai cycliste : il y a le moment où il met le dossard et le moment où il l'enlève. »

À l'essentiel

Vendredi 18 juin

Sur la route entre la maison et la gare de l'Est, à Paris. Arnaud rejoint Épinal, théâtre des championnats de France, où il sait d'ores et déjà qu'il abandonnera son maillot tricolore. Ce n'est pas rien.

Je me souhaite, un jour, de retrouver ce maillot tricolore. Je sais que je l'ai porté pour la dernière fois sur la Route d'Occitanie, la semaine dernière. Le circuit d'Épinal sera trop difficile pour moi, j'imagine plutôt une bagarre entre grimpeurs. J'ai fait une lessive à la maison, hier. Quand je l'ai étendu sur le fil à linge, je me suis dit : « *Voilà, tu vas redevenir comme tout le monde.* » Je le lâcherai définitivement demain, après la reconnaissance du parcours avec l'équipe. On le cachera, il n'apparaîtra plus, pour que notre but soit d'aller le conquérir à nouveau. On ne doit jamais penser qu'il nous appartient définitivement.

Je dois vous avouer que cette fois, au moment de le laver une dernière fois à la maison, j'étais sans doute plus triste que d'habitude, une sorte de léger spleen qui m'a envahi. Ce maillot tricolore, je l'ai porté pendant trois ans, j'en ai profité. En dix années de carrière pro, ça fait beaucoup. Est-ce que je serai capable d'aller le chercher une quatrième fois, comme Jean Stablinski ? Et si c'était le dernier ? On ne sait jamais de quoi l'avenir sera fait, on ne connaît pas les circonstances, les adversaires... On sait juste que ce sera à Cholet.

C'est presque comme s'il était devenu ma tenue habituelle, familière pour le moins, en dix ans de carrière. Je suis content de l'avoir honoré ce maillot. J'ai beaucoup levé les bras avec en 2020 et en 2021. Pour moi, un champion de France doit lever les bras. Il n'y a rien de plus triste qu'un drapeau remisé au fond d'un peloton. Neuf fois, j'ai compté. J'ai neuf photos de victoires avec lui. Vous allez peut-être trouver ça con, narcissique, mais une belle photo d'arrivée en bleu, blanc, rouge, je trouve ça superbe. C'est une vraie fierté.

L'un des plus belles, c'était celle à l'arrivée à Matera, lors de ma deuxième victoire sur le Giro 2020. Plein cadre. Lors de la première, à Villafranca Tirrena, je n'avais pas pu lever les bras parce que le sprint avait été très serré. J'étais presque déçu sur le coup. Toutes les autres, c'était avec des maillots distinctifs. D'ailleurs, si c'était possible, je préférerais lever les bras avec le bleu-blanc-rouge plutôt qu'un maillot vert ou jaune. Le cyclamen, je ne vais pas faire la fine bouche, c'est chouette aussi.

Je l'adore, ce maillot bleu, blanc, rouge. Ma première victoire sur le Tour de France, c'était avec lui, à Vittel en 2017. Et ça, ça reste. Mes proches, ma famille, me repéraient facilement sur les vues d'hélicoptère pendant les retransmissions à la télévision. Ce maillot, c'est une identité, presque. Il donne une valeur et il en a.

Petit, j'en rêvais. J'ai longtemps tourné autour, sans parvenir à le décrocher. J'avais terminé troisième des championnats de France, catégorie cadets, et deuxième des espoirs. J'avais ma médaille mais pas le maillot. Et j'en avais eu les larmes aux yeux. Chez les pros, lors de ma première saison, je termine deuxième des championnats de France. Les années suivantes, je n'ai pas arrêté de tourner autour d'un titre, aux championnats d'Europe, du monde, en juniors, en espoirs, mais je finissais 2e, 3e et ce maillot, je ne le décrochais jamais. Cette longue attente, c'est sûr, a décuplé mon envie et ma motivation. En 2014, lorsque je l'ai enfin gagné sur le circuit du Futuroscope à Poitiers, c'était quelque chose. J'étais focus, je ne pensais qu'à ça, presque comme l'année dernière où j'étais en transe, où je savais qu'Alaf [Julian Alaphilippe] allait attaquer et que j'avais de bonnes jambes. Je vous l'ai déjà raconté. Ce premier titre était particulier parce qu'on était deux sprinteurs dans l'équipe avec Nacer Bouhanni. Et je voulais gagner. C'était quasi obsessionnel. Il y avait un train pour deux : « Vous emmenez nos sprinteurs et ils se débrouilleront entre eux. » C'était ça, la consigne. La rivalité entre Nacer et moi nous boostait sans doute, même si elle avait probablement été exagérée par certains.

En 2017, à Saint-Omer, c'était tout l'inverse. Je ne m'attendais absolument pas à ce que l'on mise sur moi. Ça s'était décidé au briefing : « À trois tours de l'arrivée, si c'est encore groupé, on mise tout sur Arnaud. » On m'avait dit que ce serait sans doute trop dur comme circuit. Même la veille, je n'imaginais pas avoir ma chance. Le lendemain soir, j'avais le maillot sur le dos.

Les championnats de France, ce sont aussi les messes de Marc Madiot, notre manager général. La patrie. La Marseillaise. Les valeurs. Et surtout le ton qu'il emploie, l'émotion qu'il transmet. Toute la pièce vibre et ça nous transmet une énergie à l'unisson. L'année dernière, quand il avait soulevé la feuille qui masquait le grand tableau sur lequel est inscrite la tactique de course et que j'avais vu écrit en grand « Démare », j'avais avalé ma salive de travers. Dix-neuf ou vingt mecs allaient travailler pour moi, sans compter les entraîneurs, les mécanos, les directeurs sportifs, les soigneurs… C'est impressionnant, vraiment.

J'en ai gardé quelques-uns, des maillots tricolores. On est une génération qui porte beaucoup de combinaisons. Les trois maillots de champion de France protocolaires sont encadrés à la maison, avec la médaille pour chacun d'entre eux. Toujours sur fond noir, avec le cadre doré. Pour rien au monde je n'aurais voulu les abîmer en épinglant un dossard dessus. Les quelques autres, ils sont dans un coin. Mon père en a un mais il ne roule jamais avec, peut-être qu'il n'ose pas. Mes grands-parents en ont un.

Les championnats de France marquent aussi le début d'autre chose dans une saison. Il y a Roland-Garros, les championnats, la fête de la musique où on a l'habitude d'aller avec Morgane quand je ne participe pas au Tour de France, les vacances scolaires dont on commence à entendre parler, puis le Tour. Aujourd'hui, je suis sur la route pour rejoindre Paris gare de l'Est, puis Épinal. Je vais rentrer dimanche soir. Et le grand toboggan de juillet va commencer. Nouveau départ de la maison mercredi de la semaine prochaine.

Morgane, depuis quelques jours, me dit que ça y est, je suis rentré dans ma bulle. Je ne sais pas si c'est exactement ça. Je dirais que je suis concentré, simplement concentré. Je vais à l'essentiel dans tout ce que je fais. Vélo, récupération, massage. J'épure mon quotidien. Je marche au ralenti, je fais tout à l'économie. Je n'ai pas mis les pieds au jardin, j'ai juste ramassé les fraises dont on avait besoin pour manger un midi. Pas plus.

Le fait que le Tour de France, cette année, ne commence pas par un sprint fait que le temps va s'étirer comme ça un peu plus longtemps encore. Je ne vais pas avoir de gros déblocages à faire la semaine prochaine. De même, la pression ne sera pas la même, l'enjeu du maillot, de la victoire, ne viendra pas tout de suite. La tension est maximale sur la première étape. Ça frotte, ça gamelle. Rien que de l'écrire, j'ai une pointe de stress qui survient. Tous les coureurs savent que ça se passe comme ça, entendent tous les jours que le départ est proche, tout proche, que ça va être le feu d'entrée. Et c'est sans doute à cause de cela que le peloton se tend, n'a pas toujours des réactions normales. Le contexte hystérise. On en a parlé récemment avec Jacopo. On appréhendait déjà un peu la première étape. Et puis finalement, on se jette dans la bataille.

Mardi dernier, j'ai regardé le profil des étapes, les arrivées au sprint. J'ai, entre autres, coché l'arrivée à Fougères. Ce sera la même qu'en 2015. J'ai revu des images du dernier kilomètre. Je me suis projeté. Le dernier virage, la ligne droite. Revoir l'ambiance, tous ces gens au bord des barrières, la façon inégalable dont c'est filmé… J'en ai eu le sourire. La prochaine victoire que je vais pouvoir jouer, ce sera sur le Tour de France. Déjà. Tout ce que j'ai mis en œuvre depuis le mois de décembre, tout ce dont je vous parle depuis les premières lignes de ce livre, c'est pour cette course. C'est sur le Tour que je vais pouvoir prouver ce que je vaux. Tout en prenant du plaisir. Je veux qu'on en prenne beaucoup, tous ensemble. C'est comme ça qu'on exploitera au mieux nos qualités. Sans jamais regarder les autres. Je n'ai pas peur de lancer moi-même un sprint.

Champ de bataille

Dimanche 20 juin 2021

18 h 53. Un message vocal, sur la route du retour des championnats de France. Arnaud a finalement abandonné à Épinal.

On est sur le chemin du retour, il nous reste 2 h 48 de route. Morgane conduit. Sacrée journée. Beau chantier, ces championnats de France. C'est parti à bloc les deux premiers tours. On savait que l'échappée irait loin. Cavagna a fait du Cavagna, il est sorti fort. À quatre-vingts kilomètres de l'arrivée, Pierre Latour a mis une sacoche. Je n'avais plus de piles. Puis il y en a eu une deuxième avec Sénéchal et Alaphilippe. C'était usant, usant, usant. La pluie pour finir tout ça. Je n'ai pas pu aller au bout.

Veillée d'armes

Vendredi 25 juin 2021

Veille du grand départ du Tour de France à Brest. 21 h 30. Dans la chambre d'hôtel avec son équipier et ami Ignatas Konovalovas qui rigole à côté.

Nous voilà donc à la veille du grand départ. Je suis arrivé mercredi sur zone. Certains sont arrivés plus tard le soir. Tout est très chronométré les deux jours qui précèdent la course. Jeudi matin, on s'est soumis au contrôle antidopage. On est ensuite allé rouler quatre-vingt-cinq kilomètres, on a reconnu le final de la première étape, la côte de La Fosse-aux-Loups. Ça nous a permis de comprendre tout de suite qu'il y a bien deux Mûr-de-Bretagne en Bretagne. C'est incroyable. Puis déjeuner, massage. On a ensuite pris la route pour effectuer un test PCR à la permanence, à une quarantaine de minutes de l'hôtel. On a eu une heure et demie de battement entre ce test et le briefing général d'ASO. Il y a été question des bidons, des endroits où on pouvait les lancer ou non, des protocoles, des signalements des divers dangers. Cette année, c'était très court, réglé en quarante-cinq minutes.

Sitôt sorti du briefing, j'ai dormi dans le bus. À chaque fois ça me le fait avant un grand événement. Comme si mon corps avait besoin de récupérer, de profiter de chaque instant avant la bataille. Comme un lâcher-prise. En arrivant à l'hôtel, on s'est fait prendre en photo pour les trombinoscopes qui apparaîtront tout au long des retransmissions télé. On a aussi tourné des petites vidéos pour les réseaux sociaux. On a filé à la présentation générale des équipes à Brest.

Dès mon arrivée, j'avoue que je me suis laissé guider, le pilotage automatique activé, pour perdre le moins d'influx nerveux possible. Le staff a tout planifié. Même cet après-midi, j'ai encore bien dormi, une heure de sieste, ça doit être le bon air de la Bretagne.

Je ne ressens pas de tension particulière. Dans l'équipe non plus. Tout semble être comme d'habitude, sauf sans doute notre staff, bien plus élargi, sans doute doublé. Il y a plus de monde au service communication, il y a un mécano en plus, deux assistants en plus. On a notre cuisinier qui sera là tous les jours, ce sera un vrai plus. Ça fait partie des grandes évolutions que j'ai pu vivre ces dix dernières années. Longtemps, on faisait nos repas dans les hôtels où on dormait. Ça durait longtemps, ça tardait, on attendait les plats. Là, on mange en une heure et on mange bien.

Aujourd'hui, à cause de la pluie, j'ai fait du *home trainer*. Seuls David Gaudu et Stefan Küng sont sortis pour rouler.

Petit déblocage. C'était beaucoup plus calme. On a fait un peu de médias en visio, vingt minutes. On a eu le briefing de l'équipe avant de dîner. Il a été question des grandes lignes tactiques, du fait qu'on allait jouer sur tous les tableaux, sur les sprints avec moi, la montagne avec David, les chronos avec Stefan, puis du fonctionnement global de l'équipe pour les trois semaines à venir.

Obtenir sa place sur le Tour de France, ce n'est ni une récompense ni un aboutissement. L'objectif, c'est d'avoir des résultats, pas d'y participer. Je l'ai compris très jeune, ça. Dès lors que tu es sélectionné pour une course, tu dois y aller pour faire un résultat, performer. Le Tour, c'est la vitrine du vélo. Tout le calendrier tourne autour. Quand je vois le monde qu'il y a tôt le matin autour de notre bus, c'est le signe annonciateur qu'on y est. Ce matin, il y avait plein de gamins qui nous attendaient, qui regardaient les mécanos travailler. Je les observais par la fenêtre de ma chambre, au réveil. Ils étaient d'une patience… Ça faisait longtemps qu'on n'avait pas vécu ça, en raison de la pandémie. Parfois, je ne savais même plus comment m'y prendre. Ils nous tendaient des stylos, est-ce qu'on pouvait les prendre et signer les autographes ? Est-ce qu'on avait le droit de les décevoir ? J'en ai signé quelques-uns, j'avoue, et je me lavais les mains à chaque fois juste après. J'étais comme eux, gamin. Je me souviens d'une grande journée pique-nique avec mon grand-père quand le Tour était passé en Picardie. Et quand le Tour de Picardie passait autour de la maison, j'allais aux hôtels. Je faisais la tournée, à vélo. Je revenais à la maison avec plusieurs musettes autour du cou, remplies de bidons. J'étais un faucheur de bidons, d'autocollants, de tout ce que je trouvais, j'étais un casse-pieds, je ne lâchais rien. J'étais heureux. J'avais même fait une photo avec Robbie MacEwen, à Beauvais. Il courait chez Davitamon à l'époque et moi, j'avais sur les épaules le maillot d'un challenge régional que j'avais dû gagner.

Ces présences, cette agitation, ça fait partie du vélo et ça fait du bien de la retrouver. Vraiment, en un an de Covid, j'avais perdu ce rapport aux gens. Hier, on attendait avant de passer sur le podium pour la présentation des équipes. Un monsieur m'a parlé. On a tapé la discute et c'était agréable.

Ce soir, je me sens impatient. Demain et après-demain, ce ne sont pas des étapes pour moi. Ce sera une mise en jambes, une prise de marques, une plongée dans la nervosité du Tour dont il faudra se méfier. Mais je n'entrerai en jeu que lundi, entre Lorient et Pontivy. Malgré tout, j'ai envie d'y être. Il est temps que ça commence. C'est long l'hôtel. Je vis un mélange d'impatience et de concentration. De stress aussi, bien sûr. Mais j'essaie de me dire : « Profite, c'est la plus belle course du monde. » Il y a un enjeu, mais il faut être relax face à ça, savourer.

Je me sens attendu. Il faut que je fasse bien. Vous le savez, dès le mois de décembre, je vous l'expliquais. Je veux faire les choses bien.

Je suis en chambre avec Kono. On va passer près d'un mois ensemble. Il est en train de regarder des vidéos, là. C'est le seul qui a voulu de moi. Je rigole tout seul à écrire ça. Kono est arrivé en 2016 dans l'équipe. J'ai très vite aimé sa mentalité, son ouverture d'esprit. Il a fait pas mal d'équipes, il a côtoyé plein de coureurs, tout le monde le connaît dans le peloton. C'est un mec très tolérant. C'est le premier coureur étranger que j'ai eu à mes côtés dans le train. Il parle très bien français. Le groupe sprint s'est monté petit à petit, et Kono est toujours là. Hier, il a longuement appelé sa femme. Ça faisait un moment que je n'avais plus fait chambre avec lui. Je suis content. On se réhabitue l'un à l'autre. On discute, on est sur nos téléphones. Ce soir, je voulais regarder un film mais finalement, je crois que je vais passer des coups de fil. Hier soir, je suis allé voir Jacopo dans sa chambre. Mercredi, j'ai regardé France-Portugal. Je ne suis pas très footeux, mais j'aime regarder l'Équipe de France. Comme le maillot tricolore me manque depuis dimanche dernier, je le regarde à la télé. On va éteindre la lumière vers 23 heures, dernier carat. Ce sera sans doute un peu plus compliqué en course de se coucher à cette heure.

Morgane et mes parents sont arrivés sur place. Morgane a une semaine de vacances. Du coup, ils vont suivre toute la première semaine en camping-car. Je crois qu'ils l'ont garé ce soir chez Olivier Le Gac, dans sa cour, vu que le parcours, demain, passe à 800 mètres de chez lui. On va se voir, mais sans aucune intimité en raison de la bulle sanitaire dans laquelle nous sommes, les coureurs. On ne va parler de rien, il y aura toujours des gens autour qui nous écouterons, il n'y aura rien de naturel. Mais savoir qu'ils sont là, c'est important. Et puis eux, ils se font une fête de venir. Ce sont les vacances, les vraies, pendant que moi je vais cravacher sur mon vélo. C'est top. Morgane va faire de l'hélicoptère dimanche, au-dessus de Mûr-de-Bretagne. Elle a un peu peur, je crois. J'en ai fait une fois, en Norvège, sur l'Arctic Race. Incroyables sensations. Une conférence de presse était organisée sur une petite île à quinze bornes. Il y avait deux ou trois hélicos mis à disposition pour qu'on y aille. Il y avait Alexander Kristoff, Greg Van Avermaet. On avait fait la conf en plein milieu de l'océan.

Je sais déjà que je vais passer par toutes les émotions sur le Tour. En 2018, j'avais traîné ma misère pendant l'étape entre Bagnères-de-Luchon et le col de Portet à Saint-Lary-Soulan. Loin derrière le peloton. Le lendemain, je levais les bras à Pau. Passer de la voiture-balai juste derrière soi à la victoire en si peu de temps… C'est un ascenseur émotionnel cette course.

Bref. Je vais aller attaquer un peu le maillot vert, demain. Je veux être là, être dans la bagarre, pas question de perdre des points bêtement, par attentisme. Vivement.

Au fil du Tour…

Tour de France. Pensées courtes, émotions furtives, recueillies çà et là à travers des appels pressés, des messages écrits, des messages vocaux encore plein d'adrénaline ou de fatigue selon l'heure.

Samedi 26 juin 2021, Brest-Landerneau.

Deux chutes massives dans le peloton. Julian Alaphilippe vainqueur et en jaune en haut de la Fosse-aux-Loups. Le compagnon de chambre d'Arnaud, Ignatas Konovalovas, quitte l'épreuve en ambulance.

17h 42. J'avais passé une très bonne journée, j'avais zigzagué entre les gamelles. La première chute collective, on a regardé les gars tomber, en se disant « C'est bon, personne de chez nous ». Juste Val (Valentin Madouas), mais il était debout et avait demandé un vélo. Je pensais que ça allait. On est reparti. J'ai gratté quelques points pour le maillot vert. Et puis là, en fait, je viens d'apprendre que Kono a été pris dans la deuxième chute collective et vient d'abandonner… (silence)… Commotion cérébrale. Il est parti en ambulance. Pfffff… Truc de fou. Je suis dégoûté. Ça allait bien, mais le fait d'apprendre ça… C'est chaud. Au-delà de ses qualités de cycliste, de tout ce qu'il nous apporte en course, c'est l'homme qu'il est que j'aime. Sa sagesse, sa bonne humeur. C'est un pote.

Dimanche 27 juin 2021, Perros-Guirec-Mûr-de-Bretagne. ***Après le petit-déjeuner. Ignatas Konovalovas est toujours en observation à l'hôpital de Brest.***

10 h 02. Je pense à Kono… Je l'ai appelé. Il s'excusait en me disant qu'il m'avait abandonné… Je repense à hier. Tout ce public sur le bord de la route. Il faut esquiver. Les drapeaux. Les appareils photo. Tout le monde est désormais sur le bord de la route, pas seulement les connaisseurs de vélo. Le Tour passe devant chez les gens, ils sortent. On n'avait plus vu ça depuis longtemps. Ça fait plaisir, mais surtout quand ils se comportent bien. Ça crie fort, c'est génial.

Dimanche 27 juin 2021, Perros-Guirec-Mûr-de-Bretagne. ***Mathieu Van Der Poel s'est imposé à Mûr-de-Bretagne et a pris le maillot jaune à Julian Alaphilippe.***

22 h 43. Jour 2. Je commence à digérer doucement l'absence de Kono. C'était une bonne journée physiquement. Je suis là dans le sprint intermédiaire. J'ai encore un peu de mal à tout mettre dedans, mais demain j'y serai. C'était la foule à Mûr. Le tour en hélicoptère s'est bien passé pour Morgane.

Je le voyais tourner au-dessus de nos têtes, je pensais à elle, c'était sympa. Je l'ai vue rapidement après l'arrivée.

Lundi 28 juin 2021, Lorient-Pontivy. ***Tim Merlier s'impose au sprint. Encore de nombreuses chutes impressionnantes, dont une à quatre kilomètres de l'arrivée. Arnaud est tombé lourdement, puis est reparti. Il n'a pas pu disputer le sprint. Son manager Marc Madiot a poussé un coup de gueule :*** **« Si rien ne change, un jour, on va avoir des morts. »**

23 h 14. Je viens de terminer une vraie course contre la montre. J'ai fait tous les soins que je pouvais faire. Froid, massage, ostéo. J'ai mangé. Je m'en tire assez bien, pas trop d'égratignures et ça c'est bien parce que quand tu ne peux pas dormir sur un côté à cause de la douleur, c'est pénible. J'ai la cheville et le tibia qui tirent un peu, mais c'est un coup, je n'ai pas de plaie, donc ça devrait aller. L'épaule, aussi. Je suis monté assez tard dans ma chambre.

Le bilan, c'est que c'est chaud depuis le départ. Ça frotte très tôt, ça roule vite. Forcément le parcours y est pour quelque chose, les routes sont assez chaotiques… Mais c'est surtout l'enjeu qui y est pour beaucoup dans ces chutes. C'est le Tour. On sait que les retombées sont énormes. Personne ne veut laisser sa place. Quoi dire, quoi faire… Je suis frustré, déçu. Ça tombe devant moi, je suis pris dedans. J'ai vu celle de Caleb Ewan avec Sagan à l'arrivée… C'est chaud. Morgane était juste devant avec mes parents. Elle a été choquée. Je suis allé la voir après la ligne. Elle avait les larmes aux yeux. Je reçois beaucoup de messages : « Attention à vous », « Prenez soin de vous ». Les gens ont peur.

Mardi 29 juin 2021, Redon-Fougères. ***Mark Cavendish s'impose au sprint devant Nacer Bouhanni. Sprint auquel Arnaud n'a pas pris part.***

23 h 04. Physiquement ça allait, je pense que j'aurais pu jouer. Mais dans la tête, je n'y étais pas. J'ai manqué de beaucoup trop d'agressivité. J'avais de l'appréhension, je pensais encore à la chute d'hier. J'avais peur qu'un mec se couche devant moi et je pensais à ça plutôt qu'au sprint. J'étais perturbé, pas dedans. Je suis allé voir Jacopo dans sa chambre tout à l'heure, on a beaucoup discuté. Quand je vois que Cavendish gagne, je me dis que je peux le faire aussi. Jacopo marche très fort. Miles aussi. Ils ont fait un boulot exceptionnel dans le final. Je n'ai pas réussi à les suivre, je me faisais balloter de partout. Manque d'agressivité, de présence.

Mercredi 30 juin 2021, clm Changé-Laval. ***Tadej Pogacar écrase tout le monde, même Stefan Küng, le champion d'Europe de l'exercice, coéquipier d'Arnaud.***

18 h 20. Beau chrono, beau parcours. Ce n'est pas facile, il y avait de longs faux-plats. C'était la Mayenne, pas de surprise : toujours en prise, énormément de monde sur les routes, pas un mètre de vide entre les gens tout au long du parcours. Je suis déçu pour Stefan parce qu'il était fort, qu'il s'entraîne pour ça. C'est une bête à rouler comme on dit. Se faire battre par un grimpeur qui surprend sur les grands tours, car il n'est jamais présent sur les championnats du monde de chrono, c'est toujours dommage.

J'ai reconnu les rues de Laval, un mois après les Boucles de la Mayenne. C'était chouette. Je viens d'arriver à l'hôtel à Tours après presque deux heures de route. Au moment où Stefan bouclait son chrono, moi j'arrivais. Je n'arrête pas de bâiller. Ça me lâche un peu. L'objectif, sur ce chrono, c'était de ne pas me fatiguer plus que je ne le suis. Ça a été. Demain, Châteauroux. Je m'inquiète d'une chose : j'ai mal et je respire mal, conséquence de la chute que je traîne.

Jeudi 1er juillet 2021, Tours-Châteauroux. *Dernier rendez-vous pour les sprinteurs avant les premières difficultés puis les Alpes. Le train de la Groupama-FDJ est au rendez-vous dans le final… jusqu'à la chute de Jacopo à 3 kilomètres de l'arrivée. Miles emmène Arnaud comme il peut. Premier sprint disputé, 4e place finale. Cavendish s'impose. Jacopo termine tout de même l'étape, touché au ventre.*

Au service communication de l'équipe Groupama-FDJ, Arnaud déclare : « *Sur la vitesse, je n'étais pas trop mal. Il y avait moyen de jouer. Je me sentais rapide et il y avait possibilité de mieux faire. J'ai la gagne dans les jambes. Je n'ai pas pu jouer le premier sprint, j'étais un peu perturbé sur le second, mais là c'est bon, j'y crois. Il va juste falloir attendre une semaine. Si je suis mis dans les bonnes dispositions sur le prochain, il y a clairement moyen…* »

Vendredi 2 juillet 2021, Vierzon-Le Creusot. ***Parcours digne d'une classique, très difficile, étape la plus longue du Tour (250 km). À 37 kilomètres de l'arrivée, Arnaud et Jacopo se relèvent et sont décrochés du peloton.***

Samedi 3 juillet 2021, Oyonnax-Le Grand-Bornand. ***3 500 mètres de dénivelé au menu, à travers les cols de Romme et de la Colombière. Devant, Dylan Teuns s'impose et Tadej Pogacar écrase la concurrence pour le général. Arnaud termine dans le gruppetto à 35 minutes.***

Dimanche 4 juillet 2021, Cluses-Tignes. ***Étape dantesque. Pluie. Froid. Dénivelé. Ben O'Connor s'impose. Arnaud termine à 41'38", hors délais comme six autres coureurs dont Jacopo. Pas de repêchage.***

23 h 19. Grosse journée… J'ai tout donné. Je ne regrette rien de ma préparation. Il faisait si froid… Quatre minutes… Si on enlève O'Connor qui gagne avec cinq minutes d'avance, on n'est pas hors délais. C'est comme ça, c'est le vélo. Depuis ma gamelle, je ne suis pas à 100 %, pas à mon niveau max. Sur le plat, sur un sprint je peux m'en sortir, mais en montagne, c'est plus difficile. J'ai fait 97 % de mon record sur cinq heures, je n'étais donc pas arrêté non plus. Mais sur le Tour, il faut aller plus vite encore. Les délais étaient moins importants qu'hier alors qu'il y avait 800 mètres de dénivelé en plus. C'est le Tour, ça ne pardonne pas. J'imaginais beaucoup mieux, les gens aussi. Je n'ai pas pu montrer ma valeur, j'attendais beaucoup des sprints à venir. Ça va être dur les prochains jours.

1 h 56. Je suis déçu, là. Très déçu. J'ai envie de partir loin avec Morgane, n'importe où, partout, mais loin. Je ne sais pas ce qu'on va faire ni quand je retoucherai à mon vélo. Je reçois plein de messages. Tout le monde me souhaite un bon repos, mais je ne suis pas fatigué ! C'est dur, là. Très...

Hors délais

Mardi 6 juillet 2021

Surlendemain de l'étape dantesque entre Cluses et Tignes, et de sa mise hors délais. Arnaud est arrivé hier soir à la maison. Émotions singulières, tout qui se bouscule. Il est 8 h 30, ce matin-là.

Je craque. Je ne fais jamais ça. Je ne suis pas du tout flambeur, mais là, je craque. Je rêve depuis longtemps d'acheter un van tout équipé pour voyager avec Morgane, aller partout où on veut au volant d'un truc confortable. J'ai presque des envies de tour du monde, de me cacher, je ne sais pas. Je suis donc sur la route, direction Lille. J'ai rendez-vous avec un mec qui en a deux à vendre, deux modèles différents. S'il y en a un qui me plaît, je fais les papiers et on ira le chercher en fin de semaine. Je me dis qu'on n'a qu'une vie, que je souffre assez comme ça, elle aussi. Particulièrement depuis que je suis rentré. Vraiment, je craque.

J'ai été mauvais. Pendant ma préparation, je vous disais combien la peur d'être mauvais m'obsédait. Voilà, j'ai été mauvais sur ce Tour de France.

Sur le chrono, je n'avais déjà pas des sensations extraordinaires. On était quarante-huit heures après la chute, j'avais du mal à respirer, mais j'étais en mode *off*, cette étape n'était pas un objectif, donc je n'y avais pas prêté plus d'attention que ça. Le lendemain, l'étape où je termine quatrième du sprint, ce n'était pas dingue non plus, je n'étais pas remis. En plus, à trois kilomètres de la ligne, j'ai fait tomber Jacopo. Incroyable. Dans un virage, Jacopo prend appui sur un mec à sa droite. Moi, je prends appui sur lui. Il est pris en sandwich et il tombe. Il n'y a même pas eu de résistance comme ça arrive quand on tombe ou qu'on est sur le point de tomber. Je l'ai à peine touché et il a disparu. C'était dur parce que j'étais responsable, que je ne savais pas comment il allait, et qu'il fallait que je me remobilise immédiatement pour les deux derniers kilomètres. Heureusement, Miles était encore là et il était vraiment très fort, comme Jacopo depuis le grand départ…

Bref. On ne s'est pas du tout exprimer sur ce Tour de France. On n'a rien fait. On n'a même pas montré 50 % de notre valeur. On n'a fait aucun sprint roue dans roue.

Il y a donc eu cette étape entre Cluses et Tignes, dimanche. Si les temps avaient été pris sur les poursuivants du vainqueur, j'y serais encore. Autant les premiers jours en Bretagne j'avais une condition excellente, autant depuis la chute, ça devenait de plus en plus difficile. Je récupérais mal, je m'alimentais mal ou pas assez. J'ai ressenti les mêmes choses qu'en 2017, entre Nantua et Chambéry où j'avais fini hors délais. J'allais piocher dans le réservoir. C'est à partir de là que tu deviens de moins en moins compétitif.

Je savais que ça allait être difficile au départ de Cluses. Il faisait déjà froid sur la ligne de départ, il pleuvait. On est parti sur le plat pour rejoindre Sallanches, ça roulait déjà vite. Des mecs roulaient à bloc dans la plaine, nous on était à bloc dans les roues. Des mecs qui pétaient l'année dernière sur le Giro et demandaient au gruppetto de ralentir...

Dans la côte de Domancy, on était déjà un petit groupe décroché avec Cavendish et ses trois lieutenants, Jacopo et d'autres. C'est un chrono qui commençait. Déjà. Dans la descente du col des Saisies, à la bascule, il faisait froid, j'avais mis un vêtement imperméable en plus de ma chasuble. J'avais du mal à aller chercher à manger dans mes poches. Je descendais à la voiture du directeur sportif. Je n'arrivais même pas à ouvrir les sachets de gels énergétiques, il le faisait pour moi, j'avais les mains gelées, il me donnait la becquée, comme pour les oisillons. J'avais bien monté le col des Saisies. Deux minutes de retard au pied, trente secondes supplémentaires concédées au sommet. On avait fait la même ascension que le peloton. Par contre, les échappées gagnaient du terrain. La descente vers le col du Pré, pareil, ça s'était bien passé. On était encore tous ensemble. J'avoue que la montée du col du Pré a été difficile, j'avais de moins en moins d'énergie, mais j'étais encore avec Cavendish, les jambes tournaient bien. Le Cav' faisait le tempo, il avait trois coéquipiers avec lui. D'ailleurs, dès qu'ils pouvaient nous faire mal, ils ne se privaient pas. La moindre petite descente, le moindre replat, les gars de la Deceuninck-Quick Step nous faisaient la peau.

Je crois que c'est la descente du col du Pré vers le Cormet de Roselend qui m'a fait le plus mal. J'ai vraiment eu très froid, malgré les gants en Néoprène. Il faisait 7 °C, j'avais les muscles tétanisés par le froid, plus que par l'effort, les genoux congelés… Il n'y avait que quatre ou cinq bornes, mais le long de la route du barrage je n'étais pas bien. Je n'avais plus assez de forces pour suivre le groupe Cavendish. C'est là que j'ai perdu du terrain. La montée du Cormet, j'avais perdu trop de temps. Nacer Bouhanni était avec moi. On était quelques-uns. Il nous disait : « *Allez les gars, on s'accroche.* » Julien Simon pareil. Jacopo était trente mètres devant moi, il allait alors mieux.

On avait basculé en haut du Cormet de Roselend, tous les deux, avec Jacopo. On avait fait une belle descente, je m'étais bien alimenté, je m'étais refait la cerise. En bas de Tignes, ça allait mieux. Il y avait une petite vallée, on s'était réchauffé.

Franchement, même jusqu'au milieu de la dernière ascension menant à Tignes, je pensais que je serais encore là. À aucun moment, j'ai eu le feu. J'avais fait une belle montée. Au bout de deux bornes, je m'étais retourné : Jacopo n'était plus dans ma roue. Yvon Madiot, mon directeur sportif, était monté à mon niveau : « *Tu ne l'attends pas, Nono, tu montes à ton rythme.* » Je voyais Jacopo, il était là, à cent mètres derrière. Et je me disais qu'il allait revenir, que c'était juste un petit coup de moins bien. Cinq minutes après, il n'était toujours pas là… J'ai alors voulu sauver ma peau, continuer sur mon tempo, j'étais bien, jamais d'affolement. Le premier n'était pas encore arrivé, on n'avait pas les délais exacts. J'étais dans mon truc. Dans ma tête, ça allait le faire.

Et puis non.

Quand j'ai franchi la ligne, j'étais épuisé, j'avais froid. Je n'avais qu'une envie : rentrer à l'hôtel et prendre ma douche. J'avais tout donné, j'avais tout fait à bloc. Je n'étais pas déçu. Je crois que je n'avais pas vraiment réalisé que j'étais hors course. J'avais pourtant vu le chrono, je savais que j'avais trente-sept minutes pour rallier l'arrivée dès lors que O'Connor avait gagné, et que j'avais finalement mis quatre minutes de plus. Sur le portique de l'arrivée, le décompte était terminé, il affichait 00'00… Je m'étais juste dit : « *Bon bah voilà, je suis hors délais.* » Il n'y avait plus de journalistes, plus de photographes, plus personne. J'avais fait demi-tour, l'assistant m'avait mis une veste sur le dos. L'hôtel était cent cinquante mètres en aval après la ligne. Un autre assistant m'avait donné les consignes, dit de mettre mon vélo à tel endroit, m'avait donné le numéro de ma chambre. Je marchais carré, j'étais gelé.

En arrivant dans la chambre, j'ai pris mon téléphone, j'ai envoyé un message à Morgane : « *Je rentre à la maison.* » Elle m'a appelé dans la foulée, m'a dit que je serais peut-être repêché, que les commissaires n'avaient pas encore rendu leur verdict. Mais moi, je savais. Si Cavendish avait été avec moi, oui, nous aurions été repêchés. Mais là, non, impossible. Morgane était dégoûtée.

Je me suis fait couler un bain. L'eau n'était même pas assez chaude pour que je me réchauffe. Dix minutes plus tard, j'ai entendu la porte de la chambre qui a claqué. Jacopo entre. On ne s'est même pas parlé. L'eau continuait à couler. Je lui ai laissé la place. Je suis sorti du bain. Je l'ai vu. Il avait pris vingt ans, un visage en ruines. Il m'a tapé dans la main. *« Peut-être que toi ils vont te repêcher Arnaud, tu ne termines pas si loin. »* Non, non, je lui ai dit que je n'y croyais pas une seconde. Il avait pleuré, je le voyais, il avait encore les larmes aux yeux. Je me suis habillé, j'avais mis un bonnet, une doudoune, et je me suis allongé sur mon lit. J'ai rappelé Morgane.

Vanessa Cossard, notre assistante sportive, nous a amené la collation dans la chambre. Elle pleurait, elle nous disait qu'elle était triste pour Jacopo et moi. Ça m'a fait mal au cœur. Miles, pareil. Il s'est mis à pleurer en nous disant : *« Merde les gars, je rêvais de gagner une étape avec vous ici. »* Il se demandait à quoi allait ressembler son Tour de France sans nous. Parfois, il y a la barrière de la langue entre nous, mais là on s'est très bien compris. Thierry Bricaud, directeur sportif, est venu aussi nous dire qu'il était déçu pour nous. Voilà. On a réfléchi à nos plans de voyage. Je ne voulais pas rester là pour la journée de repos, le lendemain. Je voulais partir dès lundi. J'ai regardé les trains. Avec Jacopo, on s'est dit qu'on devait se remobiliser désormais pour le Tour d'Espagne. On voulait penser à autre chose, même si on n'avait plus le cœur à remonter sur un vélo.

J'ai traversé toutes ces heures presque sans émotion. Je recevais des messages de proches qui me disaient « *Repose-toi bien Nono.* » Mais je n'étais pas fatigué ! J'étais prêt à attaquer dès le lundi matin !

À onze heures, hier, j'ai donc quitté Tignes. On était déjà en décalage depuis le matin avec les autres. Ils partaient tourner les jambes. Moi, je m'étais couché vers deux heures du matin, je ne m'étais pas endormi avant trois heures. Ça trottait dans ma tête. Je m'étais levé tôt, j'avais peu dormi. J'avais fait ma valise, j'étais allé au bus pour le vider de mes affaires personnelles. J'avais croisé les mécanos, des coureurs d'autres équipes qui logeaient dans le même hôtel que nous. J'avais senti de la peine dans certains regards, des sourires bienveillants, de la compassion. En attendant Marc Madiot au camion, des gens étaient venus me voir, des vacanciers, des suiveurs du Tour, tous très gentils avec moi. À la gare de Bourg-Saint-Maurice, en attendant mon train, j'ai discuté avec une mamie de 86 ans qui était là avec sa fille. Elle m'a touché. Elle m'a dit, émue : « *Quel courage vous avez eu hier. Je suis tellement triste pour vous. Vous ne méritiez pas ça, c'est injuste. Tout ce travail que vous faites tout au long de l'année...* » Elle a répété : « *C'est injuste...* »

La vraie déception, je l'ai ressentie hier soir, quand Morgane est venue me chercher à la gare. Là, j'ai tout pris en pleine face. Le fait que je n'aie pas été à la hauteur, à mille lieues de mes objectifs, de mes espérances. Rien n'a fonctionné, comme je vous le disais. Chaque matin, je me disais ça va tourner, ça va tourner. Et ça n'a jamais tourné. J'étais pourtant à mon niveau, sans doute pas à mon tout meilleur niveau, mais je n'étais pas ridicule du tout. Dans les cols, pourtant, je me disais : « *Nono, t'es vraiment mauvais dès que ça grimpe, t'es nul.* » Mais quand j'ai regardé mes stats, non, je n'étais pas nul... Hier soir, je me disais que je n'étais pas prêt à remettre les pieds sur le Tour de France. Par rapport à l'équipe, à mes employeurs. Je ne leur ai rien donné, je n'ai pas eu le temps de leur prouver ce que je pouvais faire. Je n'ai rien fait.

Rien n'a fonctionné, vraiment, entre Kono qui est toujours à l'hôpital, puis ma chute, puis celle de Jacopo. Je ne pouvais pas être opérationnel dès le lendemain. Roulez en voiture à 60 km/h, ouvrez la portière, jetez-vous et dites-moi comment vous vous sentez. J'étais apte à faire du vélo le lendemain. Les médias me demandaient si j'allais bien. Oui, j'allais bien, je pouvais me toucher la tête, mes membres tournaient. Mais pour appuyer à fond sur les pédales et gagner une course de vélo, non. Je n'étais pas apte. Et pourtant, en mon for intérieur, je m'autopersuadais moi aussi du contraire. J'y croyais, je voulais y aller, essayer, je ne voulais pas me plaindre, tenter ma chance encore et encore. Ça me tirait dans le fessier. On a l'habitude, nous les cyclistes, d'avoir mal, et ça m'était déjà arrivé. Mais dix pourcents de moins, c'est déjà trop. Entre mes sensations à La Fosse-aux-Loups, à Mûr-de-Bretagne où j'étais chaud, et à Tignes, c'était le jour et la nuit. À Fougères, ça allait encore. Sur le chrono, ça me tirait de plus en plus, je passais mes soirées à faire des soins, je mangeais tard. Les deux derniers jours, je n'ai même pas vu David Gaudu. Quand j'arrivais au bus après l'étape, lui était déjà reparti en voiture. J'arrivais à table, il avait fini de manger. On se retrouvait seulement le matin, au briefing.

Bref, c'est donc le lendemain à la gare de Saint-Sulpice, près de la maison, devant Morgane, que j'ai tout pris en pleine face. On s'est pris dans les bras. Dans la voiture, on ne se parlait pas trop, on se tenait la main. Les gouttes de pluie sur le pare-brise. La soirée a été silencieuse, j'étais fatigué. Je la sentais émue, les yeux humides. Ça m'a miné parce que moi, je voulais la faire vibrer, Morgane. Elle était habitée par un sentiment d'injustice très fort, de dégoût même. Moi pas. Elle me disait que ce Tour ressemblait à des *Hunger games*. On filme des chutes, des gens qui souffrent, on fait des gros plans sur les bandages des coureurs, les épaules et les hanches abîmées, le sang. Et on se réjouit de ça, elle disait. Elle a détesté ce côté jeux du cirque, course de chars de Ben Hur, ce côté arène qu'elle a senti plus que jamais cette année. L'organisation n'y était pour rien, c'était simplement une atmosphère. À l'heure de la lutte antidopage, de l'écologie, elle me disait qu'on en oubliait presque la santé des coureurs, qu'ils avaient tous des têtes à faire peur dimanche à Tignes, même ceux qui étaient arrivés vingt minutes avant moi… Qu'à trop vouloir fabriquer des surhommes, ça en devenait malsain, dangereux.

Je ne sais pas trop quoi en penser. Moi, je me dis que ces chutes, ces délais très courts comme dimanche alors que les conditions météorologiques étaient très difficiles, enlèvent de la valeur sportive à l'événement, je trouve. Que vaut un Tour de France sans Tony Martin, Primoz Roglic, Geraint Thomas, qui se sont retrouvés très vite hors-jeu à cause des chutes ? En 2018, quand j'avais gagné l'étape à Pau, Kittel, Cavendish, Ewan, Gaviria et d'autres n'étaient plus là pour ces mêmes raisons. Et pas mal de commentateurs avaient souligné que mon succès avait une valeur moindre. Que pensera-t-on, cette année, de la valeur du vainqueur du Tour ? L'écart est tel entre les sprinteurs et les purs grimpeurs que je trouve les délais très courts. Ils le sont en tout cas bien plus ici que sur d'autres grandes courses à étapes.

Je me pose plein de questions depuis hier. Plein. Qu'est-ce que je peux faire de plus ? Qu'est-ce que je peux améliorer ? Est-ce que je dois aller habiter à la montagne, grimper plus de cols à l'entraînement ? Prendre des cétones comme d'autres, ce qui est proscrit pour le moment dans notre équipe ? On a discuté de ça avec Jacopo dimanche soir. Après tout, ce n'est pas interdit. J'ai l'impression parfois de manger de la salade pendant que d'autres bouffent des pâtes. Et on doit faire la course ensemble. On n'aime pas parler de dopage ni des autres avec Jacopo, on se dit qu'on doit d'abord se concentrer sur nous avant de parler des autres. On ne sait pas si les cétones suffisent, ni comment ça marche. Mais ça parle dans le peloton. On sait que certains ont fait toute leur préparation avec ça, en altitude, qu'ils ont perdu trois kilos et qu'ils récupéraient mieux, que ça les poussait. On sait qu'il y a quelque chose, notamment chez les sprinteurs. L'année dernière, Ineos et les Jumbo se faisaient la guerre. Cette saison, plusieurs équipes sont au même niveau. On voit même des sprinteurs faire des performances inattendues en montagne, voire hallucinantes, monter le col de la Colombière sur le grand plateau. Moi, je commence à mettre le grand plateau à 27 ou 28 km/h. Dans la Colombière, j'étais à 12 km/h…

Bref, je suis peut-être injuste. Je me sens plus fatigué nerveusement que physiquement, deux jours après. Je suis rentré à la maison pour quatre minutes, après une journée passée en haute montagne, sous la pluie et dans le froid. C'est comme ça.

Je me suis excusé auprès de Morgane. Parce qu'elle fait partie de l'aventure, vous le savez. Parce que pour elle, cette vie n'est peut-être pas toujours facile à mes côtés. Quand tu rentres à la maison avec une victoire, ce n'est pas pareil, c'est la récompense de notre investissement. Quand tu rentres en ayant terminé un Tour de France, même si tu as galéré, au moins tu fermes un chapitre que tu avais ouvert et tu passes à autre chose.

Là, je suis triste. Morgane m'a dit qu'elle appréhendait les réactions de certains patients au cabinet. Elle m'a dit : *« Si un seul d'entre eux me fait une réflexion négative sur toi, dit que tu t'entraînes mal, je le sors. »*

Je suis quelqu'un de sensible. Je n'ai pourtant pas pleuré depuis dimanche. Hier soir, je regardais des endroits pour partir en stage en altitude et préparer la Vuelta. J'étais partagé : soit j'en remettais une couche tout de suite, je bossais, soit je relâchais. Ce matin, je penche pour la deuxième solution. Je me dis que ma vie tourne peut-être un peu trop autour du vélo. Je me dis : « *Vas donc profiter un peu plus de tes neveux et nièces, de ta famille.* » Je vis un petit rejet de ce que j'aime pourtant le plus au monde : être coureur cycliste professionnel. Il me reste combien de temps ? Six années de carrière au plus haut niveau ? Je donne un peu trop en ce moment. Morgane me dit que j'ai gagné des courses cette saison, qu'il ne faut pas noircir le tableau. Moi, je dis que je n'ai pas gagné autant que j'aurais aimé, et pas assez de « grandes » courses.

Je me sens mauvais. Terriblement mauvais. Je ne sais même pas ce dont j'ai envie. Hier soir, Morgane me dit : « *Allez, il faut qu'on s'amuse un peu, que tu te changes les idées. Tu as envie de faire quoi ces prochains jours ?* » J'étais incapable de répondre. La pauvre, elle avait été obligée d'annuler ses billets d'avion, elle qui devait me rejoindre à Carcassonne avec des amis pour suivre la fin du Tour en camping-car… Il pleuvait toujours hier soir. La campagne était verte comme jamais. Les framboises avaient un goût de flotte. Même notre jardin me faisait de la peine. Je trouvais tout dégueulasse, pardon pour ce mot. La seule chose qui est devenue obsessionnelle, presque urgente, c'est ce van aménagé. Et partir avec, le plus loin possible. J'ai une envie, oui : qu'on parte loin.

Bonne nouvelle : Morgane a un mois et demi de vacances. On avait réservé un chalet à La Clusaz, à partir de mi-juillet, après le Tour. Quinze jours de travail en montagne. Je ne peux pas annuler et puis la Vuelta me fera du bien pour passer à autre chose. Donc, si l'un des deux vans me plaît tout à l'heure, on ira le chercher en fin de semaine, et à vélo. J'ai envie de faire ce genre de petit challenge. On fera une étape, on se paiera une nuit d'hôtel sur le chemin. Puis on mettra les vélos dans le van et on partira. Morgane m'a demandé si ce n'était pas qu'un coup de tête. Mais je ne crois pas. L'itinérance, c'était notre façon de vivre nos vacances, nos week-ends, nos courses, gamins. Ça fait longtemps que je veux, avec elle, cette sensation de liberté. On la lit sur les catalogues. Je veux la goûter, je veux voir. Je veux vivre. Et puis je m'en fiche du regard des gens.

On a quinze jours devant nous.

Partir, revenir

Dimanche 8 août 2021

Quelques jours sans vélo, loin de tout. Déception, acceptation, brasero, baignade. Vélo. Le départ de la Vuelta, pas loin.

On l'a acheté notre van de rêve. On est bien allé le chercher à vélo, une petite escale d'une nuit du côté d'Arras. Et puis on est parti, direction la Provence, pour trouver le beau temps. Il m'a fallu un temps d'adaptation. Au début, ça m'a fatigué parce qu'on avait envie de bouger tout le temps, d'aller voir partout. On a fini par trouver notre rythme, en restant deux, trois ou quatre nuits au même endroit avant de repartir. Sisteron, le lac de Sainte-Croix, Vaison-la-Romaine pour y rejoindre des amis.

J'ai fait neuf jour sans vélo. J'en avait marre de tout. Après la déception du Tour, je n'avais plus envie de m'entraîner, de rouler, je ne voulais plus entendre parler de tout ça. Je voulais passer à autre chose, je n'avais même pas envie de revenir avec qui que ce soit sur cet échec. Je voulais des paysages, je voulais Morgane, je voulais la nature et nous, je voulais le silence et notre solitude, un réchaud, un brasero, des couchers de soleil.

J'ai repris tout doucement à rouler. Je gérais mes sorties, mon temps avec Morgane et nos transferts. Le Tour, lui, continuait sans moi. Et moralement, tant qu'il n'était pas terminé, c'était dur. Je me suis forcé. Deux jours, une sortie de trois ou quatre heures à chaque fois, puis une journée de repos. Ça me laissait le temps de profiter, de récupérer, de dormir. Dès lors que j'ai commencé à me sentir mieux, que la chaleur arrivait enfin, je partais plus tôt le matin. Je pouvais rentrer de mes sorties vers midi, puis on allait se baigner.

Julien Pinot m'a laissé libre de faire ce que je voulais. Je pensais que je n'en faisais pas assez en vue de la Vuelta, lui m'a dit que toute m'a préparation d'avant Tour n'allait pas disparaître comme ça, que les neuf jours de Tour avaient été très intenses. C'est le seul avec qui j'ai eu un long débriefing. Ça m'a fait du bien. Les sensations n'étaient pas mauvaises, c'est juste qu'il fallait que je me force. Quand j'étais bien réveillé, bien luné, les jambes répondaient bien.

J'ai monté le Ventoux. Une belle montée.

Le Tour avait marqué une rupture. Le fil de l'enthousiasme rompu. Je broyais du noir, vraiment, jusqu'à remettre en question ma passion. Je me disais que bon sang, ma vie, nos vies, ne tournaient qu'autour du vélo, d'efforts quotidiens. Jusqu'à me demander si c'était une vie. Je suis pourtant un cycliste qui lève souvent les bras. N'empêche. Est-ce que je ne perds pas mon temps ? Est-ce que je ne suis pas passé à côté de choses importantes, plus importantes que de pédaler ? Est-ce que je n'en fais pas trop pour mon sport ? Est-ce que je ne suis pas trop rigoureux ? Est-ce que j'ai atteint les limites ? Les seuls moments où je me sentais bien, c'était quand je n'étais pas sur le vélo, quand je n'y pensais pas, quand je n'en parlais pas.

Ça a duré quinze jours comme ça, le cœur lourd, les soirs et les matins qui peinent, à ressasser, à trouver le chemin pour assumer ma défaillance de juillet, pour m'extirper de l'écœurement que j'ai ressenti sur le Tour pour mon sport, pour mon job. Je ne gagnerai jamais des dizaines d'étapes sur cette épreuve, mais je me regarderai toujours dans la glace, bien en face. Je serai le champion que je serai, avec mes armes à moi. Tant pis pour les critiques.

Tout ça, donc, puis enfin rebondir. La fatigue s'atténuait, les sensations revenaient comme le sang qui cogne à nouveau au bout des doigts après une sortie dans le froid. Le Tour était enfin terminé à la télévision, on ne m'en parlerait plus sur les pentes des cols, sur les routes, dans les campings. Je dois dire, à ce sujet, que tous les gens que j'ai pu croiser ont été d'une sympathie immense, partout où on me reconnaissait.

Dans ma tête, j'avais aussi un petit challenge : la location de notre chalet à La Cluzaz, à partir du 28 juillet, prévue bien avant le départ du Tour. Je me disais : quand je serai là-bas, je remettrai en route, je m'entraînerai avec un vrai but, des objectifs à chaque séance, des exercices précis. Ce que j'ai fait. La première semaine, on était tous les deux avec Morgane. J'ai adoré. On partait chacun de notre côté faire du sport, elle courait, je roulais. On se retrouvait, on se baladait, on randonnait, on pique-niquait. La semaine suivante, mes parents nous ont rejoints, puis ma sœur et ses enfants avec nous. J'ai adoré ce petit séjour. Le soir tous ensemble.

Le premier jour à La Cluzaz, je suis allé faire Les Saisies, là où j'avais bâché sur le Tour. J'en avais besoin, comme pour exorciser. Il fallait que je me confronte à nouveau à ces pentes pour tourner la page. J'ai fait une belle montée. Il ne faisait pas beau, toutes les sensations sont remontées à la surface. Une semaine plus tard, j'ai fait une grande sortie, et j'ai grimpé le Cormet-de-Roselend, autre épisode douloureux, par le col des Prés, comme sur le Tour… Comme quand tu rates un saut, que tu tombes, et que tu recommences. Je l'ai monté plus vite que sur le Tour. Je vous le concède, ce n'était pas difficile de faire mieux. Un autre jour, j'avais un long exercice de quarante-cinq minutes à faire. Je l'ai fait dans le col de la Colombière, qu'on avait aussi grimpé pendant le Tour. Et je montais tellement plus vite, quatre à cinq minutes, les fameuses quatre à cinq minutes qui m'avaient manqué. C'est là que tu mesures l'impact de l'intensité de la première semaine du Tour, l'impact du dossard, de l'influx nerveux, des transferts, de la fatigue.

Ce mois entier passé avec Morgane a été vivant, vivifiant, déconnecté. Pas un vrai mois de vacances parce que j'ai la

Vuelta dans un coin de ma tête et surtout la volonté de ne pas m'y reprendre un carton, pas envie d'y être mauvais.

On aura une belle équipe. Quatre jours après notre mise hors délais, Jacopo, lui, était déjà sur son vélo. Il a zappé direct pendant que moi je ne voulais plus entendre parler de rien. Très vite, il m'envoyait des messages vocaux pour me parler de la Vuelta, de sa motivation, il me faisait des mini comptes-rendus de ses séances, ses chiffres, ses watts. Comme une petite voix derrière ton épaule qui te dit de ne rien lâcher. Ramon pareil. Il était lui aussi parti à la montagne en famille et roulait avec un ami. Philippe Mauduit, qui sera notre directeur sportif sur la Vuelta, m'a appelé en visio. Pas pour me mettre la pression, non. Juste pour prendre des nouvelles, pour me dire de ne pas m'affoler. C'était bien.

Parce qu'au fond de moi, je vais vous avouer quelque chose, j'avais peur qu'on me dise : « *Arnaud, tu ne fais pas la Vuelta.* » Si ça avait été le cas, c'était la fin de ma saison. Je n'aurais jamais pu me remettre en route, m'en remettre tout court. Vraiment. Je me sentais seul, tellement seul, si loin de l'équipe. C'était paradoxal, j'en conviens : j'avais envie de solitude, mais au fond j'avais aussi besoin de soutien.

Un pas après l'autre, je suis donc passé à la suite. Malgré tout, après ce qui s'est passé sur le Tour, je ne me fixe aucun objectif. Je ne veux pas. Je sais que je peux entrer dans l'histoire, faire partie de la petite vingtaine de coureurs encore en activité qui ont réussi à gagner sur les trois grands Tours, mais ça s'arrête là. Tout objectif peut être anéanti en quelques secondes, même bien préparé, même concentré. Mieux vaut ne rien prévoir. Je veux juste mettre au fond au moins une fois. Mais même ça, je n'ose pas me le dire. Je ne connais pas cette épreuve. On me parle beaucoup de la chaleur, de la difficulté à la supporter parfois. Au chalet, on avait un jacuzzi. Je le poussais à 40 degrés quand je rentrais de l'entraînement. Ça me faisait une grosse suée, c'est une méthode pour stimuler et acclimater le corps. Vingt minutes comme ça. Je sentais mon organisme lutter. Je sortais comme un haricot cuit à la vapeur. Manquait plus que le bouillon.

Voilà. Dans deux jours, direction Burgos. Vamos !

Au fil de la Vuelta...

Tour d'Espagne, le premier de sa carrière. Pensées courtes, émotions furtives, recueillies çà et là à travers des appels pressés, des messages écrits, des messages vocaux encore plein d'adrénaline ou de fatigue selon l'heure.

Jeudi 12 août 2021. ***Premier matin en Espagne.***

22 h 03. Il y a un truc saisissant quand on arrive ici, c'est la chaleur. Quel contraste ! Le mercure monte à 38 ou 39 degrés quand tu sors de l'hôtel pour aller rouler. Costaud. Présentation des équipes classique, mais je sens déjà quelque chose de différent : la pression n'est pas la même, la tension est moindre. Il y a moins de médias, moins de journalistes. Encore un contraste avec le Tour de France. Je fais mon truc tranquille, j'ai retrouvé l'équipe, tout est calme.

Vendredi 13 août 2021. ***Veille du grand départ.***

21 h 35. J'ai fait des déblocages aujourd'hui, des efforts similaires à la course en vue du chrono de demain pour activer la pompe et m'acclimater à la chaleur. Ça va.

Samedi 14 août 2021, Burgos-Burgos (clm). ***Arnaud termine 47ᵉ du contre-la-montre inaugural à 28 secondes de Primoz Roglic, premier maillot rouge de l'édition.***

22 h 10. Ce matin, j'ai roulé presque deux heures avant le chrono, en vue du premier sprint prévu demain et pour ne pas trop m'endormir. Je suis rentré, j'ai pris le vélo de chrono, je suis allé faire deux tours du parcours, sur route fermée pour ne pas prendre de risque avec la circulation d'autant que la dernière descente est assez technique. J'avais envie de bien faire. J'étais content de mon temps, les sensations étaient très correctes après un mois sans courir en compétition. Ça lance ce grand Tour, c'est moins stressant qu'une étape sèche pour commencer. Pas mal.

Dimanche 15 août 2021, Caleruega-Burgos. ***Le sprint final de la 2ᵉ étape du Tour d'Espagne sourit au Belge Jasper Philipsen (Alpecin), pour cette première arrivée en peloton, au lendemain du chrono inaugural. Le Belge devance Fabio Jakobsen et Michael Matthews. Dans un final où ça a beaucoup frotté, Arnaud termine 14ᵉ, après avoir perdu la roue de ses coéquipiers à la flamme rouge, alors que la route rétrécissait légèrement. Enfermé il ne prend pas part à la bataille finale. L'équipe avait pourtant travaillé en début d'étape pour tenir les fuyards à portée. Aux médias, à l'arrivée, il dit : « Des réglages à trouver ? Non, on se connaît, il n'y a plus de réglages à faire. Il faut y aller à fond. »***

23 h 01. Il a fait vraiment chaud. J'ai bu presque 12 bidons, 5 litres d'eau. Il faut bien gérer son hydratation ici, multiplier les allers-retours à la voiture. Pas mal de membres du staff sont aussi au bord des routes pour nous ravitailler. On a des poches de glace dans le cou. Et puis il y a cette peur de se retourner le ventre quand on boit beaucoup, il faut faire attention de bien boire petit à petit et des bidons pas trop froids. Il faisait un peu plus « frais » que la veille, 38 degrés… Le premier adversaire, c'était de ne pas se retrouver en surchauffe. L'objectif était clair : le sprint. On a contrôlé l'échappée. L'arrivée ne s'est pas déroulée comme on voulait. On a été attentiste. On avait dit qu'on voulait prendre le manche à la bascule, on a eu l'occasion mais on ne l'a pas fait. On s'est donc fait tasser. Première déception, celle surtout de ne pas pouvoir m'exprimer. La journée, ça allait bien, mais on est là pour faire un résultat. Frustré de ne pas savoir où j'en suis.

Lundi 16 août 2021, Santo Domingo de Silos-Picón Blanco. ***Troisième étape, montagneuse cette fois, promise aux favoris du général. Rein Taaramäe l'emporte en solitaire et prend le maillot rouge à Primoz Roglic. Arnaud termine 158e à 18'38".***

23 h 28. 202 kilomètres, 5 h 50 de course. Arrivée sèche. Bon vent de face. Longue journée, pas forcément dure, à part l'arrivée avec 8 kilomètres à 9 % et des passages bien raides, mais presque six heures de selle quand même avec l'idée d'une arrivée au sprint demain. L'objectif, c'était donc de garder de l'énergie. On a eu moins chaud. On a pas mal roulé sur un plateau à 900-1 000 mètres d'altitude. Il faisait plus frais, vraiment cette fois, 20-25 degrés. Petit coup de froid à l'arrivée là-haut, 11 degrés.

Mardi 17 août 2021, El Burgo de Osma-Molina de Aragón. ***Un an après son grave accident en Pologne, le Néerlandais Fabio Jakobsen remporte le sprint massif de cette 4e étape. Devant… Arnaud, parfaitement lancé. Kenny Elissonde est en rouge.***

23 h 36. Arrivée plus punchy qu'à Burgos dimanche, avec 500 mètres à 6 %. Le genre d'arrivée que j'aime bien, où j'ai déjà réussi à m'imposer comme à Paris-Nice, à la Wallonie ou sur le Giro, à condition d'avoir de bonnes jambes. Hier, je m'étais rassuré avant le dernier col : il y avait une petite bosse de trois kilomètres où c'était monté fort. J'étais passé avec de bonnes stats et des bonnes sensations. J'étais rassuré. Cette fois, on a vraiment fait du bon travail à l'approche du sprint. On a pris le manche. Un mec d'Alpecin, Philipsen, est parti à 250 mètres. Sur le coup, je me suis dit qu'il n'irait pas au bout, mais j'ai quand même eu un doute l'espace d'un instant. J'ai lancé mon sprint, très bien emmené. J'ai longtemps cru que j'allais lever les bras, personne à côté de moi. Et d'un seul coup, Jakobsen est arrivé vite de l'arrière. Il me double à 20 mètres de la ligne… Il était à l'abri. Je n'ai pas coincé, j'ai fait un beau sprint. Il était vraiment plus fort. Je suis déçu, mais on assume l'idée de prendre les commandes, d'emmener le peloton et de lancer. Je suis content, tout de même, de m'être réexprimé. Enfin ! Il y aura une revanche demain. On doit continuer à être acteur.

Si je devais faire un bilan de ces quatre premiers jours, je dirais que tout est moins nerveux, ici, dans le peloton, mis à part dans les endroits stratégiques. Mais les départs et milieux d'étape sont calmes. C'est une autre approche. Il y a très peu d'îlots, de terre-pleins, de ronds-points, de pièges. Ça détend tout le monde dans le peloton. Le Tour, voire le Giro, sont plus nerveux que ça. On a de bons gros transferts, comme aujourd'hui : une heure et demie ce matin, deux heures ce soir. Mais ça fait partie de la course et du vélo actuel.

Mercredi 18 août 2021, Tarancón-Albacete. ***Grosse chute à 15 kilomètres de l'arrivée. Deuxième victoire de Jasper Philipsen au sprint. Arnaud termine dixième.***

21 h 12. On s'est encore loupé. On était bien pourtant, attentif au vent. On s'est mis en file au moment de déclencher. On a voulu aller chercher un peu plus d'abri à 800 mètres de la ligne le long des barrières. Jacopo perd la roue de Ramon et puis après c'est le bordel, je suis gêné à deux reprises et voilà…

Jeudi 19 août, Requena-Alto de la Montaña de Cullera. ***Le Danois Magnus Cort Nielsen (EF Education-Nippo) remporte la 6e étape, au sommet d'une courte et très raide ascension, devançant de quelques mètres à peine Primoz Roglic (Jumbo-Visma). Le Slovène redevient leader du Tour d'Espagne. Arnaud termine 97e.***

21 h 35. Étape de bord de mer. Vraiment chaud. Fond de l'air beaucoup plus humide. On transpire énormément, on dégouline grave. Il y a eu des bordures. Le but, c'était de protéger Rudy Molard pour la bosse finale. Moi, il fallait que je reste en retrait pour la grosse étape de montagne, demain.

Vendredi 20 août 2021, Gandía-Balcón de Alicante. ***Michael Storer, l'Australien de DSM, décroche la plus prestigieuse victoire de sa carrière, dans une étape marquée par la chute et l'abandon d'Alejandro Valverde. Primoz Roglic conserve la tête du classement général.***

22 h 04. Grosse étape de montagne. Beau petit col d'entrée de jeu. Très, très chaud aujourd'hui. Je redoutais un peu. C'était dur, mais les sensations étaient bonnes. Je sens que mon petit séjour à la montagne m'a fait du bien, comme le fait de ne pas être tombé ni d'être malade. 3 700 mètres de dénivelé. On était un gros gruppetto. Chasse aux bidons dans les voitures toute la journée, glaçons dans les collants qu'on se mettait dans le cou. Maillot ouvert toute la journée. Je voulais courir à l'économie pour le sprint de demain.

Samedi 21 août 2021, Santa Pola-La Manga del Mar Menor. ***Déjà vainqueur mardi, le Néerlandais Fabio Jakobsen offre sa 50e victoire de la saison à l'équipe Deceuninck-Quick Step. Arnaud se classe septième d'un sprint où il a perdu la roue de son poisson-pilote.***

21 h 37. Un sprint de plus de loupé… Tout me souriait l'année dernière. Dès que j'entreprenais quelque chose, ça fonctionnait. Là, j'ai beau y mettre de la volonté, de l'agressivité et beaucoup d'envie, ça ne veut pas forcément s'ouvrir. Grosse vitesse sur ce sprint, 72 km/h. Je tournais un peu trop les cannes pour accélérer, braquet un peu trop petit. Je me suis fait enfermer, j'ai perdu la roue de Jacopo… Grosse déception. L'équipe avait super bien travaillé, tout le monde y est allé à fond, même ceux qui ne frottent pas toujours le mieux. J'essaie de ne pas trop cogiter parce que demain, on doit avaler 4 600 mètres de dénivelé. La journée de repos, lundi, se mérite…

Dimanche 22 août 2021, Puerto-Lumbreras-Alto de Velefique. ***Damiano Caruso (Bahrain Victorious) remporte en solitaire cette neuvième étape. Le Maillot Rouge Primoz Roglic, deuxième, prend de l'avance au général sur Miguel Angel Lopez, Adam Yates ou Egan Bernal. Arnaud se classe 123e.***

22 h 41. L'objectif était d'aller chercher une échappée avec Rudy Molard, Oliv' Le Gac et Roupette (Anthony Roux). Départ très rapide, quarante premiers kilomètres à 54 km/h de moyenne, première heure à 50 km/h sur des routes larges. J'ai accompagné un peu pour soulager les gars. Dans le premier col, on avait Oliv' et Rudy devant, le peloton a temporisé, j'ai réussi à rentrer. J'étais au max, mais je n'étais pas dans le dernier gruppetto, c'est bien. L'échappée a pris du champ, puis Ineos a accéléré brutalement. Re-gruppetto. Il faisait chaud. Dans l'oreillette, j'entendais que Jacopo était en galère derrière avec Ramon, confirmation qu'il n'était pas bien. Je m'inquiétais. Je ne savais pas si ça tiendrait pour eux. J'ai appris l'abandon de Jacopo un peu plus tard. J'espérais que Ramon tiendrait le coup. Mon gruppetto roulait bien, on faisait des descentes rapides, on n'était pas trop inquiet pour les délais. Ramon était à deux minutes derrière nous, ça tiendrait.

Lundi 23 août 2021. ***Journée de repos.***

21 h 46. Atteindre la journée de repos, franchement, c'est comme une petite victoire parce qu'hier, c'était une grosse, grosse étape. Ça a bastonné pendant des dizaines de kilomètres, à plus de 50 km/h de moyenne jusqu'à ce que la bonne échappée ne se dessine. J'ai fini épuisé. J'ai mal aux jambes, j'ai fait une longue nuit, la fatigue. Aujourd'hui, on est allé rouler une heure et demie dans les serres d'Alméria, dans le potager de l'Europe comme les Espagnols l'appellent. C'est impressionnant de voir ce que l'homme peut faire. Ça m'a fait du bien de rouler calme. On s'est arrêté au bord de la mer boire un café. On est rentré vent de dos. Sieste, ostéo, massage, dîner. Ça repart demain.

Jeudi 26 août 2021, Jaén-Córdoba. ***Le Danois Magnus Cort Nielsen (EF Education-Nippo) remporte son deuxième succès sur la Vuelta jeudi lors de la 12e étape. Odd Christian Eiking (Intermarché Wanty Gobert) conserve le Maillot Rouge de leader, endossé mardi. Arnaud termine dans un groupe à 9'12".***

11 h 08 (dans le bus). Ça va être une étape pour puncheur aujourd'hui. Le genre d'étape sur laquelle je n'ai rien à espérer. Ce n'est pas simple en ce moment. Depuis le départ de la Vuelta, je ne ressens que peu de plaisir, finalement. C'est long quand on ne prend pas de plaisir. Il y aura normalement une opportunité demain. Physiquement, bien que je n'aie pas de marge de manœuvre, je suis dans mes bonnes stats, mais je crois que psychologiquement, je peine. Je ressens une plus grande appréhension à l'approche de mes sprints, la crainte de tomber. Je ne sais pas pourquoi. Ce n'est pas de la peur, c'est de l'appréhension. Elle me freine. Sincèrement, j'ai envie de vacances, là. De vraies vacances. Ça ne va pas.

Vendredi 27 août 2021, Belmez-Villanueva de la Serena. ***Avant-dernière opportunité pour les sprinteurs. Le train est en place à 8 km de l'arrivée mais disparaît au fil des derniers ronds-points. Arnaud ne peut pas sprinter. Jakobsen n'a pas les jambes et laisse filer son train devant. Sénéchal (Deceuninck-Quick Step), son poisson-pilote, s'impose.***

21 h 46. Pffffff…

Mardi 31 août 2021, Laredo-Santa Cruz de Bezana. ***Dernière chance pour les sprinteurs. Fabio Jakobsen s'impose pour la troisième fois. Arnaud n'a pas pu participer au sprint. Il ne gagnera pas pour sa première Vuelta.***

22 h 40. Les gars ont bien bossé. Aux 500 mètres, un mec de la Bora juste devant moi glisse sur un dos d'âne, je suis dans sa roue, je sens que je vais partir aussi, je déchausse, j'évite la chute, et la pédale tourne, tourne, tourne, ne se stabilise pas. J'ai pu repartir, reclipser, mais c'était déjà trop tard. Physiquement, ça va toujours bien.

Vendredi 3 septembre 2021, Tapia-Monforte de Lemos. ***Étape exigeante. Troisième succès pour Magnus Cort Nielsen qui règle l'échappée au sprint. Arnaud termine dans le peloton.***

9 h 28 (dans le bus). La vraie première étape du jour, ce sont ces 130 kilomètres de bus pour aller au départ. On aura ensuite 190 bornes de course avec un départ musclé. Le manège ne s'arrête plus. Ça passe vite et en même temps la fatigue est omniprésente. C'est dur. Le réveil ce matin était particulièrement dur. Un grand Tour, ça vous broie un homme. Le soir, on dîne tard, vers 21 h 30. Je commence à être défoncé, franchement. Demain, encore une sacrée étape, sans doute pour être sûr qu'on rentrera chez nous bien fatigués... Puis Santiago. J'ai toujours de bonnes jambes, ça me tient toujours, je suis content. J'ai de la force. Fatigue et force. T'es mort mais tu as de la puissance et tu résistes, tu résistes. C'est difficile à expliquer. Je vais moins haut dans les intensités, mais je résiste. On a eu droit à un peu de pluie, à du brouillard, des températures fraîches ces derniers jours. Faut encaisser ça. Hier, j'ai fait les sept derniers kilomètres à 12 km/h tellement c'était raide. Les gens sont passionnés, il y a énormément de monde. Ils m'encouragent. Ça m'avait déjà surpris en Italie. C'est encore plus fort ici. Les spectateurs sont moins nombreux, mais ils encouragent tous les coureurs et connaissent les prénoms.

J'ai tenté quelques coups ces derniers jours, j'ai pris une échappée notamment. Je n'ai plus rien à jouer, autant sortir un peu du peloton quand je peux, sinon c'est long. Je reprends du plaisir contrairement à jeudi dernier. On est traversé par tellement d'émotions, elles changent, elles évoluent, jour après jour, elles tourbillonnent.

Il reste deux étapes. Le compte à rebours a commencé. Certains coureurs ont des enfants. On en parlait hier soir. Ils leur manquent. Il y avait la rentrée des classes et les gars n'étaient pas là. Alors, comme les gosses, on s'est mis à compter les dodos. « Allez les gars, plus que quatre dodos avant de rentrer... » On s'amuse comme on peut quand on n'a plus d'objectifs, si ce n'est celui de rallier l'arrivée.

Moi, durant cette Vuelta, j'ai eu souvent besoin et envie de savoir ce qu'il se passait à la maison. Plus que d'habitude, je ne sais pas pourquoi. Il y a quelques années, je partais et j'étais dans mon truc. Je reprenais le fil sans savoir ce qu'il s'était passé. Là non. Que font mes parents, comment s'est déroulée la rentrée des classes des enfants de ma sœur ? J'ai besoin de nouvelles, de photos. Demain, ma grand-mère organise le premier repas de famille depuis le Covid. Il y aura tout le monde, les cousins, les petits-enfants. Il fera beau, mon père a amené des tables supplémentaires. Léger spleen... Mais je sais ce que je fais ici, en Espagne. Je fais quand même un boulot extraordinaire.

Je ne gagnerai pas sur cette Vuelta. C'est comme ça. Je crois que la déception était bien plus grande sur le Tour de France. J'ai fait le maximum ici, je me sens bien, même si à aucun moment je suis dans la facilité ou la gestion. Ça va me faire une bonne prépa pour la fin de la saison, ça va me porter pour la suite. Je remettrai du rythme en course. Je vais couper quinze jours, sans course mais pas sans vélo, puis repartir sur les Grand Prix d'Isbergues, Denain, peut-être les championnats du monde sinon la Classique Paris-Chauny,

Paris-Roubaix, et enfin Paris-Bourges et Paris-Tours. Je suis motivé pour bien terminer la saison.

Je vais rentrer lundi, un vol Santiago-Paris-Orly. Au-delà de retrouver Morgane et la famille, j'ai envie d'une chose : ralentir le rythme. Entre les transferts en bus, les étapes, les massages, les dîners, les soins, les valises à faire et défaire... Il faut même se brosser les dents vite avant d'appeler Morgane puis se coucher. J'ai envie de me poser, de freiner, de vivre au ralenti.

L'instinct

Mardi 14 septembre 2021

Une semaine s'est écoulée depuis la fin de la Vuelta. Au menu : cueillette des mûres, des pommes et des poires pour la confiture et les compotes « maison », questionnement, bilan et projection sur une fin de saison qui s'annonce palpitante.

Je vous ai quittés à quelques jours de l'arrivée de la Vuelta. Je vais vous raconter, ça vaut le coup. La fin a été extrêmement rapide, vraiment. La vitesse du peloton m'a impressionné, notamment sur la 19e étape, celle remportée par Magnus Cort Nielsen. On avait 3 600 mètres de dénivelé à avaler sur la journée, Je me suis fait la peau au début, j'avais pris l'échappée. Heureusement parce que ça m'a permis d'avoir un coup d'avance et de basculer dans le peloton quand ça s'est durci. Jakobsen, lui, avait déjà pété sans jamais pouvoir rentrer sur nous.

Physiquement, j'étais super bien. J'ai battu mon record de puissance sur la première heure et demie de l'étape tellement ça roulait fort. Mais j'étais à fond, ce qui signifie que ma condition, excellente, ne me permettait qu'une seule chose : suivre le peloton.

Ce qui m'a plu dans cette Vuelta, c'est que je me suis rarement retrouvé dans le dernier gruppetto. Même la veille de l'arrivée finale, j'ai fait les efforts. J'avoue que j'avais déjà Paris-Roubaix en tête. Il n'y avait plus de sprint à disputer et je me disais : « Nono, ces dernières étapes vont te servir de préparation pour la fin de la saison. Appuie fort. » J'espère vraiment que ce sera bénéfique.

C'est la dernière journée qui a été vraiment longue, interminable, avec le chrono dominical sans aucun enjeu. Je me suis élancé vers 17 h 30. Je l'ai fait correctement parce qu'il le fallait, mais dans la tête j'avais déjà lâché.

Le matin du chrono, le staff avait organisé un débriefing, conscient que tout le monde sauterait dans les avions du retour au fil de la journée et de la soirée. Chaque coureur, chaque directeur sportif a pris la parole. L'approche, la Vuelta, les sensations. Ce qui est ressorti de cet échange, c'était frappant, c'est qu'on était tous déçu de ne pas avoir fait de résultat alors qu'on se sentait, chacun, bien physiquement. Kévin Geniets était en forme, « Roupette » (Anthony Roux) pareil, Olivier Le Gac était méconnaissable, sans cesse à l'attaque lui qui est souvent sur la retenue parce qu'il n'a pas toujours confiance en ses compétences alors qu'elles sont grandes… Et puis moi, j'avais les jambes mais il me manquait l'instinct.

En parlant d'instinct… Je ne vous l'avais pas dit, mais mardi 31 août, le soir de l'étape où j'avais déchaussé, la dernière pour les sprinteurs, Marc Madiot était venu nous voir en Espagne, à notre hôtel. Il m'avait demandé de passer dans sa chambre. On avait discuté après le massage, une grosse demi-heure. On avait exposé chacun nos points de vue, sans colère, sans rancune. C'était bienveillant, vrai, parfois dur mais juste. Je lui avais expliqué qu'après le Tour de France, je m'étais senti seul. J'avais aussi envie de lui parler de la façon dont j'étais arrivé sur la Vuelta. Je lui avais dit que j'étais tellement déçu de ma mise hors délais sur le Tour que je m'étais demandé si j'allais être au départ de la Vuelta, si l'équipe allait encore me faire confiance. Ça avait surpris Marc, ça. Il m'avait répondu : *« Mais non, c'était une évidence ! »* Pas pour moi, j'étais défaitiste, incertain. J'aurais aimé qu'on me dise : « Remets-toi bien, bon courage, c'est une épreuve mais tu vas la surmonter. » Juste un truc comme ça. Parce que moi j'avais tout donné sur le Tour, j'avais fini râpé, à la mort, je m'étais battu. Je crois que dans l'équipe, tout le monde pensait que, étant donné que j'avais tout donné, que j'étais tombé, diminué par les séquelles de la chute, je prenais ça bien, que ça n'était pas grave pour moi. Mais pas du tout ! Je ne m'entraîne pas pour rien ou pour suivre le peloton. Je m'entraîne pour gagner.

C'était bien cet échange avec Marc, vraiment. Je ne vais pas vous cacher ce qu'il m'a dit, ça ne serait pas honnête. Il m'a dit que j'avais perdu mon instinct, qu'il fallait que je le retrouve, que je le travaille, que c'était d'ordre psychologique. Depuis deux ou trois ans, je suis formaté pour suivre mon train et être déposé dans de très bonnes conditions. Il fonctionne à merveille, ce train, il me sort de la boule et je fais mon sprint. Sauf que quand il déraille comme actuellement, parce qu'on est moins forts, je ne sais plus faire. J'attends. Je ne prends pas de décision, comme celle de remonter quand je veux. Je me laisse porter. Je n'essaie pas de me débrouiller, de me fier à mon feeling. C'est ça, la perte de l'instinct. Marc a raison.

Voilà. La dernière étape terminée, on s'est dit au revoir avec les gars. J'ai pris l'avion le lundi matin, de Saint-Jacques-de-Compostelle à Paris. Morgane m'attendait à la maison, elle avait pris son lundi. Le retour d'un grand Tour, c'est toujours irréel. J'étais paumé, fatigué, éclaté, pas vraiment en pleine possession de mes moyens. Il y a le silence. Il y a les longues heures pour reprendre ses habitudes visuelles, sensorielles avec les murs de la maison, la vue sur le jardin qui a changé en un mois, les sons, la machine à laver, un peu tout.

Le lendemain matin, je me suis levé pour prendre le petit-déjeuner avec Morgane qui partait travailler. Et je suis allé rouler avec les cousins. Il faisait beau. J'ai roulé, oui, pour la première fois juste après un grand Tour. Je me sais sélectionnable pour les championnats du monde à la fin du mois en Belgique, et puis il y aura Paris-Roubaix le 3 octobre. Ce retour du Tour d'Espagne ne doit donc pas être synonyme de coupure totale. J'ai une belle fin de saison à vivre. Cette sortie avec les cousins n'a pas été simple. Je sens mon corps me lâcher, un besoin de dormir plus longtemps. C'est comme si j'étais malade, courbaturé alors qu'au fil de la Vuelta, j'étais tonique, puissant jusqu'à la fin. Je vais rouler mais j'ai la flemme, le moindre petit vent c'est désespérant. Voilà l'état du bonhomme.

Le soir, on a fêté l'anniversaire d'Hélène, ma sœur, chez elle, à cinq minutes de la maison. Ça m'a fait un bien fou. Repas de famille avec ses enfants, nos parents, Morgane. On était huit à table. Il faisait beau et bon. Rose a absolument voulu me montrer qu'elle savait faire du vélo sans roulettes, à fond dans le jardin en train de crier « Tonton, tonton, regarde ! » Puis j'ai fait du trampoline avec elle et son frère, je ne n'avais plus mal aux jambes. Ce sont des moments de vie que j'adore. Barbecue, tomates et carottes râpées du jardin.

En parlant du jardin, tous les trois jours on va près du poulailler ramasser les mûres, des mûres sans épines, je précise. C'est la saison. Deux saladiers à chaque fois. On fait de la confiture, trois pots par trois pots. C'est du boulot. Morgane n'aime pas les pépins. On les passe au pressoir.

Les jours passent ainsi, je renoue avec le fil de notre vie. Une semaine a passé, je me sens moins fatigué. Thomas Voeckler, le sélectionneur de l'équipe de France, m'a appelé pour me demander si je me sentais d'être aux championnats du Monde avec un rôle d'équipier pour aider Julian Alaphilippe à gagner. C'est vraiment chouette. J'ai envie d'être acteur, d'aider l'équipe bien sûr. On a un titre à défendre, un champion du monde sortant dans nos rangs, ce n'est pas rien. Julian peut gagner une deuxième fois, j'en suis sûr, et j'ai envie de tout faire pour que ça arrive. Wout Van Aert pétrole de dingue, mais pourquoi pas, franchement ?

D'ici là, j'ai deux courses de reprise. Dimanche, je cours le Grand Prix d'Isbergues. Mardi, le Grand Prix de Denain où il y aura des pavés. Ça va me permettre de me faire une petite répétition avant Roubaix, de tester le matériel, de mettre de l'intensité.

J'ai de la force, je monte les talus, je tire du gros braquet, j'ai de l'envie, peu importe le vent ou la pluie désormais, mais il me manque la fraîcheur, le pep's. Ce matin, j'ai roulé quatre heures trente. J'ai fini un peu ratatiné mais je vais faire une sieste, mettre mes chaussettes de récupération, me coucher tôt ce soir, programmer un massage demain. Quand certains relâchent un peu en fin de saison, moi pas. J'ai encore de beaux objectifs sur des grandes épreuves et des moins grandes qui vont me permettre de prendre du plaisir en étant un peu moins au taquet.

Surtout, je me dis que je vais, pour la première fois, disputer Paris-Roubaix dans ces conditions de préparation, après un grand Tour. Je sais que je marche un mois après une grand Tour. Les intensités misent pendant les trois semaines en Espagne vont être bénéfiques. Elles seraient inatteignables à l'entraînement. C'est bien. Isbergues avec Jacopo et Miles. Denain. Mondiaux. Roubaix. Paris-Bourges. Paris-Tours. Je suis motivé.

Bleu nuit

Dimanche 19 septembre 2021

Matin du Grand Prix d'Isbergues. Message vocal.

9h 56. Je n'avais pas des sensations extraordinaires cette semaine. Le corps avait du mal à se réveiller. Mercredi, notamment, c'était la grosse souffrance, le cœur ne montait pas. Jusqu'à avant-hier. J'ai fait du derrière-scooter, tout s'est débloqué, le cœur est monté à 182 pulsations par minute. Ça y est, c'est reparti, ça fait du bien. En revanche, ce qui ne fait pas du bien, c'est que la route vers les championnats du monde se complique. Je fais partie des treize présélectionnés. Thomas Voeckler m'avait dit que dans sa tête, j'étais déjà dans les neuf « titulaires ». Or, il vient de valider huit mecs et je ne suis pas dedans. La neuvième place se jouerait entre moi, Olivier Le Gac et deux autres jeunes coureurs. C'est chiant parce que je suis dans l'incertitude, alors que dans ma tête c'était bon. Il va falloir se battre. Je ne sais pas sur quel critère se fera la sélection. Je ne suis pas sûr que ce dimanche de course change grand-chose, que je gagne ou non. Ce sont les aléas et la dureté du cyclisme. J'aurai la réponse mardi.

Soir du Grand Prix d'Isbergues. Sprint massif remporté par Elia Viviani (Cofidis). Arnaud prend la 5e place.

17 h 35. Des jambes de feu ! Mais bloqué contre la barrière à 50 mètres de la ligne en roue libre. Dégoûté.

Bleu ciel

Mardi 21 septembre 2021

Matin du Grand Prix de Denain. Un message à 10 h 09.

C'est bon pour le Mondial, je suis sélectionné. Super happy !

Rallonge

Mardi 21 septembre 2021

Arnaud termine 6e du Grand Prix de Denain, remporté au sprint par Jasper Philipsen (Alpecin-Fenix). Il est 21 h 30. Il est rentré à la maison. Après quelques bornes supplémentaires…

Avant même de savoir si j'allais être sélectionné pour les championnats du Monde, j'avais prévu, avec l'accord de Julien Pinot, de rallonger mon temps de vélo sitôt la course terminée. Je vous explique : le Grand Prix de Denain faisait 200,3 kilomètres. À mon programme, j'avais les Mondiaux, quasi 270 kilomètres, puis Paris-Roubaix, distance quasi identique.

Comme mon père avait prévu de venir me voir à l'arrivée de la course, je lui avais demandé de prendre mon autre vélo, celui de la maison. Sitôt Denain terminé, la ligne franchie, j'ai changé de cuissard, de maillot de corps, j'ai mis une petite veste, et vingt minutes plus tard je suis reparti à vélo direction la maison, en passant par Cambrai, jusqu'à Péronne. Par moments mon père me suivait avec la voiture, par moments c'est lui qui roulait devant et m'abritait. La première demi-heure a été dure parce que juste après une course, ça me lâche toujours un peu. Je sortais d'un effort violent, d'une mini-coupure de quelques minutes, et il fallait que le corps comprenne que c'était reparti, qu'il fallait remettre en route. Je me suis retrouvé à moitié en fringale au début. Mais j'avais prévu des boissons de récupération, quelques petites choses à manger. J'ai fait environ 70 kilomètres, en roulant bien mais sans ajouter de fatigue musculaire, à un rythme suffisant pour que le métabolisme travaille sur l'aspect de l'endurance uniquement.

Et puis j'ai terminé le trajet dans la voiture. Comme ça, ça m'a fait une journée avec 270 bornes dans les jambes, 6 h 20 de vélo au total. Ça m'a fait un super rappel pour les Mondiaux puis pour Roubaix. Sur la Vuelta, mine de rien, je n'avais pas couru souvent au-delà des cinq ou six heures.

J'ai donc su hier soir que je faisais partie des neuf coureurs sélectionnés pour les championnats du Monde. Par un message dans lequel Thomas Voeckler me disait qu'il venait de prévenir Olivier Le Gac qu'il serait finalement le dixième homme. Thomas me disait qu'il avait confiance en moi, qu'il comptait sur moi. Sur le moment, j'étais très, très content. J'ai tout de suite envoyé un message à Morgane, puis à mes parents qui ne l'ont lu que ce matin. Ça m'a réconforté parce que je savais que j'avais les jambes pour être utile à l'équipe. J'ai vite confirmé un massage pour mercredi à la maison. La bonne dynamique post-Vuelta continuait.

C'était particulier hier parce que le matin même, on était allé faire une reconnaissance des secteurs pavés de Denain avec Olivier. On discutait, on parlait du championnat du Monde. On avait besoin, l'un comme l'autre, de savoir si on y allait ou non, ne serait-ce que pour nos organisations personnelles. On n'était pas dans une forme d'adversité, pas du tout, car on savait qu'un choix allait être fait et qu'on n'y pourrait rien. On attendait. Moi, je voulais une réponse, aussi, pour savoir, justement, si je pouvais rallonger la distance juste après Denain. En fait, je crois surtout que je cherchais un bon prétexte pour joindre Thomas et savoir ce qu'il en était de sa sélection…

Comme on l'a su assez tard lundi soir, je n'ai revu Olivier que ce matin. Il était déçu, moi aussi j'étais déçu pour lui. J'ai trouvé Thomas très honnête quand il a déclaré, au moment de dévoiler la composition de l'équipe : *« J'ai un peu modifié mon plan de course, on a eu une discussion et Olivier [Le Gac] a compris. J'avais dit à Olivier qu'il serait dans les neuf et je l'ai enlevé. Je n'ai pas tenu ma promesse et ça me fait très mal au cœur pour lui. »* Ce n'est jamais simple de faire des choix. Choisir, c'est renoncer.

Arc-en-ciel

Samedi 25 septembre 2021

Veille des championnats du Monde, à Louvain, en Belgique. Il est 18 h 45, entre le massage et le briefing du sélectionneur de l'équipe de France, Thomas Voeckler.

J'ai pris la route jeudi pour mes troisièmes Mondiaux chez les professionnels. Seul. J'ai préféré m'organiser comme ça plutôt que de prendre les transports en commun, d'autant qu'on logeait à une quarantaine de minutes de la gare. C'était plus simple, j'avais un peu moins de trois heures de route depuis la maison.

J'ai écouté des podcasts sur la route. Et puis une émission, via un lien Youtube que m'avait envoyé Morgane, sur les secrets de l'intestin. Les probiotiques, la flore, les maladies qui gravitent autour. C'était passionnant. Un peu de musique, c'est passé vite.

Je suis arrivé assez tôt pour pouvoir me faire masser. Thomas était là, il m'a demandé si j'avais fait bon voyage. J'ai retrouvé un staff différent de d'habitude mais que je connais bien car c'est le même qui nous accompagnait chez les juniors puis les espoirs, quand on n'était rien, puis chez les pros.

On a dîné. Tout le monde n'était pas encore arrivé. Mon compagnon de chambre, Valentin Madouas, a débarqué un peu avant minuit. Je dormais déjà, je ne l'ai pas entendu entrer. On se connaît tous dans cette équipe de France. J'avais déjà couru avec Julian Alaphilippe. Avec Flo Sénéchal et Christophe Laporte, aussi, aux championnats d'Europe.

C'est assez curieux ce groupe France, parce qu'il y règne une très bonne ambiance alors que toute l'année on est adversaire et qu'on ne se parle quasiment pas. Encore plus nous, les Français. Quand je vois Jacopo tchatcher dans le peloton toute l'année avec tout le monde, ça me surprend toujours. Ici, dans ce contexte singulier, c'est tout l'inverse. Il y a une bonne atmosphère, vraie, sans aucune hypocrisie. Je le ressens comme ça. On rigole, on est content d'être là. Même Thomas, qui insuffle ça au groupe.

Malgré tout, on sent le stress s'installer. Des détails, des petits signes. Je pense à Julian, qui remet son titre de champion du Monde en jeu. On sera tous acteurs demain, et Julian sera sans doute l'acteur numéro un. Certes, il rigole beaucoup, il chambre, il blague, c'est dans sa nature, mais sans doute encore un peu plus que d'habitude, ce qui témoigne à mes yeux d'une nervosité palpable. Il trompe son stress. On est tous un peu comme ça, vous voyez ce que je veux dire, en tout cas chacun fait à sa manière. Ce maillot arc-en-ciel, comme il l'a dit, a parfois été un poids cette saison. Il ne le portait pas, d'ailleurs, lors de la reconnaissance du parcours, hier. Je lui ai fait la remarque. Et il m'a répondu : « *Non, non, il faut que je fasse le break dans ma tête avec ce maillot.* » C'est quelque chose de porter un tel maillot…

On était tout excité d'aller faire la reconnaissance du parcours. Avec le lot de questions habituelles : « *Qu'est-ce que ça va donner ? Est-ce que ça va vraiment me plaire ? Est-ce que ça va me correspondre ? Est-ce que je vais pouvoir répondre présent ?* » Les monts vont faire mal. Mais surtout, tous ces virages, toutes ces relances dans cet environnement urbain vont nous user. Je n'imagine pas une arrivée groupée. On sait déjà qu'il ne faudra pas traîner à l'arrière du peloton. Il faudra être positionné dans les 25 premières places du début à la fin sous peine d'être condamné à faire beaucoup trop d'efforts pour remonter tout au long de la journée, et donc de ne pas exister dans les moments-clés.

Il y avait déjà du monde. J'ai lu que demain, on attendait un million de personnes tout du long. Un million, vous imaginez ? Plein de gens nous encourageaient. On roulait au son de « Allez les Bleus », il y avait de la musique, de la bière. Ça va être un truc de dingue. Mes parents seront sur le parcours. Je vais peut-être entendre mon père siffler. J'en rigole encore : hier, avant qu'on aille reconnaître le parcours, je regardais les Mondiaux juniors à la télé et je l'ai entendu siffler. Je l'ai reconnu en direct. Je l'ai appelé pour savoir où il était exactement et ça correspondait. Pendant la « reco », je les ai vus, bien installés au milieu des drapeaux italien, belge, français. Ils sont dans l'ambiance, ils sont arrivés jeudi en camping-car. Morgane les rejoint ce soir avec une amie à elle. Elles ont pris notre van. Elles ont déjà une place réservée à côté d'eux. Quand les gens ont compris qu'ils étaient mes parents et que Morgane arrivait, ils ont fait de la place. Mon père a déjà plein de nouveaux copains.

On est parti rouler tard, ce matin. Quelques petits déblocages. Une pause-café en plein soleil, en terrasse, le marché juste à côté. Les gens étaient très respectueux : *« Bon courage pour demain, mais c'est Van Aert qui va gagner ! »* Ils sont tous prêts pour la fête de demain. Dans quatre minutes, Thomas nous dicte sa stratégie. Je pense qu'il veut qu'on bouge très tôt dans la course. Il ne veut pas qu'on attende que Van Aert nous explose. Les Italiens, avec Colbrelli, seront peut-être patients. Mais pas nous. Thomas veut qu'on ait un coup d'avance, qu'on impulse les mouvements. Ça me plaît.

Pansements

Mercredi 29 septembre 2021

Trois jours se sont écoulés depuis le deuxième sacre mondial de Julian Alaphilippe, à Louvain (Belgique), auquel Arnaud a contribué.

Thomas Voeckler est un fin tacticien. Vous me direz que je ne vous apprends rien. Coureur, déjà, il était malin, il lisait la course comme peu d'autres. Mais ce qui est bluffant, c'est qu'il arrive à transposer cette science de la course à l'échelle d'une équipe. Sur ces championnats du Monde, il avait échafaudé un plan par tranche de circuit, avec un scénario écrit pour chacune d'elles. Sur telle partie de la course, il faut que vous arriviez à faire ça, nous disait-il. Une fois que c'est passé, on met en place un nouveau scénario, et ainsi de suite. Il ne demandait pas à tel ou tel coureur d'attaquer à un kilométrage précis. Non, il avait programmé du mouvement tout du long.

En demandant, par exemple, du kilomètre 70 au kilomètre 180, que nous soyons deux dans une échappée : un qui va vite et un autre qui est capable de suivre les meilleurs. Si ça ne fonctionnait pas, ce n'était pas grave, on essayait encore. Si ce n'était pas possible, on plaçait Julian Alaphilippe et Florian Sénéchal, les deux leaders, au pied des monts et voilà. En cas d'arrivée au sprint, Florian était le plus à même de gagner. Si ça arrivait en costaud, c'était Julian.

Avec Thomas, chacun a un rôle défini en fonction de ses qualités. Mon rôle était de protéger Julian et Florian en début de course, d'être là si jamais ils avaient un pépin, tout en m'économisant. Puis, dans une deuxième partie, de suivre les coups et faire un peu peur avec ma pointe de vitesse en cas d'arrivée au sprint, que ma simple présence fasse ralentir une éventuelle échappée dans laquelle je serais, de ne pas collaborer. C'est exactement ce qu'il s'est passé quand on est sorti avec Benoît Cosnefroy. On était une bonne dizaine, je ne roulais pas. Ça faisait aussi travailler les autres équipes derrière qui n'était pas représentées dans l'échappée. On roulait donc à l'économie devant, pareil pour les autres derrière.

Je marchais bien, j'étais vraiment motivé, j'avais à cœur d'honorer cette sélection. J'étais dans une bonne journée, ce qui m'a permis d'être toujours bien placé. Je vous avais dit précédemment qu'il faudrait rester dans les vingt-cinq premières places pour éviter de faire l'élastique et de perdre trop d'énergie. C'est ce qui s'est passé, avec soit Florian soit Julian dans la roue.

Ça m'a fait bizarre ces championnats du Monde : j'étais le plus « vieux » du groupe. À la sortie de Louvain, alors qu'on avait Valentin Madouas échappé, Rémi Cavagna m'a demandé : « *On fait quoi maintenant ? On fait quoi maintenant ?* » J'avais mal aux pattes mais je me suis dit que c'était à moi de faire le job, tant pis si le retour en tête de peloton allait me coûter cher. Je suis donc descendu à la voiture pour prendre des informations auprès de Thomas car on n'avait pas d'oreillettes. Priorité était donnée au placement de Julian et Florian au pied des talus à venir. Rémi s'est mis à la planche le premier. Après c'était nous. Ils ont été placés comme il le fallait.

Quand ça a attaqué vraiment fort, j'ai sauté. Je me suis retrouvé dans le peloton. Je ne savais pas ce qu'il se passait devant avec Julian, mais je sentais qu'un truc se tramait. Je voyais parfois furtivement les écrans géants, j'entendais les gens crier. Je suis passé devant Morgane qui m'a crié : « *Il va gagner, il va gagner !* » Puis devant des supporters qui nous disaient : « *Bravo, bravo les Bleus.* » Et enfin devant un copain qui était avec mon cousin : « *Julian a gagné !* »

Franchement, je me suis dit ça : « *Il l'a fait le con, il l'a fait !* » Vu le parcours et vu le niveau de Julian ces dernières semaines, ce n'était pas gagné. Julian, c'est un clown en permanence, je vous l'ai déjà dit. Ce qu'il fait sur un vélo, c'est du spectacle. Je crois que ce mot résume bien le cycliste qu'il est : spectaculaire. Il n'y a pas de demi-mesure chez lui.

On l'a attendu dans le bus, tous ensemble. Il était pris par le protocole. On a regardé pendant ce temps le *replay* d'Eurosport sur l'écran de télévision. C'est là que j'ai vu ce qu'il avait « vraiment » fait. Une, deux, trois, quatre attaques… Je n'avais pas imaginé tout ça. Il était au-dessus, c'était lui le plus fort. J'étais content, on l'était tous. Mais j'avoue que dans le bus, je me suis penché vers Florian Sénéchal et je lui ai dit : *« Tu sais, je crois que même sans nous, Julian aurait été champion du monde. Il n'avait besoin de personne aujourd'hui. »* Je le pensais, c'est une telle pépite. Tout semble facile avec lui. On avait bossé, oui, mais lui avait démultiplié le produit de nos efforts par dix. « Sénèche » n'était pas d'accord. Il m'a répondu : *« Non, non. Tout ce que vous avez fait avant, à durcir la course, a été hyper bénéfique pour lui. »*

Là où on avait compris que Julian était bien, c'était à la sortie de Louvain. On était complètement rincés, il était venu nous voir et nous avait dit : *« Là, vu comment ça se passe, ça va arriver à cent coureurs, ça va arriver au sprint. »* Il en était persuadé. Il a attaqué pour faire un premier écrémage. Ça a explosé. Il a testé une fois encore. Puis il a tout donné pour ne rien regretter.

Tout le monde s'est tapé dans la main, coureurs, staff. On était là pour ça. J'ai vécu des émotions que je ne connaissais pas, celles que ressentent mes équipiers en temps normal. Attention, ce n'est pas de la prétention quand je dis ça, pas du tout. Mais j'étais dans leur position cette fois. C'était super agréable de vivre ce sentiment du devoir accompli.

On a vu Julian en zone mixte, rapidement. Quelques mots. Il était content de notre boulot. Il nous l'a redit le soir, au débriefing, avant qu'on se quitte. Il a d'ailleurs eu un petit mot sympa, a dit qu'il était très reconnaissant que j'aie travaillé pour lui ainsi, moi qui suis un leader le reste de l'année. C'était ses mots. Je le redis : moi, je venais pour ça. Je n'avais aucune légitimité pour prétendre à quoi que ce soit d'autre.

Florian Sénéchal partait, Anthony Turgis aussi. Je leur ai emboîté le pas, après avoir bu une demi-coupe de Champagne. J'avais de la route pour rentrer à la maison. J'ai quitté l'équipe vers 21 h 30, il y avait pas mal de journalistes et de monde dans le grand hall de l'hôtel. On était quelques-uns à avoir Paris-Roubaix à notre programme dans une semaine. Je veux être sérieux jusqu'au bout, faire les choses bien.

Dans la voiture, je me disais qu'au moins, ce serait un gain de me réveiller le lendemain matin dans mon lit. Dans la voiture, je repensais à la première entrée dans Louvain, le matin même. Une folie. Du monde partout, des frissons, cette impression d'entrer dans un stade avec toute cette foule massée sur les talus, sur le moindre monticule. En Belgique, le vélo est une religion, une croyance. Je repensais aussi à la façon dont on avait fonctionné. En collectif. Tous au service les uns des autres. Ça tient au maillot bleu, mais ça tient aussi au fait que chacun savait ce qu'il avait à faire. Ça tient à Thomas, très boute-en-train, déconneur, à sa manière d'éloigner la pression, l'enjeu.

Lundi, Julian m'a envoyé un petit message pour me féliciter et me remercier. Je n'ai pas roulé. Hier, juste une heure et demie. Aujourd'hui j'ai lu. Morgane était là.

Et puis, je pensais à Roubaix. Je suis partagé. La météo va être terrible. Ce ne sera pas une simple course de vélo. Paris-Roubaix, cette année, ce sera un truc hors catégorie. C'est déjà une course atypique, à risque. Mais là… ce sera pire. Ils annoncent de la pluie. J'ai vu que « Les Amis de Paris-Roubaix » avaient bossé pour désherber certains passages, notamment la Trouée d'Arenberg. Heureusement qu'ils sont là. Les feuilles tombent aussi, c'est de saison. La météo prévoit aussi un fort vent de cul tout du long, avec des rafales. Ça va être un carnage.

Je crois qu'avant le départ, je vais mettre des pansements épais sur les os des hanches et les fessiers. Parce qu'on va tomber, c'est sûr. On ne va pas tenir. Je m'attends à la guerre. Dès le premier secteur. Vraiment. Mais je suis prêt à y aller. Je n'ai pas peur.

Carrelage

Samedi 2 octobre 2021

Veille de Paris-Roubaix. Conditions météorologiques dantesques annoncées. 21 h 40, à l'hôtel.

On a essayé le matériel, hier. C'est surtout à ça, en réalité, que servent les reconnaissances. Bien sûr, on a besoin de se remémorer quelques portions importantes du parcours, quelques sensations sur les pavés, mais globalement on connaît, le corps a une mémoire. On va traditionnellement sur le premier secteur à Troisvilles, puis on enchaîne.

On a testé nos cadres et surtout fait des choix importants concernant les pneumatiques. Comme prévu, cette 118e édition sera celle du vent, de la pluie, de la boue, ce sera le chaos. On s'est arrêté plusieurs fois pour vérifier, pour essayer différents pneus. Je dis « pneus » parce que cette année, exceptionnellement, tout le monde va partir en *tubeless* au lieu des habituels boyaux. Au niveau du rendement et de l'adhérence, il paraît que ce sera mieux.

Pour ceux qui roulent un peu, j'ai testé des *tubeless* de 30 millimètres. C'est assez volumineux, on roule toute l'année en 25 millimètres. On a même essayé une série qui est sortie en 32 millimètres. Certains vont l'utiliser. On a donc multiplié les tests en changeant les roues et les pressions. Ainsi, vendredi soir, chacun avait déjà une idée précise de ce qu'il allait utiliser.

On a affiné tout ça au fil des kilomètres. On s'est arrêté dans la Trouée d'Arenberg. On a parcouru la moitié. J'ai même refait une moitié pour tester de nouvelles combinaisons, être vraiment sûr de ce que je voulais. Je roulerai demain avec des *tubeless* de 30 millimètres gonflés à 4,4 bars.

Aujourd'hui, le stress monte. Paris-Roubaix est une course mythique et effrayante à la fois. Les conditions que l'on va devoir affronter demain font un peu peur, la météo sera exécrable, vingt ans qu'on n'avait pas vu ça. On a regardé la course des filles cet après-midi. C'était de la gadoue, des chutes. Demain, la notion de risque sera plus prégnante encore car il pleuvra.

Je me sens prêt, néanmoins. J'échafaude des scénarios. Je ne suis pas sûr que cette fois on arrive à 180 coureurs groupés au premier secteur pavé. Il y aura de vrais risques de bordures et peut-être, déjà, de chutes. Il faudra être vigilent, présent, dès le départ, être devant, être placé. Ce sera très important.

Dans le cyclisme d'aujourd'hui, c'est le feu dès le kilomètre zéro. Avant, une échappée se constituait, on avait le temps d'arriver sur le premier secteur pavé. Je me souviens d'ailleurs que lors de mes premiers Paris-Roubaix je partais avec un vélo traditionnel, gonflé à 7 bars, puis j'en changeais à trente bornes des premiers pavés. Beaucoup de coureurs procédaient comme ça : Sagan, Cancellara... Ce n'est plus possible : ça roule trop vite.

Ça implique que tu parcours les premiers 100 kilomètres avec tes *tubeless* à 4 bars. En mode gros tracteur. Il faut donc trouver une sorte de compromis entre dureté, efficacité sur route pour ne pas rester collé au bitume (Paris-Roubaix, c'est 200 kilomètres sur route, il ne faut pas l'oublier), et un peu de confort sur le pavé sans pour autant y céder complètement parce que sinon tu rebondis tellement que tu n'avances pas. Trop sous-gonfler signifie aussi accentuer le risque de crevaisons en multipliant les pincements sur le pavé. Ça tabasse tellement que tu as tendance à vouloir trouver du confort et à sous-gonfler. C'est une erreur, en tout cas il y a un bon compromis à trouver.

Je me dis ce soir que ça va être une belle course, que les téléspectateurs vont être contents. Nous, nous sommes assez tendus, stressés. Je préfère les Paris-Roubaix secs. Un pavé mouillé, c'est comme du carrelage. Il faudra être habile, léger sur son vélo. Les crossmen, les Van der Poel, Van Aert, tous ceux qui ont fait du cross chez les jeunes, qui ont tâté les sous-bois ces dernières années, seront avantagés. Il faudra trouver de l'adhérence, éviter les gamelles et les bas-côtés, les flaques qui rendent invisible la chaussée, rouler sur le haut du pavé. Demain, il n'y aura qu'une ligne possible : rouler fort au milieu.

Ma valise est prête. On va se lever tôt. Départ à 9 h 30 de l'hôtel. Il n'y a plus qu'à laisser le marchand de sable passer.

En Enfer

Mercredi 7 octobre 2021

Trois jours après la 34e place d'Arnaud sur un Paris-Roubaix dantesque. Veille de Paris-Bourges. Entre séquelles, flashes et envie. Ton léger, drôle.

Je ne sais pas si d'autres coureurs ont vécu ça, mais dimanche soir, après la course, je faisais tout tomber ! Mes mains ne voulaient plus. Ne riez pas. J'avais l'impression de bien tenir une bouteille d'eau, une cuillère, mais non, ça tombait par terre. Pas de cloques, pas de brûlures, mais plus rien qui tenait, la pince ne fonctionnait plus.

De toute façon, je crois que je vais tout vous raconter un peu pêle-mêle, parce que même trois jours après, j'ai encore du mal à faire le tri.

Mine de rien, la boue a amorti un peu le pavé. Ça tabassait moins que prévu. Disons que c'était du patin à glace plutôt que du marteau-piqueur.

À 45 kilomètres de l'arrivée, j'ai senti que j'étais hors-jeu. J'ai pété complet. Tout du long, tu te dis que t'es bien, que tu n'as pas de marge mais que tu es bien. Et là, ça accélère et *ciao*, tu disparais.

Jusqu'à la Trouée d'Arenberg, j'étais présent, j'arrivais à boucher les trous, à rester au contact des meilleurs, avec Van Aert et compagnie. Et puis tout s'est dégradé. Ma condition et mon vélo. Incroyable, le vélo. J'avais du jeu dans la direction mais tant que je ne m'arrêtais pas, je ne pouvais pas imaginer l'étendue des dégâts. Je me disais : *« Ce n'est pas possible, mon vélo est cassé »*, mais je continuais. Ça faisait un boucan d'enfer à chaque pavé. Depuis la Trouée, aussi, je n'avais plus de frein arrière. J'ai d'ailleurs assisté à la lucidité de Mathieu Van der Poel qui, en bon *crossman*, a changé de vélo juste avant d'attaquer. Je n'aurais pas pu rester au contact, mais après coup, même si j'étais loin, je me dis que j'aurais dû faire comme lui. Juste pour retrouver un peu de confort, une chaîne bien huilée. La mienne râclait, grinçait, pleine de boue, usée.

Quand je suis arrivé sur le vélodrome et que j'ai constaté le jeu dans ma direction, je me suis fait peur. Elle aurait pu casser net. C'était dangereux.

Donc, à Mons-en-Pévèle, je savais que c'était terminé pour moi, et que la fin serait très, très longue. Je n'avais plus qu'une hâte, rallier le vélodrome. Sachant que je n'étais plus dans le match, j'avais moins de hargne, la sensation de fatigue augmentait, c'est souvent comme ça. J'étais content d'être avec Clément Davy, je me sentais moins seul. On a pété quasiment au même moment. Il marchait fort, Clément. À Denain, il était costaud, déjà. Mais être encore là où il était après avoir bossé en amont, c'était fort. Il a les caractéristiques pour cette course. Dès qu'il avait appris qu'il était remplaçant pour Paris-Roubaix, il s'était focalisé dessus. Il était parti faire des sorties de sept heures, archi-motivé, comme un cadet. Je suis content pour lui. Il a dit une belle phrase à l'arrivée : « *J'ai trouvé la course pour laquelle je pédale chaque jour.* » Il est tombé amoureux, je suis content pour lui.

Je ne vais pas non plus raconter d'histoires, jusqu'à Mons-en-Pévèle, j'étais là mais j'étais toujours à contretemps. Sur le pavé, je n'étais pas forcément à mon aise, je chassais, je perdais du terrain et je revenais sur les parties asphaltées. J'ai fait pas mal d'efforts comme ça. Trop, sans doute, j'avais perdu de l'énergie. Physiquement, je me suis senti très bien pendant soixante bornes. J'avais réussi à revenir sur le groupe Van Aert, j'avais même attaqué jusqu'à ce qu'on nous dise dans l'oreillette de nous laisser emmener un peu. Je savais que j'allais prendre un coup sur la casquette quand ça visserait fort, j'aurais aimé avoir un peu d'avance pour voir ce que ça aurait donné.

Mais globalement, j'avais l'impression d'être dans une machine à laver. Je perdais ma lucidité au fil des secteurs pavés. À Mons, quand j'ai lâché, je me souviens d'ailleurs m'être dit : « *Arnaud, maintenant tu fais attention, tu es moins lucide, c'est fini, c'est là que tu peux te casser la gueule.* » Arrivé à Camphin-en-Pévèle, juste avant le Carrefour de l'Arbre, j'y suis allé mollo alors que jusque-là, je serrais les dents, les fesses et je fonçais dans le tas, il n'y a pas d'autre mot.

Dès le premier secteur pavé, j'ai pris conscience qu'on vivait une édition historique. On avait vu les filles à la télévision la veille, c'était terrible, mais on avait la pluie en plus. Les premiers tours de roues dans les pavés, je me suis dit : *« Oulala, dans quel merdier on se met, là ! »* On avait eu droit à quelques *strikes* pendant les cent premiers kilomètres, sur routes lisses. Dont Stefan Küng à la sortie d'un rond-point en tête du peloton. J'étais un peu en retrait, je suis passé. Et j'en rigole encore : Stefan est revenu sur nous au bout de deux ou trois secteurs pavés. Je le vois me doubler comme une balle. Je me dis *« Waouh, le gars est à l'aise. »* Cinquante mètres après, je l'aperçois voler dans le champ d'en face ! Moi, j'étais dans la gestion, je menais mon truc en me disant : *« Reste là, ils vont tous tomber à rouler comme ça. »* Je suis passé à côté de Stefan, il était debout, son vélo en vrac, et il gueulait de douleur, comme un mec qui avait marché sur une mine.

En réalité, j'avais l'impression d'être dans un film, de rouler dans un décor de cinéma, quelque chose comme ça. Même pire : d'être dans une émission de télé-réalité où on aurait mis de la boue, de la pluie, des pavés comme du carrelage et où on aurait demandé à 200 mecs de rouler à vélo avec des caméras partout. Sorte de Koh Lanta, de jeux du cirque, Ben Hur sur son char version 2021 dans le Nord de la France, dans le gris et dans le froid. On était dans un état lamentable, les gens sur le bord de la route applaudissaient.

Au passage, je dois dire qu'ils ont été magnifiques de soutien. Mais c'était une sensation étrange par instants. Et je me répétais : « *Vas-y, ne lâche pas, fonce.* » Je savais qu'on vivait une édition historique. J'étais presque galvanisé par ce contexte. Ça allait au-delà du sport, on était dans une autre dimension.

Je continue, un peu pêle-mêle.

On avait tous la trouille. Pour la première fois, j'ai senti un peloton très prudent à l'entrée du premier secteur pavé. Ça avait frotté fort avant, mais à l'approche du secteur, cent mètres avant, ça a freiné. On y allait. On le savait mais on ne savait pas. Ça ne roulait pas si vite sur les premiers secteurs. Avec le vent, il y avait des cassures. Avec les chutes, il y avait les premiers abandons. Ça me fait penser à Sep Vanmarcke qui était devant moi. J'ai vu son vélo chasser dans tous les sens à un moment, comme Elizabeth Deignan, la vainqueure de l'édition féminine la veille. Droite, gauche, il se remettait droit tant bien que mal. Et je me revois passer à côté de lui et lui dire « *Waouh, bravo mec* », tout content qu'il ne se soit pas crashé devant mes roues. On avait rigolé. On se soutenait entre coureurs, même adversaires, tous dans la même galère, c'est assez rare.

Je vous ai dit qu'il faisait froid ? Entre les secteurs pavés, tant qu'il pleuvait, j'avais froid. En fait, au niveau de l'effort produit, les secteurs pavés sont comme des bosses. Imaginez trente bosses sur les cent derniers kilomètres, à chaque fois des efforts de trois ou quatre minutes à bloc. J'aurais fini congelé si la pluie n'avait pas cessé.

Pour tout ça, je dois dire qu'arriver sur le vélodrome a été une petite fierté. Les gueules qu'on avait… On sortait de la mine. On roulait dans des flaques d'eau immenses. Dans l'oreillette, on entendait : « *Attention, prochain secteur, l'entrée est vraiment dégueulasse les mecs.* » Et on se disait : « *Mais qu'est-ce qui pourrait être plus dégueulasse que ce qu'on a fait jusqu'ici ?* » Et si ! Tu entends les gars de l'organisation avec leurs sifflets te crier de ralentir, ralentir… Et tu te jettes dans la mare aux canards, tu ne sais même pas sur quoi tu roules. J'avais le grain de sable en permanence sous la dent. Tout le temps en train de cracher de la terre. J'avais gardé mes lunettes, je ne sais pas comment ont fait ceux qui n'en avaient pas. Je passais mon doigt dessus pour les nettoyer au fur et à mesure. Ramon Sinkeldam, dans le bus, m'a demandé comment j'avais fait parce que lui, plus il passait son doigt dessus, pire c'était. J'avais bien préparé mon truc : le matin de la course, je les avais passées au liquide vaisselle. Trente minutes à tremper dedans pendant que je me préparais. Je les avais ensuite nettoyées à l'eau chaude et le tour était joué. Tout glissait dessus. C'est un truc que je faisais déjà pour la pluie. Je sais maintenant que ça fonctionne pour la gadoue.

Je ne vous ai pas tout raconté au moment de l'arrivée dans le premier secteur pavé. Virage à droite. On roulait à 10 km/h, sur des œufs, tout le monde effrayé. Et là, j'ai entendu mon père crier « *Allez mon Nono !* » Je ne l'attendais pas à cet endroit-là. Le ton de sa voix n'était pas le même que d'habitude, la sonorité de ses mots pourtant très simples était différente. Il y avait un mélange d'émotion, forte, vive, de fierté, de détresse aussi, de solennité. J'en ai eu des frissons partout. C'est comme s'il m'envoyait tout son courage, tout son courage en trois mots et un point d'exclamation. Ça m'a touché, ça m'a donné beaucoup de force.

Mon Paris-Roubaix a commencé là, parce qu'au plus profond de moi, c'était dur. Je lisais lundi que des mecs avaient pleuré sur leur vélo. Je n'en étais pas à ce point, mais vraiment c'était pénible. Pardon, mais on a roulé dans la merde pendant des heures et ça, c'est éreintant. Ce « *Allez mon Nono !* » a agi comme un catalyseur, m'a fait lâcher prise : « *Vas-y, fonce, on verra où ça te mène, si tu te casses la gueule tant pis, fais-le à fond, fais du mieux possible, cours sans regret.* »

D'ailleurs, un autre flash me vient et me fait sourire : le secteur le plus pourri de tous a été le secteur « Marc Madiot », celui de Beuvry-la-Forêt, à Orchies. L'horreur. Il était tellement liquide que ça enlevait les joints des pavés, donc ça glissait et ça tapait en même temps.

Sur le vélodrome, j'ai pensé aux filles la veille. Beaucoup étaient allongées par terre, en larmes. Je les avais trouvées courageuses. On s'est retrouvé avec Clément Davy, nos gueules maculées de boue, on ne s'est pas trop parlé. Juste quelques phrases sur l'état de nos vélos, les yeux écarquillés. J'aurais aimé l'emmener aux douches, les vraies douches de Paris-Roubaix qui sentent encore le ciment dans ce grand bâtiment à côté du vélodrome. Elles sont mythiques. Mais je n'ai pas pu. Je devais satisfaire au contrôle antidopage, j'ai attendu une demi-heure sur ma chaise.

J'ai eu mon mécano au téléphone hier. Il m'a dit que tout était mort sur mon vélo. Il a tout changé. Le jeu de direction. Les plaquettes de frein, usées à 100 % en une seule course. La chaîne. Tout. Ça me fait penser à Christophe Laporte, frottant la roue arrière de son vélo avec le pied droit parce que ses freins avaient lâché. Il fait partie de ces mecs qui ont fait pas mal de VTT, qui sont capables d'une grande adresse. C'était impressionnant.

Je n'aime pas trop les métaphores guerrières, mais ça faisait vraiment champ de mines. Tu roulais, et tout à coup, boum, un vélo sautait au loin, puis tu croisais une moto en vrac dans un champ, des cameramen sur le dos (à eux aussi, il faut tirer un coup de chapeau), une voiture renversée dans le fossé. Tu entendais des mecs rouler sur la jante parce qu'ils avaient crevé, ça faisait un bruit énorme. Et tu traçais ton chemin au milieu de tout ça. *« Un de moins. Je suis encore là ! »* Y'en avait partout… Je n'avais jamais vu ça.

Une réflexion, pour en finir avec cet Enfer du Nord : on souffre toujours sur un Paris-Roubaix. Toujours. Les images, le côté dantesque et historique de cette édition, notre « maquillage », ont sans doute démultiplié l'admiration des spectateurs et des téléspectateurs. Mais je dois vous dire une chose : proportionnellement, je ne crois pas que la souffrance ressentie l'a été autant que vous l'avez imaginée. Oui, ça a été dur, mais pas au centuple. On a parfois tendance à vouloir jouer de ça, nous, de se glorifier un peu, question d'image, de vanité. Mais ce n'est pas utile et pas vrai. Cette année, il y était question d'équilibre, d'acrobatie, de glisse plus que de puissance pure, de poussière et de vibrations à n'en plus finir. Quoique certains ont réussi à allier glisse et grosse puissance. Bref, ce que je veux dire, c'est que n'importe quel Paris-Roubaix est un enfer.

Cela écrit, je suis content que ce monument du calendrier mondial ait pu se présenter, pour la première fois depuis vingt ans, dans cette configuration-là. Je trouve que cette 118e édition a redonné un sens à l'Enfer du Nord dans l'imaginaire, l'inconscient collectif.

Voilà. Je suis rentré en voiture avec Morgane et sa mère. Mes parents qui suivaient. Morgane avait eu les bons mots la veille. Elle était à fond. Peut-être qu'elle masquait sa peur au fond, mais elle m'avait dit : « *Faut que tu y ailles à bloc. Ce sera pareil pour tout le monde. Tu seras un guerrier, tu vas te battre, je serai là au bord de la route.* »

On s'est arrêté en chemin manger un morceau à Amiens. On s'est raconté nos courses. Je ne réalisais pas trop. Au fil de la soirée, les images arrivaient sur mon portable, toutes plus impressionnantes les unes que les autres.

Même trois jours après, je suis rincé, grosse fatigue générale. Je cours demain, j'ai envie, je manque de fraîcheur, mais je peux quand même espérer un bon résultat. Je retrouve Kono, pour notre première course ensemble depuis sa chute sur le Tour de France. Il n'a repris la compétition que vendredi dernier. Je n'ai pas roulé hier ni lundi. J'ai fait une sortie de deux heures aujourd'hui histoire de ne pas avoir le cœur qui tabasse trop. On ne se remet pas comme ça d'un Paris-Roubaix... Quelle course.

Ne jamais rien lâcher

Mardi 12 octobre 2021

Paris-Tours, « la classique des feuilles mortes ». Dernière course de la saison. Revenu sur la tête (Bonnamour, Dewulf) avec Jasper Stuyven dans le dernier kilomètre, Arnaud règle le groupe au terme d'un sprint de 250 mètres. Neuvième victoire de la saison. 84e victoire de sa carrière chez les professionnels.

Je vous le dis : quand, à 600 mètres de la ligne d'arrivée, on rejoint Bonnamour et Dewulf, quand j'ai compris qu'on allait jouer la gagne tous les quatre alors que je n'y croyais plus trop parce qu'on ne parvenait pas à revenir sur eux et qu'on était à bloc, j'ai ressenti une montée de peur incroyable. La peur de me louper, parce qu'évidemment, j'étais le plus fort au sprint sur le papier. On appelle ça la peur de gagner. J'étais presque paniqué, la trouille de me louper. Ça n'a pas duré longtemps mais ça a été terrible. Je me suis tellement fait doubler à vingt mètres de la ligne cette saison, sur Paris-Bourges trois jours plus tôt par Meeus, sur la Vuelta par Jakobsen, sur le Tour de France, sur Paris-Nice, ça m'avait à chaque fois arraché le cœur.

Alors j'ai tout mis. J'étais à fond. J'ai lancé le sprint à 250 mètres de l'arrivée, très, très loin donc. C'était une question de tactique. Stuyven était derrière, Bonnamour sur ma droite et je savais qu'il empêcherait Stuyven de passer. J'ai senti que Franck voulait me passer. Donc j'y suis allé à l'instinct. Je n'étais pas *full* à ce moment-là, j'en gardais un peu. Ça va paraître étonnant peut-être, mais je ne voulais pas d'un sprint à la con, je voulais être sûr. Sûr de pouvoir exprimer ma résistance une bonne fois pour toutes, me prouver à moi-même que c'était encore mon point fort.

Au briefing le matin, il n'avait pas été question que les mecs travaillent pour moi. Chacun pouvait jouer sa carte à fond : *« Arnaud tu suis. Valentin, Stefan, Olivier, vous attaquez, vous allez de l'avant. »* J'avais les jambes, j'ai suivi parce qu'il était hors de question que je reste en carafe derrière ou bloqué. J'ai pris la roue de Stuyven parce que je sentais que j'étais bien et que je ne voulais pas laisser passer ma chance. Ce n'est pas un hasard si Marc (Madiot) m'a répété au moment du protocole, fier, enthousiaste, les yeux dans les yeux : *« Elle t'appartient celle-là, et rien qu'à toi. »* Il savait que je m'étais mis un coup de pied au cul tout seul, pardon pour l'expression.

Terminer la saison de cette manière, je vous assure que ça m'a fait un bien fou, et vous comprenez pourquoi après tous ces chapitres. Ça a été une façon pour moi de remettre les pendules à l'heure. Ce n'est pas de l'orgueil mal placé quand je dis ça, c'est un constat avec moi-même. Je me suis prouvé que je pouvais me relever de moments difficiles, j'ai fait preuve d'une vraie force de caractère. Je suis allé la chercher avec mes tripes, avec mon cœur. C'est difficile de trouver la clé, de réussir quand on subit les scénarios de course depuis plusieurs semaines, quand on y n'arrive pas. Tout est remonté à la surface hier, alors que j'étais à la maison, que j'avais retrouvé Morgane. Me dire qu'elle a été à mes côtés chaque jour, à me soutenir alors que j'aurais pu bâcher la saison plus tôt… Jamais je n'aurais pensé gagner cette belle classique. Et il me fallait une victoire pour effacer tout ça, il me fallait cet enthousiasme, le regard de Marc qui en réalité signifiait *« Bravo mec, tu n'as rien lâché »*, ce petit message de Ramon après la course dans lequel il me disait qu'il adorait travailler avec moi parce que selon lui je suis très fort dans ma tête. Ça m'a touché, ça m'avait manqué.

J'étais ému sur le podium. Il y avait mes parents, mes grands-parents, tellement heureux. Mon père me répétait de savourer en prenant ma tête dans ses mains. Comme si tout mon entourage proche souffrait en silence depuis plusieurs semaines de mes contre-performances, des critiques, et lâchait tout d'un coup. Morgane, qui était à la maison, m'a raconté qu'elle avait pleuré devant la télé.

J'ai pris de la distance avec les critiques depuis deux ans. Je crois bien plus en ces gens qui sont au bord de la route qu'en ceux qui jugent sur les réseaux sociaux assis confortablement dans leur canapé, cachés derrière des comptes anonymes. Les vrais sont au bord de la route, ils sont aimants.

La saison est terminée, mais je ne me sens pas encore tout à fait en vacances. Hier, j'ai ramené le van au garage, un problème de batterie. On est allé faire des courses, on avait ma sœur à la maison pour dîner. Je n'ai pas fait grand-chose. J'ai reçu beaucoup de messages, je n'ai pas répondu à tout le monde.

Aujourd'hui, je rejoins Besançon, le centre névralgique de l'équipe, en voiture, tout seul, pour deux jours de bilan avec le staff, les directeurs sportifs, les entraîneurs. Le programme est assez dense : entretien individuel, podologue, dentiste, échographie cardiaque, test à l'effort pour valider la licence 2022, revoir la position sur le vélo si besoin, shooting photos pour la saison prochaine, rencontre avec les nouveaux.

Ce n'est donc que jeudi que je me sentirai en vacances pour de vrai. Mon corps va me lâcher doucement, je vous ai déjà raconté ça au tout début du livre. Je vais récupérer musculairement. Je ne vais plus avoir de contraintes, plus de déplacements. Depuis ma reprise post-Vuelta, au Grand Prix d'Isbergues mi-septembre, je n'ai passé que cinq jours à la maison. J'ai envie de bien couper cette année, peut-être cinq ou six semaines, pour retrouver fraîcheur mentale, envie, plaisir.

Je vais retrouver Morgane. Elle était soulagée hier que ça s'arrête, de me voir rentrer. Je vais faire des grosses nuits. J'irai récolter les dernières pommes dans le verger. J'irai refaire la clôture du poulailler, tailler les arbres fruitiers et les haies. J'irai à Disneyland avec les enfants de ma sœur. On fera des repas de famille, nos week-ends seront vite occupés. On terminera les plans de notre future maison, j'aimerais qu'on aille voir un cuisiniste à Amiens, qu'on se projette. On choisira une destination de vacances au dernier moment. Cette fois, on partira vraiment, pas de confinement à l'horizon, pas de restaurants fermés comme en novembre dernier où c'était d'une tristesse sans nom.

Je vais faire un peu moins attention à ce que je mange, sans doute craquer sur quelques viennoiseries, barres chocolatées, peut-être une ou deux pizzas, une raclette. Mais je sais que ça m'écœurera assez vite. Je n'aime pas me trouver gros l'hiver, j'aime manger sain. Jeune, en catégorie espoir, je me souviens avoir fait une crise de foie. C'était trois jours après Paris-Tours, on s'était arrêté sur une aire d'autoroute et on s'était goinfré de cochonneries. J'avais fini recroquevillé sur moi-même, au lit, mal au ventre. J'en rigole. Le corps n'avait pas compris.

Comme on ne se refait pas, j'ai réfléchi un peu à la saison prochaine. J'ai noté des petits trucs que je ne voulais pas oublier, des choses à améliorer. J'aimerais à nouveau travailler la force plus que l'explosivité comme cette année. Je verrai ça avec Julien et mon préparateur physique. J'aimerais refaire un peu de footing, du VTT, commencer plus rapidement le travail d'intensité, pourquoi pas participer à quelques cyclo-cross, faire un peu de piste. Tout recommencera, vous savez un peu mieux comment et pourquoi, désormais.

Mais pour le moment, j'ai juste envie d'une grande tablée, d'un verre de vin, d'amis, des miens.

Droiture

Un soir de juillet 2021

Conversation avec Morgane, madame Arnaud, au soleil déclinant.

Comment s'accommode-t-on des départs incessants de son mari ?

Ça fait toujours un vide. Il faut quelques jours pour s'habituer. Mais cette fois, c'est différent. Je suis en vacances depuis jeudi soir. Je l'ai rejoint à Brest dès vendredi dernier. On fait toute la première semaine du Tour de France en camping-car avec ses parents, jusqu'à Châteauroux. Josué est au volant. Je remonterai ensuite en Picardie pour travailler un peu, puis je repartirai direction Carcassonne, avec un couple d'amis cette fois mais toujours en camping-car, pour suivre Arnaud. Jusqu'à la fin, jusqu'aux Champs-Élysées. Il ne fait pas le Tour tous les ans, en raison des compositions d'équipe qui diffèrent, c'est donc chouette de pouvoir vivre ça quand on peut. Et j'ai la chance de pouvoir m'appuyer sur quelqu'un à mon cabinet. Je parviens à me dégager un peu de temps.

Vous ne le voyez pas compte tenu de la bulle sanitaire ?

Non, mais lui au moins sait que je suis là. C'est le principal. J'avais déjà eu un aperçu à la fin du Giro la saison dernière où je ne pouvais le voir qu'à travers les grillages.

C'est important pour vous d'y être ?

Oui, de savoir qu'on est là l'un pour l'autre. Qu'il sache que je le soutiens à fond. Ce sont, malgré le contexte, de super moments de partage. Ça faisait longtemps qu'on ne s'était pas déplacé sur les courses à cause du Covid. Revivre ça, l'ambiance, les gens, c'est tellement plus appréciable que derrière sa télévision, au loin.

Vous vous attendiez à cette vie si singulière quand vous êtes tombée amoureuse ? Suivre votre homme en camping-car avec vos beaux-parents ?

(sourire) Non, pas du tout. Au début de notre relation, j'allais parfois le voir sur des courses pour amateurs. J'ai connu Arnaud au lycée, on était dans la même classe. Je le voyais s'absenter souvent. Il partait régulièrement sur des épreuves, des sélections avec l'équipe de France. Sa maman ou son papa garait le camping-car familial sur le parking de l'établissement pour qu'il puisse, souvent à la pause de midi, se changer, aller rouler, revenir, prendre une douche et retourner en cours avec nous. J'admirais déjà ce qu'il faisait. Je me souviens l'avoir accompagné et encouragé à la Côte Picarde. C'était la première fois pour moi. C'était chez les amateurs. Il n'avait pas fait semblant. Il avait gagné. Il me commentait déjà beaucoup ses courses au lycée. Je n'y connaissais pas grand-chose mais j'aimais ça. On était amis. Et puis deux ans après, en couple cette fois, j'ai vécu son passage chez les professionnels. Une autre étape.

Quand il parlait de cette période lycéenne, Arnaud avait dit : « L'un de mes meilleurs copains, c'était mon père. » Il était à part, non ?

Oui, mais surtout, il était dans son truc. On sortait se promener en ville à la moindre pause entre deux cours. Lui partait s'entraîner. On ne le voyait pas en soirée, il sortait très peu. Ça n'aidait pas à l'intégration. Il était différent, Arnaud. Mais ce n'était pas grave.

C'est presque un engagement, finalement, femme de coureur, femme de champion.

On est une équipe. Arnaud a sa ligne de conduite pour performer. Il sait ce dont il a besoin en termes de récupération, d'hygiène de vie. Moi, je l'aide juste à lui faire garder cette ligne de conduite. Je ne lui impose rien. Je lui rappelle parfois qu'il en fait trop, qu'il est tard, qu'il faut aller se coucher. Juste ça. L'aider dans la vie de tous les jours.

« Mes victoires sont les siennes », dit-il en parlant de vous.

Il est toujours très reconnaissant. Ça fait partie de sa personnalité. Il n'oublie jamais de partager ses victoires sitôt la ligne d'arrivée franchie. Il attrape un téléphone à un assistant et il m'appelle. C'est chouette.

Il doute beaucoup, comme tous les champions. Son curseur d'exigence est très élevé. Comme s'il était sur un fil en permanence.

Il faut savoir trouver les bons mots. Arnaud marche à la confiance. Une fois qu'il a gagné une course, c'est parti, il enchaîne. Quand c'est plus difficile, il faut trouver des mots positifs, lui montrer que tout n'est pas négatif, qu'il y a des choses mises en place qui fonctionnent très bien. Quand il est à la maison, il me raconte toujours ses séances d'entraînement.

À peine il a franchi le pas de la porte que vous savez déjà dans quel état il est…

(rires) Oui. Je le vois à sa façon d'être. Parfois, il n'est même pas entré dans la pièce que je sais déjà si ça va ou pas. Quand il rentre en chantonnant où que je l'entends siffloter dans le garage, qu'il est gai, c'est bon signe.

C'est égoïste un champion ? Lui-même s'en veut parfois que tout soit centré autour de sa petite personne. Il vit avec cette dichotomie.

(silence) Question difficile. Arnaud sait ce dont il a besoin pour performer, il a ses plans d'entraînement, ses objectifs, ses sensations. Dans les périodes de préparation pour des grandes échéances, il essaie de tout mettre de son côté pour performer. Et je le comprends. Je l'accompagne vraiment avec plaisir dans tout ça. Je n'ai pas l'impression de faire des sacrifices. On sait que ces efforts-là, on les fait à deux et qu'ils accouchent de très bons moments. J'ai la chance de vivre avec quelqu'un qui gagne souvent. Ce sont de chouettes choses à vivre.

Vous aimez quoi, chez lui ? Lui, il aime tout chez vous, il l'a écrit.

Il l'a écrit, oui... Je suis tellement gênée, touchée. J'aime sa sensibilité. Arnaud est quelqu'un de simple. C'est une jolie qualité. Son palmarès ne l'a pas changé. Il est resté le même qu'à ses débuts. Je trouve ça génial. Je pense que les gens l'apprécient pour ça. C'est un homme droit. C'est un bosseur. Il est sérieux. Quand il commence une préparation, il est focalisé, il fait le maximum. Il y a une partie de moi qui l'admire beaucoup pour cela.

Et vous veillez...

Les gens n'imaginent pas ce que représente une préparation pour un grand Tour. C'est vraiment impressionnant. Parfois, certains me disent : *« Tiens, Arnaud n'est pas en course, il doit se reposer à la maison ? »* Ou alors : *« Ah, vous partez en stage ? Bon, bah bonnes vacances ! »* Mais non, pas du tout ! Il s'entraîne. C'est là le plus difficile. Alors je leur explique que quand vous passez, vous, six heures derrière un écran au travail, lui il passe six heures sur son vélo. Par tous les temps. Qu'en stage, il va avaler d'énormes dénivelés chaque jour. Et les gens comprennent un peu mieux. Il fait aussi beaucoup de préparation physique en plus de ses sorties, Arnaud. Il fait de sacrées journées. Il faut un vrai mental pour enchaîner comme ça. J'admire tout ça.

Dix jours avant le départ du Tour de France, il disait aller à l'essentiel, à l'économie pour tout. Il ressemble à quoi votre homme à la maison quand il est comme ça ?

La récupération, ça peut sembler bête vu de l'extérieur, mais ça fait aussi partie de son métier. Il n'a pas tant de périodes comme ça dans une saison. C'est là que je peux aussi agir. Il est actif de nature, Arnaud. Je le vois souvent vadrouiller dans le jardin, bricoler. Et je lui dis, par la fenêtre : *« Arnaud, rentre un peu à la maison, tu as une longue sortie demain, ne te fatigue pas trop. »* Il n'est pas toujours facile à canaliser. Quand il est bien, quand il assimile bien, en général, il a envie de faire plein de choses. Il faut qu'il parvienne à garder son énergie, sa forme. Il se repose un peu plus, essaie de se freiner. N'imaginez pas qu'il marche plus lentement pour autant où qu'il traîne les pieds !

Vous roulez avec lui, souvent. Vous y avez pris goût.

Oui, oui. J'aime bien. J'ai le goût du sport. J'en ai toujours fait un peu mais j'en fais un peu plus avec lui. Je suis tombée amoureuse d'Arnaud et du sport avec. C'est un besoin. Ça nous permet de partager d'autres moments. Mais attention, quand je le suis à vélo, c'est quand il est en mode récupération. Et moi je suis à bloc dans sa roue.

Comment vivez-vous ses sprints ?

(sourire) Je suis plus stressée quand je regarde à la télévision. On voit tout le déroulement du sprint. Dans les derniers kilomètres, j'entre dans ma bulle. Je scrute l'organisation du train. J'encourage chacun des mecs, je parle toute seule, ce n'est sans doute pas beau à voir. Leur travail est tellement important. Je suis surtout stressée par le déroulement du sprint. Plus que par…

Plus que par ?...

La chute, bien sûr.

On enfouit cela.

J'ai toujours mal au ventre avant une arrivée. Il ne faut pas trop me parler. Quand des proches viennent à la maison regarder une arrivée, ils savent qu'à un moment donné, il ne faut plus me parler, il faut me laisser tranquille. Sa maman et son papa sont pareils. Rien que d'en parler, là, je suis tendue. Ce stress arrive à vingt kilomètres de l'arrivée. À la maison, je commence à bouger, j'essaie de m'occuper, de bouder un peu la télé. Moi aussi, je termine un grand Tour épuisée mentalement. Le trop-plein d'émotions. Je vis les choses à fond.

Vous côtoyez d'autres compagnes de coureurs, vous échangez avec les membres du staff ?

On s'envoie de temps en temps des petits messages de soutien entre compagnes, via les réseaux sociaux. Surtout lors des grands Tours, car on vit toutes un peu les mêmes choses. Mais il y a souvent la barrière de la langue, notamment avec celles des coureurs du train d'Arnaud.

Y a-t-il eu des victoires plus marquantes que d'autres ?

Je suis une grande émotive, alors bien sûr, à Grand-Champ, quand il est devenu champion de France pour la troisième fois, les larmes sont vite montées au pied du podium. Il était tellement concentré sur cet objectif, des semaines en amont. On en avait beaucoup parlé à la maison. Il s'était tellement conditionné, mentalement, derrière le scooter de son père. Son premier titre, aussi, en 2014. C'était un rêve pour lui qui se réalisait. On en a eu plein. Le Giro, c'était énorme aussi. En 2020, il était au sommet. On récoltait les bouquets et tous les fruits de notre travail.

Vous pensez à l'après, tous les deux ?

Pas encore, non. Arnaud a 30 ans. On peut considérer qu'il est dans ses meilleures années. Je crois qu'il restera sportif, avant d'être cycliste. Il aura besoin de ça.

Épilogue

C'est douloureux et beau à la fois, une saison.

C'est douloureux quand on doute, quand on ne lève plus les bras, quand on chute, quand on abandonne, quand on ne sait pas pourquoi on n'y arrive pas, quand on déchausse, quand on se fait sauter sur la ligne, quand on ne dort pas dans son lit, quand on déçoit, quand on se déçoit. Cette douleur naît de l'exigence que l'on a envers soi-même. C'est mon cas, vous le savez désormais. Je suis exigeant, aussi parce que j'ai un statut à honorer, à défendre, à assumer. Je suis embauché par l'équipe pour réussir, j'ai le devoir de bien faire et ça m'obsède.

C'est beau quand on gagne, mais aussi quand on surmonte justement ces douleurs. Ça me fait penser à un entretien que j'ai lu de Guillaume Martin, tout récemment. Depuis bientôt quatre saisons, il n'a plus abandonné une course où il a pris le départ. Interrogé sur cette prouesse, il a dit cette belle phrase, résumant la philosophie du renoncement selon

Nietzsche : « Accepter la vie telle qu'elle est, avec ses plaisirs et ses peines, et plus que l'accepter : vouloir apprendre à aimer la douleur de la vie, la souffrance. »

Ce n'est jamais linéaire et c'est douloureux, une saison. Ce n'est que très rarement un empilement de victoires. Ça ressemble à un secteur pavé, ça tape, tu tombes, tu es en haut, tu te bats pour y rester, tu glisses, tu reviens.

Mais je vous assure que c'est drôlement beau. J'y prends beaucoup de plaisir. J'aime ce métier. Je n'ai jamais l'impression de travailler, je suis salarié d'une équipe responsable, mais très autonome au quotidien. C'est précieux. Et puis... Peut-être que les gens peinent à le comprendre, mais moi j'aime me coucher tôt. J'aime être fatigué, j'aime avoir tout donné. Quand je roule, j'aime sentir le soleil sur ma peau, le vent qui me caresse, l'odeur de la pluie. J'aime manger bien, j'aime les légumes de pleine terre, j'aime les fraises. J'aime le petit-déjeuner. Je prends tout, je vis tout. Je me sens libre sur mon vélo.

Être un champion ne se décrète pas. Il faut bien sûr avoir des qualités physiques, mais je crois surtout que ça se construit pas à pas. Un jour, ma mère a dit à Rose, ma nièce de 4 ans : *« Allez, on allume la télé, on va regarder tonton sur son vélo. »* La petite lui a répondu : *« Ah non, j'en ai marre de le regarder à la télé, je préférerais aller le voir en vrai sur les courses. »* Ma mère l'a prise aux mots et quinze jours plus tard, elles sont venues me voir au Grand Prix d'Isbergues. J'ai terminé 5e. Et Rose m'a dit : *« Tu sais tonton, ce n'est pas grave si tu n'as pas gagné. »*

Elle a raison dans le fond, Rose. Ce n'est que du vélo, tellement de gens souffrent. Mais je lui expliquerai quand elle sera en âge de comprendre qu'au fond de moi, gagner quand je cours est quasi existentiel. Je me suis construit comme ça au fil des années. Cadet, j'attendais impatiemment une sélection en équipe de France pour un stage. Je n'avais pas été pris. J'avais ressenti une déception immense. Très tôt, on est confronté à cela. Être leader s'apprend. Depuis que je suis gamin, on roule pour moi, pour m'emmener au sprint. Supporter la pression s'apprend. La première fois que j'ai porté le maillot de leader des Quatre Jours de Dunkerque, que j'ai dû le défendre, je n'en dormais plus la nuit. Je rêvais même que je le perdais. C'est une expérience.

J'ai mûri rapidement pour faire face à tout ça, aux humiliations de quelques professeurs à l'école qui se moquaient de moi parce que je faisais du vélo. Je me suis armé. Il le faut. Quand Kylian Mbappé loupe son penalty en huitième de finale de l'Euro contre la Suisse, j'ai mal au cœur pour lui. Tout le monde lui est tombé dessus. Pour digérer ça, pour se remettre de ça, il faut être solide, comme il fallait être solide pour aller le tirer.

Est-ce que j'aurais préféré raconter une saison comme la précédente où j'enchaînais les succès ? Non, parce que je n'aurais jamais pu aborder les déceptions ni les échecs. Or, il se trouve qu'ils font partie intégrante de ma vie de cycliste.

On y croit, parfois moins. Le sport, la compétition, c'est se battre avec sa tête, sa hargne et ce qu'on a dans le ventre.

Quand un jour j'aurai des enfants, je crois que j'essaierai juste de leur expliquer l'importance de ne jamais baisser les bras dans la vie.

Voilà. Je suis heureux de vous avoir emmené sur mon porte-bagages pendant un an. Je vous dépose ici. Vous savez peut-être un peu mieux, désormais, à quel point c'est douloureux et beau une saison. À quel point j'aime les challenges… Et le cyclisme, l'un des plus beaux sports qui soit.

Sa saison en chiffres

Arnaud a parcouru **11 628 kilomètres** en compétition cette saison. Il a effectué **69** jours de course. Il a remporté **9** victoires. Au total, il a avalé plus de **28 000 kilomètres** en un an avec les entraînements, **300 000 mètres** de dénivelé positif (l'équivalent de 34 ascensions de l'Everest) pour **900 heures** de vélo cumulées.

Date	**Classement**	**Épreuve**	**Distance**
10.10	1	**Paris-Tours** (1.Pro)	212,3 km
07.10	2	**Paris-Bourges** (1.1),	198 km
03.10	34	**Paris-Roubaix** (1.UWT)	257,7 km
26.09	56	**Championnats du Monde** (WC)	268,3
21.09	6	**Grand Prix de Denain** (1.Pro)	200,3
19.09	5	**Grand Prix d'Isbergues** (1.1)	199,3
		Tour d'Espagne (2.UWT)	
	55	Classement de la montagne	
	10	Classement par points	

	96	Classement général	
05.09	104	Étape 21 (ITT) Padrón-Santiago de Compostela	33,8
04.09	88	Étape 20 Sanxenxo-Mos. Castro de Herville	202,2
03.09	14	Étape 19 Tapia-Monforte de Lemos	191,2
02.09	118	Étape 18 Salas-Altu d'El Gamoniteiru	162,6
01.09	139	Étape 17 Unquera-Lagos de Covadonga	185,8
31.08	16	Étape 16 Laredo-Santa Cruz de Bezana	180
29.08	122	Étape 15 Navalmoral de la Mata-El Barraco	197,5
28.08	15	Étape 14 Don Benito-Pico Villuercas	165,7
27.08	43	Étape 13 Belmez-Villanueva de la Serena	203,7
26.08	73	Étape 12 Jaén-Córdoba	175
25.08	100	Étape 11 Antequera-Valdepeñas de Jaén	133,6
24.08	88	Étape 10 Roquetas de Mar-Rincón de la Victoria	189
22.08	123	Étape 9 Puerto-Lumbreras-Alto de Velefique	188
21.08	6	Étape 8 Santa Pola-La Manga del Mar Menor	173,7
20.08	82	Étape 7 Gandía-Balcón de Alicante	152
19.08	97	Étape 6 Requena-Alto de la Montaña de Cullera	158,3
18.08	10	Étape 5 Tarancón-Albacete	184,4
17.08	2	Étape 4 El Burgo de Osma-Molina de Aragón	163,9
16.08	158	Étape 3 Santo Domingo de Silos-Picón Blanco	202,8
15.08	14	Étape 2 Caleruega-Burgos	166,7
14.08	47	Étape 1 (ITT) Burgos-Burgos	7,1
		Tour de France (2.UWT)	
04.07	OTL	Étape 9 Cluses-Tignes	144,9
03.07	177	Étape 8 Oyonnax-Le Grand-Bornand	150,8
02.07	165	Étape 7 Vierzon-Le Creusot	249,1
01.07	4	Étape 6 Tours-Châteauroux	160,4
30.06	145	Étape 5 (ITT) Changé-Laval Espace Mayenne	27,2

29.06	46	Étape 4 Redon-Fougères	150,4
28.06	154	Étape 3 Lorient-Pontivy	182,9
27.06	172	Étape 2 Perros-Guirec-Mûr-de-Bretagne	183,5
26.06	112	Étape 1 Brest-Landerneau	197,8
20.06	DNF	**Championnats de France**	242,9
		La Route d'Occitanie-La Dépêche du Midi (2.1)	
	5	Classement par points	
	104	Classement général	
13.06	89	Étape 4 Lavelanet-Duilhac-Sous-Peyrepertuse	151,2
12.06	115	Étape 3 Pierrefitte-Nestalas-Le Mourtis	191,8
11.06	1	Étape 2 Villefranche-De-Rouergue-Auch	198,7
10.06	121	Étape 1 Cazouls-Lès-Béziers-Lacaune-Les-Bains	156,5
		Boucles de la Mayenne (2.Pro)	
	1	Classement par points	
	1	Classement général	
30.05	1	Étape 4 Méral-Laval	131
29.05	1	Étape 3 Saint-Berthevin-Craon	132
28.05	1	Étape 2 Vaiges-Évron	173
27.05	3	Étape 1 Le Genest-Saint-Isle-Ambrières	175
		Tour de Valence (2.Pro)	
	1	Classement par points	
	86	Classement général	
18.04	1	Étape 5 Paterna-Valencia	91,2
17.04	5	Étape 4 (ITT) Xilxes-Playa Almenara	14,3
16.04	82	Étape 3 Torrent-Alto de la Reina	165
15.04	1	Étape 2 Alicante-Alicante	179

14.04	107	Étape 1 Elche-Ondara	168,9
07.04	DNF	Scheldeprijs ME (1.Pro)	193,8
04.04	**1**	**La Roue Tourangelle** (1.1)	204
31.03	21	**À travers la Flandre** (1.UWT)	184,1
28.03	44	**Gand-Wevelgem** (1.UWT)	250
24.03	29	**Classic Brugge-De Panne** (1.UWT)	203,9
20.03	26	**Milan-San Remo** (1.UWT)	299
		Paris-Nice (2.UWT)	
	25	Classement par points	
	106	Classement général	
14.03	113	Étape 8 Le Plan-du-Var-Levens	92,7
13.03	85	Étape 7 Le Broc-Valdeblore La Colmiane	119,2
12.03	98	Étape 6 Brignoles-Biot	202,4
11.03	117	Étape 5 Vienne-Bollène	200,2
10.03	123	Étape 4 Chalon-sur-Saône-Chiroubles	187,6
09.03	119	Étape 3 (ITT) Gien-Gien	14,4
08.03	69	Étape 2 Oinville-sur-Montcient-Amilly	188
07.03	2	Étape 1 Saint-Cyr-L'École-Saint-Cyr-L'École	165,8
28.02	37	**Kuurne-Bruxelles-Kuurne** (1.Pro)	197
		Tour de la Provence (2.Pro)	
	10	Classement par points	
	120	Classement général	
14.02	40	Étape 4 Avignon-Salon-de-Provence	163,2
13.02	117	Étape 3 Istres-Mont Ventoux/Chalet Reynard	153,9
12.02	129	Étape 2 Cassis-Manosque	174,7
11.02	2	Étape 1 Aubagne-Six-Fours-les-Plages	182,3

Son palmarès

2021

Paris-Tours

Boucles de la Mayenne (classement général)

Boucles de la Mayenne (étape 2)

Boucles de la Mayenne (étape 3)

Boucles de la Mayenne (étape 4)

La Roue Tourangelle

Route d'Occitanie (étape 2)

Tour de Valence (étape 2)

Tour de Valence (étape 5)

2020

Championnat de France

Milan-Turin

Tour d'Italie (étape 11)

Tour d'Italie (étape 7)

Tour d'Italie (étape 6)

Tour d'Italie (étape 4)

Tour de Luxembourg (étape 2)

Tour de Wallonie (classement général)

Tour de Wallonie (étape 4)

Tour de Wallonie (étape 2)

Tour du Poitou-Charentes (classement général)

Tour du Poitou-Charentes (étape 5)

Tour du Poitou-Charentes (étape 2)

Tour du Poitou-Charentes (étape 1)

2019

Route d'Occitanie (étape 2)

Route d'Occitanie (étape 4)

Tour d'Italie (étape 10)

Tour de Slovaquie (étape 4)

Tour de Wallonie (étape 4)

2018

Paris-Nice (étape 1)

Tour de France (étape 18)

Tour de Suisse (étape 8)

Tour du Poitou-Charentes (classement général)

Tour du Poitou-Charentes (étape 1)

Tour du Poitou-Charentes (étape 2)

Tour du Poitou-Charentes (étape 3)

Tour du Poitou-Charentes (étape 4)

Tour du Poitou-Charentes (étape 5)

2e Hamburg Cyclassics

3e Gand-Wevelgem

3e Milan-San Remo

2017

4 Jours de Dunkerque (étape 2)

Brussels Cycling Classic

Championnat de France

Étoile de Bessèges (étape 1)

Étoile de Bessèges (étape 4)

Grand Prix de Denain

Halle-Ingooigem

Paris-Nice (étape 1)

Tour de France (étape 4)

2e Hamburg Cyclassics

6e Milan-San Remo

6e Paris-Roubaix

2016

Binche-Chimay-Binche

La Méditerranéenne (étape 2)

Milan-San Remo

Paris-Nice (étape 1)

Route d'Occitanie (étape 5)

5e Gand-Wevelgem

2015

Tour de Belgique (étape 2)

Tour de Belgique (étape 3)

2014

4 Jours de Dunkerque (classement général)

4 Jours de Dunkerque (étape 1)

4 Jours de Dunkerque (étape 2)

Championnat de France

Championnat des Flandres

Grand Prix d'Isbergues

Halle-Ingooigem

Tour de Picardie (classement général)

Tour de Picardie (étape 2)

Tour de Picardie (étape 3)

Tour de l'Eurométropole (classement général)

Tour de l'Eurométropole (étape 1)

Tour de l'Eurométropole (étape 2)

Tour de l'Eurométropole (étape 4)

Tour du Qatar (étape 6)

2e Gand-Wevelgem

2013

4 jours de Dunkerque (classement général)

4 Jours de Dunkerque (étape 1)

4 Jours de Dunkerque (étape 2)

4 Jours de Dunkerque (étape 3)

Binckbank Tour (étape 2)

Grand Prix d'Isbergues

Grand Prix de Denain

London & Surrey Classic

Tour de Suisse (étape 4)

2012

Jours de Flandre Occidentale (étape 2)

Cholet-Pays de Loire

Hamburg Cyclassics

Le Samyn

Route d'Occitanie (étape 2)

Tour du Qatar (étape 6)

2011

Championnat du Monde U23

Grand Prix de Saguenay (étape 1)

Grand Prix de Saguenay (étape 4)

La Côte Picarde

La Ronde Pévèloise

Tour d'Alsace (étape 3)

2010

Grand Prix de Pérenchies

Grand Prix de Saguenay (étape 4)

Remerciements

Je tiens à remercier Mathieu, sans qui ce livre n'aurait jamais vu le jour. Merci pour ton écoute, merci pour tes mots.

Merci Morgane, mon cœur.

Merci papa, maman, Hélène.

Merci les amis.

Merci Julien pour ta motivation.

Merci Fabien pour les courbatures.

Merci à l'équipe Groupama-FDJ.

Merci à mes équipiers, merci pour votre engagement même dans les moments où je ne levais pas les bras.

Merci à toute l'équipe de Talent Éditions pour votre confiance, merci de nous avoir laissé évoluer à notre rythme.

Arnaud Démare

Je tiens à remercier particulièrement toutes celles et ceux qui m'ont ouvert la porte au sein de la team Groupama-FDJ : Elisa, Marion, Marc, Julien, Fred, Jacopo, Kono.

J'ai une pensée chaleureuse pour Jérôme Bergot, Vincent Coté, Yannick Houée, Clément Commolet. Merci pour votre bienveillance.

Des bouquets pour Emmanuel Laureau et toute l'équipe de Talent Éditions. Merci pour votre confiance.

Des bouquets pour les miens.

Des bouquets pour Morgane, « madame Arnaud ». Merci de m'avoir fait une petite place pendant ces longs mois auprès de ton homme.

Et enfin, je tiens à remercier Arnaud, cher Arnaud, pour ta confiance sans faille, ton implication de bout en bout, ta générosité. C'était un grand voyage…

Mathieu Coureau

Imprimé en France par CPI
en novembre 2021

Dépôt légal : octobre 2021
N° d'impression : 167614

Talent Éditions est engagé dans le développement durable afin de limiter l'empreinte carbone de la fabrication de ses livres. Soucieux de l'impact environnemental de notre métier, nos ouvrages sont imprimés en France sur du papier certifié issu de plantations gérées de manière éco-responsable. Les livres non-commercialisables sont recyclés et réutilisés pour la fabrication d'autres produits cartonnés.

Michael Gerard Bauer

Dinge, die so nicht bleiben können

Eine vielschichtige Freundschaftsgeschichte mit rasanten Dialogen und einer Menge Situationskomik.
Der sechzehnjährige Sebastian ist ein – wie er sich selbst bezeichnet – stinknormaler Typ. Beim Tag der offenen Tür an der Uni begegnet er dem allerschönsten Mädchen, das er sich vorstellen kann. Natürlich fehlen ihm die Worte, und er kommt sich vor wie der letzte Depp. Doch dann grätscht ein anderes Mädchen dazwischen: Frida ist unkonventionell, frech und vorlaut und erzählt eine Menge abenteuerliche Geschichten aus ihrem Leben, die offenbar nicht zueinanderpassen. Sebastians Geduld wird auf die Probe gestellt. Denn während er Frida sehr persönliche Dinge aus seinem Leben erzählt, scheint sie ihm nur Lügen aufzutischen. Doch was möchte sie mit ihren Geschichten eigentlich verbergen?

Michael Gerard Bauer, geboren 1955, lebt mit seiner Familie in der australischen Stadt Brisbane als Kinder- und Jugendbuchautor. Sein Debüt ›Running Man‹ wurde für den Deutschen Jugendliteraturpreis nominiert. Das Jugendbuch ›Nennt mich nicht Ismael!‹ entwickelte sich rasch zu einem internationalen, vielfach ausgezeichneten Bestseller. Bei der Reihe Hanser erschien zuletzt sein Jugendbuch ›Die Nervensäge, meine Mutter, Sir Tiffy, der Nerd & Ich‹.

MICHAEL GERARD BAUER

DINGE, DIE SO NICHT BLEIBEN KÖNNEN

Aus dem Englischen
von Ute Mihr

dtv

Michael Gerard Bauer in der Reihe Hanser:

›Running Man‹

›Nennt mich nicht Ismael!‹

›Ismael und der Auftritt der Seekühe‹

›Ismael – Bereit sein ist alles‹

›Rupert Rau, Super-GAU‹

›Rupert Rau, Alienalarm‹

›Die Nervensäge, meine Mutter, Sir Tiffy, der Nerd & Ich‹

MIX
Papier | Fördert gute Waldnutzung
FSC® C083411

1. Auflage
2022 dtv Verlagsgesellschaft mbH & Co. KG, München

Titel der Originalausgabe: ›The Things That Will Not Stand‹
(Omnibus Books, an imprint of Scholastic Australia Pty Ltd, Gosford)

Umschlaggestaltung: dtv nach einem Entwurf von formlabor, Hamburg
Umschlagmotive: shutterstock.com
Satz: Satz für Satz, Wangen im Allgäu
Druck und Bindung: CPI books GmbH, Leck
Printed in Germany · ISBN 978-3-423-62767-2

FÜR DIE DUDEISTEN
UND TRÄUMER

1.

SESAM ÖFFNET SICH NICHT

Ich fixiere die gläserne Automatiktür und zwinge sie, sich zu öffnen.

Aber sie öffnet sich nicht.

Enttäuschend, aber nicht überraschend.

Ich werfe einen Blick auf die Uhr an der Wand zu meiner Rechten. Wie schon so oft. Die rot leuchtenden Zahlen verkünden 10:40 Uhr.

Noch fünf Minuten. Noch fünf Minuten, und dann war's das. Irgendwo muss man die Grenze ziehen, und ich ziehe sie in fünf Minuten. Das habe ich mir natürlich auch schon um 10:30 Uhr gesagt und um 10:35 Uhr. Aber diesmal meine ich es ernst. Echt jetzt. Entweder kommt sie um 10:45 Uhr durch diese Tür, oder ich bin weg. Du kannst mich beim Wort nehmen. Um 10:45 Uhr ist Schluss, ich weg.

Noch einmal lasse ich den Blick durch das leere Kinofoyer mit seinem blau-gold gesprenkelten Teppich schweifen, als ein inzwischen vertrautes Mantra in meinem Kopf wieder lauter wird.

Komm durch diese Tür. Los. *Komm durch diese Tür.* Wir haben noch Zeit. Der Film hat noch nicht begonnen. Bestimmt kommt jede Menge Werbung. Das ist immer so. Außerdem noch die ganzen Trailer. Und stand in dem Prospekt nicht, dass zuerst ein Kurzfilm in Schwarz-Weiß gezeigt wird? Also los. Es ist noch nicht zu spät. *Komm durch diese Tür.* Mach schon. Lass dieses eine Mal ein Wunder für mich geschehen. Du hast es in der Hand. Das weißt du. Du musst *nur durch diese Tür kommen.*

Niemand kommt durch die Tür.

Frustrierend, aber nicht überraschend.

Also gut, wenn das hier so läuft, dann habe ich keine Wahl: Ich muss die unfassbaren Kräfte meines positiven Denkens aktivieren. Ich bin verzweifelt. Alles ist einen Versuch wert.

In den nächsten zwanzig Sekunden wird sie durch diese Tür kommen. Sie wird kommen. Sie wird in den nächsten zwanzig Sekunden durch diese blöde Tür kommen.

Ich hefte meinen Blick auf die geschlossene Tür und beginne stumm, von zwanzig herunterzuzählen. Je niedriger die Zahl, desto langsamer zähle ich. Als ich bei drei bin, wäre jeder Gletscher schneller als ich. Von drei schleppe ich mich ganz langsam in Richtung eins. Dann quetsche ich noch einige wenige wertvolle Tropfen Zeit aus, bevor ich den letzten, niederschmetternden Schritt zur Null vollende. Natürlich buchstabiere ich die Zahl.

N .... U .... LL.

Niemand kommt durch die Tür.

Ultrakacke, aber nicht überraschend.

Nach außen hin reagiere ich nicht. Aber innerlich falle ich auf die Knie und stoße einen markerschütternden Schrei gen Himmel aus, während ich von oben gefilmt werde.

Einen Countdown runterzählen? Willst du mich verarschen? Das ist aus mir geworden? Wie alt bin ich? Sechzehn oder sechs? Wem mache ich hier überhaupt was vor? Ich meine, wann ist mir zuletzt so etwas Unglaubliches, wie ich es mir jetzt hier erhoffe, tatsächlich passiert?

MÖÖÖÖP! Könnte es sein, dass die Antwort lautet ... noch nie?

Genau!

Warum stehe ich also immer noch wie ein Vollidiot mit der Kinokarte in der Hand hier herum, starre auf die Scheißtür, die sich nicht öffnet, auch wenn die Zukunft der Welt davon abhinge, und erwarte, dass sich mein beschissenes Leben entwickelt wie eine kitschig romantische »Stinknormaler Typ bändelt mit supersüßem Mädel an«-Liebeskomödie mit Wohlfühlfaktor.

Warum? Also, ich persönlich gebe meiner Mutter die Schuld. Sie hat, als ich klein war, dauernd romantische Kitschfilme geguckt. Heute natürlich nicht mehr. Vermutlich glaubt sie inzwischen einfach nicht mehr an Happy Ends. Aber mein Punkt ist, dass ich mit ihr zusammen viele solcher Filme gesehen habe. Und das sorgte dafür, dass ich, na ja, ein gutes Gefühl hatte. Sogar *Tatsächlich ... Liebe* gefiel mir. Nein, wenn ich darüber nachdenke, gefiel er mir sogar sehr. Da hast du's, ich gebe es zu. Ich bin ein Vollidiot und ein Verräter meiner durchdrehenden Hormone.

Aber auch wenn ich ein Vollidiot bin, könnte mein echtes Leben nicht trotzdem ablaufen wie diese Schmonzetten? Natürlich nicht *immer,* aber wenigstens *manchmal. Jetzt* zum Beispiel. Könnte ich den romantischen Kitsch-Augenblick meines echten Lebens nicht genau hier und jetzt haben? Schau dich um. Die Voraussetzungen sind optimal. Geradezu perfekt.

Der hoffnungslos verliebte, stinknormale Typ (ich) steht allein in einem menschenleeren Kinofoyer, den Blick auf eine automatische Tür geheftet, und hofft und betet dafür, dass sie sich öffnet. Unterdessen verrinnt die Zeit, die Spannung steigt, und es sieht so aus, als würde unser stinknormaler Typ gleich aufgeben. Damit es zum Kitsch-Overload kommt, muss nur das supersüße Mädchen seiner Träume ihren großen Auftritt haben.

Also dann. Legen wir los!

Licht. Kamera. Ruhe am Set.

Und *ACTION!*

Aber ... nichts passiert. Peinliche Stille.

Ich schaue wieder auf die Uhr. 10:43 Uhr. Großartig. Noch zwei Minuten bis zu meiner *letzten,* meiner allerletzten Grenze. Mein supersüßes Traummädchen hat nur noch hundertzwanzig Sekunden Zeit, hier aufzutauchen, damit meine persönliche romantische Liebeskomödienfantasie atemberaubende Wirklichkeit wird.

Aber könnte das passieren? Könnte das *wirklich* passieren?

Na ja, ich denke schon. Weißt du, was mich ein kleines bisschen optimistischer machen würde? Na, eigentlich sind es zwei Dinge.

1. Wenn ich herausgefunden hätte,
   wie das supersüße Mädchen heißt,

und

2. wenn ich es tatsächlich geschafft hätte,
   sie zu fragen, ob sie mit mir ins Kino geht.

2.

DAS PERFEKTE WEIBLICHE WESEN

Ja, offensichtlich mache ich mir etwas vor. Das ist die einzige plausible Erklärung.

Aber (und das ist die entscheidende Frage): Handelt es sich wirklich um eine totale, komplette und absolute Selbsttäuschung? Oder gibt es einen schmalen Silberstreifen Hoffnung am Horizont, dass das Szenario »Stinknormaler Typ schleppt supersüßes Mädchen ab« Wirklichkeit werden könnte?

Hier hilft nur eines: Alles, was an diesem Vormittag passiert ist, noch einmal genau durchgehen und nach Anzeichen für den trügerischen Silberstreifen abchecken. Dann schauen wir mal. Zuletzt bei *Aus dem Leben eines stinknormalen Typen …*:

Es ist Tag der offenen Tür an der Landesuniversität, und wie unzählige andere Elft- und Zwölftklässler sind auch unser stinknormaler Typ (ja, da bin ich wieder) und sein bester Freund Tolly in den Frühlingsferien hierhergekommen, um herauszufinden, wie ihre zukünftigen Kurse und Karrieren aussehen könnten.

Schon bald nach ihrer Ankunft trennten sich der stinknormale Typ und sein Freund. Während sich sein bestens vorbereiteter und informierter Kollege zu drei verschiedenen Vorträgen aufmacht, die bei den Naturwissenschaftlern und Medizinern angeboten werden, streift unser stinknormaler Typ durch die herumschlendernden Gruppen von

Schülern, Eltern und freiwilligen Helfern im Hauptgebäude und macht sich dann mit der halbherzigen Absicht, betriebs- und wirtschaftswissenschaftliche Präsentationen anzuschauen und eine Vorlesung über Stadtplanung zu hören, auf den Weg zum Gebäude der Wirtschaftswissenschaftler.

Frag ihn bloß nicht, warum er das tut. Er hatte eigentlich nie den brennenden Ehrgeiz, eine Stadt zu planen. Tatsächlich ist es eine Weile her, seit er überhaupt einen brennenden Ehrgeiz verspürte, irgendetwas zu tun. Aber seine Eltern freuen sich über seinen Plan, und er schätzt, dass es immer Städte geben wird. Das ist doch immerhin was, oder?

Nachdem sich unser stinknormaler Typ ungefähr eine Stunde lang eine nicht besonders anregende Präsentation angeschaut hat, betritt er den Hörsaal, wo die Vorlesung über Stadtplanung stattfinden soll. Er sucht sich einen Platz und vertreibt sich die Zeit damit, die vielen Dutzend Broschüren zu lesen, die ihm begeisterte Helfer auf dem Weg in die Hand gedrückt haben. Der Hörsaal ist ziemlich voll, aber zu seiner Rechten ist immer noch ein Platz frei beziehungsweise war frei, bis sich jemand an einer Reihe von vorstehenden Knien vorbeigedrückt hat und fragt: »Sitzt hier jemand?«

Der stinknormale Typ schaut auf. Und sieht ein Mädchen. Sie hat hellbraune, mittellange Haare, die ihr direkt oberhalb ihrer blauen, mandelförmigen Augen als Pony in die Stirn fallen. Sie trägt weiße Shorts und einen blauen Pullover mit den Worten *NEW YORK* auf der Vorderseite. Um Zeit zu sparen, lasst uns einfach sagen, dass sie perfekt ist. Denn das ist sie. Sie ist ein PWW. Ein perfektes weibliches Wesen.

Der stinknormale Typ lässt sie wissen, dass der Platz frei ist. Er bemüht sich an dieser Stelle, richtige Wörter hervorzubringen, schafft es aber nicht, mit seinem Mund mehr als ein paar grunzende, murmelnde

Geräusche zu fabrizieren und seinen Kopf auf und ab zu bewegen wie ein geistesgestörter Wackeldackel. Er erwartet natürlich nicht, noch mehr mit seiner Banknachbarin zu kommunizieren, denn sie ist, wie ich bereits ausgeführt habe, ein perfektes weibliches Wesen, und zwischen perfekten weiblichen Wesen und stinknormalen Typen findet keine ausgedehnte Kommunikation statt. Das gehört zu den großen universellen Wahrheiten. Ein bisschen wie die Schwerkraft und das Gesetz von der Erhaltung der Energie.

Sie setzt sich. Der stinknormale Typ stellt sicher, dass er das PWW neben sich nicht anstarrt, aber er spürt natürlich das Prickeln ihrer elektrisierenden Gegenwart. Aus dem Augenwinkel sieht er, wie sie einen Notizblock und einen Kuli herauszieht und etwas oben auf die Seite schreibt. Eine Sekunde später hört er sie seufzen, und dann sagt sie etwas zu ihm. Zu *ihm*! Zu einem stinknormalen Typen!

»'tschuldigung, aber du kannst mir nicht zufällig einen Kuli leihen? Meiner hat gerade den Geist aufgegeben.«

Er kann sein Glück nicht fassen. *Danke, Herr der Kulis,* sagt er zu sich selbst.

Laut sagt er: »Klar. Kein Problem.« Er greift in seinen Rucksack und zieht ein prall gefülltes Mäppchen heraus. Nachdem er den Reißverschluss geöffnet hat, hält er es ihr hin wie die Opfergabe für eine Göttin. Ziemlich genau das ist es schließlich auch.

»Such dir einen aus.«

Sie kichert in sich hinein. Perfekt.

»Wow. Bist du sicher, dass du auch genügend mitgebracht hast?«

Der stinknormale Typ erkennt sofort, wie albern und idiotisch er ihr vorkommen muss. Wer besitzt im digitalen Zeitalter eine Sammlung von verschiedenen Stiften? Wer hat überhaupt noch ein Mäppchen? Und vor allem eines, das noch aus Grundschulzeiten stammt? Natürlich will er seine Verlegenheit durch einen Scherz oder eine witzige Bemerkung überspielen, aber das würde ja bedeuten, dass er sich einen Scherz oder eine witzige Bemerkung einfallen lassen müsste, was unter dem Druck, sich in nächster Nähe zu einem PWW zu befinden, völlig unmöglich ist.

Also kichert er stattdessen selbst. Idiotisch.

Sie sucht sich einen Kuli aus, und daraufhin entspinnt sich folgender tiefschürfender Dialog:

»Danke. Ich geb ihn dir gleich nach der Vorlesung zurück.«

»Schon okay, behalt ihn.«

»Nein, alles gut. Du bekommst ihn zurück.«

»Eigentlich brauche ich ihn nicht. Ich hab genügend.«

»Bist du *sicher*? Scheint ein guter Stift zu sein.«

»Nö. Ist einfach nur ein Kuli. Ich hab haufenweise andere. Und du brauchst ja auch noch für den Rest des Tages einen.«

»Ich kann mir bestimmt irgendwo einen kaufen.«

»Nicht nötig. Es ist okay. Kein Problem. Behalt ihn.«

»Na ja, wenn du sicher bist …«

»Bin ich. Echt.«

»Okay. Danke. Aber wenn du's dir anders überlegst …«

»Tu ich nicht. Es ist okay. Er gehört dir.«

»Danke.«

Und das war's.

Die Wahrheit ist: Der stinknormale Typ hätte ihr einen ganzen Schreibwarenladen angeboten, wenn er einen dabeigehabt hätte. Er schaut ihr zu, wie sie die Seite oben mit dem Datum versieht. Sie hat eine saubere, gleichmäßige, runde Schrift. Ein perfektes weibliches Wesen schreibt mit einem seiner Kulis. Was für ein Leben!

Der stinknormale Typ widmet sich wieder der Durchsicht seiner Broschüren. Sie machen Werbung für verschiedene universitäre Clubs und Organisationen, aber nur die Broschüre vom Uni-Kino, »The Hub«, erregt seine Aufmerksamkeit. Es laufen ein paar aktuelle Mainstream-Filme, aber am Tag der offenen Tür zeigt der Uni-Filmclub auch Klassiker und kurze Stummfilme. Unter den Klassikern sind *Die Faust im Nacken* mit Marlon Brando und *Casablanca* mit Humphrey Bogart und Ingrid Bergman.

Das springt dem stinknormalen Typ gleich ins Auge, denn der Vater seines Freundes Tolly ist ein großer Cineast, der schon mehrfach behauptet hatte, besser als *Casablanca* könne ein Film gar nicht sein. Und nicht nur das. Als der Vater seines Freundes herausfand, dass keiner von ihnen von *Die Faust im Nacken* auch nur gehört hatte, bekam er fast einen Herzinfarkt. »Was? Ihr kennt *Die Faust im Nacken* nicht? Na, dann habt ihr nicht gelebt, Jungs! Die Taxiszene? Steiger und Brando? Die beste Szene der ganzen Filmgeschichte. ›Du verstehst nicht! Ich hätte Klasse haben können! Ich hätte um den Titel kämpfen können!‹«

Der stinknormale Typ mag Tollys Vater wirklich sehr (einer der Gründe, warum er in diesem Schuljahr den Kurs »Film und Fernsehen« belegt hat), aber für seine geistige Zurechnungsfähigkeit kann er sich nicht wirklich verbürgen. Jedenfalls befindet er sich immer noch in seiner kleinen Welt und denkt über all das nach, als ...

»Ohhhh, läuft das heute?«

Das PWW schaut herüber und zeigt auf die *Casablanca*-Anzeige. Ihr Finger berührt die Broschüre, die er in der Hand hält. Also berührt sie indirekt ihn. Und sie spricht mit ihm. Schon wieder. Ein PWW spricht mit einem stinknormalen Typ, obwohl sie eigentlich gar nicht unbedingt muss. Sie sucht keinen Platz. Sie braucht keinen Kuli. Sie redet einfach davon, dass sie einen Film sehen will. Sie redet mit *ihm*. Das gab es noch nie. Genau diese Szene würde sich der stinknormale Typ eigens auf den Leib schreiben, wenn er die Hauptrolle in seiner eigenen romantischen Wohlfühlkomödie spielen könnte!

»*Casablanca?* Ja, heute Vormittag. Ähhh ... um halb elf«, sagt er zu ihr.

»Den wollte ich *schon immer* mal anschauen«, antwortet sie. »Ich habe Ausschnitte gesehen, aber nie den ganzen Film. Und nie auf einer großen Leinwand. Das wäre fantastisch.«

»Ja, soll gut sein. Kostet auch nur ’nen Fünfer. Lohnt sich, hinzugehen.«

»Hmmmm. Stimmt.«

Und hier endet das Gespräch, denn während unser stinknormaler Typ wertvolle Zeit mit dem verzweifelten Versuch verschwendet, ein paar halbwegs intelligente Wörter in einer gewissen logischen Reihenfolge aus seinem Mund zu befördern, tritt eine Dozentin für Stadtplanung an das Rednerpult. Und in der nächsten halben Stunde müssen alle, einschließlich des PWW, den Worten lauschen, die aus ihrem Mund kommen. Und als die Vorlesung zu Ende ist, wird das perfekte weibliche Wesen sofort von ein paar fast ebenso perfekten, lange nicht gesehenen, schwer vermissten Freundinnen entdeckt und belagert und in einer Blase aufgeregten Geplappers fortgeschleppt.

Ende der Rückblende.

Das war’s. Daran knüpfe ich meine Hoffnung. Nicht viel. Oder, um Tollys Vater zu zitieren: »ein Fliegenschiss von einem Nichts«. Was bin ich für ein Idiot? Warum habe ich nichts gesagt, als sie erwähnte, dass sie sich gerne *Casablanca* anschauen würde? Nur etwas Einfaches und Harmloses wie: »Also, ich geh wahrscheinlich rein, vielleicht sehen wir uns dann dort.« Das hätte schon gereicht. Mehr als gereicht. Das wäre supercool gewesen. Wer weiß, was sie entgegnet hätte? Und selbst wenn sie nichts gesagt hätte, wäre die Grundlage für einen Silberstreifen Hoffnung gelegt worden.

In der romantischen Vollversion meiner Fantasie ist die Unterhaltung etwa so abgelaufen: Kaum hatte das PWW erwähnt, dass sie gern *Casablanca* sehen würde, hätte ich sie charmant und selbstsicher angelächelt und gesagt: »Von allen Hörsälen in allen Universitäten dieser Welt bist du ausgerechnet in meinen gekommen.« Und das wäre es gewesen. Game over. Zwei Karten, bitte. Schau mir in die Augen, Kleines!

Aber leider klingt mein echtes Leben immer viel mehr nach einer sehr schlecht geschriebenen ersten Fassung als nach einer geschliffenen finalen Bearbeitung, und deshalb blieben die wenigen klassischen *Casablanca*-Zitate, die ich dank Tollys Vater im Kopf habe, auch sicher dort verwahrt.

Zeit für einen weiteren Uhren-Check.

10:46 Uhr.

Mist.

Was bist du nur für ein Vollidiot, erinnere ich mich im Stillen selbst, obwohl wenig Gefahr besteht, dass ich es jemals vergesse.

Ich betrachte die Karte in meiner Hand. Einlass für eine Person. Jap, das ist richtig. Einlass für einen Vollidioten zum Club der traurigen Vollidioten. Ich will die Karte gerade zerreißen und im Papierkorb neben mir entsorgen, als eine Bewegung und ein leises Geräusch mich davon abhalten.

Ich hebe den Kopf.

Auf der anderen Seite des Foyers öffnet sich das »Sesam öffnet sich nicht«.

Und ein Mädchen kommt herein.

3.

DIE HALBE EISKÖNIGIN

Allerdings nicht *das* Mädchen.

Nicht das Mädchen, auf das ich gewartet habe. Auf das ich gehofft hatte.

Nicht das PWW.

Richtig gehört. Von allen Kinos in allen Universitäten dieser Welt kommt sie *nicht* in meines.

Viel Weiß. Das ist mein erster Eindruck von dem neuen Mädchen. Dem *falschen* Mädchen. Sie erinnert mich ein bisschen an die Hauptfigur in *Die Eiskönigin,* denn ihre Haare sind weißblond und fallen ihr in einem Fransenschnitt fast bis zu den Schultern. Außerdem trägt sie weiße, bis über die Knöchel geschnürte Sandalen und ein weißes Trägertop, das locker über einen langen, weißen Rock hängt. Aus meinem Blickwinkel von der Seite nehme ich nur ein blasses Profil und einen gleichermaßen blassen, dünnen Arm wahr.

Wie hieß sie noch mal, die Figur aus *Die Eiskönigin*? Irgendwas mit E, oder? Eva? Ellie? Evelyn? Irgend so was.

Egal.

Das *Eiskönigin*-Mädchen ist vor einer lebensgroßen schwarz-weißen Pappfigur von Humphrey Bogart stehen geblieben. Er trägt einen weißen Smoking und steht eine Zigarette rauchend neben einem Klavier. Das *Eiskönigin*-Mädchen passt sehr gut zu dem Farbschema. Ich beobachte, wie sie Bogie kurz mustert und dann eine Geldbörse aus ihrer

Baumwolltasche zieht. Die Tasche ist mit fröhlich und traurig dreinschauenden Theatermasken bedruckt. Ich werfe einen letzten sinnlosen Blick auf die Uhr an der Wand und dann auf die Karte in meiner Hand, um mich ein weiteres Mal daran zu erinnern, was für ein Vollidiot ich bin. Als das *Eiskönigin*-Mädchen auf den Kartenschalter zugeht, setze ich mich in Bewegung, um sie abzufangen.

»Kaufst du eine Karte für *Casablanca*?«

Sie bleibt stehen und dreht sich zu mir. Sie ist einen halben Kopf kleiner als ich. Und wie ich jetzt sehe, ist sie nur eine halbe *Eiskönigin*. Wenigstens vom Hals an. Denn die Haare auf der rechten Seite ihres Kopfes sind dunkel und von der Schläfe an kurz geschoren. Das Ohr auf dieser Seite ist unter Unmengen metallener Piercings fast verborgen. Sie streicht sich die langen Haare hinter ihr anderes Ohr und hält sie dort fest. Graugrüne Augen schielen unter dichten dunklen Augenbrauen zu mir herauf.

»Sorry«, sagt sie und schüttelt den Kopf ein wenig. »Was?«

»Willst du dir *Casablanca* anschauen? Falls ja, kannst du nämlich meine Karte haben.«

Ich hebe die Karte hoch, und sie betrachtet sie eine Sekunde lang. Dann schaut sie mich an.

»*Deine* Karte? Warum nimmst *du* sie nicht?«

Weil ich ein Vollidiot bin, der einen Augenblick lang tatsächlich dachte, er könnte die Hauptrolle in einer herzerwärmenden Liebeskomödie spielen, aber dann rasch bemerkte, dass er leider doch in seinem normalen, schäbigen und überhaupt nicht romantischen Leben feststeckt.

Aber das sind vielleicht ein bisschen zu viele, persönliche Informationen, deshalb behalte ich sie für mich.

»Äh, ich habe gerade ... beschlossen ... also ... dass ich was anderes mache.«

»Wirklich? Was?«

»Wie bitte?«

»Du hast gesagt, du hättest beschlossen, etwas anderes zu tun. Und was hast du beschlossen lieber zu tun, als *Casablanca* anzuschauen, obwohl du schon hierhergekommen bist und eine Karte gekauft hast?«

Ihre Stimme ist heiser und rau, als ob sie an den Rändern ausgefranst wäre. Der Klang stört mich nicht, aber ich hatte nicht erwartet, dass sie mich einem Kreuzverhör unterzieht. Ich biete ihr eine kostenlose Karte an. Ich will ihr keine Lebensversicherung verkaufen oder sie einer spirituellen Belehrung unterziehen. Warum werde ich dann so in die Mangel genommen?

»Ähm, keine Ahnung. Ich hab es mir einfach anders überlegt mit dem Kino. Mehr nicht.«

Ihre Augen verengen sich noch mehr.

»Hat dich jemand versetzt?«

»Was?«

Sie mustert mein Gesicht wie ein durchgeknallter Hellseher, der verräterische Beulen und geheimnisvolle Geburtsnarben sucht.

»Ja, weißt du, was ich denke?«, sagt sie endlich. »Ich denke, dass du mit jemandem zusammen gehen wolltest oder das vielleicht gehofft hast, aber dieser Jemand ist nicht aufgetaucht, und jetzt bist du angepisst und willst deine Karte loswerden, weil – welcher einsame Loser würde jemals auf die Idee kommen, sich einen Film ganz alleine anzuschauen, stimmt's?«

Sie macht ein trauriges Gesicht und zeigt zugleich auf die Entsprechung auf ihrer Tasche. Mit einer Sache hat sie recht. Ich bin angepisst. Und sie macht es nicht besser.

»Ja, wie auch immer. Pass auf, willst du die Karte oder willst du sie nicht? Wenn du sie willst, dann gehört sie dir. Wenn du sie nicht willst, auch gut. Dann schmeiß ich sie einfach in den Papierkorb. Wie auch immer, mir ist das egal.«

Sie nickt langsam und zeigt mit einem Finger mit schwarz lackiertem Nagel auf mich.

»Du wurdest *definitiv* versetzt, stimmt's?« Dann hält sie rasch eine Hand vor mein Gesicht, um die Worte zurückzuhalten, die aus meinem Mund springen wollen. »Aber, um deine Frage zu beantworten, ja, ich nehme deine Karte. Kann sie nicht verfallen lassen. Danke. *Aber:* Ich werde sie bezahlen.«

»Musst du nicht. Nimm sie einfach.«

»Ich bezahle sie.«

Sie sagt das, als wäre alles andere völlig inakzeptabel. Gut. Was geht es mich an? Ich gebe nach, reiche ihr die Karte und warte, dass sie das Geld rauskramt. Während sie damit beschäftigt ist, die Münzen aus ihrem Portemonnaie zu sammeln, schweift mein Blick ab. Und heftet sich auf die Szene, die sich hinter ihr abspielt.

»Oh, Scheiße«, entfährt es mir ein bisschen zu laut.

Auf der anderen Seite des Foyers öffnet sich die Tür wieder, und ein Mädchen taucht auf.

Diesmal das richtige.

4.

DER KATASTROPHENFILM

Die halbe Eiskönigin hört auf, in ihrem Portemonnaie zu kramen, und schaut in die Richtung, in die ich starre.

»Ist sie das?«, fragt sie. »Hast du auf sie gewartet? Auf Taylor Swift?« Ich nicke, runzle dann aber die Stirn.

»Was? Sie sieht doch nicht aus wie Taylor Swift, oder?«

»Äh, doch, genau so.«

»Echt? Finde ich nicht.«

»Wow, wie lange leidest du schon an Gesichtsblindheit?«

Als ich nicht antworte, lässt sie die Münzen wieder in ihr Portemonnaie zurückfallen.

»Also, ich muss los, sonst verpasse ich den Anfang des Films. Hey, vielen Dank für die *Casablanca*-Karte. Übrigens hab ich es mir anders überlegt und nehme dein Angebot mit der Freikarte an. Echt großzügig von dir. Tschüss!«

Mein Gesichtsausdruck spiegelt offenbar die Gedankenexplosion in meinem Kopf wider.

»Nur Spaß«, sagt sie. »Glückwunsch. Dein Leben hat soeben eine glückliche Wendung genommen. Und jetzt, wo ... *Everything Has Changed* ... brauchst du die hier wohl.«

Aus irgendeinem Grund singt sie Teile des letzten Satzes.

»Hast du gecheckt, was ich gerade gemacht habe?«

Und bevor ich Nein sagen kann, weil ich es tatsächlich nicht geschnallt habe, hat sie mir die Karte wieder in die Hand gedrückt und ihren Weg zum Schalter fortgesetzt.

Ich drehe mich rasch zu dem anderen Mädchen um. Sie steht jetzt innerhalb der Automatiktür, zieht ihren *NEW-YORK*-Pullover aus und bindet sich ihn um die Taille. Er sieht aus, als wäre er dafür gemacht, dort zu sein. Nachdem sie ihre Haare und ihr Top zurechtgezupft hat, lässt sie den Blick rasch durch das Foyer schweifen. Als er auf mich fällt, hält sie inne.

Und schaut dann über mich hinweg.

Okay. Nicht ganz die Begrüßung, die ich mir erhofft hatte.

Ich warte auf den Schwenk zurück zu mir. Diesmal zwinge ich mich, die Hand zu heben und ihr mit wackelnden Fingern idiotisch zuzuwinken.

Sie sieht es. Zögert und lächelt verhalten. Mein Herz vollführt eine Art Sprung von einer Klippe und befindet sich im freien Fall. Eine Sekunde später erhellt ein richtiges Lächeln ihre perfekten Züge, sie nimmt ihre Tasche und kommt auf mich zu.

Oh – mein – Gott. Sie kommt auf mich zu. Es passiert. Es passiert tatsächlich. Mein Herz steigt aus dem freien Fall aus und schießt in die Stratosphäre hinauf. Meine Damen und Herren, wir sind jetzt offiziell im vollen Liebeskomödien-Flugmodus. Houston, wir haben keine Probleme!

»Vorlesung Stadtplanung, richtig?«

Ein PWW steht direkt vor mir und lächelt.

»Genau.«

Dann lächelt sie nicht mehr, und eine Hand fliegt zu ihrem Mund.

»Oh, und ich habe immer noch deinen Kuli, nicht wahr? Pass auf, hier ist er.«

Sie will die Reißverschlüsse verschiedener Fächer ihres Designer-Rucksacks öffnen, aber ich kann sie gerade noch davon abhalten.

»Nein, nein, es ist okay. Ist egal. Mach dir keine Gedanken. Bitte. Behalt ihn.«

Sie stellt den Rucksack auf den Boden.

»Bist du sicher? Ich weiß, dass er dadrin ist ... *irgendwo.* Ich muss höchstens zehn, vielleicht auch fünfzehn Minuten hektisch suchen, dann habe ich ihn. Allerhöchstens zwanzig Minuten. Bist du sicher, dass du ihn nicht mehr brauchst?«

»Ganz sicher«, sage ich zu ihr. »Und wenn ich jemals einen Ersatz kaufen muss, schmeiße ich einfach die Schule und besorge mir einen Job oder raube eine Bank aus oder so.«

Wow. Leichter Anflug von Humor. Woher kam der? Gute Arbeit, Hirn und Mund!

Sie denkt über meine Worte nach.

»Na ja, solange es dir keine Umstände macht.«

Und wir kichern beide.

Habe ich sie als perfektes weibliches Wesen bezeichnet? Das wird ihr bei Weitem nicht gerecht. Sie ist außerdem intelligent und witzig. Und was noch erstaunlicher ist: Sie spricht mit mir – alias stinknormaler Typ – intelligent und witzig.

»Ich bin übrigens Helena.«

»Hi. Ich bin Sebastian.«

Nicht zu fassen. Dieser Dialog könnte direkt aus einem meiner Traum-Liebeskomödien-Drehbücher stammen!

Sie schaut hinüber zur Wanduhr. Ihr Profil sieht aus wie aus einem Hochglanzmagazin. Ich muss an mich halten, damit ich nicht mein Handy zücke und ein paar Fotos schieße.

»Hey, fängt *Casablanca* nicht um halb elf an?«

»Ja, aber keine Sorge, zuerst laufen immer Trailer und Werbung. Außerdem zeigen sie noch eine kurze Stummfilmkomödie, glaube ich zumindest. Wenn du dir also gleich eine Karte kaufst, verpasst du nichts.«

Helena verdreht die Augen und fährt sich mit einer Hand durch die Haare. Sie fallen gleich wieder an Ort und Stelle zurück. Perfekt.

»Schön wär's«, sagt sie. »Aber durch Umstände, auf die ich offenbar keinen Einfluss habe, werde ich wohl nicht in *Casablanca* gehen. Ich gehe in die Elf-Uhr-Vorstellung von *The Fast and the Furious 8* oder *12* – welche Folge es inzwischen auch immer ist. Und weißt du, warum? Weil mein Freund sagt, dass *Casablanca* sich nach einem Scheißfilm für alte Idioten und Schwachköpfe anhört.«

Und auf einmal wird meine Liebeskomödien-Traumwelt von einer gewaltigen Flutwelle erfasst und verwandelt sich in einen Katastrophenfilm. Hinter Helena öffnet sich die Tür.

»Und aufs Stichwort ist er da«, sagt sie.

Die Katastrophe nimmt ihren Lauf.

Helenas Freund kommt zu uns. Er trägt enge schwarze Jeans und ein hellblaues T-Shirt, das ihm offenbar jemand auf den Körper gemalt hat. Seine Haare sind mit Gel zugekleistert, und sein Scheitel sieht aus wie mit einem Laserstrahl gezogen. Er schaut uns beiden kurz in die Augen, bevor er wie ein männliches Model aus einem Herrenmodekatalog neben Helena posiert. Ohne etwas zu sagen, schlingt er den Arm um ihre Taille und treibt zugleich eine Streitaxt durch mein Herz. Im Augenblick bin ich nicht sicher, ob ich mich in einem Katastrophenfilm oder einem Horrorstreifen befinde. Vielleicht in beidem.

»Corban, das ist Sebastian. Wir haben uns heute Morgen in der Stadtplanungsvorlesung kennengelernt. Sebastian hat mich gerettet, als mein Kuli den Geist aufgegeben hat. Sebastian, das ist Corban, der renommierte Filmkritiker.«

Corban sieht Helena mit gequälter Miene an und nickt in meine Richtung, als wollte er sagen: »Ich sehe, dass du da stehst, aber du interessierst mich ungefähr so sehr wie der Teppich. Vielleicht weniger. Moment, mach daraus *definitiv* weniger.«

»Hast du die Karten?«, fragte er Helena.

»Nein, ich bin gerade erst ...«

Corban wartet nicht, bis sie den Satz beendet hat.

»Ich hole sie«, murmelt er und schreitet wie auf einem Laufsteg zur Kasse.

Helena blickt ihm hinterher und verzieht das Gesicht in übertriebenem Entsetzen. Ich frage mich unwillkürlich, ob sie wohl ein Gesicht machen kann, mit dem sie nicht mehr schön wäre.

»Es wäre *schrecklich,* wenn wir den Anfang des Films verpassten. Wie sollten wir jemals die Handlung kapieren? *Es sei denn, Fast and Spurious 92* wäre im Grunde genommen dasselbe wie jeder andere Film der Reihe. Aber hey, wie wahrscheinlich wäre das?«

Ich schenke ihr mein bestes mitfühlendes Lächeln, aber innerlich schreie ich: *Verlass ihn! Er ist ein arrogantes Arschloch. Geh stattdessen mit mir in* Casablanca. *Wir haben uns weit vom Drehbuch entfernt. Könnte jemand mal CUT rufen! Wir müssen diese Liebeskomödie wieder auf Kurs bringen. Jetzt sofort!*

Aber es sieht nicht so aus, als würde das in absehbarer Zeit geschehen. Stattdessen stelle ich fest, dass Helena versucht, ihre glatte, makellose Stirn in Falten zu legen. Jetzt zeigt sie auf die Karte in meiner Hand.

»Aber was ist mit dir? Du gehst doch in *Casablanca*, und die Vorstellung hat vor fast zwanzig Minuten begonnen. Warum hängst du hier draußen rum? Wartest du noch auf jemand?«

Ja, natürlich warte ich auf jemanden. Ist das nicht offensichtlich? Auf dich! Ich warte, dass du dieses arrogante Arschloch verlässt und mit mir kommst.

»Na ja, ich ... ähm ...«

Meine Gedanken erstarren. Spontane Reaktionen sind nicht gerade meine Stärke. Ich brauche Zeit, um alles genau zu durchdenken, es von jedem möglichen Blickwinkel aus zu betrachten und alle Für und Wider abzuwägen und mir den Kopf zu zerbrechen und erst dann die, wie ich immer argwöhne, falsche Entscheidung zu treffen. Und überhaupt, wie soll ich ihre Frage beantworten? Sage ich Ja oder Nein? Wenn ich Ja sage, was soll ich dann sagen, auf wen ich warte und warum sie noch nicht hier sind? Und wenn ich Nein sage, dann hat sie recht. Warum hänge ich dann immer noch draußen im Foyer herum?

»Ich will nur ... na ja, ich ... du weißt schon ... ich wollte ...«

Und während ich weiter sinnfrei vor mich hin labere, erlischt langsam das fröhliche Leuchten in Helenas perfekten Augen, und ihre perfekten Zähne verschwinden hinter den perfekten Lippen, während ihr Lächeln erstirbt. Eine Diashow von Erkenntnis, Mitleid und Beschämung läuft auf ihrem Gesicht ab.

Sie hat die Antwort gefunden. O Gott. Sie hat die Antwort auf ihre Frage gefunden. Sie schaut in die Augen eines Vollidioten, und sie weiß es. Und es sollte noch schlimmer kommen. Viel schlimmer. Denn sie ist drauf und dran, ihr beschämendes Wissen in erniedrigende und egovernichtende Worte zu fassen.

»Hey, ich hoffe, du warst nicht ... ich meine ... ich hoffe, du dachtest nicht ... na ja ... dass ...«

Mein persönlicher Liebes-/Katastrophen-/Horrorfilm rast auf seinen qualvollen Höhepunkt zu. Ich wäre keineswegs erstaunt, wenn er zu einem ausgewachsenen Splatter-Festival verkommen würde. Und dreimal darfst du raten, welcher stinknormale Vollidiot das erste Schlachtopfer sein würde. Ich mache mich auf den unvermeidlichen Angriff gefasst, als ich im Augenwinkel einen weißen Schatten wahrnehme und spüre, wie sich ein Körper neben mich schiebt.

»Puh! Geschafft. Sorry, dass du warten musstest.«

Ich schaue auf einen halb rasierten Kopf und ein mit Granatsplittern bestücktes Ohr. Die halbe Eiskönigin steht neben mir und wedelt mit einer *Casablanca*-Karte. Ich habe keine Ahnung, was hier abgeht.

Eine überraschende Wendung, so viel ist klar. Aber aus welchem Drehbuch stammt sie? Liebeskomödie, Katastrophenfilm, Horrorstreifen, Splatter? Oder was ganz anderes? Wer immer dieses Ding schneidet, macht einen lausigen Job!

Die halbe Eiskönigin schaut erwartungsvoll von mir zu Helena und wieder zurück. Sie setzt zum Sprechen an, und ich hoffe inständig, dass das, was sie dann sagt, dem Ganzen hier einen Sinn verleiht.

»Also«, sagt sie zu mir, »willst du mich nicht vorstellen?«

5.

DER SANDKASTEN

Dich vorstellen? Klar. Allerdings hab ich keine Ahnung, wer du bist! Leider hat mein Mund wie immer schon losgelegt, bevor mein Gehirn den Hauch einer Chance hatte, einen Plan runterzuladen.

»'tschuldigung. Ja. Ähm, das ist Helena …«

Mist, und was jetzt? Moment mal. Mir wird gerade etwas klar. Ich weiß nicht, wie die halbe Eiskönigin heißt, aber fest steht, Helena weiß es auch nicht. Ich kann also einfach irgendeinen Namen nehmen! Mir muss nur einer einfallen. Irgendein Mädchenname. Blöderweise hat mein Gehirn gerade dichtgemacht, und der einzige Mädchenname, der mir einfällt, ist Helena, aber der ist schon vergeben! Spiel auf Zeit! Spiel auf Zeit!

»… und äääh, Helena … das ist … ähm …«

Los. Ein Name für die halbe Eiskönigin. Irgendein Name! Und endlich tropft einer von irgendwoher in mein Gehirn.

»… Elsa.«

Helenas Augenbrauen schießen Richtung Himmel.

»*Elsa.* Wirklich?« Sie lacht, schämt sich dann aber sofort dafür und versucht verzweifelt, ihre Überraschung und ihre Zweifel im Zaum zu halten. Die halbe Eiskönigin neben mir verzieht unterdessen den Mund und wirft mir aus zusammengekniffenen Augen vernichtende Blicke zu.

»Nein. Nicht *wirklich*.«

Dann lässt sie mich links liegen und wendet sich an Helena.

»Hi, eigentlich heiße ich *Frida*.«

Jetzt sieht Helena total hilflos aus. Schön, aber total hilflos.

»Jetzt kapier ich gar nichts mehr. Was hat es mit den verschiedenen Namen auf sich?«

Das Mädchen, das sich als Frida vorgestellt hat, seufzt und zeigt mit dem Daumen auf mich.

»Das ist seine Vorstellung von einem Witz. Immer wenn wir jemanden neu kennenlernen, erfindet er lächerliche Namen für mich. Letztes Mal war es Khaleesi. Ist er nicht witzig? Und manchmal, wenn er ganz besonders fies und peinlich drauf ist, tut er sogar so, als hätte er absolut keine Ahnung, wer ich bin. Er findet das lustig, weißt du, denn eigentlich kennen wir uns schon sehr, sehr lange.«

»Wirklich?«, fragt Helena kichernd. »Wie lange denn?«

Sie merkt es nicht, aber sie ist nicht die Einzige, die sich für die Antwort auf diese Frage interessiert.

»Tatsächlich schon seit dem Kindergarten. Da haben wir uns kennengelernt. Im Sandkasten des Kindergartens, um genau zu sein. Kannst du das glauben?«

Nun, meine Antwort ist »auf keinen Fall!«, aber es sieht so aus, als wäre Helena gutgläubiger.

»Wow. Das ist ja ein Ding.«

»Ja, aber was *noch* passiert ist, wird dich erst recht umhauen!«, verkündet Frida mit einer übertrieben reißerischen Offstimme.

Es funktioniert. Helena hat angebissen. Und ja, ich gebe es zu, sogar ich bin mehr als nur ein bisschen neugierig.

»Warum? Was ist passiert?«

Frida stupst mich an.

»Willst du es ihr erzählen, oder soll ich?«

Warte, was!?

»Ach, nein ... mach du. Du erzählst es so viel besser als ich.«

»Das stimmt. Tatsächlich«, sagt das Mädchen namens Frida mit einem gewissen Stolz. »Nun, es ist so: Dieser Typ hier ... hat mir das Leben gerettet!«

Okay, jetzt haben wir offensichtlich das populäre Genre Liebeskomödie/Katastrophenfilm/Horrorstreifen/Splatter hinter uns gelassen und sind in die wundersame Grauzone eines astreinen Fantasyfilms gewechselt.

Helenas Mund hat sich ein klein wenig geöffnet. Sie sieht aus wie ein Kind, das gerade einen Zaubertrick gesehen hat, und von meinem Herzen bricht ein weiteres großes Stück ab wie von einem zerfallenden Eisschelf.

»Du machst Witze?«, sagt sie.

»Na ja, ›rettete mein Leben‹ ist vielleicht ein bisschen übertrieben«, erklärt Frida, »aber er hat mich vor der verrückten Karen Kratzman gerettet, was ziemlich genau dasselbe ist. Alle im Kindi hatten Angst vor ihr. Aber dieser Typ hier nicht. Er hat sich von ihr nicht einschüchtern lassen, als sie mich drangsaliert hat, und dafür gesorgt, dass sie aufhört. Und das auch noch an seinem ersten Tag, als er mich nicht mal kannte. Seither sind wir Freunde.«

»Ohhhhh woooow, beste Freunde«, quiekt Helena vollendet. »Wie süß!«

»Ich weiß«, sagt Frida und tätschelt meinen Arm. »Mein Held.«

Ich schenke beiden das beste verlegene Lächeln, das ich zustande bringe.

»Was soll ich sagen? Man tut, was man kann.«

Wir aalen uns alle noch darin, wie unglaublich »süß« Fridas Ammenmärchen ist, als Corban mit den Karten und so viel Popcorn, Getränken und Süßigkeiten zurückkommt, dass es bis zum nächsten Winter reicht. Helena stellt noch einmal vor.

»Corban, das ist Frida. Frida. Corban.«

Frida grüßt locker mit »Hey«, und Corban antwortet mit seinem typischen Kopfnicken.

»Corbs, kannst du dir vorstellen, dass sich die beiden schon im Kindergarten kennengelernt haben?«

Auf Corbans Gesicht liegt ein Ausdruck, der sagt, dass er das nicht nur nicht glaubt, sondern dass er ums Verrecken nicht versteht, warum man es ihm überhaupt erzählt. Schließlich ignoriert er die Frage und zeigt mit dem Kinn auf Helena.

»Bist du so weit?«

Sie klatscht in die Hände.

»Klar! *The Fast and the Furious* ruft«, sagt sie und verzieht, da Corban nicht hinschaut, das Gesicht, sodass sie aussieht wie ein Karpfen. Egal. *Trotzdem* schön.

»War nett, euch kennengelernt zu haben. Viel Spaß in *Casablanca*. Ich hätte ihn bestimmt.«

Helena und Corban gehen nebeneinander zum Eingang von Kino zwei. Mein potenziell auf Platz eins stehendes PWW verlässt mein Leben, und ich kann nichts dagegen tun. Und zu allem Unglück nimmt sie auch noch meinen Kuli mit. Meinen Lieblingskuli. Lass den Nachspann laufen. Das war's, Leute! Mein heiterer Liebes-/Katastrophen-/Horror-/Splatter-/Fantasyfilm endet als Tragödie. Wer hätte das gedacht? Na ja, in erster Linie wohl ich.

»Er verdient sie nicht«, informiert Frida mich.

»Das tun sie nie«, sage ich.

Sie schaut in meine Richtung und wedelt dann wieder mit ihrer Karte vor meiner Nase rum, als wäre sie Riechsalz.

»Also, apropos in Selbstmitleid schwelgen und an den Schmerzen unerwiderter Liebe leiden«, verkündet sie fröhlich. »Bogie wartet.«

Warum eigentlich nicht. Meine fünf Dollar habe ich schon ausgegeben, und außerdem muss ich die Zeit totschlagen, bis ich Tolly zum Mittagessen treffen kann. Und als zusätzliches Extra: Wenn Tollys Dad erfährt, dass ich *Casablanca* im Kino gesehen habe, weiß ich sicher, dass er Tolly unter Androhung der Todesstrafe dazu zwingen wird, den Film ebenfalls anzuschauen. Für irgendwas muss es ja gut sein.

Ich folge dem Mädchen, das ich jetzt als Frida kenne, in das abgedunkelte Kino. Wir betreten den Saal hinten rechts. Es gibt viele freie Plätze. Auf der Leinwand läuft zum Klang eines verstimmten Klaviers der Abspann des Schwarz-Weiß-Kurzfilms. Sieht so aus, als hätten wir genau den richtigen Zeitpunkt erwischt. Frida tastet sich an der Backsteinwand entlang, während sie ein paar vorsichtige Schritte den Gang hinunter macht. Nach ein paar Reihen bleibt sie stehen.

»Also«, flüstert sie und lässt den Blick schweifen, »möchtest du zusammensitzen, oder sitzen wir getrennt und gehen das Risiko ein, wie einsame Loser auszusehen, die sich ganz allein einen Film anschauen?«

Fridas krächzende Stimme trägt bis zu einem Mädchen, das nur wenige Plätze entfernt alleine dasitzt. Sie erstarrt, den halben Arm in einer riesigen Popcornbox versenkt, und richtet einen Todeswunsch-Blick auf uns.

Frida hebt eine Hand und grinst sie an. »Nur Spaß«, formt sie mit den Lippen.

Das Mädchen scheint nicht überzeugt.

Ich führe Frida rasch zu einer leeren Reihe weiter vorn und folge ihr bis in die Mitte. Sie wählt einen Platz aus, und ich setze mich neben sie. Keine Sekunde später springt sie auf und wechselt zu meiner anderen Seite.

»Bessere Sicht«, erklärt sie.

Da wir ziemlich genau in der Mitte sitzen und niemanden vor uns haben, ergibt das für mich absolut keinen Sinn. Aber ich habe keine Zeit, lange darüber nachzudenken; der Vorspann zu *Casablanca* beginnt.

Frida lehnt sich in ihren Sitz zurück, beugt sich, ohne die Augen von der Leinwand zu nehmen, zu mir und raunt mir zu:

»Ich merke gerade, dass ich gar nicht weiß, wie du heißt.«

Ich beuge mich zu ihr und raune zurück:

»Ich heiße Sebastian.«

»Sebastian. Gut. Ich bin Frida.«

»Ja, ich weiß«, sage ich zu ihr. »Vielleicht erinnerst du dich nicht an mich, aber ich habe dir vor vielen Jahren im Sandkasten des Kindergartens das Leben gerettet.«

Die halbe Eiskönigin neben mir legt einen Finger auf die Lippen und hebt die Augenbrauen.

»Ich dachte doch, dass du mir bekannt vorkommst«, sagt sie.

Und wir lächeln beide, als der Film beginnt.

6.

DIE FEMINISTISCHE IKONE

Frida und ich schauen uns schweigend den ganzen Film an und sprechen erst wieder, als wir draußen im Foyer stehen.

»Und, was meinst du?«, fragt sie mich.

»Ja, mir hat er gefallen. Mal was anderes. Ein bisschen altmodisch und stellenweise kitschig, aber ich bin froh, dass ich ihn endlich gesehen habe.«

»Und was hat dir am besten gefallen?«

»Es gab ein paar großartige Sprüche, und Bogart war cool. Aber den Schluss begreife ich nicht. Ich meine, das Mädchen kommt endlich wieder zurück zu ihm, aber dann sagt er ihr, sie solle ihn zurücklassen und stattdessen mit dem andern Typen ins Flugzeug steigen. Und sie tut es!«

Im Ernst. Was ist das denn für eine Geschichte? Mir war ja klar, dass es keine »Komödie« ist, aber ich hatte wenigstens einen Hauch mehr »Romantik« erwartet.

»Aber das ist doch der beste Teil«, teilt Frida mir mit. »Verstehst du das nicht? Bogie gibt Ilsa für ihr eigenes Wohl und für das Wohl der Sache auf, weil er erkennt, dass Victor der bessere Mann für sie ist und die sicherere Wahl. Also tut er genau das Richtige. Es ist eine selbstlose und edle Tat. Wunderschön. Er opfert die Liebe seines Lebens und bleibt stattdessen mit Louis zurück, um weiter für das Gute zu kämpfen.«

Dann hält sie inne.

»Stell dir das ein bisschen so vor wie bei dir selbst: Eigentlich wolltest du mit Taylor Swift ins Kino gehen, aber letztlich bist du dann mit mir gegangen. Sie ist wie Ilsa für deinen Bogie.«

Ich kann nicht sagen, dass ich das genauso sehe, obwohl ich absolut nichts dagegen habe, mit Humphrey Bogart verglichen zu werden.

Jetzt runzelt sie die Stirn.

»Was vermutlich *mir* die Rolle von Louis zuweist.«

Die Stirn legt sich noch mehr in Falten.

»Allerdings hattest *du* natürlich nicht wirklich eine Wahl, oder? Du *musstest* deine Ilsa aufgeben. Also gab es nichts echt Selbstloses oder Edles oder Wunderschönes an dem, was du getan hast, richtig? Also ja. Ich nehme es zurück. Die beiden Situationen sind tatsächlich *total* unterschiedlich, und du bist überhaupt nicht wie Bogie.«

Ich warte eine Sekunde, bis sich in meinem Kopf nicht mehr alles dreht.

»Meine Güte, vielen Dank, dass du mir das alles erklärst«, sage ich endlich. »Jetzt fühle ich mich *so* viel wohler in meiner Haut.«

»Kein Problem«, antwortet sie grinsend.

Ich bin unsicher, was ich als Nächstes tun oder sagen soll. Das Foyer leert sich rasch. Ich schaue auf die Uhr: Viertel vor eins. Frida bemerkt es.

»Und was hast du für große Pläne für den Rest des Tages?«

»Nichts Besonderes. Ich treff mich demnächst mit meinem Kumpel Tolly in der Cafeteria zum Essen. Danach werden wir uns die Drohnenkämpfe anschauen, die die Ingenieurstudenten um halb zwei auf dem Great Court austragen. Und dann – keine Ahnung. So wie ich Tolly kenne, wird es immer noch Leute geben, mit denen er sprechen will, oder etwas, das er sich anschauen möchte. Ich werde wahrscheinlich einfach ein bisschen rumlaufen und mich umsehen, bis wir irgendwann kurz nach fünf abgeholt werden. Und was ist mit dir?«

»Es gibt eine Theatersportvorführung, zu der ich gehen möchte. Sie findet zur selben Zeit statt wie dieses Drohnen-Ding. Wahrscheinlich treffe ich ein paar Freunde dort. Und dann, na ja, wie du. Schauen, was es sonst noch so gibt. Gegen sechs spielen ein paar Bands auf dem Great Court, und wahrscheinlich bleibe ich noch ein bisschen da und schaue mir das an. Bin noch nicht sicher. Wie ich eben Lust habe. Und was meine Freunde tun. Jetzt bin ich erst mal am Verhungern.«

»Ja, ich auch.«

Wir sehen uns an.

»Na ja ... du kannst dir auf jeden Fall ... du weißt schon ... zusammen mit Tolly und mir was holen. Wenn du willst. Deine Entscheidung.«

Frida betrachtet ein oder zwei Sekunden lang den Teppich und hebt dann den Kopf.

»Ja, klar. Warum nicht? Ich habe noch nie einen Tolly kennengelernt. Das wird sicher eine ganz neue Erfahrung.«

»Ohhhhh, ja, ganz bestimmt«, versichere ich ihr. »Das kann ich dir garantieren.«

In der Cafeteria ist es voll und laut. Nachdem wir uns was zu essen gekauft haben, machen wir es wie von Frida vorgeschlagen und suchen uns draußen auf einer Nebenterrasse einen Tisch: sie mit ihrem Kaffee, einem Müsliriegel und Sushi-Rollen und ich mit meinem Orangensaft, den getoasteten Sandwiches und heißen Fritten. Ich beiße in zwei knusprige Scheiben Brot, aus denen geschmolzener Käse, Tomate und Schinken tropft, und schubse den Karton mit den Fritten in die Mitte des Tisches.

»Greif zu.«

»Danke, aber ich schau erst mal, wie ich hiermit fertig werde.«

Während wir uns beide konzentriert über unser Essen hermachen, entsteht eine Gesprächspause. Das gibt mir die Möglichkeit, das Mädchen mir gegenüber genau zu betrachten. Abgesehen von den sofort ins Auge fallenden Dingen wie ihren Haaren, ihren Piercings und der Tatsache, dass sie an einer Hand schwarz und an der anderen weiß lackierte Fingernägel hat, bemerke ich jetzt auch kleinere Details an ihr. Zum Beispiel die hellen Sommersprossensprenkel auf ihren Wangen, ihre Mundwinkel, die nur ein kleines bisschen nach unten hängen, wie schmal ihre Lippen sind und die blasse Narbe über ihrer Nasenwurzel. Es ist ein interessantes Gesicht. Ein Gesicht, das seine Geheimnisse nicht alle auf einmal preisgibt.

Auf dem Tisch neben uns landet ein kleiner Vogel, und Frida dreht sich zu ihm, um zuzuschauen, wie er ein paar Brotkrumen aufpickt. Ihr rechtes Ohr mit den vielen Piercings zeigt zu mir. Ich betrachte die verschiedenen Ringe und Stecker und die anderen Kleinteile, als mich auf einmal zwei graugrüne Augen auf frischer Tat ertappen.

»Was gibt's?«

»Sorry. Ich schau mir nur deine vielen Piercings an. Diese kleinen Monde sind cool.«

Vier kleine Silberscheiben, die die verschiedenen Mondphasen von zunehmend bis Vollmond zeigen, hängen an winzigen Kettchen von ihrem Ohrläppchen herab. Sie fährt mit einem Finger zwischen ihnen hindurch, und sie drehen sich schaukelnd.

»Sie sind neu«, sagt sie. »Sollen mich daran erinnern, dass sich Dinge ändern können.«

Eine merkwürdige Aussage.

»Daran musst du erinnert werden?«

»Eher davon überzeugt«, sagt sie mehr vor sich hin als zu mir, bevor sie sich wieder ihren Sushi-Rollen zuwendet. Da dieses Thema damit offenbar abgehakt ist, versuche ich, ein anderes aufzugreifen.

»Übrigens noch vielen Dank. Du weißt schon, im Kino. Dass du mich nicht hast auffliegen lassen.«

Frida nimmt einen Schluck Kaffee und stellt den Becher zurück auf den Tisch.

»Na ja, als ich den Typen kommen sah, dachte ich mir, dass er eigentlich nicht direkt Teil deines Plans war.«

»Nein, nicht direkt.«

Sie checkt mich ab. Und ich fühle mich beobachtet, geradezu beurteilt.

»Also ... du wusstest nicht, dass sie einen Freund hat?«

Zeit für die Beichte.

»Nö. Hatte ja nur ungefähr drei Minuten lang mit ihr gesprochen, vor einer Vorlesung heute Morgen. Sie hat sich meinen Kuli geliehen. Hatte nicht einmal die Chance, sie nach ihrem Namen zu fragen.«

Frida legt den Kopf schief, als ob sie diese letzte Information besser verstehen könnte, wenn sie mich aus einem anderen Winkel betrachtet.

»Du hast sie gefragt, ob sie mit dir ins Kino geht ... und kanntest nicht mal ihren Namen?«

»Na ja, sagen wir mal so, ich habe sie eigentlich gar nicht gefragt, ob sie mit mir ins Kino geht. Zumindest nicht direkt.«

»Und indirekt?«

»Also, genau genommen ... gar nicht.«

Frida schiebt ihre Unterlippe vor und starrt mit leeren Augen vor sich hin wie jemand, der mit einem stumpfen Gegenstand einen Schlag auf den Hinterkopf bekommen hat und jetzt an einer leichten Gehirnerschütterung leidet.

»Aaaaalsooooo. Mal sehen, ob ich das richtig verstanden habe. Du kanntest ihren Namen nicht und wusstest auch sonst nichts von ihr, du hast sie nicht gefragt, ob sie mit dir ins Kino geht ... und *trotzdem* ... hast du auf sie gewartet?«

»Yep«, sage ich und mache ein knallendes Geräusch mit den Lippen. »Das ist die Kurzfassung. Und ich betone das Wort kurz.«

»Also, das ist ... einfach ... schräg.«

Ich überlege, ob ich etwas zu meiner Verteidigung vorbringen soll, entscheide aber, dass sie wahrscheinlich den schrägen Nagel direkt auf seinen schrägen Kopf getroffen hat. Als klar ist, dass ich ihre Aussage nicht infrage stellen werde, fährt sie fort.

»Egal. Du hast ausgesehen, als würdest du gleich in einem Meer von Scham ertrinken, deshalb dachte ich mir, ich werfe dir eine Rettungsleine zu.«

»Perfektes Bild. Vielen Dank für die Rettungsleine. Ich hab sie gebraucht.«

Ich beiße noch mal von meinem getoasteten Sandwich ab, als mir etwas einfällt.

»Allerdings bin ich mir nicht ganz sicher, ob ich den Teil ›willst du mich nicht vorstellen‹ unbedingt gebraucht hätte.«

»Ups. Tut mir leid«, sagt sie, ohne den geringsten Versuch zu unternehmen, auch nur so auszusehen, als tue es ihr leid. »Konnte ich mir nicht verkneifen. Ich wollte einfach sehen, wie du reagierst.«

Dann zieht sie ein Gesicht, als hätte sie in eine saure Zitrone gebissen.

»Aber *Elsa?* Im Ernst? Eine Zeichentrickfigur? Was Besseres ist dir nicht eingefallen? Von den Millionen möglicher Mädchennamen, die dir zur Verfügung standen, ist dir keiner eingefallen, der ein wenig glaubwürdiger gewesen wäre oder weniger lächerlich oder weniger offensichtlich erfunden?«

»Hallo, ich war in Panik, ja? Ich bin nicht besonders spontan. Ich stand unter Druck, und ich funktioniere nicht gut unter Druck. Das fiel mir halt ein, okay? Außerdem war die Chance, dass ich auf Frida komme, sowieso nicht besonders groß, oder?«

Sie tut so, als wäre sie beleidigt.

»Und warum nicht? Was ist falsch an Frida? Findest du nicht, dass ich wie eine Frida aussehe? Du musst wissen, dass ich nach Frida Kahlo getauft bin. Auch wenn du wahrscheinlich keine Ahnung hast, wer das ist.«

Ha! Irrtum! Ich weiß es nämlich. Jemand in meiner Klasse hielt letztes Jahr in Englisch ein Referat über Frida Kahlo. Ich tippe mir an die Stirn.

»Die Frau mit den Augenbrauen?«

Eine angebissene Sushi-Rolle fällt aus Fridas Hand und landet auf ihrem Teller. Ich spüre sofort, dass ich in Schwierigkeiten bin. Sie schiebt ihre Lippen vor und formt ein zusammengekniffenes O. Dann beginnt das O sich zu weiten.

»Wow«, sagt sie langsam und mit Bedacht und wiederholt das Wort noch einmal, als wäre einmal nicht genug, um das Ausmaß des Wow-Faktors auszudrücken, den sie gerade erlebt. »Wow. Ich bin *total* beeindruckt. Nein, wirklich. Was die *meisten* Menschen mit Frida Kahlo verbinden, also ihre einzigartigen, wunderbaren Kunstwerke oder ihre Rolle als feministische Ikone, ist trivial. Du dagegen – du hast dich wirklich auf ihre allergrößte Leistung fokussiert, nicht wahr? Haare im Gesicht. Sehr gut. Das macht dich zu unserem Superchampion.«

Grausam *und unfair!*

»Hey, ich hab tatsächlich auch von den anderen Dingen gewusst, okay, aber ich dachte einfach ...«

»Du hast was gedacht? Dass die Bezeichnung ›die Frau mit den Augenbrauen‹ ihren Beitrag zur Menschheit eigentlich gut *zusammenfasst*? Wolltest du das sagen?«

Ich sehe ein, dass ich diese Debatte niemals gewinnen werde, deshalb mampfe ich ein paar Fritten und nehme einen Schluck Saft, um mich eine Weile vom Reden abzuhalten. Dann wechsle ich klug das Thema.

»Und was ist mit der Geschichte, die du dann erfunden hast? Die

Sache, dass ich dich vor der Tyrannin im Kindergarten gerettet habe? Was sollte das?«

Frida zeigt mit einem ihrer weiß lackierten Finger in meine Richtung und durchbohrt mich mit ihrem Blick.

»Dann gibst du es endlich zu? Du gibst zu, dass das, was ich gesagt habe, tatsächlich nie geschehen ist. Du gibst zu, dass *du* an jenem Tag im Sandkasten nicht *mich* gerettet hast, sondern dass *ich dich* gerettet habe.«

Dann seufzt Frida schwer, als ob sie die Nase voll hätte von der ganzen Sache.

»Weißt du, eigentlich dachte ich, du hättest nach all den Jahren, in denen wir beste Freunde sind, endlich den Mut aufgebracht, dich der Wahrheit zu stellen. Aber es sieht leider so aus, als hätte ich mich geirrt.«

Sie nimmt den Rest der Sushi-Rolle von ihrem Teller, schiebt ihn in den Mund und fängt an zu kauen.

Genau. Ich durchschaue, was sie hier macht.

»Gut, aber warum erzählst du mir dann nicht *deine* Version der Ereignisse? Bitte, klär mich auf.«

»Sehr gern. Es war an deinem ersten Tag im Kindi, und was *wirklich* geschah, war, dass die verrückte Karen Kratzman dir dein Pausenbrot wegnahm. Blöderweise bist du ihr hinterhergerannt und hast ihr gesagt, sie solle es dir wiedergeben. Was sie auch getan hat. Allerdings erst, nachdem sie es üppig am Sandkasten paniert und dir dann befohlen hat, es zu essen. Als ich dazukam, hast du vor dich hin geheult und bist fast an einem Mund voll Sandsandwich erstickt. Ach ja, außerdem hast du dir noch in die Hose gemacht. Spitzenmäßig. Ich habe immer noch diesen riesigen nassen Fleck vorn auf deiner Shorts vor Augen. Vor allem, weil er mich an das Batman-Symbol erinnert hat. Nur eben aus Urin.«

Ich starre sie über den Tisch hinweg an. Sie starrt zurück. Sie gewinnt.

»Was für eine großartige Geschichte«, sage ich. »Danke, dass du sie mit mir teilst. Und dann hast du mich also gerettet – und wie genau?«

»Zuerst habe ich einen Wasserschlauch auf die verrückte Karen gerichtet. Dachte, das Wasser hätte vielleicht eine beruhigende Wirkung. Aber da lag ich total falsch, was? Am Ende landeten sie und ich schlammcatchend im Sandkasten. Ich zwang sie, ziemlich viel davon zu schlucken, bevor man mich von ihr wegriss. Danach hat sie dich in Ruhe gelassen. Zumindest solange ich in der Nähe war. Ein paar Tage später wurde sie aus dem Kindi ausgeschlossen, sodass du sicher warst. Und *so* sind wir beste Freunde geworden. Du kannst dich jetzt offiziell bei mir bedanken, wenn du magst.«

Sie schenkt mir ein breites, gekünsteltes Lächeln, das zwei Reihen gepflegter, aber leicht schiefer kleiner weißer Zähne zum Vorschein bringt. Ich lächle zurück. Wie man in den Wald hineinruft, so schallt es heraus. »Na ja, ich würde dir ja danken, wenn irgendwas davon auch nur annähernd wahr wäre. Aber leider hat das Verrinnen der Zeit deine Erinnerung daran, was an diesem schicksalsträchtigen Tag tatsächlich im Kindergarten-Sandkasten passiert ist, ein bisschen getrübt und verzerrt.«

Fridas Augen leuchten auf, und ihre dunklen Augenbrauen heben sich.

»Tatsächlich? Faszinierend. Erzähl mir mehr.«

»Mit Vergnügen. Siehst du, nach *meiner* Erinnerung warst *du* es, die das berühmt-berüchtigte Sandsandwich essen musste. Vielleicht gab es auch eine nasse Hose, aber ich bin zu sehr Gentleman, um das zu erwähnen. Egal, jedenfalls kam *ich* dann vorbei, zog die verrückte Karen behutsam beiseite, erklärte ihr, dass ihr Verhalten in einer zivilisierten Gesellschaft absolut inakzeptabel sei, und ermunterte sie, sich von diesem Augenblick an zu bemühen, der beste Mensch zu sein, der sie überhaupt sein konnte.«

»Wirklich? Und wie hat das funktioniert?«

»Wie ein Zauberspruch. Die verrückte Karen brach weinend zusammen, entschuldigte sich für ihr unmögliches Verhalten und versprach, ihre schlechten Gewohnheiten abzulegen. Das war schon was. Ich werde den ohrenbetäubenden Applaus und den Jubel niemals vergessen, der auf dem Spielplatz ausbrach, als sich du und die verrückte Karen weinend in die Arme fielen. Sehr bewegend. Und wie du dich sicherlich erinnerst, wurde ich für meine heroischen Bemühungen mit der Gandhi-Junior-›Friedensstifter der Woche‹-Plakette ausgezeichnet. Mitsamt einem goldenen Stern.«

Frida schüttelt den Kopf. Ihr Mund ist zu einer geraden Linie zusammengepresst.

»Weißt du, es ist wirklich traurig, wenn jemand *so* wahnhaft, *so* irregeleitet und so *total* realitätsfern ist«, sagt sie.

Ich schüttle Anteil nehmend den Kopf.

»Schon, oder!?«

7.

DER STADTPLANER

Wir kauen ein paar Minuten lang schweigend, bis Frida ihren Kaffee ausgetrunken hat und eine Wasserflasche aus ihrer Tasche zieht.

»Also. Gut. In welche Schule gehst du eigentlich? Und in welcher Klasse bist du?«

Sie stellt die Fragen, als gehörten sie zu einem Ritual, das von ihr erwartet wird.

»St. Jerome's. Elfte Klasse. Du?«

»Nein, ich nicht. Ich gehe auf eine ganz andere Schule.«

Ich belohne ihren Scherz mit meiner Version von Corbans gequälter Miene, denke aber insgeheim, dass so ein Blick manchmal gar nicht mal so übel ist.

»Und welche Schule wäre das dann?«

Bevor sie antwortet, nimmt sie einen raschen Schluck aus ihrer Wasserflasche.

»Das Kingston-Mädchencollege. Auch elfte Klasse.«

Ich kenne die Kingston-Schülerinnen mit ihren langen grünen Faltenröcken, den obligatorischen grünen Haarbändern, Blazern und Hüten. Kaum vorstellbar, dass mehrere Ohrstecker und ein halb rasierter Kopf da besonders gut reinpassen. Ich will gerade etwas sagen, als weitere Fragen auf mich niederprasseln.

»Und was willst du an der Uni machen? Hast du dir Vorlesungen angehört oder bist du nur im Hub rumgehangen und hast gehofft, dass zufällig ein paar Mädchen auftauchen und mit dir ins Kino gehen?«

»Sehr witzig. Ich bin noch nicht ganz sicher, was ich tun will. Ich weiß nicht einmal, ob ich überhaupt hier studieren will. Und wenn, dann mache ich wahrscheinlich irgendwas in Richtung Betriebswirtschaft. Oder vielleicht Stadtplanung. Dazu hab ich mir eine Vorlesung angehört.«

Fridas Hand, die gerade nach den Fritten greift, erstarrt.

»Stadtplanung? Okay. Das klingt ... nach etwas, was Menschen tun. Und warum gerade das?«

»Keine Ahnung, eigentlich. Städte wird es immer geben, schätze ich, also ist das karrieremäßig eine ziemlich sichere Bank.«

Aus ihrer Miene geht klar hervor, dass meine Überlegung sie nicht gerade beeindruckt.

»Richtig. Natürlich wird es auch immer Scheiße geben, vielleicht solltest du also eine Zukunft bei der Abwasserentsorgung in Erwägung ziehen.«

Autsch. Da liegt sie nicht ganz falsch, aber so kann ich das nicht stehen lassen.

»Weißt du, das überrascht dich vielleicht, aber genau das war mein erster Berufswunsch. Aber dann dachte ich mir, dass Abwasserentsorgung für jemanden mit meinen Fähigkeiten und Talenten so wäre wie Perlen vor die Säue werfen – pure Verschwendung.«

Fridas Augen verdrehen sich, als ob sie auf einmal den Willen zu leben verloren hätte.

»Aaaaargh! Das ist *so* schlecht. Du solltest auf die Knie sinken und die Götter der Komödie für einen so bescheuerten Witz um Vergebung bitten.«

»Das geht schon klar«, versichere ich ihr. »Sie verstehen bestimmt, dass ich einfach sau-kastisch bin.«

Bäm! Gold, überzogenes Gold! Jemand sollte das für die Nachwelt notieren. Obwohl das Gesicht auf der anderen Seite des Tisches nicht so aussieht, als würde es mir zustimmen.

»Bist du jetzt fertig? Oder hast du noch mehr beschissene Wortspiele, die du dringend ablassen musst, bevor wir weitermachen?«

»Na ja, ich wollte gerade erwähnen, dass ich angepisst bin von deiner Kritik, aber ich kann sie auch, weißt du ... einfach abwischen und runterspülen.«

»Gut«, sagt sie. »Ich bin *erleichtert*.«

Wir beäugen uns genau und unterdrücken den Drang zu lächeln. Frida nimmt eine lange Fritte, taucht sie in die Sauce und beißt die Hälfte davon ab.

»Dann sag mal. Hat dieser Vortrag den Stadtplaner in dir wachgekitzelt? Hattest du das Gefühl, du müsstest sofort nach Hause sprinten und die Pläne für ein Einkaufszentrum oder ein integriertes Verkehrskonzept zu Papier bringen?«

»Nicht wirklich.« Ich ignoriere den Sarkasmus. »Pass auf, ich habe nicht gesagt, dass ich unbedingt Stadtplanung studieren will, oder? Ich bin immer noch am Überlegen, genau deshalb bin ich hier. Aber egal, was ist eigentlich mit dir? Du hast schon alles genau geplant, nehme ich an?«

Frida kaut auf ihrer Fritte und nickt.

»Hmmmm-hmmm. So ziemlich. Ein geisteswissenschaftlicher Abschluss in den Fächern Englische Literatur und Kreatives Schreiben. Und hoffentlich noch Psychologie. Vielleicht am Ende sogar ein Psychologiediplom. Habe mir eine Psychologie-Vorlesung und einen Vortrag über Kreatives Schreiben angehört und den Rest des Vormittags damit verbracht, am Stand der Englischen Fakultät mit Tutoren, Dozenten und Studenten zu reden. War total gut. Habe haufenweise Information bekommen. Deshalb war ich auch ein bisschen spät im Kino.«

»Und was willst du dann nach der Uni mit alldem tun? Was für einen Job willst du machen?«

»Irgendwas schreiben.«

Angesichts ihrer Beste-Sandkastenfreunde-Saga bin ich mir sicher, sie hätte keine Probleme, Geschichten zu erfinden.

»Und warum Psychologie?«

»Ich habe mich einfach schon immer für Menschen interessiert und warum sie das tun, was sie tun. Verstehst du? Was in ihren Köpfen vorgeht und wie sie werden, was sie sind. Wäre sicher auch gut fürs Schreiben. Könnte mir helfen, meine Figuren besser zu verstehen und herauszufinden, was sie motiviert.«

»Sich mit Schreiben den Lebensunterhalt zu verdienen ist doch schwer, oder? Wenn du dieses Psychologiediplom hättest, würdest du dann zuerst versuchen, einen Job in der Beratung oder der Psychiatrie oder so zu bekommen?«

»Eher nicht«, sagt sie, als ob der bloße Vorschlag einen schlechten Geschmack in ihrem Mund hinterlassen hätte. »Von Beratung und Therapie habe ich die Schnauze voll.«

Es entsteht eine peinliche Pause, die sich ein paar Sekunden lang hinzieht, bis ihr Lachen sie beendet.

»Nein, ich bin nicht verrückt. Liegt an meinem Vater. Er ist Psychiater, deshalb fühlt es sich an, als wäre ich mein ganzes Leben lang rund um die Uhr analysiert worden. Aber wenigstens meine Mum ist ein bisschen normaler. Sie ist Künstlerin. Malerei vor allem. Sie hat auch meinen Namen ausgesucht. Gott weiß, wie Dad mich genannt hätte. Sigmund wahrscheinlich. Egal, Beratung und Therapie sind nicht mein Ding. Ich bin eher wie meine Mum. Ich brauche etwas Kreatives. Deshalb wäre Stadtplanung eher nicht mein Ding, wenn du verstehst.«

Schon wieder ein Seitenhieb gegen mich. Langsam nervt es ein bisschen.

»Hey, nur weil jemand entscheidet, etwas wie Betriebswirtschaft oder Stadtplanung zu studieren, heißt das nicht, dass er nicht kreativ sein oder auch andere Interessen haben kann. Es ist schließlich erlaubt, eine vielschichtige Persönlichkeit zu haben mit verschiedenen Facetten. Nur weil jemand zufällig kein Vollzeitschriftsteller oder -künstler oder so ist, muss er nicht zwangsläufig langweilig oder eindimensional sein.«

Frida hält sich die Hände vors Gesicht, als wehrte sie einen Angriff ab. Dann schielt sie hinter ihren Händen hervor und zeigt mir ihre kleinen, ein wenig schiefen Zähne.

»Immer mit der Ruhe! 'tschuldigung, ich wollte dich nicht beleidigen. Und ich stimme dir zu. Menschen können verschiedene Seiten haben.«

Die Unterhaltung gerät ein bisschen ins Stocken, bis Frida die Ellbogen auf den Tisch stützt und ihre Finger zu einer kleinen Brücke verschränkt, auf der sie ihr Kinn ablegt. Ihre Augen sind auf einer Höhe mit meinen.

»Und, hast du welche?«

»Habe ich was?«

»Verschiedene Facetten deiner Persönlichkeit? Andere Interessen außerhalb der faszinierenden Gefilde der Betriebswirtschaft und Stadtplanung? Vielleicht sogar ein paar kreative?«

»Ja. Schon. Sicher.«

»Zum Beispiel?«

Ich weiß, dass sie sagte, Beratung und Psychiatrie wären nicht ihr Ding, aber im Augenblick fühlt es sich sehr danach an, als wäre sie meine Therapeutin und ich ihr Patient. Wie der Vater, so die Tochter, nehme ich an.

»Keine Ahnung. Ich mag Musik – wie eigentlich alle. Ich spiele Gitarre. Schau mir viele Filme an. Ich mag das Fach ›Film und Fernsehen‹ in der Schule. Und ich lese ganz schön viel, wenn ich Zeit habe.«

Ich weiß nicht, ob ich weiterreden soll, aber ihr Blick hängt an mir, und aus irgendeinem Grund habe ich das Gefühl, als müsste ich ihr noch mehr beweisen.

»Ich schreibe.«

Da schnellt ihr Kopf nach oben wie eine zuschnappende Falle.

»Oho«, sagt sie und verengt die Augen, »der Stadtplaner ist ein verkappter Schriftsteller. Jetzt hast du mich. Erzähl mir mehr.«

»Ich hab nicht behauptet, dass ich ein Schriftsteller bin. Ich notiere einfach wahllos irgendwelches Zeug, wenn mir danach ist. Meistens ist es Müll.«

»Was für Zeug? Wo? Wie? Komm schon, raus damit. Ich möchte ein volles Bekenntnis mit allen Details. Und lass nichts weg.«

Es scheint kein Entkommen zu geben, deshalb hole ich tief Luft und stürze mich hinein.

»Okay, ich hab diese Tagebücher. Vielleicht eher Journale. Jedes Jahr zu Weihnachten kauft mir meine Mum eins. Sie hat damit begonnen, als ich klein war.«

»Süß«, sagt Frida ohne große Gefühlsregung.

»Na ja, früher schrieb ich einfach über die Dinge, die ich jeden Tag gemacht habe. Aber jetzt benutze ich sie, um festzuhalten, was mir so durch den Kopf geht. Oder was ich fühle. Was auch immer. Meistens sind es nur ein paar Zeilen. Aber es gibt auch längere Abschnitte. Manchmal wird es eine Art Gedicht. Manchmal ein Liedtext. Aber es ist viel Mist dabei. Und auch viele leere Seiten.«

Frida pfeift leise.

»Lyrik und Liedtexte, hallo? Da kannst du nur hoffen, dass der Ethikrat der Stadtplaner keinen Wind davon bekommt. Sonst zerrt man dich womöglich vor einen Untersuchungsausschuss, damit du dich erklärst.«

Sie denkt noch ein bisschen darüber nach.

»Falls du nicht ausschließlich Lieder oder Gedichte über Freud und

Leid der Verdichtung in den Städten schreibst. Das wäre wahrscheinlich erlaubt.«

»Ziehst du schon wieder über die Stadtplanung her?«

»Entschuldigung«, sagt sie ohne einen Hauch von Aufrichtigkeit. Dann erhellt sich ihre Miene, als wenn jemand einen Schalter umgelegt hätte. »Hey, sag mir eins deiner Gedichte auf oder sing doch eine Strophe von einem deiner Songs.«

Ich starre sie an. Sie scheint nicht zu scherzen oder urplötzlich den Verstand verloren zu haben. Aber der Vorschlag an sich ist so albern, dass er mich zum Lachen bringt.

»Niemals. Meine Gedichte sind nicht für die Öffentlichkeit bestimmt. Außerdem bräuchte ich eine Gitarre, um dir ein Lied vorzuspielen. Und selbst dann würde ich es nicht tun.«

»Dann hat also noch nie jemand eines deiner Gedichte oder Lieder gehört?«

»Nö. Ich bin der Einzige, der jemals unter meiner Kunst leiden musste.«

Ich sehe, dass Frida total begierig darauf ist, mich weiter zu bedrängen, denn ihr Mund ist schon halb geöffnet. Aber dann wird sie von einer baumlangen, männlichen Gestalt unterbrochen, die an unseren Tisch getreten ist. Wir halten beide inne und verdrehen uns die Hälse, um zu ihm hinaufzublicken.

Der Neuankömmling ist dünn und deutlich über einen Meter achtzig groß. Seine Haare, ein wildes Durcheinander von wurstförmigen, schwarzen Kringeln, lassen ihn noch größer erscheinen. Er trägt eine schwarze Jeans und ein T-Shirt unter einem locker sitzenden Secondhand-Tweedjackett mit großen ovalen Patches auf den Ellbogen. Dunkle Augen mustern uns durch eine Brille mit schwarzem Gestell. Er reibt sich über die Bartstoppeln an seinem Kinn und wartet ein paar Sekunden, bis er anfängt zu sprechen.

»Zahlreiche andere Gäste beklagen sich über exzessiven Drogenkonsum, eine beleidigende Ausdrucksweise und obszönes Verhalten an diesem Tisch.«

Ich beobachte Fridas Reaktion. Sie betrachtet ihn genau, als ob sie ihn sezieren und die einzelnen Schichten mit den Augen abziehen würde.

»So, so, sie beklagen sich also?«, sagt sie endlich. »Na ja, weißt du, was *du* tun solltest? Du solltest diesen anderen Gästen sagen, dass sie verschwinden und sich um ihren eigenen Kram kümmern sollen.«

Der Neuankömmling denkt eine Sekunde darüber nach und wendet sich dann an die Leute, die um uns herumsitzen.

»Hey, ihr da, verschwindet und kümmert euch um euren eigenen Kram!«, schreit er zu ihrer großen Überraschung und Verwirrung.

Dann wendet er seine Aufmerksamkeit wieder uns zu und wartet.

»Frida«, sage ich, »jetzt kannst du deinen ersten Tolly kennenlernen.«

8.

BESTE FREUNDE

Tolly zieht sich vom Nachbartisch einen Stuhl heran, setzt sich zwischen uns und macht sich über meine Fritten her. Er schiebt seine Brille hoch und zeigt von Frida auf mich und wieder zurück. »Was hat das zu bedeuten?«, fragt er.

Ich erkläre es ihm nur zu gern.

»Also, Tolly, das ist Frida, und du bist vielleicht überrascht zu hören, dass Frida und ich uns vor *sehr* langer Zeit kennengelernt haben – tatsächlich sogar schon vor vielen, vielen Jahren im Sandkasten unseres Kindergartens. Und weißt du was? Ich habe ihr dort das Leben gerettet, und seither sind wir beste Freunde.«

Tolly hört gerade so lange auf zu kauen, dass er ein einziges Wort sagen kann.

»Interessant.«

»Und ich habe noch etwas, das du interessant finden wirst. Wir haben gerade im Uni-Kino *Casablanca* gesehen.«

Jetzt hört Tolly tatsächlich auf zu kauen und zeigt mit einem langen, knochigen Finger auf mich.

»Was du unter Androhung der Todesstrafe du-weißt-schon-wem-gegenüber nicht erwähnen wirst.«

»Mal sehen«, antworte ich und bemühe mich dabei um größtmögliche Gleichgültigkeit.

Ich bemerke Fridas Verwirrung.

»Tollys Dad«, erkläre ich. »Großer Filmfanatiker. Will uns immer dazu bringen, mit ihm zusammen seine Lieblingsfilme anzuschauen. Besonders die ganz alten wie *Casablanca*. Besitzt eine gewaltige Sammlung. Nennt sie das ›Archiv großartiger Kinoerlebnisse‹.«

»Interessant«, ahmt Frida Tolly nach.

Tolly wendet sich ihr zu.

»Frida? Wie in Frida Kahlo?«

Sie schaut demonstrativ zu mir, bevor sie antwortet.

»Ja. Du kennst sie?«

Tolly richtet den Blick in die Ferne und spricht, als ob ein Datensignal direkt durch ihn hindurchgesendet würde.

»Mexikanische Künstlerin. Geboren im frühen zwanzigsten Jahrhundert. Berühmt für ihre Selbstporträts. Bedeutende politische und feministische Gestalt. Hatte in jungen Jahren Kinderlähmung und einen schlimmen Verkehrsunfall, der zu langfristigen gesundheitlichen Problemen führte. Lebte in einer ziemlich wilden Ehe. Kann mich nicht an den Namen ihres Ehemanns erinnern. Moment mal, irgendein Romero. Nein, Rivera, glaube ich. Ja. Definitiv Rivera.«

Frida lächelt ihn wohlwollend an.

»Also, ich denke, das war nicht schlecht, aber leider warst du nicht ganz so gut wie Sebastian, der sich natürlich nicht um all die trivialen Einzelheiten gekümmert hat, die du erwähnt hast, sondern Frida Kahlo auf ihre Rolle als Mutter der Monoaugenbraue festnagelte.«

Das schiefe Lächeln auf Tollys langem, schmalem Gesicht deutet darauf hin, dass ihn das nicht im Geringsten überrascht. Er nickt, dass seine schwarzen Locken wackeln.

»Wie du zweifellos erkannt hast, ist unser Sebastian ein sehr beeindruckender junger Mann«, sagt er und greift nach den Fritten.

Natürlich weiß Tolly mehr über Frida Kahlo als ich. Tolly weiß über die meisten Dinge mehr als ich. Ich würde sogar so weit gehen zu sagen, dass Tolly über die meisten Dinge mehr weiß als die meisten Menschen. Ich glaube nicht, dass er deshalb ein Genie oder so was ist, aber es ist ziemlich sicher, dass er nächstes Jahr Klassenbester sein wird. Wahrscheinlich auch Schulsprecher, wenn er das will. Und wenn es nur nach den Schülern ginge.

Eine weitere Fritte steht kurz davor, in Tollys ziemlich großem Mund zu verschwinden, als ihr in letzter Sekunde ein Aufschub der Hinrichtung gewährt wird und sie zwischen seinen Fingern baumelt.

»Eine Sache finde ich allerdings schon ein bisschen verblüffend, Frida. Sebastian sagt, dass ihr beide euch in einem Sandkasten kennengelernt habt? Im Kindergarten?«

»Genau«, erwidert Frida mit einem selbstsicheren Lächeln, als hätte sie Lust auf die Herausforderung, vor der sie höchstwahrscheinlich gleich stehen wird.

»*Und* dass ihr seither beste Freunde wart?«

»Ebenfalls korrekt.«

»Also, Frida, genau das ist der Grund meiner Verwirrung. Verstehst du, ich kenne Sebastian, seit wir zusammen in der vierten Klasse in St. Jerome's angefangen haben, und dennoch haben wir beide uns bis jetzt nicht nur nicht kennengelernt, sondern Sebastian hat dich auch mir gegenüber niemals erwähnt. Findest du das nicht auch ... ziemlich merkwürdig?«

Fridas graugrüne Augen halten Tollys Blick stand, während sich eine winzige Sorgenfalte zwischen ihren Augenbrauen bildet.

»Jetzt, wo du es sagst, Tolly, finde ich das definitiv auch. Ja, ich finde es ziemlich merkwürdig. Und nicht nur das, ich denke, du verdienst eine Erklärung.«

Das wird bestimmt gut. Ich kann förmlich sehen, wie es in Fridas kreativem Schriftstellergehirn rattert. Und ich bin tatsächlich sehr neugierig, was für eine Geschichte sie wohl aus dem Hut zaubert, um aus dieser Sache rauszukommen.

»Tatsächlich denke ich, dass wir *beide* eine Erklärung verdienen«, fügt sie dann hinzu, bevor sie den Blick wieder auf mich richtet. »Na, Sebastian? Wir warten. Was hast du zu deiner Verteidigung zu sagen? Woran liegt es, dass du mich in all den Jahren niemals deinem ... *zweit*besten Freund vorgestellt hast? Oder ihn mir gegenüber erwähnt hast? Ist er dir peinlich oder was?«

Jetzt hat sich auch Tollys Kopf zu mir gedreht. Eine Wange ruht scheinbar entspannt auf seiner Faust.

»Komm schon, Mister-möglicherweise-zukünftiger-Stadtplaner«, sagt sie und gibt die Herausforderung an mich weiter, »zeig uns, was du draufhast.«

Sie will mich provozieren – und es funktioniert.

»Sehr gern«, antworte ich, obwohl ich keine Ahnung habe, was ich als Nächstes sagen werde. Frida und Tolly beugen sich beide ein bisschen vor.

»Nun ... ich bin sehr froh, dass ihr mir diese Frage gestellt habt. Wirklich froh. Eigentlich will ich euch diese ganze Sache schon lange beichten, denn ich bin ... ähm ... ich bin es leid, ein Doppelleben zu führen.«

»Dann ist das hier deine große Chance«, sagt Frida mit einem spöttischen Grinsen, »schütte dein Herz aus. Red dir *alles* von der Seele.«

»Prima, genau das werde ich tun. In Wahrheit wollte ich schon vor Jahren, dass ihr beide euch kennenlernt, aber ich konnte es nicht zulassen ... weil ... weil ... etwas passiert ist. In der dritten Klasse. Du erinnerst dich doch bestimmt daran, Frida, oder? An die Sache, die in der Dritten passiert ist?«

Sie wedelt mit der Hand in meine Richtung.

»Klar! Natürlich erinnere ich mich an die *Sache*, die in der Dritten passiert ist. Wie könnte ich diese *Sache* vergessen?«

»Super. Magst du Tolly davon erzählen?«

»Nö.«

Warum überrascht mich das nicht?

»Okay, dann erzähl *ich* es ihm eben.«

»Ich bin ganz Ohr«, sagt Tolly.

»Ja, das wissen wir, aber deine reizende Persönlichkeit wiegt das mehr als auf.«

Frida presst die Lippen zusammen, um ein Lächeln zu unterdrücken. Das gibt mir ein gutes Gefühl. Ich fahre fort.

»Jedenfalls passierte es in der dritten Klasse ... wie ich schon sagte ... Und Frida und ich gingen in dieselbe Klasse ... also in die Dritte, natürlich ... und alles war total in Ordnung, bis ...«

Ich schaue mich verzweifelt nach einer Inspiration um, als ich das Glas mit den Zuckerpäckchen auf dem Tisch bemerke.

»... bis Billy Sugar auftauchte.«

»Billy Sugar.« Frida zieht ein Zuckerpäckchen aus dem Glas. »Ach ja. Ich erinnere mich gut an ihn. So ein *süßer* Kerl.«

Tolly und ich zucken zusammen, vermeiden es aber, laut aufzustöhnen. Ihre Bemerkung bringt mich auf einen Gedanken.

»Na ja, Frida«, fahre ich fort, »das sagst du vielleicht *heute,* aber damals in der dritten Klasse war das eine ganz andere Geschichte – wie du nur zu gut weißt. Eine Weile lief alles super, aber dann wendete sich das Blatt schnell, als nämlich Billy Sugar und ich uns anfreundeten und du dich vor Eifersucht verzehrt hast.«

Frida sieht nicht aus, als wäre sie überzeugt.

»Vor Eifersucht verzehrt? Wegen dir und Billy Sugar?«

»Ja. Genau. Du hast mir vorgeworfen, dass ich ihn mehr mag als dich. Du hast behauptet, ich wäre besessen von ihm. Warte, jetzt, wo ich darüber nachdenke, tatsächlich waren deine genauen Worte: ›Sebastian, du bist süchtig nach Sugar!‹«

Mit einer gewissen Befriedigung sehe ich, dass zwei Augenpaare glasig werden und sich synchron in meine Richtung drehen.

»Dann hast du Bobby gedroht ...«

»Billy.«

»Danke, Tolly. Ich habe Billy Sugar mit Bobby Honey verwechselt. Auch ein total süßer Typ. Ich glaube, sie waren Cousins.« Noch mehr verdrehte Augen. »Aber wie gesagt, Frida, du warst so eifersüchtig, dass du Billy gedroht hast, er solle sich von mir fernhalten – sonst ... Und schließlich bist du einfach ... zu weit gegangen.«

Ich senke den Kopf und schließe die Augen, um die dramatische Wirkung zu verstärken. Dann kaue ich an meinem Daumennagel. Es ist eine der großen Tragödien meines Lebens, dass die Mitglieder der Oscar Academy nicht zusehen.

Tolly legt eine Hand auf meinen Arm. »Kannst du darüber reden?«, fragt er sanft.

Ich murmle, ich wolle es versuchen, und mühe mich weiter ab.

»Eines Tages klingelte es zur Mittagspause, der Lehrer entließ uns, und alle strömten nach draußen. Das heißt alle außer Billy Sugar. Billy bewegte sich nicht. Und er bewegte sich nicht, weil er sich nicht bewegen *konnte*. Jemand hatte seinen Stuhl mit Sekundenkleber beschmiert! Es war schrecklich. Nicht nur seine Hosen klebten fest. Weil er so lange dort gesessen hatte, war der Klebstoff bis zu seiner Haut durchgedrungen.«

Ich hielt inne, um mich zu sammeln.

»Der arme, süße Billy Sugar musste mit dem Krankenwagen in die Klinik gebracht werden – mitsamt dem Stuhl, der immer noch an seinem Hintern klebte. Und obwohl er dadurch keine Schwierigkeiten hatte, im Wartezimmer einen Sitzplatz zu finden, war das kein Trost für die schreckliche Prozedur, die er über sich ergehen lassen musste: Salzsäure musste auf sein Hinterteil *und* auf Teile seiner Genitalien aufgebracht werden, um das Ärgernis erregende Möbelstück zu entfernen.«

Tolly neben mir saugt scharf Luft ein. Ich sehe förmlich, wie es in seinem Eins-plus-Chemie-Gehirn rattert.

»Salzsäure, um Klebstoff zu lösen, sagst du? Na ja, ich bin kein Arzt, aber das wäre nicht meine erste Wahl gewesen.«

»Ich weiß, das klingt unglaublich, Tolly, aber du musst bedenken, dass die Zeiten damals weniger aufgeklärt waren.«

»Natürlich«, sagt Tolly. »Vor acht Jahren. Das war praktisch im Mittelalter. Und – nur damit wir uns richtig verstehen, Sebastian – du behauptest, dass die Person, die dieses abscheuliche Sekundenkleber-Verbrechen begangen hat, niemand anders war als ...«

Er spricht ihren Namen nicht aus, setzt aber seine Brille ab, und sein Blick schießt zu Frida, als er den Kopf wild in ihre Richtung wirft.

»Na ja, Tolly, *offiziell* fanden sie den Schuldigen nie, aber ich habe einen sehr starken Verdacht. Als ich dann im folgenden Jahr auf die St. Jerome's kam und wir Freunde wurden, dachte ich, es wäre besser für deine Sicherheit, wenn ich dich geheim hielte vor ...«

Ich schaue über den Tisch und ahme Tollys wilde Kopfbewegungen in Richtung Frida nach.

»Genauuuuu«, sagt Frida mit einer Stimme, die so glatt und kalt ist wie eine Kunsteisbahn. »Und vermutlich hast du *ihm* nichts von deiner Freundschaft mit *mir* erzählt, weil du dachtest, er würde sich dann auch vor Eifersucht verzehren. Ist das so?«

Ich setze mein bestes »Was in aller Welt redest du da«-Gesicht auf.

»Nein. Überhaupt nicht. Ich wusste, dass es für Tolly total in Ordnung wäre, dass ich eine Freundin habe, denn Tolly ist ein durch und durch vernünftiger und reifer Mensch. Nein, ich musste dich vor Tolly geheim halten, nicht weil wir befreundet waren, sondern weil du ... ein Mädchen ... bist.«

Tolly wirft den Kopf nach hinten, als wäre er in den Rücken geboxt worden. Er rückt seinen Stuhl mit einem lauten, scharrenden Geräusch noch mehr in meine Richtung und verschränkt die Arme. Aber es ist Frida, die die Fragen stellt.

»Du hast mich vor Tolly geheim gehalten, weil ich ein *Mädchen* war?«

»Wahrscheinlich bist du es immer noch«, korrigiere ich sie wohlwollend. »Aber ja, genau das meine ich. Weißt du, seit ich Tolly kenne – und ich bin mir sicher, dass er nichts dagegen hat, wenn ich es dir erzähle –, hatte er diese schreckliche und belastende Phobie vor dem anderen Geschlecht. Damals in der Grundschule fing er bei der bloßen Erwähnung eines Mädchens an zu schwitzen, zu sabbern und zu hyperventilieren. Wenn ein Mädchen in seine Nähe kam oder mit ihm sprach, bekam er einen total üblen Ausschlag in der ... Leistengegend. Zum Glück ist diese Gegend bei Tolly nicht sehr ausladend.«

Fridas Lippen pressen sich wieder zusammen wie ein kleines, rosafarbenes Akkordeon. Tollys Miene erinnert inzwischen an diese Statuen auf der Osterinsel, allerdings ist sie nicht ganz so zufrieden. Er hebt einen Finger.

»Bevor du mit dieser *fesselnden* Geschichte fortfährst, Sebastian – kann ich für das Protokoll festhalten, dass das nicht hingenommen werden kann?«

»Ist notiert«, sage ich.

Frida sieht wieder verwirrt aus, aber ich habe keine Zeit für Erklärungen.

»Jedenfalls«, sage ich, »versteht ihr jetzt hoffentlich, warum ich euch unbedingt auf Distanz halten wollte. Es war der totale Albtraum! Ich musste dauernd verschiedene Absprachen mit euch treffen und den Überblick behalten, wo ihr euch jeweils aufgehalten habt, damit eure Wege sich nicht kreuzen. Es war die Hölle. Schließlich beschloss ich, dass das nicht mehr weitergehen konnte.«

Ich verschränke die Arme und stütze die Ellbogen auf den Tisch. Dann schaue ich Frida und Tolly nacheinander an.

»Versteht ihr? Mir wurde klar, dass wir nach der zwölften Klasse womöglich alle drei hier an dieser Universität landen könnten, wo ich dieses Versteckspiel auf keinen Fall aufrechterhalten würde. Die einzige Lösung war deshalb, euch vorher zusammenzubringen und zu hoffen, dass ihr beide endlich einen Grad an Reife erreicht hättet, der *dir,* Frida, erlauben würde, deine verständliche, aber wahnsinnig destruktive Eifersucht zu überwinden, und dir, Tolly, dich deiner niedlichen, aber beunruhigenden sexuellen Blockade zu stellen.«

Ich schiebe mich vom Tisch weg und setze mich für das große Finish aufrecht auf meinen Stuhl. Dabei komme ich mir vor wie Detektiv Poirot, der gleich den Mörder entlarvt.

»Und aus diesem Grund, meine Damen und Herren, habe ich nach langem Ringen mit mir und einer sorgfältigen Planung bewusst arrangiert, dass ihr beide euch heute, in genau *diesem* Augenblick und an diesem *Tisch* begegnet.«

Und während diese letzten Worte noch nachklingen, schlage ich mit der flachen Hand auf den Tisch und warte die Reaktionen ab.

Zunächst passiert gar nichts. Frida und Tolly sitzen da wie zu Salzsäulen erstarrt. Aber dann kommt Leben in Frida, und sie fängt an, langsam in die Hände zu klatschen. Und kurz darauf tut Tolly es ihr nach.

Ihr verhaltener Applaus geht weiter, als Frida den Kopf schüttelt und den Mund verzieht.

»Und du willst ein Stadtplaner sein«, sagt sie.

9.

DIE LANGE GESCHICHTE

Als Tolly meine letzten Fritten verputzt hat, beschließt er, dass er noch mehr zu essen braucht. Er holt sich Joghurt, die größte Banane, die ich je gesehen habe, eine Flasche Eistee und einen Salat-Wrap. Dann setzt er sich wieder und schiebt mir den Fritten-Karton hin, für dessen Leerung überwiegend er verantwortlich war.

»Du solltest dir an mir ein Beispiel nehmen und lernen, wie man gesund isst«, sagt er.

Ich lasse mich nicht provozieren. Frida schaltet sich ein.

»Also, Tolly, Sebastian hat mir gerade erzählt, dass du irgendetwas Naturwissenschaftliches oder Medizin studieren möchtest?«

»Das stimmt. Idealerweise würde ich mich gern mit naturwissenschaftlicher oder medizinischer Forschung beschäftigen – Krankheiten oder Stammzellen oder so. Oder wenn ich direkt Medizin machen würde, würde ich eines Tages sehr gerne für eine Organisation wie Ärzte ohne Grenzen arbeiten.«

»Das wäre ja *total* cool.«

Fridas Stimme trieft vor Bewunderung. Wahrscheinlich antworte ich deshalb so.

»Ja, Tolly, aber Vorsicht. Was passiert, wenn du alle Krankheiten geheilt und alle Menschen in der Dritten Welt und in den vom Krieg gebeutelten Ländern gerettet hast? Was passiert, wenn deine Stammzellenforschung dafür sorgt, dass wir ewig leben? Was ist dann mit deiner Jobsicherheit? Vielleicht solltest du das ernsthaft überdenken und über eine Karriere in der städtischen Abwasserentsorgung nachdenken. Schließlich ›wird es immer Scheiße geben‹, wie eine sehr kluge Person einmal anmerkte.«

Zwei Augenpaare sind jetzt auf mich gerichtet.

Und keines von beiden scheint besonders beeindruckt davon, was es vor sich hat.

»Das nenne ich ... Humor«, teile ich ihnen mit.

»Einen *Versuch,* humorvoll zu sein?«, schlägt Frida vor.

»Einen *gescheiterten* Versuch, humorvoll zu sein«, fasst Tolly abschließend zusammen.

Dann nicken beide heftig mit den Köpfen, und Tolly fragt Frida: »Und was ist mit dir? Was hast du vor?«

»Einen geisteswissenschaftlichen Abschluss, wahrscheinlich mit den Hauptfächern Englische Literatur, Kreatives Schreiben und Psychologie. Ich liebe Wörter und Geschichten, erschaffe gerne Figuren und denke mir verschiedene Lebensentwürfe aus. So was in der Art.«

Ja, apropos ausdenken ...

»Frida geht übrigens auf das Kingston-Mädchencollege«, teile ich Tolly mit.

Ich sehe an der Art und Weise, wie er mich anschaut, dass er sich dieselbe Frage stellt wie ich, als ich das zum ersten Mal hörte. Vielleicht dauerte unser Blickkontakt ein bisschen zu lang, denn es sieht so aus, als hätte Frida unsere gemeinsamen Gedanken gelesen.

»Hast du ein Problem damit?«

»Nein, natürlich nicht«, sage ich. »*Obwohl* ... eine meiner Cousinen ging auf das Kingston, und ich weiß, dass sie dort recht streng sind und es mit ihren Uniformen und diesem ganzen Zeug ziemlich genau nehmen. Also, ein falscher Grünton deines Haarbands ist zum Beispiel fast schon ein Grund, vor die Königliche Kommission zitiert zu werden.

Deshalb dachte ich, dass du wahrscheinlich ganz schön Gegenwind bekommst für ... na ja, deine Haare und die Ohrringe.«

Fridas Blick bohrt sich direkt in mich.

»Ohrringe und Piercings kann man abnehmen, falls du es nicht wusstest. Und vielleicht überrascht es dich zu erfahren, dass ich, wenn ich meine Haare entsprechend kämme und sorgfältig hinten zusammenbinde, fast... normal aussehe. Vielleicht sogar so annehmbar, dass ich einen Ort wie das Kingston College problemlos betreten kann.«

Ich habe wirklich meine Zweifel, ob das funktioniert, sehe aber, wie verärgert sie ist, und reite nicht weiter darauf herum.

»'tschuldigung, ich wollte dich nicht angreifen. Ich konnte mir nur nicht vorstellen, dass sie dir dort irgendwas durchgehen lassen, das ist alles.«

Frida wendet den Blick von mir ab und schaut auf den Tisch.

»Na ja, ich spreche nicht gern darüber, aber es gibt noch einen anderen Grund, warum sie mir das durchgehen lassen. Ist eigentlich ein bisschen peinlich, aber im Laufe der Jahre haben meine Eltern einen Haufen Geld für den Baufonds der Schule gespendet, und deshalb könnte man wohl sagen, dass mir hinsichtlich der Regeln ein gewisser ... Spielraum gewährt wird.«

»Das pisst die anderen Mädchen doch bestimmt an?«, vermutet Tolly.

»Ein paar schon. Aber das ist ihr Problem. Ich kann nichts dafür, dass ich wohlhabende und großzügige Eltern habe.«

Es tut mir leid, aber das klingt für mich nach Kindergarten-Sandkasten. Nichts davon klingt wahr. Mir ist klar, dass ich es einfach dabei bewenden lassen sollte, aber ich kann nicht anders.

»Und das sind dann dein Vater, der Psychiater, und deine Mutter, die ... Malerin?«

»Genau«, sagt Frida bedächtig. »Mein Vater, der hoch angesehene und gefragte Psychiater, und meine Mutter, die sehr erfolgreiche und international anerkannte Malerin.«

»Wow. Deine Mutter klingt ziemlich berühmt. Kenne ich sie vielleicht?«

»Du?«, entgegnet Frida mit einem herablassenden Lächeln. »Das bezweifle ich. Sie hat ziemlich normale Augenbrauen.«

Tolly streckt sofort die Nase schnüffelnd in die Luft und schaut prüfend hinter meinen Stuhl.

»Alles in Ordnung, Sebastian? Es kam mir vor, als würde es verbrannt riechen.«

Jetzt wäre es wohl klug, sich als Fragensteller zurückzuziehen. Frida übernimmt auf der Stelle.

»Wie auch immer. Und was ist mit Tolly? Er hat ganz schön viel Bart im Gesicht. Ich könnte mir vorstellen, dass sie am St. Jerome's nicht besonders erbaut darüber sind. Was ist dein Geheimnis? Wie kommst du damit durch?«

Tolly streicht über die schwarzen Haare über seiner Oberlippe und die dichter bewachsenen Stellen auf seinem Kinn und an den Wangen.

»Alles eine Frage des Timings«, sagt er geheimnisvoll.

Und das stimmt. Jeden Montag kommt Tolly mit einem frisch rasierten Gesicht in die Schule. Am Mittwoch oder Donnerstag wird er normalerweise zum ersten Mal von unserem Klassenlehrer und möglicherweise auch von ein oder zwei Fachlehrern auf die Notwendigkeit angesprochen, »das zu beseitigen«. Am Freitag erhält er regelmäßig verärgerte »Ich hab dir doch gesagt«-Kommentare, auf die er mit ernsthaften Entschuldigungen für seine Vergesslichkeit reagiert.

So kann Tolly sich am Wochenende genüsslich an seinem sorgsam gehegten und gepflegten Bart erfreuen, bis die ganze Prozedur am Montag wieder von vorne losgeht. Jetzt im Moment befinden wir uns mitten in unseren zweiwöchigen Frühlingsferien, sodass Tollys Bart bedeutend üppiger sprießt als sonst.

Frida scheint jedoch mit Tollys vager Antwort durchaus zufrieden zu sein und geht zu einem neuen Thema über.

»Und was ist mit deinem Namen? Woher kommt der? Wie ich schon zu Sebastian sagte, habe ich nie zuvor einen Tolly kennengelernt.«

»Nur ein Spitzname«, sagt er zu ihr. »Du bist nach der berühmten, exotischen Künstlerin getauft. Und ich bin zufälligerweise nach dem berühmten englischen Wort ›Kaninchenbau‹ getauft.«

Sie denkt einen Augenblick darüber nach.

»Warren? Du heißt Warren?«

»Ja, mein Name ist in der Tat das englische Wort für Kaninchenbau«, stellt Tolly nüchtern fest.

Frida kichert und entblößt wieder ihre ein wenig schiefen Zähne, die irgendwie zu ihr passen.

»Ja, ich heiße Warren«, gesteht er ein.

»Nimm's mir nicht übel, aber ich glaube, mir gefällt Tolly besser.«

»Oh, ich nehme es dir definitiv übel, auch wenn ich dir zustimme.«

»Und woher kommt Tolly? Ist es eine Kurzform deines Nachnamens oder so?«

»Mein Nachname ist Pearce. Also nein.«

»Und woher kommt er dann?«

Tolly und ich lächeln uns an.

»Das ist eine lange Geschichte«, sagen wir im Chor. Dann stoßen wir unsere Fäuste gegeneinander und untermalen das Ganze mit passenden Explosionsgeräuschen.

Frida sieht aus, als würde sie gleich durchdrehen.

»Und was sollte *das* jetzt?«

»'tschuldigung. Eine Art Insiderwitz«, erkläre ich. »Niemand weiß, woher der Name Tolly kommt. Nur wir.«

»Genau. Und vermutlich könnt ihr es mir nicht sagen, denn wenn ihr es mir sagen würdet, müsstet ihr mich töten. Ist es so?«

Tolly sieht beeindruckt aus.

»Du kennst also unsere Regeln?«

Ich lache.

Frida nicht. Sie ist zu konzentriert, um sich ablenken zu lassen.

»Dieser Spitzname. Ist das eine total schräge Sache, oder könnte ich dahinterkommen, wie der entstanden ist?«

Tolly und ich beraten uns wortlos. Er kratzt sich am Kinn und verzieht das Gesicht.

»Schon *möglich*, dass du dahinterkommen könntest.«

»Aber höchst unwahrscheinlich«, füge ich hinzu.

Frida scheint unsere Worte sorgfältig abzuwägen.

»Was bekomme ich, wenn ich es herausfinde? Was ist meine Belohnung?«

Angesichts der vielen Menschen, die das schon versucht haben, finden Tolly und ich diesen Gedanken ein bisschen belustigend.

»Was du bekommst? Keine Ahnung. Aber du wirst es ganz schön schwer haben, zeitlich gesehen. Unser Drohnen-Wettkampf beginnt in ungefähr zehn Minuten und das Theater-Ding, zu dem du gehen wolltest, auch.«

»Stimmt«, sagt Frida abwesend, bevor ein Lächeln auf ihrem Gesicht erscheint. »Hey, ich hab's. Das könnte meine Belohnung dafür sein, den unknackbaren Spitznamen-Code zu knacken: Statt dass ihr beide zu euren blöden Drohnen-Wettkämpfen geht, müsst ihr mir beim Theatersport Gesellschaft leisten.«

»Aber ich dachte, du würdest sowieso mit Freunden gehen?«

Frida zögert, macht dann aber eine wegwerfende Handbewegung.

»Na ja, sie *sollen* mich dort treffen, aber so, wie ich sie kenne, werden sie es wahrscheinlich vergessen oder sich von etwas oder jemand ablenken lassen. Wenn sie sich nicht sowieso schon gelangweilt haben und nach Hause gegangen sind.«

»Warum lässt du dann nicht den Theatersport sausen und kommst stattdessen mit zu den Drohnen-Wettkämpfen?«

Mein Vorschlag erntet sofort einen hochgereckten Daumen von Tolly.

Frida mustert uns beide argwöhnisch.

»Klingt so, als hättet ihr Angst, es mit mir aufzunehmen.«

Das stimmt nicht. Ich habe keine Angst. Allerdings bin ich ein bisschen verwirrt. Ich weiß, dass ich definitiv lieber zu den Drohnen gehen würde als zum Theatersport. Das ist sicher. Die Vorstellung, vor ein Publikum gezerrt zu werden, ist mein schlimmster Albtraum. Aber der Gedanke, zusammen *mit* Frida zum Theatersport zu gehen, verglichen damit, *ohne* sie die Drohnen-Wettkämpfe anzuschauen? Diese Entscheidung ist für mich gar nicht mehr so klar.

»Na kommt! Seid ihr beiden bereit, Drohnen mit Köpfen zu machen, oder nicht?«

Ich deute an, dass ich dazu bereit bin, und warte auf Tollys Reaktion. Er zuckt die Achseln.

»Klar«, sagt er, »und solltest du mit deinem edlen, aber ziemlich sicher vergeblichen Streben dein Ziel erreichen und die Aufgabe lösen, werde ich dich, edles Fräulein Frida, hochoffiziell zur Königin der Schlaumeier ernennen.«

Fridas Augen leuchten auf, und sie klatscht ein paarmal rasch in die Hände.

»Au ja, diesen Titel will ich auf jeden Fall! Jetzt aber psssst! Stört mich nicht.«

In den nächsten fünf Minuten beenden Tolly und ich stumm unser Essen und checken unsere Handys, während Frida in den Resten ihrer Sushi-Rollen herumstochert und auf die Tischplatte starrt.

Als Tolly ungefähr zum dritten Mal versucht, meine Aufmerksamkeit zu erregen, muss ich das Schweigen brechen.

»Ähm, Frida? Wir sollten wirklich demnächst los.«

Sie schaut abwesend zu mir auf, als wäre sie aus einem Traum erwacht. Dann zieht sie die Tasche mit den Theatermasken, die neben ihrem Stuhl liegt, zu sich her und legt sie sich auf den Schoß. Sie tut mir leid. Und ich mir auch. Der blöde Insiderwitz über Tollys Spitznamen kommt mir jetzt nicht mehr so schlau vor.

»Wir müssen aufbrechen«, sagt sie strahlend und schiebt ihren Stuhl zurück. Tolly und ich machen dasselbe, als Frida innehält.

»Apropos *Aufgabe*. Da fällt mir diese verrückte Sache ein, die ich in der achten Klasse gemacht habe. Es war direkt am Anfang der Weihnachtsferien, und aus unerfindlichen Gründen habe ich mir diese alberne Leseaufgabe gestellt, um herauszufinden, ob ich das dickste Buch der Welt lesen könnte. Und soweit ich damals wusste, war das ... *War and Peace – Krieg und Frieden.*«

Tolly wirft mir einen alarmierten Blick zu.

»Hast du *Krieg und Frieden* jemals gelesen, Sebastian?«

Ich verneine.

Sie dreht sich langsam um zu Tolly.

»Und was ist mit dir ... *Warren?*«

Er verneint ebenfalls.

»Kein Problem. Dafür müsst ihr euch nicht schämen, denn wie ihr beide vielleicht sagen würdet, *War and Peace* ist definitiv eine ... *lange Geschichte.* Genau aus diesem Grund wollte ich sie ja lesen, damit ich damit angeben konnte, dass ich das dickste Buch der Welt gelesen hatte. Ich weiß, das ist albern, aber am Ende hat es mir wirklich gefallen. Merkwürdig. Findet ihr beiden nicht auch, dass das merkwürdig ist?«

»Merkwürdig«, stimmen wir zu.

»Und wisst ihr, was noch viel merkwürdiger ist, was mir gerade in diesem Augenblick erst auffällt? Wenn du deinen Namen laut aussprichst, Tolly, deinen richtigen vollständigen Namen, Warren Pearce, klingt das tatsächlich ganz ähnlich wie *War and Peace*! Warren Pearce – *War and Peace*. Versteht ihr?«

Ich stütze den Kopf in die Hände. Tolly hat sich wie eine supergroße Stoffpuppe mit Lockenkopf in seinem Stuhl zurückgelehnt und starrt jetzt in den Himmel, sodass sein Adamsapfel hervorsteht wie eine Bodenschwelle.

»Ist es nicht erstaunlich? Dein Name, Warren Pearce, klingt wie der Klassiker *War and Peace* von ... warte, wie hieß noch mal der Autor? Oh, ja, richtig, Leo *Tolstoi*. Der gute alte Leo. Hey, ich frage mich, ob Leo jemals einen Spitznamen hatte wie du, Tolly, als er jung war.«

Sie drückt einen schwarz lackierten Fingernagel in ihre Wange, verzieht den Mund und tut so, als müsse sie sich konzentrieren.

»Hmmmm, lasst mich nachdenken. Ich frage mich, wie seine Freunde ihn gerufen haben? Welchen Spitznamen könnten sie ihm verpasst haben? *Tolstoi? Tollll*-stoi? Hast du eine Idee, *Tolly*, wie *Tol*stois Spitzname gewesen sein könnte?«

Tolly streckt jetzt die Hände in die Luft, als würde er aufgeben und sich freiwillig stellen. Frida lächelt inzwischen siegessicher und streckt ihre beiden kleinen Fäuste über den Tisch aus.

»Seht es ein, Jungs«, sagt sie.

Widerstrebend stoßen Tolly und ich jeweils eine Faust gegen ihre und stoßen halbherzig Explosionslaute aus. Fridas sind viel lauter.

»Ohhh, das hört sich ja an wie ein Silvesterfeuerwerk!«, quiekt sie.

Dann legt sie den Kopf schief und lächelt Tolly zuckersüß an. »Warren? Hast du nicht was vergessen?«

»Hä? Oh, nein, gewiss nicht.« Er ringt mit starrem Lächeln mühsam um jedes Wort.

Dann nimmt er ein unbenutztes Plastikmesser vom Tisch und tippt damit zuerst auf Fridas rechte und dann auf ihre linke Schulter.

»Hiermit ernenne ich dich, o Frida, hochoffiziell zur Königin der Schlaumeier.«

»Prima«, sagt Frida und springt auf. »Und jetzt bitte Handzeichen, welcher meiner loyalen Untertanen, die hier um diesen Tisch sitzen, superscharf ist auf ein bisschen Spaß beim Theatersport?«

Tolly und ich heben widerstrebend jeweils eine Hand auf Halbmast.

Keiner von uns lächelt.

Jedenfalls nicht so, dass es zu sehen wäre.

10.

DER CHEF-EXEKUTOR

Die Theatersportvorstellung findet in einem kleinen Theater namens »Schuhschachtel« statt. Es fasst ungefähr hundert Menschen und besteht eigentlich nur aus einer Bühne mit ansteigenden hölzernen Sitzreihen an drei Seiten.

Als wir ankommen, ist der Raum ungefähr zu drei Vierteln gefüllt. Ich frage Frida, ob sie irgendwo ihre Freunde entdeckt. Sie schaut sich rasch um. Offenbar nicht. Aber das scheint sie nicht besonders zu überraschen oder zu enttäuschen. Und sie hält es wohl auch nicht für nötig, ihnen eine Nachricht zu schicken. Auf einer der Seitentribünen finden wir noch freie Plätze in der dritten Reihe. Was mich nicht gerade freut.

Die Mitglieder des Impro-Clubs gehen ein letztes Mal ihre Requisiten durch, während der Saal von aufgeregtem Geplapper und Gelächter erfüllt ist. Zu meiner Rechten bemerke ich drei Mädchen am Eingang, die sich suchend umschauen. Ich wende mich an Frida. Sie hat den Blick fest nach vorn auf die Bühne gerichtet.

»Hey, sind das da drüben deine Freundinnen?«

Sie reagiert nicht. Da es um uns herum ziemlich laut ist, beuge ich mich ein bisschen dichter zu den verschiedenen Piercings ihres rechten Ohrs und frage noch einmal. Wieder reagiert sie nicht. Erst als ich sie leicht am Arm berühre, dreht sie sich mit angestrengter Miene zu mir um. Ich wiederhole meine Frage ein drittes Mal und zeige zu den Mädchen, die sich immer noch am Eingang zusammendrängen.

»Deine Freundinnen?«, frage ich noch einmal.

Sie runzelt die Stirn und schaut dann in die Richtung, in die ich zeige.

»Meine Freundinnen? Nein.« Dann berührt sie ihr Ohrläppchen. »Tut mir leid. Mein schlechtes Ohr.«

Ich bin mir nicht sicher, ob sie das ernst meint oder eine Art Witz über ihre vielen Piercings macht, aber ich habe keine Zeit, es herauszufinden, denn ein klein gewachsenes, lebhaftes Mädchen mit blaustichigen Haaren und einem Mikrofon in der Hand hüpft auf die Bühne und heißt uns in der Schuhschachtel willkommen. Der Lärmpegel im Saal fällt sofort, während mein Stresspegel gleichzeitig in die Höhe steigt.

Es gibt ein zusammengesetztes Wort, das hoffentlich niemand sagt, solange wir hier sind: Zuschauerbeteiligung. Aus meiner Sicht eher Zuschauererniedrigung. Warum sind wir nicht zu den Drohnen gegangen? Sie fehlen mir schon jetzt. Drohnen sind großartig. Drohnen machen ihr Ding am Himmel. Alleine. Drohnen erwarten niemals, dass du zu ihnen hochkommst. Drohnen zwingen dich nicht, Teil ihrer Show zu sein. Drohnen erwarten überhaupt nichts von dir. Sie lassen dich einfach in Ruhe. Menschen sollten viel mehr wie Drohnen sein!

Im ersten Teil der Show bin ich zum Glück sicher. Hier treten einfach nur zwei Theatersportmannschaften von der Uni gegeneinander an und improvisieren verschiedene merkwürdige Szenarien, die ihnen von dem blauhaarigen Mädchen oder vom Publikum vorgegeben werden. Das ist im Ergebnis sogar ziemlich lustig. Besonders weil ich nichts damit zu tun habe.

Als dieser Teil beendet ist, schwenkt die Moderatorin die Hand wie einen Scheinwerfer über das Publikum und sagt: »Und jetzt ist es Zeit für eine kleine ... Zuschauerbeteiligung!«

Mist. Was habe ich über diese Wortzusammensetzung gesagt? Aber vielleicht bin ich ja nicht in Gefahr. Die Moderatorin fragt nach Freiwilligen. Ich schaue mich um. Und sehe Hände. Viele. Danke, ihr wahnsinnigen, selbstbewussten Menschen! Mein Magen entknotet sich wieder, als zehn Freiwillige ausgewählt sind und weitere Improvisationsszenarien durchlaufen haben. Als es vorbei ist, erhalten sie einen wohlverdienten Applaus.

So weit, so ziemlich gut.

Als Nächstes wird ein Schreibtisch in die Mitte der Bühne geschoben mit einem großen Bürostuhl dahinter und einem kleinen Stuhl davor. Die Moderatorin hält einen Aktenordner hoch und schwenkt ihn hin und her.

»Zeit für das *Geheimnisvolle Bewerbungsgespräch*. Ich werde, zumindest in der ersten Runde, die Rolle des Fragenden spielen, der nach geeigneten Bewerbern für ein paar ziemlich *interessante* Jobs sucht. Der Haken besteht darin, dass die Bewerber nicht wissen werden, für welchen Job sie sich bewerben, bis sie sich zum Gespräch hinsetzen. Jetzt brauchen wir nur noch unseren ersten mutigen Bewerber.«

Ein paar Hände fliegen nach oben. Noch einmal vielen Dank, ihr wunderbaren Irren! Zeit, sich zurückzulehnen und das Schauspiel zu genießen.

Nur dass die Moderatorin sich das anders vorgestellt hat.

»Tut mir leid, aber für diesen Teil nehme ich keine Freiwilligen. Die Macht und das Vergnügen, einen Bewerber aus den Reihen eurer strahlenden Gesichter auszusuchen, liegt vollständig in meiner Hand.« Jetzt reibt sie sich die Hände wie ein bösartiges Superhirn, während sie den Blick über die Ränge wandern lässt. »Schauen wir doch mal …«

Sie ist natürlich kein bösartiges Superhirn, aber sie könnte es sein, schließlich jagt sie mir eine Wahnsinnsangst ein. Ein nervöses Raunen geht durch das Publikum. Der Blick der Moderatorin wandert über die Menge, bis er bei unserem Block angelangt ist und über dem Bereich schwebt, wo Tolly, Frida und ich sitzen. Mist. Ich habe aufgehört zu atmen und tue mein Bestes, um mich in ein menschliches Chamäleon zu verwandeln. Ich fürchte, es funktioniert nicht, denn ich fühle mich ungefähr so sichtbar wie ein Elefant in einem Aquarium. Und ungefähr genauso wohl.

Mein Blick bohrt sich in den Rücken der Person vor mir. So verharre ich bewegungslos, wie festgetackert. Menschen reagieren auf Bewegung. Das ist der Jagdinstinkt. Das habe ich irgendwo gelesen, und es besteht kein Zweifel, dass die blauhaarige Moderatorin ein todbringendes Raubtier ist. Das ist ein guter Plan. Oder? Was, wenn ich *zu* still sitze? Was, wenn mich mein merkwürdig unnatürlicher Mangel an Bewegung tatsächlich von der Menge abhebt wie ein verletzter, bewegungsunfähiger Daumen?

Mein Blick schießt nach oben. Die Moderatorin lächelt. Sie sieht wie eine Sadistin aus. Nein. Sie ist eine Sadistin. Das Blut mag mir in den Adern gefrieren, aber ich bin überzeugt davon, dass jemand direkt unter meinem Gesicht ein loderndes Feuer entzündet hat.

»Wie wäre es mit ... *dir?«,* fragt die sadistische Moderatorin.

Mein Herz macht einen Satz. Sie zeigt in meine Richtung. Aber nicht genau auf mich. Eher neben mich.

Frida legt eine Hand auf ihre Brust.

»Ja, Miss Fantastisch. Mal sehen, ob wir einen Job finden, der genau zu dir passt.«

Frida zieht eine Grimasse, steht aber auf. Die anderen Zuschauer klatschen, als sie auf die Bühne geht. Ich stoße einen ganzen Windpark von Stoßseufzern aus und versuche, meinen Körper davon zu überzeugen, dass er sich entspannt.

»Und wie heißt du?«

Frida schaut mit einem verschlagenen Lächeln zu mir.

»Elsa«, sagt sie.

Ein heiteres Murmeln geht durch die Menge.

»Nun, im Theatersport ist alles möglich«, entgegnet die Moderatorin, »deshalb muss ich das wohl einfach so … *stehen lassen*. Ich hoffe nur, dass es dir hier drinnen nicht zu warm ist, Elsa.«

Es folgt noch mehr heiteres Murmeln mit einem Schuss wohlwollendem Aufstöhnen.

»Vielen Dank für die Unterstützung«, sagt die Moderatorin zum Publikum gewandt, während sie ihren Posten hinter dem Schreibtisch bezieht. »So, Elsa, willkommen zu deinem *Geheimnisvollen Bewerbungsgespräch*. Bitte komm rein und setz dich.«

Frida macht genau das und schlüpft sofort in die Rolle der erwartungsvollen Bewerberin, indem sie die Hände im Schoß faltet und erwartungsvoll, aber nervös über den Schreibtisch hinweg zurücklächelt. Die Moderatorin lässt den Blick über ein Blatt Papier wandern, das, wie uns gesagt wurde, eine Liste höchst unwahrscheinlicher freier Jobs enthält. Als sie offenbar einen findet, der ihr gefällt, legt sie das Blatt zurück auf den Tisch und streicht es glatt.

»Also, Elsa, ich sehe hier, dass Sie sich für die Position des … Chef-Exekutors beworben haben.«

Das Publikum lacht und kichert dann noch ein paar Sekunden vor sich hin. Als es wieder ruhig geworden ist, fährt die Moderatorin fort.

»Stellenbeschreibung: Bei Bedarf Beseitigung störender Köpfe. Erfahrungen nicht notwendig. Uniform wird gestellt.«

Noch mehr vereinzelte Lacher.

Frida rutscht in gespannter Erwartung und voller Begeisterung zur äußersten Kante ihres Stuhls nach vorn.

»Ja, genau. Das ist schon mein Traumberuf, seit ich ein kleines Mädchen war«, sagt sie mit ihrer kratzigen und an den Rändern ausgefransten Stimme. »Ich habe es geliebt, meinen Legofiguren die Köpfe abzureißen.«

Ein gutes Quantum an Gekicher von den Rängen.

»Nun, das klingt vielversprechend, aber Chef-Exekutor ist eine ganz andere Nummer als Lego-Zerstücklerin. Was also fasziniert Sie wirklich an dieser besonderen Position?«

Frida macht eine große Show daraus, über diese Frage ernsthaft nachzudenken.

»Nun ja, da ist natürlich die kostenlose Uniform. Das ist ein wichtiger Aspekt, denn ich bin sicher, dass bei der Sache viel Wäsche anfällt oder in die chemische Reinigung gebracht werden muss. Aber, ähm, der Hauptgrund, warum die Position des Chef-Exekutors so spannend für mich ist, liegt darin, dass diese Aufgabe eine ... einschneidende Veränderung meines Lebens mit sich bringen wird.«

Das gefällt der Menge.

»Genau. Und was hält Ihre Familie so von Ihrer Berufswahl?«

»Oh, sie könnten nicht glücklicher oder stolzer sein. Sehen Sie, mein Vater ist Holzfäller und meine Mutter ... äh ... Bestatterin. Aus ihrer Sicht beinhaltet der Beruf des Chef-Exekutors das Beste aus beiden Welten.«

Auch diese Antwort bekommt solides Gelächter und einen Applaus.

»Ausgezeichnet«, sagt die Moderatorin. »Aber ich muss Sie warnen, Elsa. Wir hatten sehr viele Bewerber für diese besondere Position, deshalb möchte ich gern, dass Sie mir drei gute Gründe nennen, warum Sie besonders geeignet sind für diese Aufgabe.«

Frida kräuselt die Nase und verwandelt ihr Lächeln in ein trauriges Emoji. »*Drei* gute Gründe?«

»Okay, weil Sie so ein toller Kumpel sind, begnüge ich mich mit zwei guten Gründen und einem lausigen.«

»Großartig. Keine Sorge. Drei Gründe, warum ich die beste Kandidatin für den Job als Chef-Exekutor bin. Gut.«

Sie beginnt, die Gründe mit den Fingern vorzuzählen.

»Erstens. Ähm ... Ich habe meine eigene Axt.«

Ein oder zwei Lacher.

»Zweitens. Äh ... Schwarze Kapuzenpullover stehen mir ausgesprochen gut.«

Ein paar mehr unterstützende Lacher.

»Und drittens. Ähhhhh ... Ich lerne sehr gern neue Leute kennen – allerdings nur für kurze Zeit.«

Größtes Gelächter bisher. Als Chef-Exekutor ist Frida der absolute Killer.

»Ausgezeichnet«, sagt die Moderatorin. »Aber jetzt muss ich wissen, ob Sie im Hinblick auf die Aufgabe irgendwelche Fehler oder Schwächen haben? Bitte seien Sie jetzt ehrlich.«

Frida verzieht den Mund.

»Nun ... ich bin nicht allzu scharf auf Blut. Aber keine Sorge, ich ziele gut, schließe die Augen und hoffe das Beste!«

Sie kreuzt die Finger und setzt ein so gekünsteltes Lächeln auf, dass ich mich davon abhalten muss, nicht genauso künstlich zu lächeln.

Die Moderatorin schüttelt den Kopf. »Nun, ich fürchte, das *könnte* ...«

Fridas dämliches Lächeln verschwindet.

»Oh, einige Leute sagen, ich hätte die wirklich schlechte Angewohnheit, zu unterbrechen. Aber das wäre kein allzu großes Problem bei diesem Job, oder? Sie verstehen schon, den Leuten *das Wort abschneiden?*«

Das Publikum auf den Rängen bricht in fröhliches Gelächter aus. Die Moderatorin verschränkt die Finger und legt ihre Hände auf den Bewerbungsbogen.

»Nun, ich fürchte, wir sollten keine weiteren scheußlichen Wortspiele riskieren, deshalb werden wir unser Gespräch an diesem Punkt beenden. Elsa, du warst eine hervorragende Bewerberin, und ich freue mich, dir mitzuteilen, dass du den Job hast. Gut gemacht!«

Frida erhält eine große Runde Applaus und auch ein paar Jubelrufe. Sie erhebt sich und will gehen, wird aber von der Moderatorin zurückgehalten.

»Oh, nein. Wir sind noch nicht ganz fertig mit dir. Weil du so exzellent warst, wirst du jetzt befördert: Du darfst das Bewerbungsgespräch selbst führen und den nächsten Kandidaten auswählen.«

Mein Lächeln erstarrt augenblicklich. Zusammen mit jedem einzelnen Atom in meinem Körper. Vorn auf der Bühne nimmt Frida von der Moderatorin die Liste der potenziellen Jobs entgegen und setzt sich hinter den Schreibtisch. Sie überfliegt die Liste und dann das Publikum. Ich interessiere mich auf einmal intensiv für meine Hände und habe das Gefühl, als würde meine Brust von einem gigantischen Schraubstock zusammengepresst. Wie waren die drei Symptome für einen Herzinfarkt noch mal, die wir in der Schule gelernt haben? Ich bin mir ziemlich sicher, dass ich im Augenblick mindestens zwei davon aufweise.

Obwohl sich mein Hals anfühlt, als wäre er unbeweglich mit dem Körper verschweißt, zwinge ich mich, aufzusehen. Frida hebt gerade die Hand, um ins Publikum zu zeigen. Es ist die Hand mit den schwarzen Fingernägeln. Ich nehme das als ein schlechtes Omen. Ihr kalter Chef-Exekutor-Blick ruht auf mir, als ob sie meinen Hals für die Hinrichtung begutachten würde.

Niemals könnte ich das tun, was sie gerade so mühelos hinter sich gebracht hat. Ich kann nicht aus dem Stand irgendwelche Geschichten erfinden. Ich kann nicht einfach mit den Fingern schnalzen und jemand anderes sein. Verdammt, ich habe genug damit zu tun, nur ich selbst zu sein! Und das ist genau das *Ich,* dessen Gehirn in dem Augenblick dichtmachen würde, in dem ich einen Fuß auf diese Bühne setze. Das *Ich,* das da vorn sterben würde. Und was für ein entsetzlicher, qualvoller Tod das wäre. Für alle. Ich schließe die Augen und erwarte mein Schicksal, während in meinem Kopf ein neues Mantra hämmert. *Nicht ich. Nicht ich. Nicht ich. Um Himmels willen, lass sie nicht mich auswählen!*

»Ich nehme *dich*«, höre ich Frida sagen. Ich will gerade ausprobieren, ob meine Puddingbeine überhaupt in der Lage sind, mich zu tragen, als sie hinzufügt: »Du da, mit den lockigen schwarzen Haaren und dem ums Überleben kämpfenden Kinnbart.«

Tolly neben mir zieht Luft zwischen den Zähnen ein und zuckt zusammen, als wäre er von einem Pfeil getroffen worden.

Die Zuschauer – vor allem diejenigen, die wie ich supererleichtert sind, dass nicht sie selbst den verhängnisvollen Marsch antreten müssen – beklatschen die schlaksige Gestalt auf ihrem Weg ins Rampenlicht aufmunternd. Ich beteilige mich an dem Applaus, während ich mich bemühe, meine Atmung und meinen Herzschlag auf eine zumindest annähernd unbedenkliche Geschwindigkeit zu senken. Tolly schreitet inzwischen über die Bühne und steht mit verschränkten Armen neben der Moderatorin, die im Vergleich zu ihm wie ein Zwerg aussieht.

»Ich schrumpfe! Ich schrumpfe!«, kreischt sie, während sie die Arme herumschlenkert und auf die Knie fällt. Ihre Anstrengungen werden mit Gelächter belohnt. Allerdings nicht von Tolly, dessen aufgesetztes, eingefrorenes Lächeln sagt, dass er schon alles gesehen und gehört hat.

»Gut. Entschuldigung«, sagt die Moderatorin. »Keine Wetterwitze, versprochen. Und du heißt wie?«

»Tolly.«

»Tally?«

Gelächter.

»*Toll*-y.«

»Okay. Interessanter Name.«

»Das ist eine lange Geschichte«, sagt Tolly mit unbewegter Miene.

Am Schreibtisch hinter ihnen lächelt Frida und nickt zustimmend.

»So wie du«, sagt die Moderatorin. »Aber wir haben keine Zeit, deshalb müssen wir uns diese besondere Geschichte leider für ein anderes Mal aufheben. Gut, Tolly. Du bist unser nächster Kandidat für ein *Geheimnisvolles Bewerbungsgespräch.* Nimm Platz. Elsa, er gehört dir!«

Die Moderatorin tritt ab und setzt sich an den Rand der Bühne, während Tolly auf dem Bewerberstuhl Platz nimmt. Der Stuhl sieht unter ihm aus wie ein Möbelstück aus dem Kindergarten. Seine Knie sind höher als seine Hüften. Das Publikum findet das höchst amüsant.

Hinter dem Schreibtisch lässt Frida den Blick noch einmal über die Liste mit den freien Posten wandern, legt sie dann auf den Schreibtisch und trommelt mit den Fingern darauf herum.

»Willkommen zu Ihrem Bewerbungsgespräch, Mr Tolly«, sagt sie freundlich. »Mögen Sie mir erzählen, warum gerade Sie sich für die Rolle des Zwergs Seppel in der Disney-Produktion von *Schneewittchen und die sieben Zwerge* beworben haben?«

Lautestes Gelächter bisher.

11.

THE BIG LEBOWSKI

Die Theatersportvorstellung endet damit, dass die drei Tribünen mit Monty Pythons »Always Look on the Bright Side of Life« einen lauten Singwettstreit austragen. Wir verlassen das Theater inmitten von fröhlichem Geplapper und Gelächter.

Viele Leute gratulieren Frida und Tolly zu ihren Auftritten. Es gibt sogar ein paar High fives. Oder, was Tolly betrifft, ein paar Higher-als-sonst-fives. Obwohl Frida eindeutig der Star der Veranstaltung war, hatte Tolly seinen fairen Anteil am Gelächter. Den größten Lacher fuhr er ein, als er sagte, er wolle einen der sieben Zwerge spielen, damit er als Schauspieler *über sich hinauswachsen* müsse. Das brachte die alte Schuhschachtel zum Wackeln.

»Gebt's zu«, sagt Frida, als wir draußen sind und die Sonne auf unsere Gesichter scheint, »das war doch viel besser, als ein paar Drohnen beim Dröhnen zuzuschauen, oder?«

Sie könnte recht haben, aber keiner von uns würde es zugeben.

»Jedenfalls besser, als ich dachte.« Mehr bekommt sie nicht von mir.

»Zumindest für *gewisse* Leute«, schießt Tolly zurück. »Du warst schließlich nicht Teil der Show.«

»Tut mir schrecklich leid«, sagt Frida fröhlich.

»Und du klingst so ungewohnt ehrlich. Aber warum eigentlich ich?«, fragt Tolly. »Was habe ich dir getan? Seid nicht ihr beide Sandkastenfreunde, seit ihr Embryos wart oder so? Warum hast du nicht *ihn* ausgewählt?«

Frida macht eine große Show daraus, mich zu mustern, als würde sie einen mangelhaften Gebrauchtwagen abchecken.

»Hmmm. Weiß auch nicht genau. Ich habe es in Erwägung gezogen, aber vermutlich hatte ich einfach Mitleid mit ihm. Schließlich sind Stadtplaner nicht gerade für ihre spontane Kreativität bekannt, oder?«

Das soll wieder einer ihrer Witze sein, aber irgendwas an ihrer Antwort trifft mich, und ich stelle fest, dass ich mir wünsche, sie hätte mich gewählt, damit ich ihr vielleicht das Gegenteil hätte beweisen können. Aber das ist ein gewaltiges »Vielleicht«, deshalb ist mein Wunsch auch schon wieder vergessen, und ich mache mir auch nicht die Mühe, mich zu verteidigen.

Tolly checkt sein Handy.

»Also, ich bin in einer halben Stunde mit einem Tutor von den Naturwissenschaften verabredet. Das Mindeste, was du, Frida, tun könntest, um wiedergutzumachen, dass du mich dem öffentlichen Gelächter preisgegeben hast, wäre, uns zum Great Court zu begleiten, damit wir es vielleicht wenigstens noch zum Ende der Drohnen-Show schaffen.«

»Klar«, antwortet Frida. »Niemand soll sagen, dass ich, wenn ich dazu aufgefordert wurde, nicht bereit gewesen wäre, das absolut Mindeste zu tun, was ich tun konnte.«

Bis zum Great Court sind es nur wenige Minuten zu gehen. Der Name sagt alles, wirklich: ein riesiger, grasbewachsener Platz mit ein paar großen Bäumen mitten auf dem Campus. Ringsherum stehen Sandsteingebäude und ein Rundgang mit Sandsteinsäulen und Bögen. Er ist wirklich ziemlich groß.

Normalerweise ist das einfach ein großer, freier Raum mit ein paar Bänken, aber heute, am Tag der offenen Tür für zukünftige Studierende, stehen dort Imbisswagen und eine Reihe von Buden und Zelten, in denen für eine Vielzahl von universitären Clubs, Gesellschaften und studentischen Dienstleistungen geworben wird. Auch das Lokalradio ist da, verteilt Lose und beschallt vom Dach eines Doppeldeckerbusses das Gelände mit Musik. Und außerdem wimmelt es natürlich von Menschen.

Tolly führt uns direkt zum Zelt der Gesellschaft für Ingenieurwesen. Wir sind zu spät für die großen Drohnenschlachten, aber noch ist nicht alles verloren. Ein mit Netzen abgetrennter Bereich für Mikrodrohnen ist noch offen und in Betrieb. Die Aufgabe besteht darin, eine winzige Drohne, ungefähr von der Größe deiner Handfläche, so schnell wie möglich durch eine Reihe von Reifen und vorbei an Hindernissen zu steuern. Ein Versuch kostet einen Dollar, und die Einnahmen werden komplett gespendet.

»Hier«, sagt Frida und hält eine Zwei-Dollar-Münze hoch. »Jetzt bin ich dran. Ich habe wirklich ein etwas schlechtes Gewissen, dass ihr beiden euer großes Drohnenkampf-Date verpasst habt. Mal sehen, wer hier der Meister der Drohnen ist. Wie wär's?«

Tolly wirkt auf einmal sehr unsicher und zögerlich. Das ist so gar nicht seine Art. Ich bin sofort misstrauisch.

»Also, ich würde dein Angebot gern annehmen«, sagt er zu Frida, »aber ich weiß nicht, ob ich das tun sollte.«

»Warum nicht? Was passt dir daran nicht?«

Er legt seinen Arm um meine Schultern und zieht mich an sich. Kein gutes Zeichen.

»Na ja, ich mache mir einfach große Sorgen, welchen Effekt das auf unseren gemeinsamen BFF Sebastian haben könnte. Weißt du, obwohl er sich sehr bemüht, es zu verbergen, ist er mitleiderregend unkoordiniert und geistig, äh ... *langsam* ... Um es freundlich auszudrücken. Außerdem hat er die fiese Angewohnheit, in gewalttätige, hysterische Wutanfälle auszubrechen, wenn er in einem Wettkampf gedemütigt oder komplett besiegt wird. Und *das* passiert leider *unvermeidlich jedes Mal,* wenn er gegen mich antritt.«

Genau. Natürlich. Nun, er hatte mich in der Cafeteria schon gewarnt, dass der ganze Mädchenphobie-Mist, den ich ihm angedichtet habe, nicht hingenommen werden könne.

Ich nehme die Münze aus Fridas Hand und zeige mit dem Finger auf ihn.

»Und *das* kann auch nicht hingenommen werden, mein Lieber«, sage ich.

»Bist du sicher? Ich gebe dir noch eine Chance, einen Rückzieher zu machen. Aber dann gilt: Was einmal ausgesprochen ist, kann nicht wieder ungesagt werden«, erinnert Tolly mich. »Das sind die Regeln.«

Frida schaut uns an, als würden wir in Rätseln sprechen.

»Das. Kann. Nicht. Hingenommen. Werden«, wiederhole ich.

Wir bezahlen, und die Ultimative Mikrodrohnen-Challenge beginnt.

Und sie endet kurze Zeit später, als Tolly mich gedemütigt und auf ganzer Linie besiegt hat.

»Das war wirklich Pech«, sagt er, nachdem seine Drohne sanft auf dem Zielfeld aufgesetzt hat, während meine von zwei offensichtlich frustrierten Ingenieurstudenten untersucht wird, die sich bemühen, sie aus den verschiedenen Teilen wieder zusammenzusetzen, in die sie zerschellt ist, nachdem sie mit Hyperbeschleunigung im Dreck gelandet war. »*Wirklich* Pech. Wenn diese Erde nicht da wäre, wäre alles gut. Es ist nicht einfach, einem Planeten auszuweichen.«

Zum Glück muss Tolly zu seinem Termin, sodass ich diese Schmach nicht allzu lange erdulden muss.

»Treffen wir uns nachher irgendwo?«

Ich warte Fridas Reaktion ab. Für sie scheint es okay zu sein. Ich bin froh darüber.

»Klar«, sage ich. »Schreib uns, wenn du fertig bist.«

Als Tolly weg ist, bahnen sich Frida und ich unseren Weg durch die verschiedenen Stände und Buden hindurch. Schließlich gelangen wir zu einem Stand der Chinesischen Gesellschaft der Universität. Dort gibt es kostenlos eine Portion gebratenen Reis. Er duftet köstlich, deshalb reihen wir uns in die Schlange von Menschen ein, die darauf warten, dass die nächste Fuhre fertig ist. Frida ergreift die Gelegenheit, mir eine Frage zu stellen.

»Sag mal. Was ist das mit dir und Tolly und dem ganzen ›Das kann nicht hingenommen werden‹?« Sie ballt die Hand drohend zur Faust und spricht die letzten Worte mit einer Machostimme. »Auch einer eurer Insiderwitze, die ihr mir nicht verraten könnt?«

»Nö, überhaupt nicht. Das stammt aus einem Film. *The Big Lebowski*. Kennst du ihn?«

»Glaube nicht.«

»Na ja, ist wahrscheinlich auch schon ziemlich alt. Tolly und ich haben ihn nur wegen seines Vaters gesehen.«

»Der Filmfan?«

»Genau der. Eigentlich ist Mr Pearce ein ziemlich cooler Typ. Vielleicht ein bisschen verrückt, aber auf eine gute Art und Weise. Ist schon seit vielen Jahren unser Familienzahnarzt. Er ist echt super, aber er will immer über Filme mit mir reden, wenn er mir das Maul mit metallenen Haken und einem dicken Spucke absaugenden Rohr gestopft hat.«

Frida hält sich den Bauch.

»Wunderbares Bild. Vielen Dank dafür. Und wie ist der Rest von Tollys Familie so?«

»Ziemlich normal. Seine Mum ist Bibliothekarin und arbeitet in Teilzeit als Lehrerin für Bauchtanz. Sie ist vor kurzem festgenommen worden, weil sie einem protestierenden Flüchtlingsgegner sein eigenes Plakat über den Kopf gezogen hat. Das kam sogar in den Sechs-Uhr-Nachrichten.«

»Also einfach eine ganz normale Spießer-Mum?«

»Ja. Und dann gibt es da noch Tollys kleine Schwester Tippy. Ich glaube, sie ist jetzt elf. Sie sammelt Einhörner. Außerdem ist sie Geländefahrrad- und Karatemeisterin. Nett, aber langweilig.«

»Tippy?«

»Keine Ahnung, woher das kommt. Ist nicht mal ein Spitzname.«

»Gut, aber was hat es jetzt mit dem Film auf sich? *The Big* ... was immer.«

»*Lebowski*. Es fing an, als ich mal bei Tolly war. Sein Dad machte Bemerkungen über den Film, und als er merkte, dass wir nicht wussten, worüber er sprach, wetterte er los: ›Ihr habt *The Big Lebowski* nicht gesehen? Was bringen sie euch heutzutage in der Schule bei? Der Dude packt das! Das kann man nicht hinnehmen, das kann definitiv nicht so bleiben!‹ Damals wussten wir nicht, dass er aus dem Film zitierte, aber um zu verhindern, dass er einen Herzanfall oder so was bekommt, sagten wir, wir würden den Film mit ihm zusammen anschauen.«

»Taugt er was?«

»Er ist tatsächlich großartig. Aber wir mussten Tollys Dad rausschmeißen, weil er dauernd mitquatschte und sich schon totlachte, noch bevor etwas Lustiges passierte.«

»Und dieses ›Kann man so nicht hinnehmen‹ gehört zum Film?«

»Ja, der Hauptdarsteller, der Dude, sagt das, nachdem ihn ein paar Gauner bedrohen. Aber um wirklich genau zu sein, sagt er, ›diese Aggression kann man so nicht hinnehmen‹. Irgendwie hat sich das in unseren Köpfen festgesetzt, und Tolly und ich sagten es danach immer, wenn etwas passierte, das so nicht bleiben konnte.«

Ich sehe, wie Frida in ihrem Kopf eins und eins zusammenzählt.

»So wie wenn du ausplauderst, dass Tolly Probleme mit Mädchen hätte, und er dann preisgibt, er würde dich in Wettkämpfen immer komplett zerlegen.«

»Ja, genau so.«

»Dann ist das im Grunde einfach eine Retourkutsche, die ihr verwendet, wenn ihr euch gegenseitig das Leben schwer macht.« Sie verzieht das Gesicht und tut die ganze Sache mit einer kurzen Kopfbewegung ab.

»Ja, meistens. Aber manchmal ist es auch ein *bisschen* mehr als das.«

»Mehr? Zum Beispiel?«

»Keine Ahnung. Nicht wichtig. Es ist nur ... Manchmal geht es um andere Dinge. Mehr nicht. Nicht nur darum, dass wir uns gegenseitig anpampen.«

»Wie meinst du das? Was für *andere* Dinge?«

Man sollte meinen, ich hätte inzwischen gelernt, dass man in Anwesenheit von Frida nicht einfach eine beiläufige Bemerkung machen kann, ohne sie ausführlich und bis ins Detail erklären zu müssen.

»Na ja, wie zum Beispiel im vergangenen Jahr. Da kam dieser neue Internatsschüler aus der Achten in unsere Klasse. Er stammte aus einem Kaff irgendwo in der Provinz und hatte Schwierigkeiten, Anschluss zu finden. Jedenfalls sprachen Tolly und ich eines Tages über ihn und wie unglücklich er immer aussah. Und ich weiß nicht einmal mehr, wer, aber einer von uns sagte einfach, ›das kann so nicht bleiben. Das kann man so nicht hinnehmen‹. Und als wir es einmal ausgesprochen hatten, war es irgendwie so, als ob wir tatsächlich versuchen wollten, etwas dagegen zu unternehmen. Statt nur darüber zu reden.«

Frida hebt einen Finger.

»Was einmal ausgesprochen ist, kann nicht wieder ...«

»Richtig.«

»Und was genau habt ihr getan?«

»Eigentlich gar nicht viel. Kleinigkeiten. Darauf geachtet, dass wir, wenn möglich, vor dem Unterricht in der Klasse und in der Mittagspause mit ihm sprechen. Versucht herauszufinden, was ihn bedrückt.

Ein paar andere Achtklässler, die in Ordnung sind, dazu gebracht, dass sie ihn in ihre Clique aufnehmen. So was eben. Und es funktionierte. Jetzt geht's ihm gut. Tatsächlich sogar schwierig, ihn dazu zu bringen, mal nicht zu quatschen. Ich glaube, wir haben ein Monster erschaffen.«

Frida starrt mich an. Habe ich was Falsches gesagt? Habe ich wieder so ein Augenbrauen-Ding gedreht?

»Und das nennst du nicht viel? Ihr seid gottverdammte Superhelden. Habt ihr noch andere ›Das kann ich nicht hinnehmen‹-Momente wie diesen?«

»Ein paar, aber sie sind eigentlich nicht so ...«

»Erzähl sie mir.«

»Warum willst du ...«

»Erzähl schon.«

Sie ist wie ein Pitbull mit seinem Knochen. Sie lässt nicht locker.

»Okay. Also gut. Der Schwimmwettkampf war auch noch so was.«

Sie sieht mich an, als wollte sie sagen: »Warum in aller Welt hast du aufgehört zu reden?« Ich habe also keine Wahl. Ich muss weitermachen.

»Also, Tolly und ich gehören in der Schule zum Goldenen Haus. Und beim Schwimmwettkampf belegt das Goldene Haus jedes Jahr den letzten Platz. Normalerweise mit einem Rückstand von ungefähr einem Dutzend Längen nach olympischen Maßen. Ziemlich deprimierend. Egal. In diesem Jahr fand Tolly, dass man *das* nicht hinnehmen könne, und ich stimmte zu. Und weil alle, die mitmachen, einen Punkt bekommen, egal, ob sie das Rennen beenden oder nicht, starteten wir zusammen mit den Sportsprechern eine Kampagne, um unsere Beteiligungsquote massiv zu erhöhen. Verstehst du? Es ging einfach darum, in jedem Rennen möglichst viele Gold-Schwimmer zu haben, auch wenn sie als Letzte ins Ziel kamen oder nicht mal das Ende des Beckens erreichten. Das spielte keine Rolle. Solang sie das Wasser berührten und nicht ertranken, war es ein Punkt für uns. In einigen unteren Altersklassen standen schließlich nur Wettkämpfer aus dem Goldenen Haus auf den Startblöcken.«

»Und?«

»Am Ende des Wettkampfes hatte das Goldene Haus sich mit einem soliden Vorsprung von drei Punkten den *vor*letzten Platz gesichert.«

»Gewonnen! Und was war sonst noch nicht hinzunehmen?«

Es sieht nicht so aus, als wäre sie jemals zufrieden, deshalb versuche ich, sie mit möglichst vielen Informationen zuzuschütten, ohne in die Details zu gehen.

»Meine Güte, keine Ahnung ... Ach so, vielleicht, dass Tolly, egal in welchem Schwimmstil, nicht in der Lage war, fünfundzwanzig Meter zu schwimmen, ohne zu ertrinken. Ähm – dass es aussah, als würde unsere Tutor-Gruppe nur einen jämmerlichen Spendenbetrag für die Hurrikan-Opfer zusammenbringen. Dass Tollys Schwester dachte, sie wäre nicht toll. Dass ein paar Kids in der Schule über die muslimischen Jungs ein paar blöde Sachen sagten.«

»Was? Und ihr beiden habt all das in Ordnung gebracht?«

»Nein, nein. Wir machten was oder sagten was, sonst nichts. Manchmal half es. Aber manchmal machte es wieder überhaupt keinen Unterschied.« Auch dafür kommen mir ein paar Beispiele in den Sinn.

»Wie zum Beispiel die Sache mit Tolly und dem Schwulsein«, füge ich hinzu, ohne richtig nachzudenken.

Frida schaut sofort zu mir auf. Ihre dunklen Augenbrauen wölben sich wie der obere Teil von zwei Fragezeichen.

»Tolly und das Schwulsein?«, wiederholt sie.

Sie hat wieder diesen Pitbull-Ausdruck auf dem Gesicht, und es ist völlig klar, dass ich ihr jetzt die ganze Geschichte erzählen muss.

Und noch etwas ist offensichtlich. Wenigstens für mich.

Mein Superheldenstatus wird gleich das Klo hinunterrauschen.

12.

DER SIDEKICK

Die nächste Fuhre Reis auf dem Solarkocher ist gewendet, von allen Seiten angebraten und kann serviert werden. Nachdem wir unsere Portionen erhalten haben, besteht Frida darauf, dass wir einen Platz finden, wo sie gemütlich alles über Tolly und das Schwulsein erfahren kann. Wenigstens einer von uns wird es unterhaltsam haben.

»Und?«, sagt sie, kaum dass wir uns einen schattigen Platz unter einem großen Jacaranda-Baum erobert haben. »Erzählst du mir jetzt von Tolly und dem Schwulsein?«

Ich hole tief Luft und bereite mich darauf vor, wieder mit großem Abstand den zweiten Platz hinter Tolly einzunehmen.

»Es war letztes Jahr. Einer aus der Zwölften wollte zum offiziellen Abschlussball einen männlichen Partner mitbringen, aber unser Rektor verbot es und ließ sich auch nicht umstimmen. Löste einen ziemlichen Shitstorm aus. Kam sogar in der Zeitung.«

»Richtig so. Wie bescheuert«, stimmt Frida zu.

»Ja, klar, für Tolly wurde es eine große ›Kann man nicht hinnehmen‹-Sache, und er startete eine Kampagne, um die Entscheidung rückgängig zu machen. Zuerst ging er selbst zum Rektor, und als das nicht funktionierte, motivierte er viele Leute, Petitionen zu unterschreiben, und hängte in der ganzen Schule Poster auf. Er schrieb sogar E-Mails an die Vereinigung der Eltern und Freunde der Schule und an das Netzwerk der Alumni und bat sie um Unterstützung. Die bekam er auch. Aber es machte keinen Unterschied. Der Rektor sagte immer noch Nein.«

Frida häuft gebratenen Reis auf ihre Gabel, hält aber inne, bevor sie sie in den Mund schiebt.

»Und das war dann das Ende der Geschichte?«

»Nicht ganz. Am Tag des Balls stellte sich Tolly vor der Schule mitten auf den Schulhof. Er trug ein gebatiktes T-Shirt in Regenbogenfarben und ein großes Schild um den Hals, auf dem stand: *St. Jerome's benachteiligt Schwule*. Als es klingelte, weigerte er sich, in den Unterricht zu kommen. Unser Rektor war ziemlich angepisst, aber Tolly blieb draußen stehen, bis die Schule seine Eltern anrief. Und sie überredeten ihn dann, seinen Platz zu räumen. Er hat es also definitiv nicht hingenommen, aber am Ende hatte sich nichts verändert. Außer vielleicht der Umfang von Tollys Fehlzeiten und seine Chancen, Schulsprecher zu werden, weil er eine Woche Schulausschluss bekam.«

Eine billige Plastikgabel wird auf mich gerichtet.

»Sag mir nicht, dass Tolly kein Superheld ist.«

Ich wende mich wieder meinem Essen zu, spüre aber, dass Fridas Blick weiterhin auf mir ruht. Und ich bin ziemlich sicher, dass ich weiß, über welche Frage sie nachdenkt. Ich warte, ob sie sie in Worte fasst.

»Und was ist mit dir? Hast du dich dem Protest Tollys nicht angeschlossen?«

Jap. Da ist sie schon.

»Ich habe ihm bei den Petitionen und den Plakaten und so geholfen, aber nein, bei dem Protest auf dem Schulhof war ich nicht dabei.«

Frida reagiert nicht und sagt auch nichts, aber ich weiß, dass sie mehr von mir erwartet. Dass ich mich erkläre. Ausführlich und mit allen Einzelheiten. Aber ich weiß auch, dass es keine Antwort gibt, die mir meinen Superheldenstatus rettet, also bemühe ich mich gar nicht erst.

»Ich habe ihn gefragt, ob er mich dabeihaben will, aber er meinte, ich solle mir keine Gedanken machen. Aus seiner Sicht könne er sein Anliegen genauso gut alleine rüberbringen. Es hätte keinen Sinn, dass wir beide Schwierigkeiten bekommen. Seine Eltern würden damit viel besser klarkommen als meine. Wir wussten beide, dass sich das von selbst versteht. Aber ja. Ich denke, man kann sagen, dass er es mir ausgeredet hat. Allerdings musste er sich dafür nicht besonders anstrengen. Tolly ist nicht nur schlauer als ich. Er ist auch sehr viel mutiger als ich.«

Scheiß drauf. Jetzt bin ich schon so weit gegangen. Warum sollte ich jetzt aufhören?

»Tolly ist in jeder Hinsicht viel mehr als ich.«

Frida lächelt ein bisschen, während sie die letzten Reiskörner zusammenkratzt.

»Sei nicht zu streng mit dir«, sagt sie. »Nicht jeder ist dafür geschaffen, Batman zu sein, weißt du. Jemand muss auch Robin sein. Es ist nicht verkehrt, ein Sidekick zu sein.«

Sie lässt ihre Gabel in die leere Box fallen.

»Im Grunde ist alles okay, solange du nicht zu den Schlechten gehörst, den Arschlöchern, finde ich. Von denen gibt's sowieso schon zu viele. Meiner unmaßgeblichen Meinung nach schlägt Sidekick Arschloch in jedem Fall.«

Keine Ahnung, ob sie das wirklich meint oder ob sie das nur sagt, um mir ein besseres Gefühl zu geben. Aber die Erwähnung der schlechten Typen erinnert mich an die Theatersportvorstellung vorhin.

»Was hast du eigentlich vorhin gemeint, als du von deinem ›schlechten Ohr‹ gesprochen hast?«

Sie streicht sich die Haare hinter ihr linkes Ohr und tippt mit dem Finger darauf.

»*Gutes* Ohr.«

Dann dreht sie den Kopf, damit ich ihr anderes Ohr sehen kann, das Ohr mit dem Schwermetall, und tippt auf dieses.

»*Schlechtes* Ohr.«

Es scheint offensichtlich zu sein, dass ich ihr nicht ganz folgen kann, denn sie wiederholt die Bewegung mit weiteren Erklärungen.

»Okay. *Dieses* Ohr hört perfekt. Aber *dieses* hier hört gar nicht. Du hast auf meiner schlechten Seite gesessen. Normalerweise ist das kein großes Problem, aber wenn es so laut ist und um mich herum viel geredet wird und du auf meiner falschen Seite sitzt und etwas in mein schlechtes Ohr sagst, dann könntest du genauso gut meinen Fuß fragen und eine Antwort erwarten.«

»Entschuldigung. Das wusste ich nicht.«

»Du kannst nichts dafür. Die meisten Leute wissen es nicht. Ich bin ziemlich gut darin, es zu verbergen. Normalerweise meide ich laute Orte und versuche, mich so hinzustellen oder zu setzen, dass die Leute links von mir sind.« Dann klopft sie auf die Tasche neben sich. »Manchmal bin ich so hinterlistig, dass ich irgendwas auf meine schlechte Seite stelle, um die andere Person dazu zu zwingen, sich auf meine gute Seite zu setzen.«

Und auf einmal verstehe ich auch etwas anderes.

»Deshalb hast du im Kino die Plätze getauscht. Es ging nicht darum, besser zu sehen. Ich saß auf deiner schlechten Seite.«

»Jap.«

»Und wie …«

»… ist es passiert?«

»'tschuldigung, ich wollte nicht … Du musst nicht …«

»Hör auf, dich zu entschuldigen. Das ist keine große Sache. Mein Trommelfell ist geplatzt, als ich zehn war. Was im Grunde bedeutet, dass es gerissen ist und ein großes Loch hatte. Dann geriet Wasser ins Innenohr, und es entzündete sich heftig. Weil es nicht schnell genug behandelt wurde, wurden alle Nerven geschädigt und zerstört. Ende Gelände. Ein schlechtes Ohr. Jetzt gibt es Arbeitsteilung. Ein Ohr zum

Hören. Und eins für den Schmuck. Dann lass uns mal schauen, ob du aufgepasst hast. Welches Ohr musst du meiden, wenn du sichergehen willst, dass du gehört wirst?«

Ich zeige auf das Ohr mit dem ganzen Metall.

»Dein ›schlechtes‹ Ohr.«

»Es ist nicht wirklich schlecht«, sagt Frida im Ton einer freundlichen Lehrerin. »Es *hört* einfach nicht.«

Ich belohne das mit einem gezwungenen Lächeln und einem Kopfschütteln.

»Und warum ist dein Trommelfell geplatzt?«

»Warum? Willst du es auch probieren?«

»Nicht jetzt. Aber ich bin neugierig, falls ich es irgendwann mal für nötig halte.«

»Na ja, wie ich beim Arzt erfuhr, ist es nicht so schwer, wie du vielleicht denkst. Es gibt tatsächlich verschiedene wirkungsvolle Methoden, die du anwenden könntest – mit ausgezeichneten Ergebnissen. Du könntest verschiedene scharfe oder spitze Objekte viel zu tief in dein Ohr einführen, oder wenn du selbst zu faul dafür bist, jemand anderes beauftragen, das zu machen. Ersatzweise könntest du auch dafür sorgen, dass jemand oder etwas sehr stark direkt auf dein Ohr schlägt, was für einen plötzlichen Anstieg des Luftdrucks sorgt, sodass das Trommelfell reißt.«

Ich bin nicht sicher, ob ich die auf der Hand liegende Frage stellen soll. Aber ich tue es.

»Und was ist bei dir passiert?«

Sie legt eine Hand auf ihr schlechtes Ohr und fährt mit den Fingern über die Piercings und die kleinen herabhängenden Monde, während sie ganz ihren Erinnerungen nachhängt. Ich warte auf ihre Antwort. Sie schaut lächelnd auf.

»Tennis«, sagt sie.

Das habe ich ganz und gar nicht erwartet. Sie kommt mir eigentlich überhaupt nicht sportlich vor. Ich versuche, sie mir auf einem Tennisplatz vorzustellen, aber ihre schwachen Arme, ihr dünner Körper und ihre helle Haut machen das schwer.

»Ja, ich habe Doppel gespielt und war vorne am Netz. Meine beste Freundin stand hinter mir an der Grundlinie. Sie verschlug einen Ball. Hart. Blöd, wie ich bin, drehte ich den Kopf genau zur falschen Zeit und bekam ihn voll aufs Ohr. Wahrscheinlich eine Chance von eins zu einer Million. Bang. Geplatztes Trommelfell. Und der Rest ist, wie man sagt, Schweigen.«

»So ein Scheiß. Ist bestimmt hart.«

»Eher frustrierend. Und manchmal peinlich. Es fällt mir schwer zu erkennen, woher Geräusche und Stimmen kommen. Wenn mich jemand ruft, schaue ich normalerweise in die falsche Richtung. Und es fehlt mir wirklich, dass ich Musik nicht Stereo hören kann. Kopfhörer taugen mir nicht mehr besonders.«

Sie dreht langsam die leere Reis-Box, während ihre Miene immer ernster wird.

»Jagt mir manchmal auch ein bisschen Angst ein, wenn ich ehrlich bin. Weißt du, wo ich jetzt nur noch ein Ohr habe – was, wenn mit dem anderen irgendwas passiert?«

Dann beendet sie das Gespräch abrupt, indem sie die Hand nach meiner Gabel und meiner leeren Box ausstreckt.

»Aber es gibt Schlimmeres, was einem im Leben passieren kann. Komm, gib her.«

Ich reiche ihr meine leere Box und die schmutzige Gabel, und sie bringt alles rüber zu einer Mülltonne. Als sie sich umdreht und zurückkommt, leuchtet ihr die Sonne ins Gesicht. Sie schließt die Augen und öffnet leicht den Mund, als ob sie die Wärme trinken würde. Bei mir angekommen, runzelt sie die Stirn.

»Was grinst du so?«

Die Frage überrascht mich, weil ich mir nicht bewusst war, dass ich gelächelt habe. Ich versuche immer noch, eine Antwort zu finden, als etwas hinter mir ihre Aufmerksamkeit erregt und ihr Lächeln zurückkehrt.

»Was ist los?«, frage ich sie.

Sie greift mit einer Hand ihre Tasche und mit der anderen mein Handgelenk.

»Dein großer Auftritt, Robin«, sagt sie und zieht mich auf die Füße.

13.

DIE GITARRE

Ich werde zu einem zwischen zwei Bäumen gespannten Banner geführt, auf dem in Musiknoten geschrieben das Wort *Akustik-Gesellschaft* steht. Darunter sitzen ein Mädchen und ein Typ an einem kleinen Tisch. Hinter ihnen liegen Gitarren, Ukulelen, Tamburine und andere, eher ungewöhnliche Musikinstrumente.

Ich wehre mich gegen Fridas Bemühungen, mich dorthin zu lotsen.

»Warte. Was machst du da?«

Sie reagiert, als wäre das völlig klar.

»Du hast gesagt, du würdest mir nur dann eines deiner Lieder vorsingen, wenn du eine Gitarre hättest. Hier gibt's Gitarren. Wir könnten eine ausleihen.«

Als sie versucht, mich wieder in Bewegung zu versetzen, wehre ich mich.

»Nein, ich fürchte, du wirst dich damit abfinden müssen, dass ich *tatsächlich* sagte, ich würde *keines* meiner Lieder singen, *selbst wenn* ich eine Gitarre hätte.«

Sie weist meine Einwände wieder mit einem kurzen Schlenkern ihrer Hand zurück.

»Da bin ich anderer Meinung, und angesichts deiner verzerrten Erinnerung daran, wie wir uns im Sandkasten kennengelernt haben, kann ich dein Gedächtnis wohl kaum als zuverlässig bezeichnen.«

»Na ja, das sehe ich anders. Was sagt es eigentlich über dein Gedächtnis aus, dass es überhaupt keine Begegnung in einem Sandkasten gegeben hat?«

»Okay, machst du es also?«

»Du kannst alle Gitarren der Welt ausleihen, wenn dir danach ist, aber du kannst mich nicht dazu zwingen, auf einer von ihnen zu spielen.«

Frida lockert den Griff um mein Handgelenk und baut sich mit verschränkten Armen direkt vor mir auf. Ihr Mund ist nach einer Seite verzogen.

»Sieht so aus, als hätte ich recht gehabt.«

»Womit?«

»Damit, dass ich beim Theatersport nicht dich ausgewählt habe. Selbst wenn du fähig gewesen wärst, es zu tun, hättest du immer noch den Mut gebraucht. Und für diesen Mut sehe ich im Augenblick nicht besonders viele Anzeichen.«

Langsam werde ich wirklich sauer. Es ist ganz offensichtlich, worauf sie hinauswill, und ich möchte mich auf keinen Fall manipulieren lassen wie ein kleines Kind. Aber ich möchte ihr auch das Gegenteil beweisen. Ich überlege, wie ich das anstellen könnte, als der höhnische Ausdruck auf ihrem Gesicht verschwindet. Sie kräuselt die Nase, wodurch die feine weiße Linie der Narbe ein bisschen deutlicher sichtbar wird.

»Warum schreibst du Lieder, wenn niemand sie jemals zu hören kriegt?«

»*Ich* höre sie.«

»Und das wird dir immer reichen?«

Ich bin mir wirklich nicht sicher, wie die Antwort auf diese Frage lautet. Als ich nicht sofort darauf reagiere, geht Frida allein zum Tisch der Akustik-Gesellschaft. Dort wird dann viel geredet, genickt und gelächelt. Und gezeigt. Von Frida. Auf mich. Dann wird noch mehr geredet, genickt und gelächelt, und dann greift das Mädchen an den Tisch hinter sich und zieht eine cremefarbene Gitarre hervor. Sie übergibt sie zusammen mit einem Merkblatt an Frida. Ein paar Sekunden später ist Frida zurück bei mir. Sie steht vor mir und drückt sich die Gitarre an die Brust.

Als ich nicht reagiere oder irgendwas sage, legt sie sich den Gitarrengurt unbeholfen um den Hals. Dann beginnt sie blöde grinsend ungeschickt die Saiten anzuschlagen. Ich lasse sie eine Weile gewähren, bevor ich reagiere.

»Du hältst sie verkehrt herum«, sage ich zu ihr.

Sie hört auf zu klimpern und grinst nicht mehr.

»Was?«

»Die Gitarre. Sie steht auf dem Kopf. Du spielst sie mit der linken Hand, aber sie muss mit der rechten Hand gespielt werden. So wie du sie hältst, sind die Saiten in umgekehrter Reihenfolge, als sie eigentlich sein sollten. Statt des tiefen E ist das hohe E ganz oben. Und siehst du den Plektrumschutz hier? Nun, der sollte da unten sein. Das wäre er auch, wenn du die Gitarre mit der rechten Hand halten würdest, wie du es solltest, denn es ist eine Rechtshändergitarre. Aber das tust du natürlich nicht.«

Sie schaut hinunter auf die Saiten und den Plektrumschutz und dann zurück zu mir. Sie verzieht das Gesicht.

»Und du denkst, dass ich das nicht *weiß*?«

»Nein«, informiere ich sie. »Ich *weiß,* dass du es nicht weißt.«

Sie behält ihre trotzig verzerrte Miene ein paar Sekunden lang bei und wirft sie dann über Bord wie einen viel zu kleinen Fisch.

»Gut. Aber warum zeigst du mir dann nicht, wie man sie hält?«

Auf keinen Fall. Nein. Auf diesen jämmerlich billigen Trick falle ich nicht rein.

»Bitte, bitte?«, sagt sie. »Du enttäuschst doch kein Mädchen, oder? Nicht an ihrem Geburtstag?«

»Du hast heute Geburtstag?«

Sie tritt ein bisschen zurück und schaut mich an, als wäre ich ein Idiot.

»Nein, natürlich nicht. Aber das habe ich denen erzählt«, sagt sie und zeigt mit einer Kopfbewegung auf die beiden von der Akustik-Gesellschaft. »Ich habe gesagt, dass ich Geburtstag hätte und dass du mein bester Freund wärst und ein Lied nur für mich geschrieben hättest, aber dich nicht recht traust, es zu spielen.«

Ich schaue hinüber zu dem Infotisch. Zwei Augenpaare haben den Blick fest auf uns gerichtet.

»Ach ja, und vielleicht habe ich auch gesagt, dass meine Eltern sich gerade trennen und ich mit meiner Mutter, die Schauspielerin ist, in L. A. leben werde. Und dass dies vor dem Abflug die letzte Chance sein wird, das Lied live von dir zu hören.«

»Und das haben sie tatsächlich *geglaubt*?«

»Klar. Ich kann sehr überzeugend sein. Das Mädchen, Jasmine, fand dich total süß und sagte, sie wünschte, sie hätte einen Freund wie dich.«

Ich schüttle nur den Kopf, während Frida etwas in ihrer Tasche sucht.

»Außerdem gab sie mir diesen Flyer für dich. Ich soll dir sagen, dass sie immer auf der Suche sind nach neuem jungem Texter-Nachwuchs. Du sollst dich auf jeden Fall melden, falls du hier studierst.«

Ich nehme das Flugblatt und schaue noch mal zurück zum Infotisch. Jasmine winkt mir kurz zu. Mir ist das peinlich, und ich fühle mich schuldig, winke aber zurück. Dann falte ich den Flyer umständlich zusammen und schiebe ihn in meine Tasche. Frida beugt sich vor und drückt mir die Gitarre an die Brust.

»Komm, bitte, bitte«, sagt sie und schaut mir in die Augen. »Könntest du dich bereit erklären, mir diesen letzten Geburtstagswunsch zu erfüllen, bevor das grausame Schicksal uns trennt?«

Ich habe das Gefühl, als wäre ich in eine Art Theatersportfalle geraten und müsste jetzt vor einem entzückten Publikum von zwei Personen improvisieren. Ich tue es nicht gern, aber ich nehme Frida wortlos die Gitarre ab. Sie dreht sich um und zeigt Jasmine und ihrem Begleiter den hochgereckten Daumen. Die beiden lächeln und klatschen lautlos.

Frida führt mich zu einem ruhigen Plätzchen hinter zwei Kastenwagen, an denen Menschen um Eis und kostenlose Zuckerwatte anstehen. Wir setzen uns im Schneidersitz einander gegenüber ins Gras. Zum Glück kann uns hier niemand hören.

Ich stütze die Gitarre auf meinem Bein ab und schlage ein paar Akkorde an, um zu hören, ob sie gestimmt ist. Fast perfekt, aber ich schinde Zeit, indem ich dennoch ein paar Saiten neu einstelle. Dann schlage ich weitere Akkorde an. Die Gitarre ist alt, aber sie hat einen schönen Klang. Frida schweigt, doch ihre großen, erwartungsvollen Augen sagen mir, dass sie es kaum erwarten kann, dass ich anfange. Ich bin alles andere als begeistert.

»Ich habe ein paar Lieder geschrieben. Verschiedene Stücke. Ich weiß nicht, welches ich spielen soll.«

Frida denkt kurz nach, legt dann eine Hand an den Mund, als ob sie ein Geheimnis verraten würde, und flüstert mir mit ihrer ausgefransten Stimme zu:

»Spiel das Lied, das der Stadtplaner sich nicht trauen würde zu spielen«, sagt sie.

14.

DAS LIED

Dieser neuerliche Seitenhieb auf meine potenzielle Karriere als Stadtplaner ist überaus ätzend, aber ich weiß sofort, welches Lied sie meint. Allerdings weiß ich nicht, ob ich den Mut habe, es zu spielen.

Ich stütze den Klangkörper der Gitarre möglichst bequem auf meinem rechten Bein ab und zupfe die Eingangstakte. Meine Kehle ist wie zugeschnürt, und meine Finger bewegen sich unbeholfen wie dicke Würste über die Saiten. Ich kann Frida nicht sehen, und ich möchte es auch nicht. Stattdessen starre ich auf ein kleines Stück Wiese vor mir und versuche zu vergessen, dass sie überhaupt da ist.

Ich denke nur über einzelne Grashalme nach, über das Gefühl der Saiten an meinen Fingern, den Klang und die Schwingungen der Töne und die Worte, die ich hoffentlich aus meinem Mund rausbringen kann.

Ich wechsle von einem G-Akkord zu C. Jetzt oder nie. Ich hole Luft. Und ich singe.

An diesem Tag waren wir uns nah wie nie,
du stimmtest die Saiten, vergessen war die Vergangenheit.
An diesem Tag sangen wir zusammen in Harmonie
und schufen eine Erinnerung, von der ich dachte, sie bleibt.

Meine Worte sind eher ein Flüstern als ein Ton. Aber unten in der grünen Welt arbeitet sich ein winzig kleiner Käfer am Rand eines Grashalms hinauf, und während ich seine Fortschritte beobachte, wird meine Stimme kräftiger. Und als der Refrain kommt, habe ich das Gefühl, einer anderen Person zuzuhören.

Jetzt bist du fort. Was soll ich tun?
Was soll ich fühlen? Wohin soll ich schauen?
Soll ich weinen oder wütend um mich hauen?
Wie soll ich atmen? Was soll ich sagen?
Wie jemals wieder eine neue Seite aufschlagen?

Eigentlich wollte ich hier aufhören, aber alles geht so schnell, dass ich, bevor ich mich versehe, mit zwei weiteren Strophen fortfahre, bis ich den Refrain ein letztes Mal singe. Der Käfer, den ich die ganze Zeit angestarrt habe, hat sich auf die andere Seite des Grashalms gehangelt, sodass jetzt nur noch zwei winzige Füße sichtbar sind. Ich schlage den letzten Akkord, warte eine Sekunde und lege dann die Hand auf die Saiten, um sie zum Verstummen zu bringen.

Es dauert eine Weile, bis die Welt um mich herum zurückkehrt. Die Welt, in der Frida nur eine Armlänge entfernt sitzt und einem Lied und Worten lauscht, von denen ich dachte, dass nur ich sie jemals hören würde. Es erfordert eine echte körperliche Anstrengung, aber ich zwinge mich, sie anzusehen. Sie starrt auf dasselbe Stück Wiese wie ich und sagt nichts. Aber das Schweigen dauert schon viel zu lange. Ich muss es beenden.

»Na ja, wahrscheinlich sollte ich einfach bei der Stadtplanung bleiben, was?«

Eine weitere lange Pause entsteht, bis endlich ein einziges Wort von ihren Lippen tropft.

»Vielleicht ...«

Vielleicht? Wer hätte gedacht, dass ein so kleines, unbedeutendes Nichts von einem Wort eine so brutale Wucht entfalten könnte? Ich habe das Gefühl, als hätte mir jemand in die Brust getreten, und ringe nach Luft, während alles in mir zerbröselt und in sich zusammenfällt.

Frida schaut auf. Ihre Augen schimmern feucht.

»... aber nur, wenn du eine Stadt planen kannst, die so wunderschön ist wie dieses Lied«, sagt sie.

Und auf einmal hat jemand den Film zurückgespult. Ich bekomme wieder Luft, und meine lädierten und gesprengten Innereien fügen sich wieder zusammen und sind wie neu. Sogar irgendwie größer, besser und stärker als vorher.

Sie schaut wieder nach unten und zupft an den Grashalmen.

»Geht es in diesem Lied um eine echte Person?«

Ich bejahe.

»Muss dir sehr wichtig gewesen sein.«

Auch das bejahe ich und hoffe, dass sie sich damit jetzt zufriedengibt. Tut sie aber nicht.

»Wahrscheinlich ein Mädchen?«

Ich bin mir nicht sicher, ob ich meiner Stimme trauen kann, deshalb schüttle ich nur den Kopf.

Fridas Blick ruht jetzt auf mir. Und es sieht nicht so aus, als würde sie ihn in absehbarer Zeit von mir abwenden.

Ich will gerade etwas sagen, als mein Handy vibriert. Eine Nachricht von Tolly. Ich checke sie und halte den Bildschirm dann in Richtung Frida. Sie liest die Nachricht laut vor.

»*Komm ins S 7. Ebene 2. Sofort!!!* Wow. Drei Ausrufezeichen. Weshalb ist er wohl so aufgeregt?«

»Keine Ahnung, aber ich denke, wir sollten es herausfinden.«

»Einverstanden.« Frida steht auf und nimmt mir die Gitarre ab. Sie fährt mit den Fingernägeln über die Saiten und lächelt. »Hast du gut gemacht, Stadtplaner. Jetzt musst du nur noch meine Auf-dem-Kopf-Spieltechnik lernen, und dann kann dich nichts mehr aufhalten.«

Sie bringt die Gitarre ihren Besitzern zurück, und als sie zurückkommt, suchen wir auf der »Tag der offenen Tür«-App auf ihrem Handy rasch das Gebäude S 7 und gehen los. Keine Fragen mehr zu meinem Lied.

Ich bin froh darüber.

15.

DAS EXPERIMENT

Frida und ich starren auf den altmodischen wissenschaftlichen Apparat in der gläsernen Vitrine.

»Echt unglaublich, was, Leute?« Tolly drängelt sich zwischen uns. Vielleicht hab ich ja was übersehen. Ich schaue genauer hin.

In der Vitrine steht ein großes glockenförmiges Gefäß mit einem Glastrichter, der von einem metallenen Dreibein in Position gehalten wird. Die große Öffnung des Trichters enthält eine schwarze Substanz. Auch der schmale untere Teil des Trichters ist mit der schwarzen Substanz gefüllt, und an seinem Ende hängt ein schwarzer Tropfen. Und in der Schüssel unterhalb des Trichters liegen ebenfalls Tropfen von der schwarzen Substanz. Das ganze Ding sieht aus wie eine merkwürdige Stillleben-Installation. Dahinter finden sich auf einer Vielzahl von Täfelchen ziemlich viele detaillierte Informationen, darunter auch der Titel: *Die bisherige Geschichte*, aber ich registriere nur die Hauptüberschrift.

Das Harztropfenexperiment – der längste Laborversuch der Welt.

Meine Gedanken wandern zurück zu Tollys Nachricht und wie aufgeregt er war, als er uns oben an der Treppe von Ebene 2 in Empfang genommen und eiligst zu dem Schaukasten bugsiert hat. Ich betrachte die Versuchsanordnung in der Vitrine so lange, wie es mir angemessen erscheint, bevor ich ausspreche, was für alle offensichtlich sein muss.

»Tolly, hier passiert überhaupt nichts, Mann.«

Meine nüchterne Beobachtung erweckt ihn zum Leben. Er zwängt sich zwischen mich und Frida, um dem Nicht-Geschehen näher zu sein.

»Nein, nein, nein. Das ist es ja genau. Das ist das Ding. Es geschieht etwas. Du kannst es nur nicht sehen!«

Er tippt mit dem Finger gegen die Scheibe.

»Siehst du die schwarze Substanz dort?« Wir beide bejahen, denn es ist unmöglich, sie nicht zu sehen. »Also, das ist Harz.«

»Hey, ich frage mich, ob das wohl der Grund ist, warum dieses Ding *Das Harztropfenexperiment* heißt.«

Tolly ignoriert meinen Sarkasmus und erklärt einfach weiter.

»Egal, hört euch das an. Wenn ihr mit einem Hammer auf diesen schwarzen Harztropfen schlagt, der dort hängt, würde er zerbrechen und splittern wie Glas. Aber jetzt kommt das Erstaunliche: Dieses Zeug ist tatsächlich eine Flüssigkeit! Sie tropft in großen Tropfen durch diesen Trichter, allerdings so *unglaublich* langsam, dass wir es nicht sehen. Du müsstest die Zeit beschleunigen auf etwas wie ein oder zwei Jahre pro Sekunde, und erst dann könntest du sehen, wie das Zeug heruntertropft wie aus einem undichten Wasserhahn.«

Tolly legt die geballten Fäuste an seine Schläfen, streckt dann seine langen Finger aus und macht mit seinem Mund einen Knall wie von einer Explosion.

»Knoten im Hirn«, sagt er mit einem irren Grinsen. »Versteht ihr nicht? Du denkst, es ist die eine Sache, aber es ist tatsächlich etwas anderes. Ist das nicht verrückt? Es ist wie ein Festkörper *und* eine Flüssigkeit – zur selben Zeit!«

Frida und ich schauen uns kurz an. Es sieht nicht so aus, als würde sie einen Kommentar abgeben, deshalb ist es an mir, um Tollys willen, eine gewisse Begeisterung vorzutäuschen.

»Genau. Wow. Yeah. Verrückt.«

Aber das reicht bei Weitem nicht, um Tolly zufriedenzustellen, sondern es spornt ihn bloß weiter an.

»Schaut mal, ihr müsst wirklich alles lesen, was an der Rückwand der Vitrine steht, damit ihr kapiert, wie erstaunlich diese ganze Sache ist. Seht ihr, was hier steht? Es ist der längste Laborversuch der Welt. Der allerlängste. In der ganzen Welt. Er wurde schon 1927 begonnen. Könnt ihr euch das vorstellen? Er hat es sogar ins *Guinnessbuch der Rekorde* geschafft. Mit dem Versuch sollte die Zähflüssigkeit von Teer gezeigt werden – und ihr wisst, wie dickflüssig Teer ist. Und wisst ihr was? Aus den Berechnungen geht hervor, dass er ungefähr hundert Milliarden Mal zähflüssiger ist als Wasser. Hundert Milliarden Mal!«

Tolly wartet auf eine angemessene Reaktion von uns. Wieder ist Frida keine Hilfe, also improvisiere ich alleine.

»Puh. Einhundert Milliarden Mal zähflüssiger als Wasser? Das ist … ganz schön zähflüssig. Zum Glück haben sie das rausgefunden. Gut zu wissen.«

Tolly scheint zufrieden.

»Ja, und natürlich ist das eine wirklich große Sache – eine *riesige* –, wenn dann ein Tropfen tatsächlich hinunterfällt. Bislang sind nur neun Tropfen hinuntergefallen. Der letzte im Jahr 2014. Und noch etwas Verrücktes. Nur vierhundertdreiundachtzig Menschen haben gesehen, wie ein Harztropfen hinuntergefallen ist. Das war bei diesem letzten Tropfen der Fall. Sie hatten eine Kamera für den vorigen Tropfen installiert, verpassten ihn aber wegen irgendwelcher ›technischer Probleme‹. Könnt ihr euch das vorstellen? Sie haben die ganze Zeit darauf gewartet und ihn dann verpasst. Ist das nicht der Hammer? Jetzt haben sie natürlich eine Tropfen-Cam mit Liveübertragung aufgebaut. Seht ihr sie hier? Und es hat sich eine Gruppe von Leuten zusammengefunden. Sie nennt sich *Die zehnte Wache* und wartet offiziell auf den nächsten Tropfen. Sie hat ihre eigene Facebook-Seite, und du kannst ihr beitreten.«

»Sag bloß! Das machst du doch bestimmt, wetten?«

Tolly schwenkt aufgeregt sein Handy in meine Richtung.

»Schon passiert!«

Frida pocht mit ihren Fingernägeln ein paarmal gegen die Glasvitrine. Mir gefällt das klickende Geräusch. Es scheint so, als würde sie endlich etwas zur Diskussion beitragen. Tolly und ich warten, was das wohl sein wird.

»Und was ist mit dem nächsten? Wann soll Nummer zehn fallen?«

Tolly versteht Fridas Frage als eine Art wichtigen Durchbruch, denn er wird noch lebhafter und fängt fast an zu hyperventilieren.

»Nun, es ist schwer, das ganz genau vorherzusagen. Verstehst du, die Zeit zwischen den Tropfen war durch all die Variablen wie Vibrationen und Veränderungen in Luftfeuchtigkeit und Temperatur ein wenig uneinheitlich. Nach dem siebten Tropfen haben sie offenbar eine Klimaanlage installiert, wodurch es kälter wurde und sich alles noch mehr verlangsamt hat. Aber ausgehend von vergangenen Tendenzen und ermittelten Durchschnitten, schätzen sie, dass der Tropfen, der jetzt dort hängt, in ungefähr zwölf bis vierzehn Jahren hinunterfallen wird.«

Frida und ich betrachten nicht mehr den Versuchsaufbau, sondern schauen stattdessen einander an. Vermutlich sehe ich ungefähr genauso erstaunt aus wie sie. Es ist, als wäre sie die personifizierte Ratlosigkeit!

Wir knöpfen uns Tolly gemeinsam vor.

»Er soll in zwölf bis vierzehn Jahren herabfallen«, wiederhole ich, um sicherzustellen, dass ich ihn richtig verstanden habe.

Tollys aufgeregt nickender Kopf bestätigt, dass das stimmt. Frida beißt sich auf die Unterlippe und wendet sich dann an mich.

»Also, Sebastian, jetzt ist mir total klar, warum Tolly wollte, dass wir so schnell wie möglich herkommen, dir auch?«

»Ja, sicher«, entgegne ich. »Und zum Glück haben wir es auch getan.

Ich meine, stell dir vor, wenn wir getrödelt hätten oder uns auf dem Weg hätten ablenken lassen für sagen wir ... ein bisschen mehr als ein *Jahrzehnt* ... Dann hätten wir unter Umständen alles verpasst.«

Frida sieht bei dieser Vorstellung angemessen entsetzt aus.

»Ja, das ist richtig. Oh, da fällt mir gerade noch etwas anderes ein«, sagt sie mit weit aufgerissenen Augen. »Weißt du noch, wie wir auf dem Weg vom Great Court bei dieser sensationell guten Performance-Poetin vorbeikamen und wie ich sagte, dass ich echt wünschte, wir könnten noch eine Weile zuhören, aber du sagtest, wir sollten das lieber nicht tun, weil Tollys Nachricht so *dringend* geklungen hatte?«

»Ja. Ja. Daran erinnere ich mich genau.«

»Nun, ich mag mir gar nicht vorstellen, was hätte passieren können, wenn ich nicht auf dich gehört hätte.«

Jetzt steuere ich angemessenes Entsetzen mit aufgerissenen Augen bei.

»Ja ... möglicherweise wären wir noch gar nicht hier.«

Fridas Mund klappt auf, und sie schwankt ein bisschen, als würde sie gleich ohnmächtig werden.

»Du meine Güte. Du hast recht. Und selbst wenn wir noch rechtzeitig gekommen wären, stell dir vor, wie viel von den *zwölf* bis *vierzehn* Jahren Spannung und Aufregung im Vorfeld wir verpasst hätten.«

»Nun, zunächst einmal«, sage ich und zeige auf die feste, knotige und für das bloße Auge vollkommen unbewegliche Harzsäule, die am Ende des gläsernen Trichters hängt, »hätten wir *das* hier verpasst.«

Frida ringt nach Luft.

»Nicht auszudenken«, flüstert sie schaudernd.

»Unverzeihlich«, füge ich hinzu.

Wir warten ein oder zwei Sekunden und drehen uns dann um, um die Wirkung unserer Vorstellung zu checken. Tollys Gesichtsausdruck und der Harztropfen haben jetzt viel gemeinsam. Sein Kopf dreht sich von mir zu Frida und wieder zurück. Als keiner von uns spricht, faltet er die Hände zusammen, als ob er beten würde, und lächelt uns irritiert an.

»Und. Sind wir fertig? Alles vorbei? Haben wir unseren kleinen Spaß gehabt? Haben wir es geschafft, uns alle Witze und Scherze von der Seele zu reden? Bitte sagt mir einfach, wenn es noch mehr gibt. Ich möchte nicht, dass die Welt irgendwas von eurem irrsinnig originellen und komischen Dialog verpasst.«

Frida und ich beraten uns kurz.

»Nein, für mich passt das so«, sage ich. »Außer du ...«

»Nein. Nein. Danke«, stimmt Frida zu.

»Wunderbar«, sprudelt es aus Tolly heraus. »Nun, da ihr eure très amüsante Komödie beendet habt, interessiert es euch vielleicht zu erfahren, dass ich euch zur Eile gedrängt habe, weil ich beschlossen habe, zu einer Fragestunde mit Doktoranden zu gehen, die um fünfzehn Uhr dreißig nebenan im Hörsaal A 6 beginnt. Und fünfzehn Uhr dreißig ist es übrigens, worauf ich gerne hinweisen möchte, nicht in zwölf oder gar vierzehn Jahren, sondern in ungefähr zehn Minuten. Und bevor ich hier weggehe, wollte ich meine Faszination für dieses legendäre wissenschaftliche Werk mit euch teilen. Und jetzt muss ich pinkeln, wenn ihr zwei undankbaren Personen nichts dagegen habt. Und zwar dringend. Ich glaube, die Aufregung, das Harztropfenexperiment mit eigenen Augen zu sehen, war ein bisschen zu viel für mich.«

Tolly trollt sich in Richtung Toiletten, die sich auf der anderen Seite des Foyers den Gang hinunter befinden. Ich lasse ihn nicht zu weit weggehen, bevor ich ihm hinterherrufe.

»Und, Tolly, mach dir keine Sorgen wegen des kultigen Stücks Wissenschaft, während du weg bist. Wir haben ein Auge darauf, falls etwas passiert.«

»Oh, ja, und wenn du magst, filme ich es mit meinem Handy, damit du nichts verpasst«, versichert Frida ihm.

Tolly hält sich beide Ohren zu, schafft es aber, dass ein Finger jeder Hand in die Luft ragt – nur für uns. Frida und ich schauen ihm hinterher, bis er die Toilettentür mit den Ellbogen aufgestoßen hat und unserem Blick entschwindet.

Dann sehen wir uns an und brechen in Gelächter aus.

Frida bedeckt ihren Mund mit beiden Händen, um das Lachen zurückzuhalten, aber das macht es nur schlimmer. Ihre Wangen bekommen rote Flecken, und ihre Augen verengen sich zu schmalen Schlitzen, in denen Tränen glitzern. Wenn die Geräusche nicht wären, die sie macht, könnte man denken, sie würde vor Schmerz weinen. Wir bemühen uns beide, uns zusammenzureißen, aber sobald sich unsere Blicke treffen, geht es wieder von vorne los.

Unser Gelächter wird von einer scharfen Stimme abrupt beendet.

»Hey, Casper! Bist wieder *freundlich,* was? Verbreitest immer Freude, nicht wahr ... und anderes? Kann es kaum erwarten, in der Schule mehr davon zu erfahren.«

Eine andere Art von Lachen folgt diesen Worten. Es ist höhnisch und gemein. Ich schaue über die Schulter: Am anderen Ende des Flurs steht ein stämmiger, dunkelhaariger Junge und grinst verschlagen. Er winkt und schließt sich einer Schlange von Studenten an, die nacheinander einen Hörsaal betreten. Ich wende den Blick erst von ihm ab, als er hineingegangen ist.

»Wer zum Teufel ist dieser Arsch und was ist sein Problem?«

Ich bekomme keine Antwort. Als ich mich umdrehe, sehe ich, warum. Es liegt nicht an Fridas schlechtem Ohr, was ich zuerst dachte. Es liegt daran, dass sie nicht mehr da ist. Aber sie ist nicht sehr weit weg. Nur auf der anderen Seite des Foyers.

Wo sie einen Feuerlöscher von der Wand reißt.

16.

DER FEUERLÖSCHER

Als ich langsam verstehe, was hier abgeht, ist Frida schon auf dem Weg zum Eingang des Hörsaals. Den Feuerlöscher hat sie sich unter einen Arm geklemmt, und eine Hand liegt fest um die Spritzdüse.

»Frida, warte!«

Nichts weist darauf hin, dass sie mich gehört hat, und das hat bestimmt nichts mit ihrem schlechten Ohr zu tun. Ich hole sie rasch ein und trete ihr in den Weg.

»Was zum Teufel machst du?«

Sie sieht nicht so aus, als wäre sie in der Stimmung zu reden. Ihre Augen sind starr und ihre Lippen so fest aufeinandergepresst, dass sie zu einer einzigen Linie verschmelzen. Ohne zu antworten, versucht sie, an mir vorbeizugehen. Ich breite die Arme aus und halte sie auf.

»Du kannst nicht vorbei!«

Ich hoffe, sie findet meine Anspielung aus *Der Herr der Ringe* amüsant. Tut sie nicht. Überhaupt nicht. Ihre Augen funkeln mich jetzt an, und sie tritt absichtlich auf die andere Seite. Ich mache einen Schritt, um sie noch einmal abzublocken. Sie will einen Schritt zurückweichen. Aber ich verhindere auch diese Bewegung.

»Geh mir aus dem Weg.«

Der Satz trägt das volle Drohpotenzial einer letzten Warnung in sich.

»Hör mal, ich sehe, dass du wirklich wütend bist, aber kannst du einfach kurz stehen bleiben und dich ein bisschen beruhigen und darüber nachdenken, was du tust? Du kannst nicht einfach herumgehen und Feuerlöscher mitnehmen, vor allem wenn es überhaupt nicht brennt. Das ist ... stehlen. Ganz abgesehen davon, dass es gefährlich ist. Was, wenn es tatsächlich brennt und jemand den Feuerlöscher braucht? Komm schon. Bitte. Häng ihn einfach zurück, sonst bringst du dich in Riesenschwierigkeiten. Und was genau hast du überhaupt damit vor?«

Ihre Augen flackern, und sie fletscht die Zähne. Ein höchst beunruhigender Anblick.

»Was ich damit vorhabe? Genau das: Ich werde in den Hörsaal hinter dir gehen und diesen dämlichen Schwachkopf suchen, der mich gerade angebrüllt hat. Und dann werde ich dieses Ding nehmen«, sagt sie, hält die lange Spritzdüse hoch und schwenkt sie verstörend dicht vor meiner Nase, »und es ihm möglichst weit seine blöde Kehle hinunterschieben. Und dann werde ich diesen Scheißkerl mit was immer hier drin ist vollpumpen, bis er entweder erstickt oder explodiert. Das habe ich vor. Genau das.«

Nicht gerade die Antwort, die ich mir erhofft hatte.

»Gut. Okay. Offensichtlich hast du einen klaren Schritt-für-Schritt-Plan im Kopf. Das ist dir durchaus hoch anzurechnen. *Aber* – hast du die Sache wirklich durchdacht? Ich meine ...«

»Halt die Klappe und geh mir aus dem Weg.«

Ich versuche, möglichst unschuldig auszusehen.

»Es tut mir leid. Ich würde ja gern, aber ich kann nicht. Ich kann dich das nicht tun lassen.«

Fridas ausgefranste Stimme kommt mit einer nervtötenden Ruhe zwischen ihren zusammengebissenen Zähnen hindurch.

»Doch, das kannst du. Es ist ganz einfach. Geh einfach zur Seite.«

»Okay, du hast recht. Eigentlich *kann* ich es. Aber ... ich tu es einfach nicht. Tut mir leid, ich lass dich nicht dort hineingehen und etwas Dummes tun, das du bedauern wirst. Mach ich nicht. Verdammt, sie rufen den Sicherheitsdienst. Wahrscheinlich auch die Polizei. Wenn du nur die Hälfte von dem tust, was du gesagt hast, wirst du wegen Körperverletzung verhaftet. Zumindest werden sie dir eine Geldstrafe wegen Sachbeschädigung oder so aufbrummen. Hör zu, ich habe keine Ahnung, worum es hier geht und warum du so verärgert bist, aber wenn du in deiner Verfassung dort hineingehst, wirst du dich ganz schön in die Scheiße reiten. Und es tut mir leid, aber das lass ich nicht zu. Du musst innehalten, ein paarmal tief durchatmen und dich beruhigen.«

Ich sehe, wie ihr Griff um den Feuerlöscher fester wird. Sie sieht überhaupt nicht so aus, als würde sie meinem Rat folgen wollen. Und ich habe eine böse Ahnung, wie all das hier ausgehen könnte.

»Ich werde dort hineingehen«, sagt sie kategorisch, »und wenn du mich anfasst, um mich aufzuhalten, werde ich den ganzen Saal zusammenschreien, und dann wirst *du* verhaftet.«

Blufft sie? Sie muss bluffen. Aber warum sieht sie dann nicht aus, als würde sie bluffen?

Ich versuche nicht mehr, vorherzusagen, was sie tun wird, denn es ist sowieso egal. Zurück kann ich nicht mehr, dazu bin ich schon zu weit gegangen. Deshalb strecke ich die Arme aus und umgreife, ohne Frida zu berühren, mit den Händen den Hals und den unteren Teil des Feuerlöschers.

»Was auch immer.« Ich versuche, beherrscht zu klingen, bin aber aufgewühlt und nervös. »Du kannst gern reingehen, aber dieses Ding bleibt hier.«

Es ist eine Pattsituation. Sie kann nichts gegen mich ausrichten, denn ich bin ziemlich sicher stärker als sie. Aber wer weiß? Sie knistert vor Zorn. Ich spüre förmlich, wie die Funken sprühen und durch den

Feuerlöscher hindurchjagen, den wir beide fest umklammern. Es ist ein rasender Hulk-artiger Zorn. Und ich habe gesehen, wozu der große grüne Typ fähig ist, wenn er angepisst ist.

Ich mustere ihr Gesicht und versuche, ihren nächsten Schritt vorwegzunehmen. Heiße rote Leuchtspurgeschosse fliegen ununterbrochen aus ihren Augen auf mich zu. Zumindest, bis sie blinzelt. Und sie blinzelt noch einmal. Ihre Unterlippe und ihr Kinn zittern unkontrolliert. Eine einzelne Träne rinnt in schwarzen Make-up-Schlieren an ihrem Nasenflügel hinunter. Sie sieht aus, als würde sie gleich zusammenbrechen.

Und ich habe absolut keine Ahnung, was ich tun oder sagen soll.

»Hey, ich dachte, ihr wolltet den Harztropfen für mich beobachten, falls er herabfällt?«

Tolly schaut auf uns herab. Seine Brille sitzt auf seiner Nasenspitze, sodass seine Augen besonders groß aussehen. Frida zieht ihr Gesicht ein letztes Mal zu einem zornig zerknautschen Ball zusammen und stößt mir den Feuerlöscher heftig vor die Brust.

»Nimm ihn«, blafft sie in meine Richtung. »Du hast gewonnen. Glückwunsch.«

Sie wirbelt herum und stürmt durch das Foyer zu einer langen Bank auf der anderen Seite des Raums. Sie lässt sich darauf fallen, schließt die Augen und lehnt den Kopf an die Ziegelwand. Tolly neben mir seufzt und schüttelt verständnislos den Kopf.

»Euch beide kann man keine Minute allein lassen, was? Wann lernt ihr, eure Spielsachen zu teilen und nett miteinander zu spielen?«

Ich ignoriere seine Bemerkung und informiere ihn, was passiert ist. Als ich ihm alles erzählt habe, was ich erzählen kann, gehen wir hinüber zu Frida, die bewegungslos wie eine Marmorstatue dasitzt. Ich schiebe den Feuerlöscher unter die Bank und setze mich auf ihre gute Seite. Tolly nimmt die andere. Ihr Kopf ist immer noch nach hinten gelehnt, und ihre Augen sind geschlossen. Tolly nickt mir zu. Offensichtlich hält er es für meine Aufgabe, etwas zu sagen.

»Also, Frida ... Möchtest du darüber reden? Magst du uns erzählen, wer dieser Typ ist?«

Sie stößt einen langen Seufzer aus, lässt ihren Kopf nach vorn fallen und öffnet die Augen, als ob sie aus einer Trance gerissen worden wäre.

»Nein. Und er ist niemand.«

»Ja, das hab ich mir gedacht«, sage ich zu ihr. »Nur irgendein Niemand, den du unbedingt mit Löschschaumpulver killen wolltest.«

Sie fährt sich mit einer Hand durch die Haare und hält sie in einem dicken Büschel oben auf ihrem Kopf fest, bevor sie sie loslässt.

»Hör zu, er ist nur ein Idiot aus der Schule, okay?«

Ich bin mir sicher, dass Tolly dasselbe denkt wie ich. Nämlich, dass das Kingston Mädchencollege seine Aufnahmebedingungen wirklich *sehr* gelockert haben muss. Aber es ist nicht der richtige Augenblick, das anzusprechen, deshalb lasse ich es dabei bewenden.

»Aber was hat dieser Clown dann für ein Problem?«

»Mich, offensichtlich. Er beschimpft mich dauernd. Gibt sich einen Kick, indem er mich mit beleidigenden, sexistischen Kommentaren vollrotzt und widerliche Gerüchte über mein Liebesleben verbreitet.«

»So ein Arschloch.«

»Gut erkannt.«

»Und was passiert dann an der Schule mit euch beiden? Sind alle Feuerlöscher sicher weggeschlossen, oder was?«

»In der Schule ignoriere ich ihn. Da geht er mir am Arsch vorbei. Aber er wird diesen Mist nicht hierhertragen. Auf keinen Fall. Nicht hierher. Nicht an diesen Ort. Das hier ist mir zu wichtig. Ich lasse es nicht zu. Nein.«

Sie ballt ihre Fäuste zu festen Bällen, an denen die Fingerknöchel weiß hervortreten. Wieder werden ihre Augen feucht. Sie fährt sich mit dem Handrücken über die Wange und bemerkt die Make-up-Schlieren an ihren Fingern.

»Mist.«

Sie zeigt zu den Toiletten hinüber.

»Ich muss ...«

Aber bevor sie geht, hat Tolly eine Frage.

»Wie heißt er?«

»Wer?«

»Der Scheißkerl.«

»Was spielt das für eine Rolle?«

»Interessiert mich eben, einfach so.«

»Warum?«

»Weil ich von Natur aus neugierig bin. Liegt wahrscheinlich an meiner wissenschaftlichen Geisteshaltung. Wissensdurst und so. Komm schon, halt mich bei Laune. Sein Name?«

Frida zögert, aber dann fallen ihre Schultern nach vorn, als wäre alle Energie, sich zu widersetzen, verbraucht.

»Gary Vogel.«

»Gary Vogel?«, wiederholt Tolly, um sicherzustellen, dass er den Namen richtig verstanden hat.

»Genau«, sagt Frida und geht.

Tolly schaut ihr hinterher. Dann wendet er sich an mich.

Ich kenne den Ausdruck auf seinem Gesicht nur zu gut. Und was er denkt. Außerdem weiß ich, was er als Nächstes sagen wird. Deshalb erspare ich ihm die Mühe und sage es selbst.

»Das ist nicht hinzunehmen?«

Tolly verschränkt die Arme und schaut über meinen Kopf hinweg zu der Tür, durch die Gary Vogel verschwunden ist.

»Nein, mein lieber Sebastian«, sagt er. »Definitiv nicht.«

17.

DIE VORLESUNG

Ich habe keine Ahnung, was Tolly vorhat, als ich ihm zum Eingang in den Hörsaal folge.

Wir schauen beide hinein. Es ist ein großer Raum. Wir befinden uns ganz hinten. Im Halbrund aufgestellte Reihen von gepolsterten roten und blauen Sitzen fallen zu einem Bühnenraum hin ab, wo eine lange Bank, ein Rednerpult und zwei große Bildschirme stehen. Ein paar Nachzügler kommen noch durch den unteren Eingang, aber der Hörsaal ist fast voll. Fast dreihundert Menschen warten darauf, dass die Vorlesung beginnt.

»Wo ist der Typ?«, fragt Tolly.

Ich finde ihn ungefähr in der Mitte.

»Da. Rotes Hemd. Schwarze Haare. Blödelt mit seinem Nachbarn herum.«

Ich schaue zu, wie Tollys Augen sich auf ihr Ziel richten.

»Was tun wir?«

Er antwortet nicht direkt, aber sein Blick wandert von Vogel zum Rednerpult.

»Nicht wir. Ich. Ich mach das schon«, verkündet er schließlich und verlässt den Hörsaal.

Als ich mich zu ihm geselle, liest er gerade die Ankündigung an der Anschlagtafel neben dem Eingang. Offenbar hält ein Professor Anil Bhatt, Dekan der juristischen Fakultät, die Vorlesung. Sein Vortrag, der in wenigen Minuten beginnen soll, ist überschrieben mit *Mordor und Totschlag*. Wenigstens ein eingängiger Titel.

Sobald Tolly alle Informationen auf der Anschlagtafel gelesen hat, nimmt er ein paar Flyer vom Tisch darunter und macht sich auf den Weg.

»Hey, warte. Wohin gehst du?«

»Da runter«, antwortet er.

Er zeigt auf ein paar Stufen, die eine Ebene tiefer führen. Neben ihnen ist ein großes Schild, auf dem steht: *Hörsaal B 9 – Vordereingang.*

»Ich muss nur eine kurze Ansage loswerden, bevor ich zu dieser Fragestunde gehe. Wir sehen uns in einer Stunde oder so.« Und bevor ich ihn fragen kann, was er damit meint, ist er weg.

Jetzt bin ich vollkommen verwirrt. Was für eine Ansage? Wovon redet er? Ich gehe wieder zum oberen Eingang zurück und schaue hinein. Gary Vogel habe ich gleich wieder ausgemacht. Er ist kaum zu übersehen: Er albert mit seinen Kumpels herum, fläzt sich in seinen Sitz und faltet eines der Handouts zu einem Papierflieger.

»Was machst du da?«

Es ist Frida. Sie stellt sich neben mich und sucht mit den Augen den vollen Hörsaal ab. Ihre Züge werden härter, als sie Vogel und seine Clique entdeckt. Dann lenkt sie etwas anderes ab.

»Was macht denn Tolly da unten?«

Ich folge ihrem Blick. Tolly steht unten beim Vordereingang. Seine Tasche hat er wohl draußen gelassen, denn er hat nur einen Laptop und einen Ordner in der Hand.

»Keine Ahnung«, sage ich als Antwort auf ihre Frage.

Tolly betritt den Raum, aber eigentlich nimmt niemand Notiz von ihm, bis er die Tribüne betritt und sich dem Rednerpult nähert. Und was dann passiert, ist echt irre und bizarr. Als die Leute ihn bemerken, ebbt der Lärm und das Gerede im Raum ab, als wäre er jemand Wichtiges.

Immer mehr Menschen sind sich des sinkenden Lärmpegels bewusst und folgen dem Beispiel, bis es im Hörsaal ganz still ist.

Frida und ich schauen uns mit einem Blick an, der sagt: Siehst du, was ich sehe?

Was geht hier vor? Es ist nur Tolly. Nur ein Highschool-Schüler wie die meisten im Raum. Aber das ist nicht, was sie sehen. Sie sehen einen zottligen, bärtigen Riesen im Jackett eines alten Mannes, der, wenn man es nicht besser weiß, irgendwo in seinen Zwanzigern sein könnte. Vielleicht sogar älter. Bis Tolly sich hinter dem Mikrofon eingerichtet hat, ist die Aufmerksamkeit aller im Raum auf ihn fokussiert.

Das werde ich mir nicht entgehen lassen, deshalb gebe ich Frida ein Zeichen, und wir schlüpfen hinein und setzen uns auf die oberste Stufe von einem der Seitengänge. In der Zwischenzeit lässt Tolly unten auf dem Rednerpult alle möglichst lange warten, während er Zeit damit vertrödelt, seinen Laptop aufzubauen und den Inhalt seines Ordners durchzublättern. Mir fällt es schwer, nicht loszuprusten, wenn ich all die ernsten Gesichter sehe, die ihm zugewandt sind. Nur Fridas Gesicht drückt Erstaunen und leicht entsetzte Skepsis aus.

Schließlich ist Tolly bereit. Er räuspert sich, schiebt seine Brille hoch und fängt an zu reden.

»Bevor Sie die Ehre und das Vergnügen haben, heute Nachmittag Professor Bhatts Vortrag zu hören, habe ich ein paar kurze, aber wichtige Informationen für Sie, die verschiedene Bereiche der Juristischen Fakultät betreffen.«

Dann schaut er auf und wartet einige unangenehme Sekunden lang, bevor er mit einem leichten Anflug von Ungeduld und Ärger hinzufügt: »Vielleicht mögen Sie sich das notieren?«

Genial.

Auf seinen Hinweis folgt hektisches Suchen nach Stiften, Blöcken, Laptops und iPads. Unglaublich. Es ist, als wären Frida und ich die Einzigen, die die Machenschaften des außer Kontrolle geratenen Irren, der vor uns steht, durchschauen.

Als wieder Stille einkehrt, liest Tolly einfach irgendwelche Informationen aus den Flyern vor, die alle Anwesenden sowieso schon haben. Aber das macht keinen Unterschied. Sie notieren sie sich oder tun zumindest so als ob, um zu zeigen, dass sie sich an die Regeln halten. Es ist irre. Ich meine, was denken sie, wer Tolly ist? Einer von den Jura-Assistenten? Ein Doktorand? Präsident der Juristischen Gesellschaft auf dem Campus? Es spielt eigentlich keine Rolle, denn was immer Tolly ihnen anbietet, sie kaufen es. In großen Stückzahlen.

Als Tolly mit den Aushängen durch ist, zieht er ein Blatt Papier aus seinem Ordner, rückt seine Brille zurecht und betrachtet es.

»Oh, ich habe eine letzte Information. Sie ist für einen Mr ... Gary Vogel.«

Neben mir kommt Frida ein heiseres »O Gott« über die Lippen.

Tolly nimmt seine Brille ab, legt sie behutsam auf das Rednerpult und mustert das Publikum.

»Heute ein Gary Vogel anwesend? Wenn ja, könnten Sie sich bitte zu erkennen geben?«

Das haut mich um. »Geben Sie sich zu erkennen.« Er hat diesen Ausdruck direkt von unserem Rektor geklaut. Der Kerl macht mich fertig.

Gemurmel und allgemeines Herumgegucke folgen. Frida und ich wissen genau, wohin wir schauen müssen. Nach links und dann ungefähr zehn Reihen nach unten. Dort windet sich Vogel und versichert sich bei seinen Kumpeln, dass er richtig gehört hat. Schließlich streckt er die Hand in die Luft. Es scheint ihm nicht allzu sehr zu missfallen, dass die Aufmerksamkeit des gesamten Raums jetzt auf ihn gerichtet ist. Irgendwas sagt mir, dass sich das gleich ändern könnte.

Tolly setzt seine Brille wieder auf.

»Danke, Mr Vogel. Die Information, die ich für Sie habe, ist sehr wichtig, deshalb würden Sie gut daran tun, genau zuzuhören. Sie lautet …«

Tolly hält inne und verbannt jede Spur von Wohlwollen und Humor aus seinem Gesicht.

»Seien Sie nicht ein Leben lang ein Arschloch, mein Junge.«

Fridas Mund klappt auf, und sie packt mich mit beiden Händen am Arm. Auch sonst weiß niemand, wie er reagieren soll. Einige lachen nervös. Viele sehen verwirrt aus. Einige der anwesenden Eltern wirken entsetzt. Haben sie das richtig gehört? Noch viel mehr Leute drehen sich auf ihrem Sitz um, damit sie die Person, an die diese vollkommen unerwarteten Worte gerichtet sind, besser sehen können. Vogel selbst reagiert, als hätte man ihm gerade einen Eimer mit Eiswasser über den Kopf gegossen. Sein Gesicht ist rot, und sein Kopf bewegt sich in dem Versuch, zu verstehen, was hier gerade passiert, in alle Richtungen hin und her.

Aber Tolly ist noch nicht fertig.

»Außerdem, Mr Vogel: Wenn Sie das Glück haben, eines Tages an dieser großartigen Einrichtung Jura zu studieren, rate ich Ihnen dringend, dass Sie Ihr besonderes Augenmerk auf alle Vorlesungen zum Thema Belästigung – sexuelle oder andere – richten. Einstweilen kann diese Ansage als eine nützliche Zusammenfassung dienen. Ich wiederhole sie zu Ihrem eigenen Nutzen noch einmal: Seien. Sie. Kein. Arschloch.«

Diesmal gibt es nichts falsch zu verstehen. Der ganze Raum brummt und brodelt. Auf Gary Vogels Gesicht kämpfen Ärger, Verwirrung und Scham um die Kontrolle seiner Gesichtszüge. Doch auf den meisten Gesichtern, die sich in seine Richtung drehen, liegt ein verächtlicher und fragender Ausdruck.

Unten im Hörsaal verhält sich Tolly, als ob er sich des Aufruhrs, den er verursacht hat, absolut nicht bewusst wäre. Er schnappt sich Ordner und Laptop, wünscht allen viel Glück für die bevorstehenden Abschlussprüfungen und räumt lässig die Bühne. Auf dem Weg hinaus begegnet er einem ahnungslosen Professor Bhatt, der gerade hereinkommt. Tolly streckt die Hand aus, und Professor Bhatt schüttelt sie. Der Professor wirkt mehr als nur ein bisschen verwirrt über den Tumult im Hörsaal, während Tolly seinen Abgang macht.

Ich würde am liebsten jubeln und Tolly stehend Beifall klatschen, aber ich halte mich zurück. Frida sieht aus, als hätte sie gerade eine Erscheinung gehabt.

»Meine Güte«, sagt sie. »Meine Güte. Ich glaube, ich liebe Tolly.«

Verzweifelt hebe ich die Hände.

»Super. Na, dann kennst du jetzt den *wahren* Grund, warum ich euch all die Jahre auf Distanz voneinander gehalten habe.«

Ein schiefes Lächeln kriecht über ihre Lippen. Es lässt auch mich lächeln, als ich es sehe.

18.

DER WACHMANN

Frida und ich entkommen aus dem Hörsaal, solange noch ein bisschen Chaos herrscht. Sie braucht ein paar Minuten, bis sie ihren Zombiemodus abgeschüttelt hat und sprechen kann.

»Was ... war ... das gerade?«

»Keine Ahnung, aber ich würde sagen, dass dieser Gary Vogel eine ordentliche Tolly-Abreibung bekommen hat.«

»Hmmm-hmmm.« Frida ist irgendwie weggetreten und überwältigt, wie jemand, der gerade entdeckt hat, dass er in der Matrix ist. »Weißt du was? Ich glaube, ich könnte einen Kaffee vertragen. Magst du vielleicht einen Kaffee trinken gehen? Ich hab Lust auf Kaffee. Ja, das wäre gut. Kaffee. Lass uns das machen.«

»Okay ... wie wär's, wenn wir uns einfach einen Kaffee holen?«, schlage ich hilfsbereit vor.

»Noch eine bessere Idee.«

Wir gehen zur Treppe, die zum Ausgang im Erdgeschoss führt. Da fällt mir etwas ein.

»Mist. Warte kurz. Ich bring lieber noch den Feuerlöscher zurück.«

Ich jogge hinüber und ziehe den Feuerlöscher unter der Bank hervor, wo ich ihn verstaut hatte, und trage ihn den Flur hinunter zu der leeren Wandhalterung. Als ich gerade herausfinden will, wie ich ihn wieder anbringe, dröhnt hinter mir eine tiefe Stimme.

»Hey! Was machst du da?«

Ich wirble mit dem Feuerlöscher im Arm herum. Ein Wachmann, der aussieht wie eine Abrissbirne, steht direkt hinter mir. Außer ihm kann ich nichts sehen. Er ist wie eine menschliche Erdfinsternis. Vermutlich hat er Maori-Vorfahren, oder er stammt von einer der südpazifischen Inseln. Mein Gott, gemessen an seiner Größe könnte er sogar eine der südpazifischen Inseln *sein*. Er sieht gar nicht mal so alt aus. Vielleicht Anfang zwanzig. Schwer zu sagen. Aber eines ist klar: Der Kragen und die Ärmel des blauen Hemdes, das er fast zum Zerreißen spannt, waren niemals für einen Hals oder einen Bizeps wie den seinen gedacht. Ich hoffe, dass er freundlich und verständnisvoll ist. Aber wenn er das ist, dann verbirgt er es wirklich gut. Die Tattoos, die sich seinen Hals hinaufwinden, und sein rasierter Schädel geben in dieser Hinsicht ebenfalls wenig Anlass zu Optimismus. Auf seinem breiten Brustkorb prangt ein Namensschild. Es informiert mich darüber, dass ich von Angesicht zu einschüchterndem Angesicht einem gewissen Tomas Paonga gegenüberstehe.

»Alles gut, Kumpel. Ich mache nichts«, sage ich zu ihm. »Ich bring das hier nur zurück, mehr nicht.«

Ich komme mir vor wie ein kleines Kind, das beim Klauen von Lutschern erwischt wurde. Und man kann darauf wetten, dass ich auch so aussehe und klinge.

»Du hältst mich wohl für einen Idioten?«, sagt er mit einer Stimme, die vor sich hin tuckert und dabei einzelne Wörter wie schwere Steinblöcke ablädt.

Aber nicht doch. Es liegt mir fern, ihn für einen Idioten zu halten, und ich hoffe inständig, dass er nicht einmal eine Sekunde lang denkt, ich könnte ihn für einen Idioten halten.

»Nein. Überhaupt nicht. Ich sage Ihnen die Wahrheit. Ich wollte ihn gerade zurückbringen. Wirklich. Hier, Sie können ihn haben.«

Er nimmt den Feuerlöscher entgegen und schüttelt ihn. Seine Oberlippe scheint sich dauernd zu kräuseln, und seine dunklen Augen sind fest auf mich gerichtet. Das heißt das, was ich von ihnen sehen kann. Wieder purzeln ihm die Wörter in klobigen Silben aus dem Mund, während seine starre Miene ganz eindeutig Feindseligkeit ausdrückt.

»Hast damit herumgespritzt, was? Bisschen Spaß gehabt? Vor deinen Kumpeln angegeben? Vor deiner Freundin?«

»Was? Nein. Ich hab nicht mal eine Freundin. Ich hab es Ihnen schon gesagt. Ich habe nichts damit getan. Ich wollte ihn nur zurückbringen. Wirklich.«

Er feuert weiter Wörter auf mich ab und begräbt mich unter ihnen.

»Das ist kein Spielzeug, weißt du. Teuer. Und wichtig. Rettet Leben, nicht wahr? Was, wenn es brennt, und er ist leer? Oder kaputt? Oder nicht da? Nicht so lustig, oder? Eigentum der Universität stehlen und beschädigen. Das ist keine harmlose Sache. Das ist eine Straftat, kapiert?«

Straftat? Die Sache hier gerät deutlich außer Kontrolle.

»Passen Sie auf, hören Sie einfach zu, okay? Hören Sie einfach zu, was ich zu sagen habe. Ich sage die Wahrheit. Ich nehme ihn *nicht* weg. Ich habe ihn *nicht* benutzt. Ich habe ihn *nicht* kaputt gemacht. Ich habe *nicht* damit herumgefuchtelt. Ich wollte ihn nur zurückbringen. Mehr nicht. Nur das blöde Ding zurückbringen!«

Ich suche nach Wärme oder Mitgefühl in seinen kleinen dunklen Augen. Aber ich finde nichts. Er fasst nach unten, um etwas von dem klobigen Gürtel zu nehmen, der sich um seine Taille spannt. Er ist voll beladen mit Taschen, Beuteln und Ausrüstungsgegenständen. Einen entsetzten Herzschlag lang denke ich, er könnte nach einer Waffe greifen. Zum Glück hat er keine. Stattdessen zieht er einen Notizblock und einen Stift hervor.

»Personalausweis.«

»Wie bitte?«

»Personalausweis. Schülerausweis? Führerschein? Lernführerschein?«

Ich fasse mir an den Kopf, damit er nicht explodiert.

»Wollen Sie mich auf den Arm nehmen? Sie wollen mich auf den Arm nehmen, oder? Hören ... Sie ... das ist lächerlich. Wirklich. Ich habe nichts Falsches getan. Ich habe *gar nichts* getan! Ich sage die Wahrheit. Können wir einfach ...«

»Ausweis«, wiederholt er und schafft es, noch unfreundlicher zu klingen.

Ich ziehe mein Portemonnaie hervor, während ich weiterhin meine Unschuld beteuere, als ich eine vertraute, an den Rändern ausgefranste Stimme vernehme.

»Er ist nicht in Schwierigkeiten, oder? Bitte sagen Sie mir nicht, dass er in Schwierigkeiten ist. Er wollte nur helfen. Das ist alles meine Schuld. Was ist bloß verkehrt mit mir? Ich bin so ein Idiot.«

Frida ist hinter dem menschlichen Berg hervorgetreten und steht jetzt zwischen uns. Ihr Gesicht ist ganz zerknittert vor Sorge, und ihre dunklen Augenbrauen sind zu einem auf den Kopf stehenden V hochgezogen.

Der Wachmann lässt seinen Notizblock und den Stift sinken.

»Und wer sind Sie, Miss?«

»Zoe Kahlo.«

Ich widerstehe dem Drang, die Augen zu verdrehen.

»Kennen Sie diesen Jungen?«

»Eigentlich nicht. Wir haben uns erst vor ein paar Minuten kennengelernt. Er wollte mir nur helfen, mehr nicht. Wenn er irgendwie in Schwierigkeiten ist, dann liegt es nicht an ihm. Wenn jemand verantwortlich zu machen ist, dann ich, nicht er.«

Frida hat Tomas Paongas volle Aufmerksamkeit. Und meine. Ich beschließe, einfach den Mund zu halten und sie machen zu lassen, was sie am besten kann: Geschichten erfinden.

Sie verbirgt ihr Gesicht kurz in beiden Händen.

»Okay. Das ist so peinlich. Die Sache ist die. Ich *dachte,* in der Damentoilette wäre ein Feuer ausgebrochen. In der da drüben. Ich öffnete die Tür und sah diese große Rauchwolke und ... geriet einfach in Panik. Aber so was von. Ich rief um Hilfe. Und er tauchte auf.«

Sie zeigt auf mich.

»'tschuldigung, ich weiß nicht mal seinen Namen.«

»Sebastian«, stoße ich hervor, bevor ein kurzes Aufblitzen in Fridas Augen mir klarmacht, dass ich mir wahrscheinlich etwas anderes hätte einfallen lassen sollen.

»Hi, ich bin Zoe«, sagt sie und setzt dann ihre Geschichte fort. »Egal, ich habe ihm gesagt, dass es in der Toilette brennt, und er rannte los, holte den Feuerlöscher und stürmte einfach hinein. Aber ich hatte mich geirrt. Es war blinder Alarm. *Ich* war ein blinder Alarm.«

Frida verzieht das Gesicht und fährt sich mit einer Hand durch die Haare.

»Ich komme mir so blöd vor. Es war nur eine Gruppe von Schulmädchen, die da drin irgendwas geraucht haben. Hat ihnen einen Riesenschrecken eingejagt. Sie waren nicht sehr erfreut über mich. Allerdings kein Grund, solche Wörter zu benutzen.«

Tomas Paongas voreingestellter Gesichtsausdruck hat sich immer noch nicht verändert. Frida schließt die Augen und sackt in sich zusammen. Irgendetwas sagt mir, dass sie das nächste Level anpeilt.

»Wissen Sie, was ich getan habe, *klingt* dumm, und vermutlich *war* es auch dumm, aber ... seit unser Haus abgebrannt ist, als ich ein kleines Mädchen war, jagen mir Rauch und Feuer einfach panische Angst ein.«

Tomas Paonga hört jetzt wirklich zu. Und nicht nur er.

»Es tut mir leid. Ich kann nichts dagegen machen. Es bringt einfach alles wieder hoch. In diesem Zimmer zu sein. Mit brennenden Augen und stechenden Lungen aufzuwachen. Von meinem Vater hinausgezogen zu werden. Nicht zu wissen, ob der Rest der Familie in Sicherheit ist. Nan zu verlieren ...«

Nan zu verlieren?

Frida ringt um Fassung.

»Ich habe versucht, darüber hinwegzukommen, aber nichts hilft. Jedes Anzeichen von Rauch oder Feuer, sogar in einem Film oder in den Nachrichten, macht mich immer noch total fertig. Das wird wahrscheinlich auch so bleiben.«

Frida hebt den Blick zu Tomas Paongas großer, uneinnehmbarer Festung von einem Gesicht. Es ist unmöglich zu sagen, ob ihre Worte irgendeine Wirkung hatten. Sie greift nach ihrem Handy.

»Schauen Sie, ich nehme es Ihnen nicht übel, wenn Sie mir nicht glauben. Wenn Sie wollen, gebe ich Ihnen unsere Nummer, und Sie können meinen Dad anrufen. Er ist Senator. Senator Kahlo? Vielleicht haben Sie von ihm gehört? Egal, er wird Ihnen sagen können, dass alles, was ich von dem Feuer erzählt habe, stimmt.«

In Tomas' Augen flackert etwas auf, und sie wandern zwischen uns beiden hin und her. Und sind dann auf mich gerichtet.

»Und das ist wirklich passiert?«, fragt er, und ich lasse ihn wissen, ja, genau das ist zu hundert Prozent passiert.

»Und warum hast du das nicht selbst gesagt?«

Sehr gute Frage, Tomas! Ich fahnde in meinem Gehirn nach einer plausiblen Antwort.

»Weil ... ich ... einfach gedacht habe ... na ja, ich dachte, es würde so merkwürdig klingen ... Und Sie würden mir nicht glauben ... Sie würden denken, dass das alles nur ... Sie wissen schon ... erfundener Mist ist.«

Tomas zeigt mir die erweiterte Version seiner voreingestellten Miene. Dann schnaubt er und schiebt Block und Stift zurück in die Tasche an seinem Gürtel.

»Da hast du ganz richtig gedacht. Aber jetzt verschwindet. Alle beide. Haut ab. Aber wenn mir irgendwas von einem von euch zu Ohren kommt ... wird das nicht gut ausgehen für euch. Habt ihr verstanden?«

Voll und ganz, Tomas!

Frida und ich danken ihm vielleicht ein bisschen zu überschwänglich, machen uns möglichst schnell vom Acker und steuern den Great Court an. Wir erreichen den Fußweg, ohne ein Wort zu wechseln. Ich würde es auch gern dabei belassen, denn mir wirbelt zu viel im Kopf herum. Frida allerdings nicht.

»Du bist wütend auf mich, oder?«

»Wie kommst du darauf?«

»Weil du seit einer Ewigkeit kein Wort gesagt hast und schmollst.«

Sie hat natürlich recht. Aber das sage ich ihr nicht.

»Warum sollte ich?«

»Warum? Na ja, nach allem, was ich gesehen habe, bist du eine ziemlich geradlinige Person, die ungern etwas falsch macht oder Ärger bekommt, und die ganze Sache mit dem Wachmann müsste dir echt Sorgen bereiten und dir peinlich sein, und jetzt denkst du, dass nichts davon passiert wäre, wenn ich nicht so blöd und verrückt gewesen wäre, den Feuerlöscher überhaupt von der Wand zu nehmen, deshalb ist es meine Schuld, dass du Ärger bekommen hast, und das pisst dich echt an, aber du bist zu nett, um mir das direkt ins Gesicht zu sagen, deshalb hast du stattdessen entschieden zu leiden und verfluchst mich wahrscheinlich immer wieder wortlos. Darum. Wie war ich?«

Ich denke über Fridas tiefgehende Analyse nach, bevor ich antworte.

»Bist du wirklich *sicher,* dass du nach der Uni nicht Therapeutin werden möchtest?«, frage ich sie. »Aus meiner Sicht wäre das ein großer Verlust für diese Zunft.«

19.

DIE GESCHICHTE VON KAREN KRATZMAN

Wir gehen weiter auf dem Fußweg, der um den Great Court herumführt. Zwischen uns herrscht wieder Schweigen, aber ich bin mir nur allzu bewusst, dass Frida mir immer wieder übertrieben deutliche Blicke zuwirft. Ich ignoriere sie, deshalb gibt sie schließlich auf und fängt an zu reden.

»*Also*«, sagt sie, »obwohl ich absolut verstehe und nachempfinden kann, dass du total angepisst bist von mir, würde ich zu meiner Verteidigung gerne darauf hinweisen, dass ich dir vorhin sozusagen zu Hilfe kam und dich mit meiner Geschichte vor dem Wachmann gerettet habe.«

Das stimmt zwar, pisst mich aber noch viel mehr an.

»Jap, kann ich nicht leugnen. Das hast du getan, richtig. Vielen Dank. Du hast das seltene Talent, Dinge zu erzählen, die nicht stimmen.«

Der letzte Teil klingt laut ausgesprochen viel schroffer und fieser, als ich es mir in meinem Kopf vorgestellt habe. Immerhin so schroff und fies, dass Frida abrupt stehen bleibt.

»Woahh«, sagt sie. »Möchtest du mir irgendetwas sagen, Sebastian? Willst du etwas loswerden?«

Ich halte auch an.

»Vielleicht«, sage ich zu ihr.

Wir stehen mitten auf dem Fußweg, und weil wir gleich von einem

Pulk Studenten und Eltern überrannt werden, die angeführt von einem eine Fahne schwenkenden Freiwilligen eine der letzten Campusführungen des Tages machen, ziehen wir uns zwischen zwei Sandsteinsäulen auf einen etwas privateren Platz am Rande des Great Court zurück.

Kaum sind wir dort, schaut Frida mich an und breitet die Arme aus.

»Also, raus damit. Keine Hemmungen.«

Ich nehme die Einladung an.

»Also gut. Ist dir bewusst, was du heute alles so gesagt hast, was du mir über dich erzählt hast? Nun, ich frage mich, wie viel davon ist wirklich wahr? Ich meine, du hast all diese Geschichten für andere Leute erfunden – den Wachmann, Helena, die zwei von der Akustik-Gesellschaft. Vielleicht bin ich wie sie auch nur ein weiterer Zuhörer. Woher soll ich das wissen? Vielleicht ist alles bloß eine weitere Runde Theatersport für dich, und ich bin einfach nur das Publikum für deine Geschichten. Wie zum Beispiel die Geschichte, die du mir über deine Eltern erzählt hast. Stimmt das? Ist deine Mutter wirklich eine berühmte Malerin oder ist sie eher eine geschiedene Schauspielerin? Und was ist mit deinem Vater? Was war er noch mal? Psychiater? Senator? Holzfäller? Es ist nicht ganz einfach, den Überblick zu behalten. Und sogar du selbst. Ich meine, mit wem rede ich eigentlich? Mit Frida? Elsa? Zoe? Oder sonst jemandem?«

Wer immer sie ist, sie wirkt angesichts meiner Fragen eher gelangweilt als besorgt.

»Spielt das eine Rolle?«

Ich versuche, in ihrem Gesicht zu lesen, ob sie das ernst meint. Keine Chance.

»*Natürlich* spielt es eine Rolle.«

Ein leerer Blick richtet sich auf mich.

»Warum?«

»Warum? Nun, weil es schon schön wäre, wenn das, was dir jemand über sich selbst erzählt, eine ... na ja ... gewisse Basis in der Wirklichkeit hätte.«

Das erntet nur ein abschätziges Achselzucken.

»Und was ist so toll an der Realität?«

»Keine Ahnung ... Sie ist real.«

Sie bringt ein lahmes Lächeln zustande.

»Wirklich?«

Ich lächle ebenso lahm zurück.

»Pass auf, ich möchte dich einfach besser kennenlernen. Dein wirkliches Ich. Ist das so ungewöhnlich?«

Sie wirft mir einen kurzen Blick zu, bevor sie wieder wegsieht.

»Ein bisschen schon«, sagt sie überwiegend zu sich selbst. »Aber egal, ich verstehe dein Problem nicht. Du *wusstest,* dass all die anderen Geschichten nicht stimmen. Ich habe nicht einmal versucht, das zu verbergen. So wie dir klar ist, dass du mich nicht wirklich vor Karen Kratzman gerettet hast, richtig? Und ja, ich habe für diese anderen Leute Geschichten erfunden, aber das heißt nicht, dass das, was ich dir erzählt habe, nicht die Wahrheit ist.«

»Ja, das stimmt, nur manches offensichtlich nicht.«

»Zum Beispiel was?«

»Okay, du hast gesagt, du würdest aufs Kingston Mädchencollege gehen, aber du sagtest auch, dass du auf derselben Schule bist wie dieser Idiot Gary Vogel. Wie genau passt das zusammen? Haben seine Eltern *auch* einen Haufen Geld an den Kingston-Baufonds gespendet? Hat ihm das den ›Spielraum‹ gegeben, der einzige männliche Schüler auf einem Mädchencollege zu sein?«

Frida reibt sich die Stirn und schlenkert dann ungeduldig mit der Hand.

»Ja. Gut. Da meine Schulausbildung offenbar ein zentrales Thema für dich ist, will ich versuchen, es dir möglichst einfach zu erklären. Ja, du hast recht. Ich bin nicht auf dem Kingston. Ausgezeichnete Arbeit, Sherlock. Zurzeit bin ich auf der Bradford High. Aber nur noch bis zum Ende des Schuljahres. In der Zwölften werde ich auf das Kingston Mädchencollege gehen, weil ich, glaub es oder nicht – und vermutlich wirst du es eher nicht glauben –, tatsächlich ein Stipendium bekommen habe. Also ja, ich gebe zu, dass ich ein bisschen voreilig war, als ich sagte, dass ich *jetzt* auf dem Kingston bin. Tut mir leid. Aber verstehst du, ich bin so versessen darauf, dort anzufangen, dass ich in meinem Kopf irgendwie schon dort bin. Andererseits ist die Bradford High ein solcher Scheißladen, dass ich möglichst *niemals* auch nur daran denken möchte, dass ich auf diese Schule gehe. Klärt sich das damit für dich?«

Nicht ganz. Es beantwortet bestimmte Fragen, wirft aber andere auf. Diese zum Beispiel.

»Wie kommt es, dass du auf ein Stipendium warten musstest, bevor du auf das Kingston gehen konntest?«

»Was?«

»Warum haben deine ›wohlhabenden‹ Eltern dich nicht direkt auf das Kingston geschickt? Wenn sie so viel Geld haben, warum haben sie dich dann zuerst in einen ›Scheißladen‹ geschickt? Warum brauchtest du ein Stipendium für Kingston?«

Wieder reibt sie sich die Stirn.

»Okay, du hast mich wieder erwischt. Vielleicht sind meine Eltern nicht *ganz so* erfolgreich und begütert, wie ich behauptet habe. Vielleicht habe ich das nur gesagt, um zu erklären, wie ich auf dem Kingston sein kann, obwohl ich gar nicht so aussehe. Ich wünschte, meine Eltern wären schwerreich, dann müsste ich mich nicht noch mal ein Halbjahr lang mit Irren wie Vogel rumschlagen.«

»Dann stimmt das? Er geht wirklich mit dir zusammen auf die Bradford?«

»Leider ja. Diese Schule zieht fast ausschließlich Idioten an.«

Sie hält inne und hebt die Hände, als ob sie zeigen würde, dass sie nicht bewaffnet ist.

»Da hast du's! Jetzt kennst du die Wahrheit und nichts als die Wahrheit über mein beschissenes Schulleben. Zufrieden?«

Mehr oder weniger. Aber sie sieht nicht zufrieden aus, und es tut mir leid, dass ich sie ausgefragt habe. Vielleicht ist es an der Zeit, die Stimmung ein bisschen aufzulockern.

»Ja, nur dass ich immer noch ein bisschen sauer bin, weil ich herausfinden musste, dass ich dich im Kindergarten nicht wirklich gerettet habe. Mir hat die Vorstellung, ein Sandkastenheld zu sein, ziemlich gut gefallen.«

Fridas Gesichtszüge werden ein bisschen weicher und zeigen den Anflug eines Lächelns.

»Tut mir leid, Robin. Aber sei einfach dankbar, dass du dich nicht mit der verrückten Karen Kratzman rumschlagen musstest. Das wäre keine angenehme Erfahrung für dich gewesen.«

»Moment. Willst du damit sagen, dass es sie wirklich gab?«

Frida scheint ein bisschen überrascht von der Frage. Sie zögert ein bisschen, bevor sie antwortet.

»Ja. Leider. Nur zu wirklich.«

»Und ihr Sandsandwich-Trick?«

»Jap. Der auch. *Und* der arme kleine Junge, der es essen musste.«

»Und den du gerettet hast?«

»An dieser Stelle nein«, sagt Frida mit einer Spur echten Bedauerns in der Stimme. »Ich wünschte, ich hätte es getan. Aber es war jemand anderes.«

»Wow. Ich kann es kaum glauben. Karen Kratzman, die Durchgeknallte aus dem Sandkasten, hat es wirklich gegeben.«

Frida schaut über den Great Court und fährt mit einem Finger langsam immer wieder durch die kleinen herabhängenden Monde an ihrem rechten Ohr.

»Es hat sie wirklich gegeben, richtig. Allerdings hatte ich keine Ahnung, wie durchgeknallt sie war«, sagt sie. »Menschen tun, was sie tun ... und sind, was sie sind ... aus einem bestimmten Grund. Ich bin sicher, dass Karen Kratzman ihre Gründe hatte. Vielleicht war alles, was sie tat, nur eine Art ... Bewältigungsstrategie. Einfach ihre Art, mit ihrem beschissenen, verkorksten Leben klarzukommen.«

»Bewältigungsstrategie, was? Nicht schlecht. Du solltest *definitiv* noch mal überlegen, ob du nicht eine Therapeuten-Laufbahn einschlagen willst. Du klingst wie ein Naturtalent.«

Dafür ernte ich ein kleines Lächeln.

»Ich kenne eine ganze Menge Psychologie-Jargon«, sagt sie. »Dank meines Vaters.«

»Und was macht dich überhaupt so sicher, dass Karen Kratzman ein beschissenes, verkorkstes Leben hatte? War sie nicht nur kurze Zeit mit dir zusammen im Kindergarten, bevor sie ausgeschlossen wurde?«

Das kostet mich das Lächeln, denn Frida driftet in ihre eigene Welt ab. Ich warte, bis sie wieder zurückkehrt.

»Ich bin ihr wieder begegnet«, sagt sie. »Letztes Jahr. Auf einer Party.«

»Echt jetzt? Brachte sie eine Platte mit Sandsandwiches mit und wollte alle zwingen, sie aufzuessen?«

Frida antwortet ohne jeden Humor, als wäre mein Kommentar ernst gemeint gewesen.

»Nein. Ich bezweifle auch, dass sie das hätte tun können, selbst wenn sie es gewollt hätte. Sie war in einer schlechten Verfassung. Wirklich schlecht. Total besoffen. Ich habe sie erst erkannt, als jemand ihren Namen erwähnte. Sie war im Garten gestürzt und hatte sich das Knie aufgeschlagen. Ich half ihr. Wir kamen ins Gespräch. Wobei überwiegend sie redete. Erzählte mir ihr ganzes Leben. Hat sich bei mir ausgekotzt.« Frida verzieht das Gesicht bei der Erinnerung. »Am Ende auch buchstäblich. Weder das eine noch das andere war besonders angenehm.«

»Warum? Was hat sie gesagt?«

Frida schaut zuerst mich an und dann auf den Boden zwischen uns. Sie scheint unsicher, ob sie mir Karen Kratzmans Geschichte anvertrauen soll. Ich will ihr gerade sagen, dass sie es nicht tun muss, als ihre ausgefranste Stimme ertönt – monoton und mechanisch, als würde sie eine Einkaufsliste runterbeten.

»Kannte ihren Vater nicht. Wurde von einer drogenabhängigen Mum aufgezogen, die den ersten Schultag ihrer Tochter wählte, um eine tödliche Überdosis zu nehmen. Wurde dann von einem beschissenen Waisenhaus und einer beschissenen Stieffamilie zur nächsten gestoßen und eher wie ein Sklave oder ein Fluch behandelt als wie ein Teil der Familie. Musste nachts ihre Schlafzimmertür verbarrikadieren, um unerwünschte Besucher abzuhalten. Wurde von einem ihrer perversen Stiefväter als Aschenbecher benutzt ...«

»Was?«

Frida hält inne und schaut mich an.

»Aus Rache – weil sie sich geweigert hatte, für seine ›künstlerischen‹ Fotos zur Verfügung zu stehen«, erklärt sie.

»Ist ja unfassbar. Und du glaubst, dass sie dir die Wahrheit erzählt hat?«

Frida nickt.

»Wie kannst du so sicher sein?«

»Es gab Narben.«

Sie fährt mit den Fingern innen an ihrem Unterarm entlang.

»Hier unten.«

Ich stelle mir vor, wie die heiße Spitze einer Zigarette Fridas zarte, blasse Haut versengt. Der Gedanke zerrt an meinen Nerven und lässt mich schaudern.

»Mann. So ein kranker Scheißkerl. Du hast recht. Er ist der Verrückte, nicht sie. Hat sie sonst noch was gesagt?«

Frida schaut in die Ferne, als ob sie sich jenen Abend in Erinnerung rufen wollte.

»Sie hat mir noch etwas anderes erzählt, aber dann tauchten diese Typen auf, und die Party geriet außer Kontrolle. Ich beschloss zu gehen. Da war eine Gruppe von Jungs, denen ich überhaupt nicht traute. Ich warnte sie vor ihnen. Bat sie, mit mir zu kommen. Sagte ihr, es wäre gefährlich zu bleiben. Sagte ihr, dass sie verletzt werden könnte.«

Frida bleibt ein oder zwei Sekunden lang in ihren Erinnerungen gefangen, bevor sie sich davon frei machen kann.

»Und weißt du, was Karen Kratzman sagte, nachdem sie all das gehört hatte?«

Ich schüttle den Kopf.

»Sie sagte: ›Na und, wen juckt das?‹«

Das Lächeln, das über Fridas Gesicht aufscheint, setzt sich aus Trauer und Bedauern zusammen.

»Und was ist dann mit ihr passiert? Weißt du das?«

»Nichts Gutes«, sagt Frida. »Würde ich jedenfalls vermuten.«

Sie bleibt noch ein paar Sekunden lang abwesend und gedankenverloren, bevor sie sich erkennbar bemüht, die Vergangenheit abzuschütteln und in die Gegenwart zurückzukehren.

»Also bitte schön. Da hast du sie. Die Geschichte von Karen Kratzman. Falls du nicht denkst, ich hätte auch diese Geschichte erfunden.«

»Nein«, sage ich ihr. »Denke ich nicht.«

Und es stimmt. Ich glaube ihr. Ich hatte das diesmal überhaupt nicht gedacht. Woran ich eigentlich gerade denken musste, war, dass sich dieses ganze Gespräch doch darum drehen sollte, dass ich die echte Frida besser kennenlerne. Wieso sind wir so abgedriftet? Wie kam es, dass es in den vergangenen zehn Minuten um jemand anderes ging? Wie trat auf einmal Karen Kratzman an die Stelle von Frida? Hatte sie das absichtlich gemacht? Wurde ich bewusst ausgetrickst oder auf eine falsche Fährte gelockt? Ich habe keine Ahnung, deshalb versuche ich diese Gedanken gar nicht erst an mich ranzulassen. Aber sie kommen natürlich von ganz alleine.

»Nun, danke, dass du mir all das anvertraut hast. Wenigstens kann ich jetzt sagen, dass ich die echte Karen Kratzman ein bisschen besser kenne.«

Fridas Züge verhärten sich, und sie kommt einen Schritt auf mich zu. Mit einem Finger zeigt sie direkt auf mich.

»Weißt du, abgesehen von deinem Namen, dem Namen deines besten Freundes, auf welche Schule du gehst und der Tatsache, dass du hochfliegende Träume davon hast, Stadtplaner zu werden – was *ich* übrigens alles gerne akzeptiere und glaube –, weiß ich eigentlich auch nicht viel über *dich*. Warum zeigst du mir nicht einfach, wie man es richtig macht, statt die ganze Zeit die Glashaus-und-Steine-Nummer abzuziehen?«

»Was meinst du damit?«

»Na, warum fängst du nicht an und erzählst mir alles über dich und deine wunderbare Familie?«

»Okay. Klar. Kein Problem. Was möchtest du wissen?«

Ich versuche mein Bestes, angesichts ihres Vorschlags total entspannt und unbesorgt auszusehen und zu klingen.

Was kein Problem wäre, wenn es stimmen würde.

20.

DER BRUDER

Frida hat die Idee, zum Reden einen besseren Ort zu suchen, deshalb verlassen wir den Great Court und schlagen einen Pfad ein, der von der universitären Ringstraße durch eine buschige Parklandschaft zum großen Campus-See führt. Abseits des Pfades finden wir eine Bank unter einem Feigenbaum.

Frida präsentiert sie mir, indem sie mit den Händen darüberstreicht wie die Moderatorin einer Spielshow.

»Ahh, hier ist es doch angenehm«, sagt sie.

Und auf einmal kommt es mir so vor, als würde ich aufgefordert, es mir auf der Couch eines Psychiaters bequem zu machen.

Von der Bank aus haben wir eine gute Aussicht über den ganzen See. Er ist von Schilf und Seerosen eingefasst und übersät mit Enten und anderen Wasservögeln. Am gegenüberliegenden Ufer schleudern Springbrunnen neblig weiße Wassersäulen hoch in die Luft. In der Mitte des Sees erhebt sich eine Insel, die von großen Trauerweiden dicht bewachsen ist. Eine Schar weißer Vögel sammelt sich in und auf den Zweigen. In dem hellen Nachmittagslicht strahlen sie, als wären sie von innen beleuchtet. Frida und ich nehmen uns die Zeit, diesen schönen Ausblick zu genießen. Sie ergreift als Erste das Wort.

»Wie schön.«

Ich schaue sie an. Mit ihren blondierten Haaren und ihren weißen Kleidern leuchtet sie wie die Vögel. Ich finde die Aussicht ebenfalls toll.

So sitzen wir eine Weile, bis sie beginnt, ihre Fragen zu stellen.

»Also dann, deine Familie. Eltern?«

»Jap. Eine vorschriftsmäßige Mutter und ein vorschriftsmäßiger Vater. Jeweils einmal. Jim und Ester.«

»Und was machen sie?«

»Dad ist Holzfäller. Mum ist Bestatterin.«

Frida verzieht den Mund zu einem spöttischen Grinsen.

»Ja, ich habe gehört, dass ihr Sohn ein Klugschwätzer erster Güte ist. Möchtest du jetzt die Frage beantworten?«

Ich finde zwar, dass gerade sie sich diese Bemerkung nicht erlauben kann, aber ich tue, worum sie bittet.

»Dad ist Landvermesser. Mum ist Buchhalterin.«

Ich sehe, wie sie sich bemüht, ein Lächeln zu unterdrücken.

»Was dagegen?«, frage ich.

»Ein Landvermesser und eine Buchhalterin? Sie waren bestimmt total verblüfft und beschämt, als sie feststellten, dass sie einen Stadtplaner in die Welt gesetzt haben.«

»Und ja, Menschen, die sarkastische Bemerkungen über Stadtplaner machen, sterben auch nicht aus.«

Frida lacht einfach nur und schaut wieder zu den Vögeln auf dem See.

»Und ihr kommt gut miteinander aus? Du und deine Eltern?«

Das ist eigentlich nicht die Art von Frage, die ich erwartet hatte.

»Ja, schon. Warum?«

»Dachte nur. Ich meine, die Art und Weise, wie du vorhin wegen der Sache mit dem Feuerlöscher und dem Wachmann durchgedreht bist, und was Tolly darüber sagte, dass deine Eltern mit dem Schwulenprotest nicht so gut umgehen könnten wie seine. Ich dachte, sie wären entweder superstrenge Gestapo-Typen oder religiöse Extremisten oder verrückte Kultführer und du hättest Angst, irgendwas falsch zu machen, und sie könnten es herausfinden.«

Ich muss grinsen. Obwohl sie mit ihrer letzten Vermutung wahrscheinlich nicht gerade total danebenliegt.

»Nein. Ich kann dir versichern, dass meine Eltern keine nationalsozialistischen oder religiösen Irren sind. Und ich kann mich nicht erinnern, dass sie jemals behauptet hätten, lebende Götter zu sein, oder damit geprahlt hätten, nur von Luft leben zu können. Tut mir leid, dass ich dich enttäuschen muss. Wir sind tatsächlich eine ziemlich langweilige, ganz normale Familie.«

Frida nickt, während sie diese Information sacken lässt.

»Normal, was? Und was soll das heißen? Sie lieben dich, und du liebst sie?«

So eine Frage wurde mir noch nie zuvor gestellt. Es fühlt sich merkwürdig an, die Antwort laut auszusprechen.

»Mehr oder weniger. Ja.«

»Gut für dich«, sagt Frida leise, bevor sie weiterbohrt. »Und, Geschwister? Irgendwelche Brüder oder Schwestern in deiner glücklichen, langweiligen, normalen Familie?«

In meiner Brust zieht sich etwas zusammen, aber ich antworte so sachlich wie möglich.

»Keine Schwestern. Ein Bruder.«

»Wie heißt er?«

»Connor.«

»Jünger oder älter?«

»Älter.«

»Wie viel?«

Und da ist es. Früher wäre es so leicht gewesen, diese Frage zu beantworten. Jetzt erfordert sie ein Ausweichmanöver.

»Er wurde acht Jahre vor mir geboren.«

Feine Linien bilden sich auf Fridas Stirn.

»Gut. Okay. Dann ist er also acht Jahre älter.«

Ich weiß nicht genau, warum ich ihrer Aussage nicht einfach zustimme und es dabei belasse. Warum ich meine, ich müsste die Dinge klarstellen und diese zwei Worte sagen, mit denen ich gleich antworte? Vielleicht akzeptiere ich einfach das Unvermeidliche. Vielleicht hat es auch etwas damit zu tun, dass Fridas Stimme auf einmal so weich und flauschig klingt und die großen weißen Vögel gemächlich durch die Trauerweiden gleiten und in den Zweigen leuchten.

»Er *war*.« Das letzte Wort hängt für den Bruchteil einer Sekunde in der Luft, bevor es wie ein Geschoss explodiert.

Ich spüre, dass Fridas Augen eine Schicht nach der anderen von mir abziehen, obwohl ich sie gar nicht ansehe. So wie bei Tollys Spitznamen bringt sie die Wahrheit rasch ans Licht.

»Er ist tot«, sagt sie.

Es klingt so wahr und einfach, dass ich es noch einmal wiederhole.

»Er ist tot.«

»Das tut mir leid.«

Dann stellt sie keine Fragen mehr. Es ist, als ob sich eine Tür geöffnet hätte und sie zumindest für den Augenblick bereit ist, sich zurückzulehnen und darauf zu warten, was hindurchkommen mag.

»Ist schon okay. Es ist jetzt vier Jahre her. Er kam bei einem Verkehrsunfall ums Leben«, erzähle ich ihr. »Er war zwanzig. Ich war zwölf. Also ja, er war acht Jahre älter als ich, aber jetzt ist er nur noch halb so viel älter.«

Ich lasse die Vögel nicht aus den Augen, aber ich weiß, dass nicht nur sie unter Beobachtung stehen. Ich warte, ob Frida etwas sagt. Sie tut es nicht, und ich habe das drängende Gefühl, dass ich die Stille mit meinen Worten füllen muss.

»Weißt du, was merkwürdig daran ist? Als ich klein war, wünschte ich mir immer, ich könnte Connor einholen, damit wir dann irgendwann einmal gleich alt wären. Ich glaube, ich dachte tatsächlich mal, das sei möglich.«

Ich muss lächeln, wenn ich mir diese merkwürdige, vergangene Version meiner selbst vorstelle.

»Und jetzt wird sich in ein paar Jahren mein Wunsch erfüllen. Danach bin dann wohl ich der ältere Bruder.«

Es entsteht eine Pause, aber dann steigt neben mir wieder Fridas heisere, warme Stimme auf.

»Das muss schlimm gewesen sein. Jemanden zu verlieren, dem du so nahe warst.«

Es rührt sich kein Lüftchen, und die Nachmittagssonne taucht alles in eine Art künstliches Bühnenlicht. Ich weiß, dass sich hinter uns andere Menschen befinden und andere Geräusche zu hören sind. Aber in diesem Augenblick hier auf dieser Bank nehme ich nur unsere beiden Stimmen und die gelegentlichen Rufe der Vögel wahr.

»War es. Aber ... wir standen uns nicht besonders nahe. Zumindest nicht am Schluss«, sage ich. »Und eigentlich insgesamt nicht besonders lang.«

Sie drängt mich nicht zu einer Erklärung, aber ich weiß, dass ich ihr dennoch eine gebe. Ich kann nicht anders. Vielleicht gibt es ein paar Dinge, die ich endlich einmal aussprechen muss.

»Er hatte seine Probleme. Connor. Große Probleme. Er schien immer wegen irgendwas in Schwierigkeiten zu sein.«

Ich beuge mich vor und stütze die Ellbogen auf meine Oberschenkel.

»Nachdem er in der zehnten Klasse die Schule geschmissen hat, wurde es immer schlimmer. Er hat getrunken, sich geprügelt, Dinge kaputt geschlagen, wurde aus einem Job nach dem andern gefeuert, wurde verhaftet, weil er klaute, um sich Drogen zu kaufen, oder wegen Körperverletzung. Mum und Dad hatten schreckliche Angst, dass er sich selbst oder jemand anderes umbringen könnte. Dauernd war diese Angst in ihren Augen. Wegen Connor. Nach einer Weile hasste ich ihn dafür.«

Ich spüre, wie meine Stimme zittert, als die alten Gefühle in mir hochkommen, deshalb höre ich auf zu reden. Frida lässt das Schweigen eine Weile über uns hinwegströmen, bevor sie etwas sagt.

»Klingt, als ob dein Bruder Hilfe gebraucht hätte. Professionelle Hilfe.«

Sie hat natürlich recht.

»Ja. Definitiv. Und Mum und Dad haben alles versucht. Manchmal sah es auch so aus, als würde es funktionieren, und er versprach, dass er bei dem Programm, an dem er gerade teilnahm, oder den Medikamenten, die er nahm, bleiben würde. Jedes Mal glaubten meine Eltern ihm. Und jedes Mal enttäuschte er sie. Jedes einzelne Mal. Auch dafür hasste ich ihn.«

Die Erinnerungen an diese Enttäuschungen sind alte Wunden, die noch nicht richtig verheilt sind, und ich darf nicht an ihnen herumfummeln und kratzen.

»Am Ende war ich so weit, dass ich ihn nicht mehr in unserem Leben haben wollte. Ich wollte, dass er irgendwohin geht und uns in Ruhe lässt. Hat sich erfüllt, dieser Wunsch.«

»Der Unfall?«, sagt Frida und öffnet wieder eine Tür für mich. Ich gehe hindurch, und die Bilder jener Nacht entfalten sich eines nach dem anderen in meinem Kopf.

»Ja. Es war an Connors Geburtstag. Wir hatten wochenlang nichts von ihm gehört. Meine Eltern und ich waren zu Hause und warteten, ob er wohl auftauchen würde. Wir hatten ein paar Geschenke, und Mum hatte ein besonderes Geburtstagsessen gekocht, so wie sie es immer machte, für alle Fälle. Aber stattdessen kam die Polizei. Erzählte uns, dass Connor durch eine Alkoholkontrolle gerast war. Er hatte ein Polizeiauto gestreift und beinahe einen der Beamten überfahren. Deshalb verfolgten sie ihn. Ein paar Hundert Meter weiter machte die Straße eine scharfe Kurve, und Connor versuchte, sie viel zu schnell zu nehmen. Sein Auto kam von der Straße ab und krachte durch die Ziegelwand eines Hauses. Er war nicht angeschnallt. Und sofort tot. Das sagte zumindest die Polizei.«

»Mein Gott. Wie schrecklich«, flüstert Frida.

Ich muss mich schwer zusammenreißen, damit ich den nächsten Teil erzählen kann.

»Der Wagen krachte in ein Kinderzimmer. Ein kleines zweijähriges Mädchen schlief dort.«

Ich höre, wie Frida neben mir nach Luft schnappt.

»Sie fanden sie unter all dem Gips und den Ziegelsteinen und so. Sie lebte, aber hatte Schnittwunden und Prellungen am ganzen Körper und eine Gehirnerschütterung und einen gebrochenen Arm. Es war einfach nur Glück, dass sie überlebte. Wenn er das kleine Mädchen getötet hätte ...«

Ich halte inne, denn der Zorn erstickt meine Worte. Ich richte mich auf und atme tief ein. Wieder folgt ein langes Schweigen, während ich beobachte, wie der Nachmittagshimmel sich immer mehr rosa färbt.

»Meine Eltern werden niemals darüber hinwegkommen, dass sie ihn verloren haben. Das kann man auch nicht erwarten. Aber ich dachte, dass wenigstens die Angst aus ihren Augen verschwinden würde. Aber sie ist nicht verschwunden. Zumindest nicht vollständig. Sie bemühen sich, sie zu verbergen, aber ich kann sie immer noch manchmal sehen ... vor allem, wenn sie mich anschauen.«

Frida dreht sich zu mir. Auf ihrem Gesicht steht ein großes Fragezeichen.

»Haben deine Eltern Angst, dass du wie dein Bruder werden könntest?«

Es gelingt mir nicht, die Aggression zu unterdrücken, die sich meiner Stimme bemächtigt.

»Ich bin *nicht* mein Bruder«, knurre ich sie an.

Nein, wahrscheinlich nicht. Aber im Augenblick klinge ich verdammt nach ihm.

21.

DIE ERINNERUNGEN

Hey, was ist eigentlich mit dem Kaffee, den du mir versprochen hast?«

»Klar. 'tschuldigung. Kommt gleich.«

Es ist eine Weile her, seit einer von uns etwas gesagt hat, und ich bin froh um die Gelegenheit, mich zu bewegen. Ich glaube, das sind wir beide. Wir verlassen die Bank in Richtung Cafeteria, aber auf dem Weg dorthin kommen wir an einer mobilen Kaffeebude vorbei, in der es selbstgebackenen Kuchen und Muffins gibt. Auf einer Art Terrasse stehen ein paar kleine Tische und Stühle. Ich deute auf das handgeschriebene Schild, das Kaffee und Kuchen zum halben Preis für Schüler mit Ausweis anpreist.

»Klingt gut. Was meinst du?«

»Ah, ja, prima.« Frida schaut sich um. »Und weniger voll und laut als sonst irgendwo.«

»Super. Hast du deinen Schülerausweis dabei?«

»Ja ... Aber geh du vor und bestell, was du möchtest ... Und ich besetze so lange einen Tisch. Ich hole mir dann danach was.«

Das erscheint mir zwar nicht unbedingt nötig, weil nicht besonders viel los ist, aber Frida steuert schon einen Tisch am Rand der Terrasse an. Und schon bald sitzen wir uns gegenüber, schlürfen heißen Kaffee und teilen uns einen großen prallen Blaubeermuffin und eine dicke Scheibe Bananenbrot.

Mir geht immer noch durch den Kopf, was ich über Connor gesagt habe. Frida offenbar auch. Sie bricht ein Stück Muffin ab und führt es zum Mund. Dann hält sie inne, als ob ihr gerade ein Licht aufginge.

»Das Lied, das du mir vorhin vorgespielt hast. Es handelt von deinem Bruder?«

Es ist eher eine Aussage als eine Frage, aber ich nicke.

»*Wie jemals wieder eine neue Seite aufschlagen?* Es geht darum, was mit ihm passiert ist und wie man weitermachen soll, nicht wahr? Um den Versuch, dein Leben wieder zurückzugewinnen.«

Ich bestätige auch das.

»Kein schlechtes Bild.«

»Für einen Stadtplaner?«, komme ich ihr zuvor.

Sie lacht. »Das hast du gesagt.«

»Na ja, trotzdem vielen Dank. Aber ich schätze, ich sollte Farbe bekennen. Ich habe diesen Satz sozusagen von meiner Großmutter geborgt beziehungsweise geklaut.«

»Von deiner Großmutter?«

»Jap. Von Nanna Rose.«

Frida hebt eine Hand.

»Warte. Stopp. Nanna Rose? Deine Großmutter heißt Nanna Rose? Und wie heißt dann dein Großvater? Bitte, das muss ich wissen.«

»Poppy Bob.«

»Das wird ja immer besser.«

Sie grinst und macht sich über mich lustig. Aber das ist mir egal. Ich freue mich, dass sie lächelt, denn ich mag es, wie sich dabei ihre schmale Oberlippe wölbt. Und die Grübchen, die sich kurz zeigen. Dauernd finde ich neue Dinge an ihr, die ich mag.

»Du findest *das* lustig?«, sage ich zu ihr. »Meine anderen Großeltern heißen Marge und Homer.«

Sie hat gerade einen Schluck Kaffee genommen und muss sich jetzt mit einer Hand den Mund zuhalten und die andere wie einen kaputten Propeller herumschwenken, damit sie den Kaffee nicht überallhin versprüht. Herrlich. Einfach nur herrlich.

Als sie sich schließlich wieder eingekriegt hat, ist ihr Gesicht ganz rot und sie versucht, verärgert auszusehen, hat aber offenbar immer noch Mühe, sich zu beherrschen. Schließlich hat sie sich wieder so weit gefangen, dass sie mich mit zusammengekniffenen Augen vorwurfsvoll anschauen kann.

»Also, bevor wir abgelenkt werden. Du wolltest mir erzählen, wie du in schändlicher Weise das geistige Eigentum deiner armen alten Omi an dich gerissen hast.«

»Wollte ich?«

»Ja, wolltest du, weil du weißt, wie sehr ich Geschichten liebe.«

Ja, das weiß ich. Außer vielleicht die wahren über dich selbst, denke ich. Aber diesen Gedanken behalte ich für mich.

»Also gut. Zeit für die Beichte. Ich war zum Rasenmähen bei Nanna Rose. Und vielleicht spürte sie, dass die Sache mit Connor mich sehr belastete. Als ich fertig war und wir zusammen etwas aßen, zog sie jedenfalls ihr altes Fotoalbum heraus und zeigte mir eine Aufnahme von ihrem ersten Mann. Dem Typen, mit dem sie verheiratet war, bevor sie den Dad meiner Mutter heiratete.«

»Also Poppy Bob.« Noch ein Grinsen. Ich ignoriere es.

»Okay. Sehr gut. Egal. Du hältst Vogel für einen Arsch? Na ja. Nanna Roses erster Ehemann war ein absoluter Mistkerl. Schlug sie einige Male krankenhausreif.«

Fridas Züge verhärten sich.

»Zum Glück waren sie nur ein paar Jahre zusammen, dann starb er, weil ein Traktor auf ihn draufkippte. Nan sagt, das erkläre ihre Liebe zu Landmaschinen.«

Frida nickt zustimmend.

»Ich glaube, ich würde deine Nanna Rose mögen. Aber warum bewahrt sie ein Foto von diesem Kerl auf?«

»Genau das habe ich sie auch gefragt, und sie sagte, sie würde es aufbewahren, weil es keinen Sinn habe, so zu tun, als habe er nie existiert. Außerdem gefalle es ihr, dem Bastard in die Augen zu schauen und dann eine neue Seite aufzuschlagen – eine Seite mit besseren und glücklicheren Erinnerungen – und den Bastard in der Vergangenheit zu begraben. Sie meinte, ich sollte das auch tun. Connors Tod sei traurig, aber weder zu ändern noch ungeschehen zu machen. Ich müsste mich mit ihm abfinden, ihn akzeptieren und langsam eine neue Seite aufschlagen.«

Frida starrt in ihre Kaffeetasse.

»Schöner Gedanke«, sagt sie. »Aber nicht so einfach, wie er klingt, würde ich vermuten.«

»Nein. Überhaupt nicht. Als Connor starb, war es, als ob ... alles einfach stillsteht und nichts mehr irgendwas bedeutet oder Sinn hat. Ich hatte das Gefühl, dass wir für immer so erstarrt und in uns selbst eingesperrt bleiben würden. Ich glaubte nicht, dass irgendjemand von uns jemals wieder weitermachen könnte.«

Da kommt mir ein Gedanke, der so merkwürdig ist, dass ich lächeln muss.

»Ein bisschen so, als wäre man der schwarze Tropfen in Tollys erstaunlichem Harztropfenexperiment.«

Frida schaut hinunter in ihre Tasse und kippt sie vor und zurück. »Und jemand muss dich nur antippen, und du zerbrichst«, sagt sie zu ihrem Kaffeerest.

Als sie den Kopf hebt, treffen sich unsere Blicke, und wir schauen uns an.

»Das wird gerade ziemlich morbid, was?«, sagt sie. »Vielleicht ist es an der Zeit, dass wir weitergehen und eine neue Seite aufschlagen, um zu etwas Positivem zu gelangen. Nachdem ich jetzt das Schlechte gehört habe, könntest du mir doch auch noch etwas wirklich Gutes über deinen Bruder erzählen? Was ist deine glücklichste Erinnerung an ihn? Es muss eine geben.«

Ein Bild von Connor in unserem Wohnzimmer steht vor meinem geistigen Auge. Sein Gesicht ist ruhig und er konzentriert sich. Er erlaubt sich sogar zu lächeln.

»Das ist ganz leicht«, sage ich zu ihr. »Da war dieses eine Mal, als wir monatelang nichts von ihm gehört hatten und er eines Abends völlig unerwartet zu Hause auftauchte und bedeutend besser aussah als seit Ewigkeiten. Wir erfuhren, dass er an einer überbundesstaatlichen Drogen-Rehamaßnahme teilgenommen hatte. Jedenfalls war es ein paar Tage nach meinem Geburtstag, und ich hatte im Wohnzimmer auf meiner neuen Gitarre gespielt, die Mum und Dad mir geschenkt hatten. Connor hatte meinen Geburtstag natürlich völlig vergessen, aber als er mich sah, ging er hoch und kramte seine alte Gitarre raus und stimmte sie auf meine. Hast du so was jemals gemacht? Zwei Gitarren gestimmt?«

»Na ja, du hast gesehen, wie ich Gitarre spielen kann. Was denkst du wohl?«

»Ich nehme das als eindeutiges Nein. Okay. Also, wenn du die Saiten an zwei Gitarren anschlägst, die nicht gestimmt sind, hörst du das. Es entsteht so ein vibrierender Klang, als würden die Töne gegeneinander kämpfen. Aber wenn du eine der Saiten anpasst und die beiden Töne sich langsam angleichen, gibt es immer weniger Vibrationen, bis sie schließlich ganz verschwunden sind und die beiden Saiten einen einzigen Ton hervorbringen. Dann sind die beiden Saiten gestimmt. Und wenn man das mit allen Saiten gemacht hat, ist man fertig.«

Frida lächelt. »Danke für die Lektion. Wie viel schulde ich dir?«

»Die erste geht immer aufs Haus«, sage ich zu ihr. »Aber du hast nach meiner liebsten Erinnerung an Connor gefragt, und so hat sie an jenem Abend begonnen. Wir beide sitzen da und stimmen unsere Gitarren. Wir hatten jahrelang nichts zusammen gemacht, und es fühlte sich einfach an, als ob der ganze Mist und Wahnsinn, der sich zwischen uns aufgetürmt hatte, einfach verschwunden wäre und Connor und ich uns auch wieder näherkämen. Als ob nicht nur die Gitarren in Einklang gebracht würden. Ich glaube, das hört sich ziemlich blöd an.«

»Nein«, sagt Frida. »Eigentlich eher schön als blöd, finde ich.«

Ich betrachte Fridas nachdenkliches, ernstes Gesicht. Die untergehende Sonne verleiht ihrer blassen Haut einen warmen Schimmer. Wenn das einer dieser romantischen Liebesfilme wäre, über die ich heute Morgen fantasiert habe, und wenn ich die Hauptrolle spielte, wäre dies die Szene und der Augenblick, in dem ich ihr sage, was *ich* schön finde. Aber offensichtlich ist das hier kein Film, und ganz gewiss spiele ich nicht die Hauptrolle, also erzähle ich stattdessen meine Geschichte zu Ende.

»Jedenfalls ... nachdem wir die Gitarren gestimmt hatten, spielten wir ein paar Lieder zusammen. Wir klangen ziemlich gut. Connor machte sogar Scherze darüber, dass wir auf Tournee gehen sollten. Und als Mum und Dad hereinkamen und zuhörten, lag keine Angst in ihren Augen. Nur Freude. Wir spielten ein paar Stunden lang, dann wurde Connor ein bisschen unruhig und verließ uns. Aber ja, dieser Abend, die Gitarren stimmen, ein bisschen reden, singen und diese Lieder spielen, nur er und ich, das ist definitiv bei Weitem meine liebste Erinnerung an Connor. Ich wünschte mir damals, dass dieser Abend niemals enden würde.«

Frida berührt mit der Hand kurz meinen Arm und nimmt sie dann wieder weg.

»Das ist eine wunderbare Erinnerung. Wirklich. Ich hoffe, ihr hattet die Gelegenheit, das noch einmal zu tun.«

»Nur einmal«, sage ich. »Ein paar Wochen bevor er starb.«

Und bevor ich es verhindern kann, bricht die Erinnerung an diesen Abend über mich herein.

Unser Wohnzimmer. Ich. Allein zu Hause. Beim Gitarrespielen. Connor stolpert herein. Ungestüm. Aufgewühlt. Reißt Schubladen heraus. Sucht nach Geld. Wirft mit Dingen um sich. Verlässt den Raum. Kommt wieder zurück, seine alte Gitarre in einer Hand. Schlägt sie gegen Wände und Möbel. Stolpert zu mir. Setzt sich dicht neben mich. Zu dicht. Sein Blick ist wirr und verzweifelt. Er bemüht sich, seine Gitarre auf meine zu stimmen. Aber er dreht am falschen Wirbel oder am richtigen Wirbel, aber in die falsche Richtung. Oder zu weit. Viel zu weit. Schreit mich an, dass er weiß, was er tut. Speichel hängt an seinem Kinn. Er reißt jetzt an den Wirbeln. Dreht sie. Schlägt mit der Faust darauf. Schürft sich die Knöchel auf. Blutet. Packt die Saiten und zerrt an ihnen. Immer wilder. Immer zorniger. Immer aufgewühlter. Springt auf die Füße. Die Gitarre hoch über den Kopf erhoben. Senkt sie. Schlägt sie auf den Tisch. Noch einmal. Und noch einmal. Bis sie nur noch aus Saiten und daran hängenden einzelnen Holzstücken besteht. Heftiges Atmen. Schweiß. Flackernde Augen. Flackernde Augen, die mich anschauen. Die meine Arme anschauen, die meine Gitarre in den Blick nehmen. Meine neue Gitarre. Meine erste Gitarre. Mein Geburtstagsgeschenk. Ich schreie. Ich bettle. Nein. Nein, bitte. Bitte tu es nicht. Die Gitarre wird mir entrissen. Meine neue Gitarre. Meine erste Gitarre. Mein Geburtstagsgeschenk. Sie fliegt hoch in die Luft und wird dann mit Karacho nach unten geschleudert und zertrümmert. Und noch einmal. Bruchstücke schleudern in mein Gesicht. Möbelstücke werden beiseitegestoßen. Ein Fluch zum Abschied. Eine Tür fällt krachend ins Schloss. Stille. Absolute Stille. Unser Wohnzimmer. Wieder nur ich. Allein. Aber jetzt weinend.

»War das auch eine gute Erinnerung?«, fragt Frida mich.

Ich sehe einen Anflug von Angst in ihren Augen, als sie auf meine Antwort wartet. Aber da ist noch etwas anderes: Hoffnung.

»Vielleicht nicht *ganz* so gut«, sage ich nur.

22.

DER SCHÜLERAUSWEIS

Ich glaube, ich habe endlich herausgefunden, worin Fridas besondere Begabung besteht: andere Menschen zum Reden bringen. Ihr Vater wäre stolz auf sie. Der Psychiater mehr noch als der Holzfäller oder der Senator. Aber das Ganze war definitiv zu einseitig. Ich finde, es ist an der Zeit, dass mal jemand anderes seine Karten auf den Tisch legt.

»Und was ist mit dir und deiner Familie? Brüder oder Schwestern?«

Sie legt die Hände um ihren Kaffeebecher.

»Nein.«

»Nicht einen?«

»Nein. Nur meine Wenigkeit. Und natürlich meine Eltern. Aber von ihnen habe ich dir schon erzählt.«

Ja, das hast du in der Tat. Du hast erzählt, dass sie reich sind, aber dann auch wieder nicht so reich. Sie sind entweder glücklich verheiratet oder – nach der Geschichte, die du der Akustik-Gesellschaft präsentiert hast – geschieden. Deine Mutter ist Malerin oder vielleicht auch Schauspielerin, und dann gibt es natürlich noch deinen Vater, den psychiatrischen Senator und Teilzeitholzfäller.

Ich warte ab, um ihr die Gelegenheit zu geben, noch etwas hinzuzufügen. Irgendwas. Ich benutze sogar ihre Technik der hochgezogenen Augenbrauen, um deutlich zu machen, dass ich neugierig bin und offen dafür, mehr zu erfahren. Aber es kommt nichts mehr. Sie bewegt ihre

Lippen rasch zwischen Lächeln und Nicht-Lächeln hin und her, bricht sich ein Stück Bananenbrot ab und kaut es langsam.

»Boah, ist das gut«, stöhnt sie. »Bananenbrot ist der Rolls-Royce unter den Broten. Meiner bescheidenen Meinung nach.«

Das ist zu viel. Ich kann den Sarkasmus, der sich in mir aufgestaut hat, nicht mehr zurückhalten.

»Gut zu wissen. Vielen Dank auch, dass dein Vertrauen zu mir so groß ist und du mir sogar deine intimsten Gedanken über Bananenbrot anvertraust. Ich habe *wirklich* das Gefühl, dich jetzt richtig gut zu kennen.«

Frida lässt den Rest des Bananenbrotes auf ihren Teller sinken. Sie streckt mir ihr Kinn entgegen und bekämpft Sarkasmus mit Sarkasmus.

»Oh, es tut mir wirklich leid, dass ich ein Einzelkind bin. Ich entschuldige mich. Ich erkenne, wie *egoistisch* es von mir ist, keine Erlebnisse mit meinen *nicht existenten* Geschwistern zu haben, die ich dir anvertrauen könnte. Vermutlich könnte ich ein paar für dich erfinden, wenn du magst, aber irgendwie habe ich das Gefühl, dass du gegen so was bist und eher auf die Wirklichkeit stehst. Oder soll ich meine Eltern anrufen und sie bitten, sich nur für dich an die Arbeit zu machen und rasch ein paar Geschwister zu produzieren? Wärst du damit zufrieden? Könnte allerdings ein bisschen dauern. Bist du bereit zu warten?«

Ich erwidere das Feuer.

»Wären das dann deine reichen Eltern oder deine nicht so reichen? Und apropos – ich komme einfach nicht dahinter. Sind das noch die Malerin und der Psychiater, oder hat sich das schon wieder geändert? FBI-Agentin und Astronaut vielleicht? Transe und Drogenbaron?«

Kaum habe ich das ausgesprochen, bemerke ich, dass ich zu weit gegangen bin. Fridas Miene verschließt sich, und eine Art unsichtbare Wand richtet sich zwischen uns auf. Sie feuert ein paar letzte Worte gegen mich ab, bevor sie sich zurückzieht.

»Hey, nur dass du mir von deinem Bruder erzählt hast, heißt nicht, dass ich dir irgendwas schulde. Ich habe dich nicht dazu gezwungen. Das war *deine* Entscheidung.«

Wir sitzen schweigend da und vermeiden es, uns anzusehen. Ich trinke meinen Kaffee aus und stochere im letzten Rest des Muffins herum. Es fällt mir schwer zu schlucken. Verzweifelt krame ich in meinem Gehirn, was ich sagen könnte, um die Kommunikationskanäle wieder zu öffnen. Was ich finde, klingt ziemlich lahm.

»Ich sollte Tolly schreiben und ihm sagen, wo wir sind. Seine Fragestunde müsste jetzt zu Ende sein.«

Frida zeigt nicht die geringste Reaktion, deshalb ziehe ich mein Handy raus und lasse mir Zeit beim Schreiben. Wenigstens habe ich dann was zu tun. Die Antwort kommt sofort.

»Tolly sagt, dass es noch läuft. Er schlägt vor, uns direkt vor A 6 zu treffen. Wenn wir nicht dort sind, kommt er hierher.«

Wieder bekomme ich absolut kein Feedback von Frida. Als ob auch ihr gutes Ohr dichtgemacht hätte. Zumindest mir gegenüber. Ich lehne mich in meinem Stuhl zurück und zwänge mein Handy in die vordere Tasche meiner Jeans. Dabei erregt etwas unter dem Tisch meine Aufmerksamkeit – ein Schülerausweis, der mit der Rückseite nach oben auf dem Boden liegt. Ich checke rasch, ob ich meinen Ausweis bei mir trage.

»Hey, ist dir dein Schülerausweis runtergefallen?«, frage ich Frida, während ich unter den Tisch greife.

In ihrer versteinerten Miene blitzt eine Gefühlsregung auf, die ich nicht einordnen kann. Sie schaut unter den Tisch, wo meine Hand hingreift.

»Ja, das ist meiner. Lass ihn. Ist gut. Ich heb ihn auf.«

Zu spät. Ich hab den Ausweis schon in der Hand.

»Kein Problem. Ich hab ihn.«

»Danke. Gib ihn her. Gib ihn mir. Schau nicht drauf. Bitte.«

Ihre Stimme wird immer dringlicher. Fast panisch. Ich hebe den Ausweis auf den Tisch. Meine Finger umschließen ihn fest.

Warum regt sie sich so auf? Warum will sie nicht, dass ich ihren Schülerausweis anschaue? Was soll ich nicht sehen? Oder wissen? Sag bloß, die ganze »Ich gehe auf die Bradford« ist auch nur eine ihrer erfundenen Geschichten?

»Was ist los?«, frage ich sie.

»Nichts. Nichts ist los. Ich will einfach nur, dass du mir meinen Schülerausweis gibst, mehr nicht. Ist das so eine große Sache? Ist das zu viel verlangt?«

Sie ist jetzt wütend. Aber auch ängstlich. Warum? Es ist nur ein Schülerausweis. Was gibt es da zu befürchten? Sie atmet tief ein, um sich zu beruhigen, aber die Anspannung auf ihrem Gesicht löst sich nicht.

»Schau mal, es geht nur um mein Foto, okay? Ich weiß, dass das blöd ist, aber ich finde es schrecklich. Das ist alles. Zu Beginn des Schuljahres, direkt bevor die Fotos in unserer Klasse gemacht wurden, beschloss meine Haut, diesen mega Pickelausbruch zu haben. Es war ekelhaft. Als ob ich die Pocken hätte oder so. Schlimmstes Foto ever. Vogel und seine Kumpels haben mich damit die ganze Zeit aufgezogen. Also bitte schau es dir nicht an. Es ist grässlich und peinlich. Gib mir den Ausweis einfach rüber. Bitte.«

Ich betrachte ihr Gesicht. Ihre blasse, reine Haut ist mit ein paar hellen Sommersprossen überzogen und nur von der blassen Narbe über ihrer Nasenwurzel gezeichnet. Sie sagt nichts mehr, aber ihre Augen flehen mich immer noch an. Ich bewege meine Hand nach vorne, um den Ausweis zu übergeben.

Keine Ahnung, warum ich dann tue, was ich tue.

Vielleicht, weil ich einfach genug habe von all den Geheimnissen, die sie umgeben, und all den Geschichten, die sie verbirgt. Vielleicht, weil ich einfach wissen muss, ob sie mir die Wahrheit sagt, und ich zum ersten Mal eine Art Beweis direkt in der Hand halte. Und vielleicht, weil ich denke, dass ich nach all dem, was ich ihr über Connor erzählt habe, auch das Recht dazu habe.

Natürlich rechtfertigt nichts davon, was ich tue. Aber es hält mich auch nicht davon ab, es zu tun.

Ich drehe den Ausweis um und schaue ihn an.

Zuerst sehe ich das Wappen der Bradford High und den Namen Bradford. So viel stimmt also.

Als Nächstes schaue ich mir das Foto von Frida an. Es ist nicht das beste Bild der Welt, das gestehe ich ihr zu. Eher polizeiliches Fahndungsfoto als Hochglanzillustrierte, aber ihre helle Haut ist perfekt.

»Keine Ahnung, wovon du redest«, sage ich zu ihr. »Mit deinem Foto ist überhaupt nichts verkehrt. Du siehst gut aus. Vielleicht ein bisschen grimmig und schlecht gelaunt, als wenn du gegen deinen Willen festgehalten würdest, aber wenn du *das* schlecht findest, dann solltest du ...«

Und dann sehe ich es. Es ist so offensichtlich, dass ich mich frage, warum ich so lange gebraucht habe.

Ich schaue von dem Gesicht auf dem Ausweis zu der lebenden Version mir gegenüber, wo sich eine aufgewühlte Mischung aus Schrecken und Angst rasch in Zorn verwandelt.

Der Ausweis wird mir aus der Hand gerissen.

Der Ausweis von Karen Kratzman.

23.

DER ANRUF

Eine heisere Stimme trifft mich wie ein Schlag ins Gesicht.

»Genau. Hör einfach nicht auf mich. Nur zu. Mach einfach, was immer *du* willst.«

Sie stößt ihren Stuhl nach hinten, dessen Beine über den Boden schrappen, und steht auf. Dann sammelt sie ihre Sachen zusammen.

»Warte. Wohin gehst du?«

»Weg.«

»Nein, mach das nicht. Bitte bleib. Es tut mir leid. Ich hätte nicht schauen sollen. Können wir einfach ... noch mal neu anfangen?«

Sie antwortet nicht. Stattdessen wirft sie ihre Wasserflasche in ihre Tasche und schlingt sie sich über die Schulter. Ich schnappe mir ebenfalls meine Sachen. Wieder ertönt die eisige Stimme. Kräftiger. Noch wütender.

»*Wehe,* du folgst mir. Hast du gehört? Ich möchte, dass du mich in Ruhe lässt. Kannst du das? Kannst du diesmal tun, was *ich* will? Hä? Bist du dazu in der Lage?«

Zum Ende hin ist ihre Stimme nicht mehr so fest. Sie blinzelt die aufkommenden Tränen in ihren Augen weg und beißt die Zähne zusammen. Ich setze mich wieder hin und bleibe sitzen, während sie sich zwischen den Tischen hindurchschlängelt, hinaus auf die Ringstraße tritt und in einer Gasse zwischen zwei Gebäuden verschwindet.

Jede Faser meines Körpers will aufspringen und hinter ihr herrennen. Aber ich tue es nicht. Ich kann es nicht. Also lasse ich die Einmündung der Gasse nicht aus den Augen, immer in der Hoffnung, eine der herauskommenden Personen könnte sie sein, weil sie es sich anders überlegt hat.

Aber sie ist nicht dabei.

Ich bleibe sitzen und überlege, was ich jetzt tun soll. Soll ich einfach hier warten oder sie verfolgen? Ich beschließe, dass ich mich am besten nicht vom Fleck rühre. Darum hatte sie mich gebeten. Wenn ich ihr ein bisschen Zeit lasse, beruhigt sie sich vielleicht, und wenn ich dann immer noch hier bin, weiß sie wenigstens, wo sie mich findet. Es ist ein Plan, ein ziemlich deprimierender und blöder Plan, aber mehr habe ich gerade nicht.

Der Tag der offenen Tür neigt sich langsam seinem Ende zu, und es sind bei Weitem nicht mehr so viele Menschen unterwegs. Das späte Nachmittagslicht ist inzwischen nicht mehr so hart und grell, sondern hat diesen faden, ausgewaschenen Ton des zur Neige gehenden Tages angenommen. Das passt ziemlich gut zu den gegebenen Umständen und meiner Gefühlslage. Ich starre auf den leeren Stuhl mir gegenüber. Die Welt fühlt sich auf einmal sehr viel leerer an als nur diese kleine Stuhlfläche. Ich schiebe meinen Stuhl zurück und beuge mich nach vorn, bis mein Kopf auf der Tischplatte liegt. Die metallene Oberfläche drückt kühl gegen meine Stirn. Ich schließe die Augen. Das macht mir schlagartig klar, was für ein Idiot ich bin und wie komplett ich alles vermasselt habe. Wie war der Ausdruck noch mal? Ah, ja. Vollidiot. Passt immer noch wie angegossen.

Ich kriege das Bild auf dem Ausweis und den Namen darauf nicht aus meinem Kopf. Den ganzen Tag über habe ich versucht, ein Puzzle namens Frida zusammenzusetzen, aber jetzt ist es völlig auseinandergefallen, und es gibt all diese neuen Teile – Teile, von denen ich dachte, sie würden zum Bild einer anderen Person gehören. Wie fügen sie sich zusammen? Wo passen Dinge hin wie eine feine Narbe, eine kratzige Stimme, ein kaputtes Ohr und »Freunde«, die niemals zu sehen sind? Und ist das ein Bild, das ich wirklich sehen möchte?

Ich mühe mich immer noch mit diesen Fragen ab, als ein Kratzen von Stuhlbeinen auf Zementboden und ein Ruck und ein Wackeln des Tisches mich ins Hier und Jetzt zurückbefördern. Ich bin nicht mehr allein. Ist es möglich, dass mein deprimierender, blöder Plan, abzuwarten und auf ihre Rückkehr zu hoffen, tatsächlich aufgegangen ist? Mit einem Ruck hebe ich den Kopf.

Nein. Nicht mal annähernd.

Tolly schiebt die Unterlippe vor und streicht mir über den Kopf.

»Müsstest du nicht längst im Bett sein, Kleiner?«

»Wirklich witzig.«

»Oh, vielen Dank, zu freundlich!«, sagt er und schaut sich um. »Und? Keine Frida?«

Ich setze mich auf und schlage die Hände über dem Kopf zusammen.

»Nein. Und weißt du, warum? Weil ich ein riesengroßer Depp bin.«

Tolly zeigt anklagend mit dem Finger auf mich.

»Hör mal, das ist nicht der Augenblick, den großen Checker zu spielen«, sagt er und legt mir dann eine Hand auf die Schulter. »Du scheinst ein bisschen durcheinander zu sein. Warum erzählst du Onkel Tolly nicht, was passiert ist? Komm schon. Spuck es aus.«

Ich bin nicht dazu aufgelegt, herumzualbern oder bevormundet zu werden. Oder überhaupt zu reden. Aber ich weiß aus Erfahrung, dass Tolly nicht lockerlassen wird, deshalb beschließe ich, es hinter mich zu bringen, und erzähle ihm alles, was passiert ist, solange er weg war. Nicht gerade ein Vergnügen. Noch einmal die ganze Karen-Kratzman-Geschichte vorbeiziehen zu lassen und zu erklären, wie es dazu kam, dass ich diesen Namen auf einem Schülerausweis gesehen habe, führt dazu, dass ich mich noch beschissener fühle als vorher.

»Ich hab's echt richtig vermasselt, Tolly.«

»Ich würde dir ja liebend gern widersprechen, Kumpel, aber ... weißt du ... die Last der Beweise und so. Und was willst du jetzt tun?«

»Hierbleiben und warten, ob sie zurückkommt. Was sonst?«

»Und wenn sie nicht kommt? Was dann? Du hast nicht mehr viel Zeit. Mein Vater holt uns in einer Stunde oder so ab.«

Dazu hatte ich schon eine Entscheidung getroffen, als mein Kopf noch auf dem Tisch lag.

»Ich gehe hier nicht weg, Tolly. Ich kann nicht. Ich bleibe einfach noch eine Weile hier, und wenn sie nicht auftaucht, lauf ich herum und schaue, ob ich sie finde. Vielleicht sieht sie mich und möchte reden. Obwohl ich das ernsthaft bezweifle. Aber ich muss irgendwas tun. Als sie hier weggegangen ist, war sie wirklich wütend und aufgebracht ... und verletzt. Wegen mir. *Ich* habe ihr das angetan.«

Ich schaue Tolly an. Er nickt mit dem Kopf, als würde er einem langsamen und stetigen inneren Rhythmus lauschen.

»Und es ist nicht hinzunehmen?«

»Nein. Ist es nicht«, sage ich zu ihm. »Bleibst du auch? Hilfst du mir, sie zu suchen?«

»Würde ich liebend gerne tun, mein Freund. Aber ich kann nicht. Großes feierliches Familientreffen bei uns zu Hause heute. Man hat mir unter Androhung der Todesstrafe verboten, dem Ereignis fernzubleiben, und als der gute Sohn, der ich bin, kann ich die Drohungen meiner Eltern nicht ignorieren. Außerdem zahlen sie mir einen Arsch voll Geld, weil ich die Drinks serviere, deshalb wäre es unfair und unverantwortlich, wenn ich sie im Stich lassen würde.«

»Okay, klar, kein Problem. Sag deinem Vater einfach, dass ich noch ein bisschen bleibe.«

Tolly wirft den Kopf in den Nacken und tut so, als würde er hysterisch lachen.

»Nun ja, das wird definitiv nicht funktionieren, oder?«

»Warum nicht?«

»Weil, mein lieber Sebastian, *du* deine Eltern kennst und *ich* deine Eltern kenne und *mein Vater* deine Eltern kennt. Und wichtiger noch: Alle kennen *deine Mutter.* Und wir alle wissen, dass sie dich nur deshalb nicht jedes Mal, wenn du das Haus verlässt, buchstäblich in Watte packt, weil sie sonst wahrscheinlich beim Jugendamt angezeigt würde. Es ist also absolut unvorstellbar, dass mein Vater ohne dich hier wegfährt, es sei denn, er weiß es direkt von deinen Eltern. Deshalb wird das hier nur funktionieren, wenn du sie sofort anrufst, darüber informierst, dass du noch bleibst, und ihr offizielles Okey-dokey dafür einholst und sie dann dazu bringst, dass sie meinen Vater anrufen und ihm ihr offizielles Okey-dokey geben.«

»Hör mal, kannst du nicht einfach ...«

Tolly legt einen Finger auf meine Lippen.

»Pssst! Ruf an. Jetzt. Und denk dran, dass ich jedem deiner Worte lausche. Mach genau, was ich gesagt habe, und niemand nimmt Schaden.«

Er hat, was meine Mutter betrifft, natürlich vollkommen recht, was mich nur noch wütender auf ihn macht. Ich stoße seine Hand weg, reiße mein Handy heraus und wedle damit vor seinem Gesicht herum.

»Zufrieden?«

»Ruf deinen Vater an. Das ist einfacher.«

»Wow. Wirklich? *Darauf* wäre ich echt *nicht* gekommen.«

Ich tippe in der Kontaktliste auf den Namen meines Vaters und lausche dem Klingelton. Es klingelt eine Weile, bis eine Stimme antwortet. Ich schließe die Augen.

»Oh, ja, hallo ... *Mum.*«

Ich öffne die Augen, allerdings nur, um Tolly böse anzufunkeln.

»Nein, Mum. Es ist nichts passiert ... Nein, du brauchst ihn nicht aus der Dusche zu holen. Es ist nicht so wichtig. Ich wollte euch nur etwas durchgeben ... Nein, ich bin nicht in Schwierigkeiten ... Nein, es ist nichts passiert ... Ja, ich bin immer noch an der Uni ... Ja, alles okay ... Ja, Warren ist bei mir.«

Tolly beugt sich nach vorn.

»Hallo, Mrs Benet!«

»Das war er, genau ... Ja, sag ich ihm.«

Ich werfe Tolly noch einen wütenden Blick zu.

»*Ebenfalls Grüße an dich, Warren.* Aber Mum, schau, ich habe nur angerufen, um euch wissen zu lassen ...«

Zeit, die Lungen zu füllen und den Sprung zu wagen.

»... dass ich nicht zusammen mit Warren und Mr Pearce heimkomme. Ich bleibe noch ein bisschen hier an der Uni. Bitte ruft Warrens Eltern an und lasst *sie* wissen, dass *ihr* es wisst, okay? ... Nein, ich habe es dir doch schon gesagt, *nichts* ist passiert. Warum soll etwas passiert sein? ... Nein, er bleibt nicht hier ... na ja, weil er zu einem Familientreffen bei sich zu Hause gehen muss ... Ich habe dir gerade gesagt, warum. Weil ich einfach noch ein bisschen hierbleiben will, sonst nichts. Es gibt Dinge, die ich noch nicht gesehen habe ... Ja, ich weiß, dass ich schon den ganzen Tag hier bin, aber die Uni ist groß, und es gibt viel zu sehen. Ihr wollt doch, dass ich eine gute Entscheidung für meine Zukunft treffe, oder? ... Ja, die Vorlesungen und Präsentationen sind vorbei. Aber es gibt noch andere Veranstaltungen. Zum Beispiel fängt bald ein Konzert an ... Ja, gut, vielleicht bin ich gar nicht alleine, weil ich sozusagen dieses Mädchen kennengelernt habe ...«

Tolly macht den Jungen aus *Kevin – Allein zu Haus* nach, indem er die Hände an sein Gesicht legt und stumm schreit.

»Ich hab sie eben kennengelernt, keine große Sache. Sie geht aufs ... Kingston Mädchencollege.«

Tolly hebt die Augenbrauen und schaut an seiner langen Nase vorbei zu mir herab. Dann streckt er eine Hand aus und wackelt mit ihr, um die Fragwürdigkeit meiner letzten Aussage zu verdeutlichen.

»Sie ist nett, Mum. Du würdest sie mögen.«

Tolly beugt sich wieder nach vorn.

»Dafür kann ich mich verbürgen, Mrs B. Eigentlich ist sie viel zu gut für Ihren Sohn. *Viel* zu gut.«

Ich stoße ihn weg.

»Woher soll ich wissen, was er damit sagen will? Es ist nur Warren, der mir wie immer auf den Sack geht. Ja, aber ›Sack‹ ist streng genommen kein Schimpfwort, aber egal, geht das dann klar? Ich nehme von hier einen Bus in die Stadt und von dort einen nach Hause ... Ja, es fahren viele. Alle fünfzehn Minuten oder so. Du hast doch gestern Abend selbst nachgeschaut, falls irgendwas passiert und wir nicht abgeholt werden können ... Nein, das passt. Ich werde wahrscheinlich sowieso nicht so schrecklich lange bleiben ... Ja, ja, okay, kein Problem. Ich schreib dir, wenn ich im ersten Bus sitze ... Okay *und* noch mal aus dem zweiten ... Nein, Mum. Es sind nur fünf Minuten zu Fuß von unserer Haltestelle. Ich glaube, du überlebst es, wenn ich mich zwischendurch dann nicht *noch mal* melde ... Okay, super, aber bitte vergiss nicht: Du musst sofort Warrens Eltern anrufen, bevor sie losfahren, und ihnen sagen, dass sie mich nicht mitnehmen müssen ... Ja, zum hunderttausendsten Mal, das passt. Mach dir keine Sorgen ... Ja, ich weiß, dass es dein Job ist, dir Sorgen zu machen. Mach dir einfach keine *großen* Sorgen. Oder wenigstens nicht *außerordentlich* große ... Ja, Mum. Hör zu. Mum. Hör zu. Ich leg jetzt auf. Bis später dann ... Ja, ich weiß, dass ich dich immer anrufen kann und du mich abholst, wenn es nötig ist, aber es wird nicht nötig sein, denn wie ich dir schon hunderttausend und einmal gesagt habe, es ist alles total in Ordnung ... Ja. Okay. Hab dich auch lieb.«

Tolly Gesicht kommt wieder drohend näher.

»Hab Sie auch lieb, Mrs Benet!«

»Ja, Mum. Tun wir alle. Er ist einfach so ... *liebenswert.* Okay, tschüss. Und, Mum, es ist unnötig und du musst dich wirklich ein bisschen zurücknehmen und damit aufhören ... Aber danke, dass du dir Sorgen machst.«

Mir gegenüber fasst Tolly sich an sein Herz und wischt sich einen Sturzbach gespielter Tränen aus den Augen.

»Ach, und Mum. Noch was. Wenn du Mr Pearce anrufst, sag ihm, dass ich heute im Kino *Casablanca* gesehen habe.«

Tolly beendet die Tränenshow und beginnt in einer aufwendigen Pantomime, ein Gewehr zu laden und es auf mich zu richten.

»Ja, er *ist* gut. Sagt Mr Pearce unbedingt, dass er dafür sorgen *muss,* dass Warren ihn anschaut.«

Der Rückstoß wirft Tolly gegen die Lehne seines Stuhls, als er ein paar Schüsse auf mich abfeuert. Ich tue so, als würde ich sie einfach zur Seite wischen.

»Okay, bis später dann.«

Ich lege auf, und Tolly schlägt mit den Händen auf den Tisch.

»Na also, das war doch total easy, oder? Gut. Also, ich muss noch ein bisschen Zeit rumbringen, deshalb werde ich mir erst was zu trinken holen und ein paar von diesen fantastischen Muffins dort zum halben Preis. Und wenn ich dann wieder da bin, überbringe ich dir die Nachricht.«

Bis seine Worte in mein Bewusstsein vorgedrungen sind und von mir erfasst wurden, ist er schon auf halbem Weg zur Theke der mobilen Kaffeebude.

»Hey, was für eine Nachricht?«, rufe ich hinter ihm her.

Er bleibt stehen. Er hat den ›Warum stellst du mir eine so dumme Frage‹-Ausdruck in seinem Gesicht, der mir sehr vertraut ist.

»Die Nachricht, die ich dir von dem früher als Frida bekannten Mädchen überbringen soll natürlich.«

24.

DIE NACHRICHT

Tolly sitzt noch nicht wieder, da bombardiere ich ihn mit all den Fragen, die mir in den letzten paar Minuten durch den Kopf gewirbelt sind.

»Du hast mit ihr gesprochen? Wo? Wie? Warum hast du mir nichts gesagt? Ging es ihr gut? Wie lautet die Nachricht?«

Er nibbelt das Papier von einem seiner Muffins, nimmt einen großen Bissen und brummt genüsslich. Als er dann anfängt zu reden, spricht er mit einem albernen französischen Akzent und ebenso albernen Gesten.

»Hmmmmmm. Pööööööööerfekt suuuubereitet. Schmiiiiilz auf meinör Zungä!«

»Tolly!«

»Okay, okay, okay. Sie hat auf mich gewartet, als ich aus dieser Fragestunde kam.«

»Auf dich gewartet? Bist du sicher? Wirklich auf dich *gewartet?* Sie hat dich nicht einfach zufällig getroffen?«

»Nein. Ich bin sicher, dass sie auf mich gewartet hat.«

»Warum?«

»Nun, aus zwei Gründen. Erstens, sie saß auf der Bank direkt vor dem Hörsaal. Und zweitens, sie hat was zu mir gesagt.«

»Was?«

»Sie hat gesagt: ›Ich hab auf dich gewartet.‹«

Ich versuche, ganz ruhiggelassen zu bleiben. Das ist nicht einfach.

»Super. Gut. In Ordnung. Sehr lustig. Weiter. Wie sah sie aus? Hat sie okay gewirkt? Was hat sie gesagt? Wie lautet die Nachricht?«

»Sie war ziemlich ... ernst. Hat mir erzählt, dass ihr euch wegen irgendwas gestritten habt, wollte aber nicht sagen, weswegen. Dann sagte sie, sie hätte eine Nachricht für dich, die ich überbringen soll, und dass ich sie mir wortwörtlich einprägen muss.«

»Und, hast du?«

An Tollys Gesichtsausdruck lässt sich eindeutig ablesen, dass er gerade eben schwer beleidigt wurde.

»Wer hat schon in der Grundschule das gesamte Periodensystem und alle Hauptstädte der Welt und alle amerikanischen Staaten und jeden amerikanischen Präsidenten und jeden australischen Premierminister auswendig gewusst? Wer hat online das extrem schwierige Gedächtnistraining für Fortgeschrittene erfolgreich absolviert? Und welche der beiden am Tisch sitzenden Personen besitzt deiner Meinung nach ein fast fotografisches Gedächtnis?«

»Das bist du, du und, lass mich noch mal nachdenken, du. Und jetzt sag mir endlich, wie die Nachricht lautet!«

»Kein Problem. Sie sagte ...« Tollys Blick schweift ab. Er runzelt die Stirn und saugt an seinen Vorderzähnen. »Hmm, tut mir leid. Es ist weg.«

Ich schlage mit der Faust auf den Tisch. Die Leute drehen sich zu uns um. Dann beuge ich mich vor und senke die Stimme.

»Tolly, warum bist du so ein Idiot? Das ist wirklich wichtig für mich. Sag mir genau, was sie gesagt hat. Sofort.«

»Okay, sie sagte, und ich zitiere wörtlich: ›Sag Sebastian, wenn du wirklich noch mal neu anfangen willst, musst du zurück zum Anfang gehen.‹«

»Endlich! Danke. Warum hast du das nicht gleich gesagt, als du hierherkamst?«

»Wieder zwei Gründe. Erstens wurde ich von der Nachrichtgeberin gebeten, ihr ein bisschen Vorsprung zu lassen, damit sie dorthin gelangen kann, wohin sie gehen wollte, *bevor* ich ihre Nachricht weitergebe, und zweitens musstest du ein bisschen leiden, weil du, wie du selbst ganz richtig ausgeführt hast, ein riesengroßer Depp warst.«

Dagegen lässt sich kaum etwas einwenden.

»Reizend. Und das war's? Das ist alles? Und als sie dir die Nachricht übergeben hatte, ging sie einfach weg?«

»Ja. Direkt nachdem sie mich geküsst hatte.«

Ich warte, um zu sehen, ob er einen Spaß macht, aber Tolly scheint mehr Interesse daran zu haben, die Reste seines ersten Muffins zu verschlingen und dann zum Angriff auf Nummer zwei überzugehen.

»Sie hat dich *geküsst?«*

»Hmm-hmm. Genau hier.« Er zeigt auf seine linke Wange. »Sagte, ich wäre ein Superheld. Ich antwortete ihr, dass ich am Boden zerstört wäre, weil meine Tarnung aufgeflogen ist.«

»Ich glaube, der Kuss könnte dafür sein, was du mit Vogel angestellt hast.«

Tolly hört auf zu kauen, denkt ein bisschen nach und hebt dann einen Finger.

»Oder sie war – wie *so* viele vor ihr – einfach überwältigt von meiner unwiderstehlichen physischen Anziehungskraft.«

»Ja. Oder das. Jetzt zurück zu der Nachricht. Du bist sicher, dass das alles war, was sie gesagt hat?«

»Tutto completto. Weißt du, was sie damit meint?«

»Nun ja, ich glaube schon. Scheint ziemlich klar. Wenn du wirklich noch mal neu anfangen willst, musst du zurück zum Anfang gehen. Der Anfang muss dort sein, wo wir uns heute kennengelernt haben, oder? Also im Foyer des Kinos. Sie will mir sagen, dass sie mich im Hub treffen will. Was sonst könnte es bedeuten?«

Tolly verzieht das Gesicht und zieht die Schultern hoch.

»*Scheinbar* logisch.«

Ich will nicht noch mehr Zeit damit vergeuden, das zu erörtern, deshalb springe ich auf und schnappe meinen Rucksack.

»Okay, Tolly. Wünsch mir Glück. Ich ruf dich morgen an. Und erzähl dir, wie alles lief.«

»Ah, ich mach dir einen Vorschlag«, sagt er. »Ich bin sowieso noch eine Weile hier, schreib mir doch einfach und lass mich wissen, ob sie da ist oder nicht? Ich meine, ich bin sicher, dass sie da sein wird, aber wenn nicht, muss die Nachricht etwas anderes bedeuten, und vielleicht kann ich dir helfen, das herauszufinden. Oder, wenn alle Stricke reißen, kannst du dann doch mit mir und meinem Dad nach Hause fahren.«

Ganz ehrlich, ich bin ein bisschen verärgert und enttäuscht, wie verstörend wenig mein bester Freund mir zutraut.

»Ja. Klar. Von mir aus. Aber sie wird da sein. Ich weiß es.«

Tolly und ich klatschen uns ab, und ich mach mich auf den Weg.

Ich gehe die Ringstraße hinunter und passiere den Hörsaal, wo ich Helena meinen Stift geliehen habe. War das überhaupt heute? Es scheint eine Ewigkeit her. Ich biege an dem Weg ab, der zur Cafeteria führt, und gehe dann ein paar Stufen hinunter zu einem anderen Weg, der mich zum Hub führt. Und zum Foyer. Und zu dem Mädchen, das dort auf mich wartet.

Wie verrückt ist das? Ein Mädchen wartet im Foyer eines Kinos darauf, dass *ich* durch eine Automatiktür komme. Fast wie meine morgendliche Liebeskomödienfantasie – nur umgekehrt. Sollte ich womöglich doch noch mein Happy End bekommen? Oder wird es einfach wieder auf eine weitere beliebige Szene in meinem vermurksten und beschissen ablaufenden Leben rauslaufen?

Das ist nämlich das Problem, das ich mit dem Leben habe. Es ist niemals nur dieses eine, oder? Nicht wie im Film. Im Film weiß man irgendwie immer, worauf man sich gefasst machen muss. Beim Science-Fiction-Film geht es um Weltraum, die Zukunft oder Aliens. Beim Action-Film um Schießereien und Verfolgungsjagden im Auto. Bei Horrorfilmen um Monster und Geister und Angst. In einer Komödie um Gelächter und Happy Ends. In einem Liebesfilm um das eine Mädchen. Oder den einen Jungen. Je nachdem, was du bevorzugst. Aber im Leben ist es anders. Verstehst du, was ich meine?

Im Leben geht es querbeet. In einer Minute fließen Tränen. In der nächsten Minute biegst du dich vor Lachen. Und wenn du gerade denkst, du bist auf dem Weg zum Happy End, tauchen Monster auf. Oder Aliens. Oder jemand mit einer Waffe. Und manchmal gibt's eine Verfolgungsjagd mit dem Auto. Mit einem Unfall. Und jemand stirbt. Ja, Filme leuchten mir viel mehr ein als das Leben. Außerdem kann man sie viel leichter abschalten oder einfach hinausgehen.

Apropos Filme.

Ich folge einer Wegbiegung und stehe vor dem Kino. Jetzt ist es innen beleuchtet. Ich renne die Treppe zum Haupteingang hinauf, immer zwei Stufen auf einmal, und als die Tür aufgeht, stürme ich hinein. Von meinem Standort aus habe ich einen guten Überblick über das L-förmige Foyer und seinen blau-gold gefleckten Teppich. Das kurze Ende des L liegt direkt vor mir. Links von mir ist die Kasse und ein kleiner Kiosk für Süßigkeiten und geradeaus ein paar Stufen hinunter der Hintereingang. Der lange Teil des L liegt zu meiner Rechten: ein breiter Gang, der an den Eingängen zu den zwei Sälen des Kinos vorbeiführt. Am gegenüberliegenden Ende stehen ein paar Tische und Stühle vor einer Wand, die mit alten Filmplakaten zugekleistert ist.

Ich stehe ein paar Sekunden da, um wieder zu Atem zu kommen und das alles zu registrieren. Eines ist sofort offensichtlich: Abgesehen von einem Jungen und einem Mädchen, die hinter der Kasse miteinander flirten, und einem anderen Typen, der die Tische vor der Wand mit den Postern abwischt, bin ich die einzige Person hier.

Was mir im Sinne einer romantischen Liebeskomödie weder besonders romantisch vorkommt.

Noch komisch.

25.

DIE SUCHE

Hier kann etwas nicht stimmen. *Ich* bin am Anfang. Aber wo ist *sie?* Ich marschiere geradeaus die Stufen hinunter zum Hintereingang des Kinos. Draußen sehe ich eine kreisförmig angelegte Einfahrt und einen kleinen Parkplatz. Jenseits davon führt eine Straße zwischen Sportplätzen auf der einen Seite und einer großen Sporthalle und mehreren Tennisplätzen auf der anderen hindurch. Ich gehe zum Ende der kreisförmig angelegten Einfahrt und schaue mich gründlich um. Da ist niemand. Wenn man die Krähen nicht mitzählt, die mich von der Stromleitung hoch über mir verspotten. Und ich zähle sie nicht mit.

Ich kehre wieder um. Während ich die Stufen hinaufgehe, überlege ich unwillkürlich, ob jetzt vielleicht mein Happy End kurz bevorsteht. Also: Ich gehe verwirrt und traurig die Treppen hinauf, und wenn ich oben ankomme, öffnet sich die Automatiktür am Haupteingang wie der Vorhang einer Bühne, und sie kommt herein. Wie im Film. Sie schaut auf und lächelt, und ich lächle zurück und dann ...

Ich bin schon oben angelangt.

Die große Automatiktür auf der anderen Seite des Foyers sieht aus, als wäre sie verschlossen. Ich gehe hinüber zur Kasse. Der Junge und das Mädchen hinter der Theke lösen sich widerstrebend voneinander, als sie mich kommen sehen. Ihre Namensschilder weisen sie in einem heiteren Schriftzug als Nick und Jodie aus.

»Kann ich dir helfen?«, fragt Jodie und lächelt Nick verschwörerisch an, als wäre das eine Art anzüglicher Insiderwitz, den überhaupt nur die beiden verstehen können.

»Ich suche ein Mädchen.«

»Tun wir das nicht alle?«, witzelt Nick. Auch Jodie findet das wahnsinnig komisch.

Ich liefere eine Beschreibung. Weißblonde Haare. Lang und auf der einen Seite ein bisschen gewellt. Und ein bisschen dunkler und kurz rasiert auf der anderen Seite. Eine ganze Menge Ohrringe in einem Ohr. Weißer Rock. Weißes Top. Blasse Haut. Dunkle Augenbrauen.

Sie schauen sich an und schütteln den Kopf.

»Tut mir leid«, sagt Jodie. Sie klingt eher gelangweilt als betrübt. »Klingt fantastisch, aber sagt mir nichts.«

»Vielleicht war sie schon früher am Tag hier«, wirft Nick ein. »Unsere Schicht hat erst angefangen. Vielleicht weiß Doug was.«

Er zeigt auf seinen Kollegen, der am anderen Ende des Foyers die Tische abwischt. Ich lasse sie allein, damit sie sich wieder ihrem Gefummel widmen können, und gehe in die angezeigte Richtung.

Doug ist ein älterer Typ mit auffallend braunen Haaren und einem passenden Kinnbart. Ich versorge ihn mit derselben Beschreibung wie die beiden anderen und bekomme ziemlich genau dieselbe Antwort. Wieder schaue ich ins Foyer zurück. Ich kann nicht anders. Jedes Mal, wenn ich mich umdrehe, erwarte ich irgendwie, dass sie da ist. Wie oft kann man das tun und immer noch glauben, dass das *nächste* Mal alles anders sein wird? Ich weiß, ich klinge jämmerlich, aber was ist mit der Nachricht? *Wenn du neu anfangen willst, geh zurück zum Anfang.* Also, hier bin ich. Am Anfang! Bereit, neu anzufangen. Und warum ist sie nicht hier? Das ergibt keinen Sinn.

Wenn nicht ...

Ich starre auf die Schilder, die über den Eingängen zu Kino Eins und Kino Zwei hängen. Ist das nicht genau die Art von Situation, die in all den Wohlfühlkitschfilmen vorkommt? Wenn alles verloren scheint, kommt die Hauptperson auf eine brillante neue Idee, und auf einmal ist alles wieder auf Kurs. Also, hier ist meine brillante neue Idee. Sie wartet *im* Kino auf mich! Schließlich war einen Film anschauen das Erste, was wir zusammen gemacht haben. Nur sie und ich. *Und* wenn ich darüber nachdenke, war es im Kino Eins, wo wir uns endlich richtig bekannt gemacht haben. Dort habe ich ihr gesagt, dass ich Sebastian heiße. Also haben wir uns offiziell im Kino und nicht draußen im Foyer kennengelernt. So haben wir sozusagen angefangen!

»Entschuldigung. Was läuft gerade in Kino Eins?«

Ich frage Doug mit den schlecht gefärbten Haaren.

»Im Kino Eins? *Ben Hur*«, antwortet Doug, ohne das Abwischen der Tische zu unterbrechen.

»Wie lange noch?«

»Ungefähr eine halbe Stunde.«

»Kann ich kurz reinschauen und gucken, ob das Mädchen, nach dem ich dich gefragt habe, du weißt schon, die, nach der ich suche, dort ist? Es dauert nicht lang. Ich geh nur kurz rein und bin dann gleich wieder draußen. Bitte. Es ist wirklich wichtig.«

Doug ist nicht begeistert, aber er willigt ein. Ich folge ihm zum Eingang von Kino Eins.

»Beeil dich und sei leise«, sagt er.

Das ist seine letzte Anweisung, bevor er die Tür öffnet und wir beide in die Dunkelheit treten. Meine Augen passen sich rasch an. Vorn auf der Leinwand steht eine Gruppe von Menschen in Togen um ein paar Streitwagen herum. Ich suche die Sitzreihen ab. Der Saal ist fast leer, deshalb erkenne ich schnell, dass sie nicht da ist. Ich gebe Doug zu verstehen, dass wir wieder gehen können. So viel zu meiner brillanten neuen Idee. Jetzt bleibt nur noch eine Möglichkeit übrig. Aber ich bin nicht sehr optimistisch.

»Was läuft im anderen Kino?«

»*Star Wars*«, antwortet Doug, der bereits zum Angriff auf den nächsten Tisch ansetzt.

Ich eile hinter ihm her.

»Der letzte?«

»Der erste. Das Original.«

Die allererste Folge von *Star Wars?* Könnte es das sein? Könnte das der Anfang sein, von dem sie geredet hat? Der Anfang des *Star-Wars*-Franchise? Sollte ich sie in einer weit entfernten Galaxie treffen? Will sie mich auf die Probe stellen, um zu sehen, ob ich so schlau und kreativ bin, dass ich es herausfinde, oder deute ich viel zu viel hinein? Egal, ich kann nicht weggehen, ohne mich vergewissert zu haben. Ich muss wissen, ob sie dort ist oder nicht.

»Kann ich auch noch einen Blick in Kino Zwei werfen?«

Doug reagiert, als hätte ich darum gebeten, huckepack auf den Mount Everest getragen zu werden.

»Ich beeil mich. Nur kurz rein und wieder raus. Wie beim letzten Mal. Versprochen.«

Doug wirft mir noch einmal den Mount-Everest-Blick zu, damit kein Zweifel mehr darüber besteht, wie groß das Opfer ist, das er bringt. Er wirft seinen Lappen auf den Tisch und geht voraus zum Kino Zwei. Aber als wir diesmal den Saal betreten, ist es ein bisschen anders.

Zunächst einmal ist der Saal zu drei Vierteln gefüllt, und eine dunkle Weltraumszene auf der Leinwand macht es sehr viel schwerer, einzelne Besucher zu erkennen, besonders diejenigen, die weiter weg sitzen. Und es gibt noch ein Problem: Ein paar Leute haben sich mit *Star-Wars*-Kostümen verkleidet. Es gibt Stormtrooper und einen, der wohl Chewbacca darstellen soll, aber genauso gut ein entstellter Grizzly sein könnte. Sie alle verstellen mir die Sicht auf die vor ihnen Sitzenden. Ich gehe ein Stück weiter die Treppen hinunter. Die Stormtrooper bemerken mich und drehen sich zu mir um. Andere Leute fragen sich, was die Stormtrooper wohl sehen, und drehen sich auch um. Eine Hand legt sich auf meinen Rücken. Sie gehört zu Doug. Er sieht besorgt aus.

»Ich muss weiter runtergehen«, flüstere ich ihm zu. »Von hier aus sehe ich nicht alle.«

Doug schüttelt den Kopf. Offenbar bin ich nicht ruhig oder schnell genug für seinen Geschmack. Er zeigt mit dem Kopf in Richtung Ausgang.

»Genug geschaut. Komm. Raus jetzt. Sofort!«

Jetzt sehen noch mehr Menschen zu uns her. Doug muss wirklich an seiner Flüstertechnik arbeiten. Er packt mein T-Shirt mit festem Griff und macht nicht den Eindruck, als würde er so schnell wieder loslassen. Noch einmal deutet er mit dem Kopf zum Ausgang. Ich folge ihm unwillkürlich. Aber mit jedem Schritt dröhnen die Fragen in meinem Schädel immer lauter. Was, wenn sie hier ist? Genau hier. Was, wenn sie genau jetzt nur einen Meter von mir entfernt sitzt – und ich verlasse den Saal, und sie erfährt nie, dass ich ihre Nachricht bekommen habe und hierherkam, um sie zu suchen? Was, wenn ich mir mein ganzes Leben lang diese Fragen stelle und die Antworten nie erfahre? Das ist keine romantische Liebeskomödie. Das ist ein Melodram hoch drei!

Ich kann diesen Ort nicht verlassen, solange diese Fragen unbeantwortet sind. Ich kann es einfach nicht. Deshalb treffe ich eine Entscheidung: Ich entwinde mein T-Shirt Dougs Griff und stürme die Treppen hinunter zur ersten Reihe. Meine Augen rasen über eine Menge unbekannter Gesichter. Ich bin noch nicht ganz durch, als Doug mir den Arm verdreht und mich wieder in Richtung Ausgang zerrt. Auf der großen Leinwand tobt eine Weltraumschlacht, aber für viele im Publikum ist der Kampf zwischen Doug und mir die Hauptattraktion.

Ich werde weggezogen, bevor ich alle im Saal abchecken konnte. Jetzt bleibt mir nur noch eins. Etwas, das verhindern wird, dass diese Fragen und Zweifel mich für immer verfolgen. Etwas, von dem ich nicht einmal sicher bin, dass ich es tun sollte oder dass ich es überhaupt tun kann. Das ich aber tue.

Ich missachte Dougs Anweisung und bin nicht mehr leise:

»Hallo! Ich bin's! Sebastian! Wenn du hier drin bist, triff mich bitte draußen. Jetzt! Hier spricht Sebastian!«

Mein Ausbruch erweckt Doug zu neuem Leben. Auf einmal ist die Macht mit ihm. Er nimmt mich in den Schwitzkasten und zieht mich stolpernd und strauchelnd die Treppen zum Ausgang hinauf. Einige im Publikum lachen. Die meisten schauen nur. Chewbacca stößt einen merkwürdig kreischenden Laut aus. Ein als Yoda verkleideter Besucher ergreift die Gelegenheit und gibt eine persönliche Antwort. »Ja, dich draußen ich werde treffen, Sebastian. Und dich schlagen auf deinen verdammten Kopf ich werde!«

Das wird mit Pfeifen, Jubelrufen und wohlwollendem Applaus quittiert. Das Imperium schlägt zurück. Doug stößt mich schließlich durch die Tür hinaus ins Helle, wo ich stolpere und mich auf dem Teppich wiederfinde. Blitzschnell schaue ich mich im Foyer um. Vielleicht ist das mein Happy End!

Nein.

»Das war's, Junge. Du verschwindest jetzt besser, oder du bekommst wirklich Ärger!«

»Tut mir leid, es ist nur ... ich musste ...«

»Alles in Ordnung hier, Doug?«

Na super. Jetzt ist auch noch Nick hier. Irgendwie ist es ihm gelungen, sich vorübergehend so lange von Jodie loszureißen, dass er gegen den Unruhestifter mit anpacken kann. Wegen der erzwungenen Trennung sieht er besonders verärgert aus.

»Ja, alles gut. Dieser Scherzkeks will gerade gehen. Oder, Kumpel?«

Ich hebe beschwichtigend die Hände und stimme bereitwillig zu.

Warum sollte ich überhaupt noch bleiben wollen? Alle meine Fragen sind beantwortet. Nur nicht so, wie ich es mir gewünscht hätte. Ich stehe auf und beginne zwischen Doug und Nick, die mich begleiten, meinen letzten Gang zu der guten alten Automatiktür.

Ich schäme mich und fühle mich geschlagen und verwirrt, aber wenigstens habe ich alles getan, was ich konnte. Ich habe überall gesucht, und sie ist definitiv nicht hier.

Außer…

Wir gehen gerade an der Herrentoilette vorbei. Das fällt mir nur auf, weil auf der Tür tatsächlich *Berühmte Männer* steht und darunter die merkwürdige Silhouette vom Kopf eines Menschen angebracht ist, den ich wahrscheinlich erkennen sollte, aber nicht erkenne. George Clooney vielleicht? Weiter vorn ist eine zweite Tür, die mit *Berühmte Frauen* beschriftet ist und ebenfalls eine mir unbekannte Silhouette zeigt. Ich hatte mich geirrt. Es gibt immer noch einen Ort, wo sie sein könnte.

Gezielt beschleunige ich meine Schritte. Meine beiden Bodyguards Doug und Nick nehmen ebenfalls Tempo auf, um neben mir zu bleiben. Wir marschieren an den Damentoiletten zu unserer Linken vorbei. Ich warte, bis wir noch etwas weiter gegangen sind, und bremse dann abrupt ab. Während meine Begleiter mich überholen, wirble ich herum und stürme in die Richtung, aus der wir gekommen sind. Als Doug und Nick reagieren, ist es zu spät. Ich strecke schon die Schultern und den Kopf durch die *Berühmte-Frauen*-Tür (ist das Marilyn Monroe?), und meine Stimme hallt von den weißen Kacheln wider.

»Ich bin's! Sebastian! Ich bin hier! Am Anfang! Triff mich draußen! Jetzt! Hier ist …«

Von drinnen kommt ein erstickter Schrei. Auf einmal werde ich nicht mehr geführt oder begleitet, sondern hinaus in das Foyer gezerrt und gewaltsam durch die sich gerade rechtzeitig öffnende Eingangstür hinausgestoßen und geschubst.

Doug fuchtelt wütend mit dem Finger vor meinem Gesicht herum.

»Wage es nicht, *jemals* wieder herzukommen! Hörst du, Junge?«

»Ja. Verpiss dich, Arschloch!«, fügt Nick als hilfreiche Präzisierung hinzu.

Ich trete hinaus in die Dämmerung und bringe meine Kleidung in Ordnung, während sich die Tür hinter mir schließt. Jetzt zeigt Nick mit dem Finger in meine Richtung und formt mit dem Mund etwas, das nicht aussieht wie »Schönen Tag auch!«. Doug ist inzwischen damit beschäftigt, in ein Telefon oder Walkie-Talkie zu sprechen. Ich stürme die Treppe hinunter und gehe weit genug den Weg entlang, um Nick und Doug zu zeigen, dass ich nicht die Absicht habe, zurückzukommen und die Männertoilette zu stürmen.

Von meinem Standort aus kann ich durch die Äste eines Baumes die Eingangstür gerade noch erkennen. Nick und Doug sind jetzt nirgends mehr zu sehen. Ich bleibe stehen und warte. Ja, hier ist sie. Definitiv meine allerletzte Möglichkeit für ein Happy End. Du kennst das ja. Alles scheint unter Dach und Fach zu sein. Und ich habe für nichts und wieder nichts einen kompletten Idioten aus mir gemacht, aber warte! Sie hat mich im Kinosaal oder auf der Damentoilette tatsächlich gehört, und genau in dem Moment, in dem ich alle Hoffnung fahren lassen will, sehe ich auf dem Weg zum Eingang eine Silhouette und höre eine Stimme, die nach mir ruft.

Und genau in diesem Moment ist es auch so. Ich höre tatsächlich eine Stimme, die nach mir ruft.

»Du schon wieder!«

Aber sie kommt nicht vom Kinoeingang. Sie ist hinter mir. Auf dem Weg rollt die gewaltige, bestürzend vertraute Silhouette von Tomas Paonga auf mich zu wie der große Felsblock in *Indiana Jones*.

Argh, Mist …

26.

DER ANDERE TYP

Ich weiche einen oder zwei Schritte zurück, während Tomas Paonga näher kommt, und versuche es mit Vorwärtsverteidigung: »Schauen Sie, ich mache nichts, okay? Ich stehe einfach hier und kümmere mich um meinen eigenen Kram. Sonst nichts.«

Tomas schluckt das nicht und erklärt es mir mit seiner grummelnden, abgehackten Stimme: »Um deinen eigenen Kram, was? Im Kino rumschreien. In die Damentoilette eindringen. Stammkunden stören.«

Na ja, wenigstens weiß ich jetzt, wem Doug vorhin am Telefon so eifrig Bericht erstattete.

»Okay, ich kann das erklären. Sie haben das falsch verstanden.«

»Ja, ganz bestimmt.«

»Wirklich. Ich wollte keinen Ärger machen. Ich habe nur versucht, jemanden zu finden. Sonst nichts.«

»Ich auch. Dich. Und jetzt verbringen wir ein bisschen Zeit miteinander, was?«

Er zeigt mit dem Kopf auf den Weg hinter ihm. »Setz dich in Bewegung.«

»In Bewegung? Wohin gehen wir?«

»Du gehst heim, und ich zeige dir den Weg zum Ausgang.«

»Nein, warten Sie. Sie verstehen nicht. Ich kann nicht gehen. Noch nicht. Ich kann nicht.«

Und dann gehe ich einfach ein kleines bisschen zu weit.

»Ich werde nicht gehen!«

Tomas Paonga durchbohrt mich mit einem Blick aus seinen kleinen dunklen Augen. Seine gekräuselte Lippe kräuselt sich noch mehr. Er senkt das Gesicht gefährlich nah zu meinem.

»Was hast du gerade gesagt?«

Es ist zu spät, etwas zurückzunehmen. Ich muss mir was einfallen lassen. Er versperrt mir den Weg, deshalb versuche ich, mich an ihm vorbeizudrängen. Sinnlos. Es ist, als würde ich versuchen, mich an einem Gebäude vorbeizudrängen. Nichts bewegt sich. Nun, nicht ganz nichts. Eine große Hand umfasst meinen Bizeps, als wäre er ein Besenstiel. Ein Besenstiel, der in einen Schraubstock gespannt wird.

Was soll ich jetzt tun? Meine Stellung behaupten? Ich hab ja gar keine. Tomas Paonga hält alles besetzt! Ihn zu einem Kampf herausfordern? Männlicher Berg gegen jugendlichen Maulwurfshügel. Wie legen wir den Sieger fest? Auf drei Runden? Das ist kein Wettkampf. Ich bin geschlagen, bevor es richtig losgeht. Ich kann ihm nur die Wahrheit entgegenschleudern. Also schleudere ich mit aller Kraft, die mir geblieben ist.

»Schauen Sie, Tomas, es geht um das Mädchen, okay? Sie erinnern sich an das Mädchen? Das Mädchen, das bei mir und dem Feuerlöscher war? Weißblonde Haare? Rasierter Kopf? Ohrringe? Dieses Mädchen versuche ich zu finden. Sie. Sie hat mir eine Nachricht hinterlassen, und ich *dachte,* sie bedeutet, dass sie im Kino sein würde. Aber ich habe mich geirrt, und jetzt habe ich keine Ahnung, wo sie steckt. Ehrlich, das ist alles, was ich tun wollte. Sie finden. Ich bin nicht verrückt. Ich wollte nicht frech sein oder Ärger machen. Ich wollte auch niemanden belästigen oder so. Aber ich musste sichergehen, dass ich sie nicht verpasst habe. Nur deshalb die Rumschreierei und die Sache mit dem Damenklo. Ich habe einfach versucht, das Mädchen zu finden.«

Er lässt meinen Arm los, aber der tödliche Blick, der mich taxiert, bleibt unbeteiligt. Die Lippen sind immer noch gekräuselt. Dann rumpelt ein Wort zwischen ihnen hervor.

»Zoe.«

»Wie bitte?«

»Das Mädchen. Zoe.«

Und dann erinnere ich mich.

»Ah, ja, genau die. Zoe. Ja. Sie. Ich suche sie.«

»Warum?«

»Weil ... okay ... weil sie durcheinander ist und ich mir Sorgen um sie mache, Tomas. Und weil ich ... na ja, weil ich sie mag, okay? Ich mag sie sehr.«

Erst als ich es laut sage, erst als ich es in Worte fasse, merke ich, wie wahr das sein könnte.

»Bitte. Lassen Sie mich einfach nach ihr suchen. Um mehr bitte ich nicht. Ich mache keinen Ärger mehr. Aber zwingen Sie mich nicht zu gehen. Noch nicht. Seien Sie nicht der Typ, der das tut. Der Typ, der alles kaputt macht. Bitte, seien Sie nicht der Typ, Tomas. Seien Sie der andere.«

Ich nehme eine kleine Bewegung in den dunklen, erbsenartigen Augen wahr, und die massige Kugel von Tomas Paongas Kopf neigt sich ein winziges Stückchen in meine Richtung.

»Welcher *andere* Typ?«

»Der Typ, der Verständnis hat. Der Typ, der hilft. Sie wissen schon, wie in diesen Liebeskomödien?«

Tomas' Gesichtszüge sind ungefähr so lebhaft wie ein Tropfen abgekühlte Lava.

»Ja, na ja, nein, ich habe offensichtlich auch nicht viele dieser Filme gesehen. Aber in den wenigen, die ich mir ansehen musste, gibt es diese Szenen, meistens am Ende, wo ein Typ verzweifelt ein Mädchen sucht – oder umgekehrt –, damit sie endlich zusammen sein können, aber sie steigt gerade in ein Flugzeug ein und will sein Leben für immer verlassen und zurück nach Hollywood gehen, oder sie ist in einem wichtigen Termin oder auf einem Bahnsteig oder oben auf dem Empire State Building oder kurz davor zu heiraten oder mit jemand anderem wegzugehen. Sie verstehen, was ich meine? Jedenfalls, die Sache ist die: Der Typ ist so dicht dran, sie zu finden, aber dann gelangt er in letzter Minute nicht zu ihr, weil eine Amtsperson oder ein Polizist ihm den Weg verstellt und ihn nicht durchlassen will, oder weil das Gebäude verschlossen ist oder es einen großen Verkehrsstau gibt oder sein Auto eine Panne hat oder sonst was. Und genau in dem Augenblick, wenn es so aussieht, als wäre alles verloren und der Junge würde das Mädchen nie wiedersehen, passiert normalerweise Folgendes: Jemand erkennt, wie wichtig es für diese beiden Menschen ist, zusammenzukommen, und tut etwas, um ihnen zu helfen. Besorgt vielleicht eine Polizeieskorte oder eine Mitfahrgelegenheit auf einem Motorrad oder umgeht die Vorschriften oder schaut einfach in die andere Richtung oder irgendwas.«

Während meines Gefasels verzieht das Gesicht, zu dem ich mit verrenktem Hals hinaufschaue, keine Miene. Niemals erschien mir der Ausdruck »gegen eine Wand reden« so real. Mir bleibt nicht mehr viel, was ich geben könnte, aber ich gebe alles, was ich habe.

»Und *das* ist jetzt so ein Augenblick für mich. Ich muss das Mädchen finden, Tomas. Sie ist wütend und verletzt und durcheinander – wegen mir. Alles meine Schuld. Das kann nicht hingenommen werden. Ich lasse nicht zu, dass das hingenommen wird. Das gehört definitiv zu den Dingen, die so nicht bleiben können. Ich wollte sie nicht kränken, aber ich war dumm und ich habe es getan, und es tut mir leid und jetzt muss ich es wiedergutmachen. Ich muss. Aber das kann ich nicht, wenn ich den Campus verlassen muss, denn ich bin sicher, dass sie immer noch irgendwo hier ist, aber bislang habe ich mich bei der Suche total blöd angestellt. Im Augenblick könnte ich also eine Pause vertragen. Ich brauche etwas, das mir in die Hände spielt. Ich brauche jemanden, der auf meiner Seite ist. Jemand, der es versteht. Und wenn ich überhaupt eine Chance habe, das Mädchen zu finden, dann müssen *Sie,* Tomas, genau hier und genau jetzt, dieser Typ für mich sein. Bitte.«

Tomas Paonga steht still und stumm da wie ein Betonpfeiler, bis seine Nasenflügel sich blähen und er ein bisschen schnieft. Er hebt die rechte Hand über meinen Kopf, und ich muss mich zwingen, mich nicht wegzuducken. Sein Zeigefinger schnellt aus seiner Faust, und er bewegt ihn langsam im Kreis.

»Ich werde in der Nähe sein«, sagt er mit seiner Grummelstimme. »Vergiss das nicht. Und wenn ich mitkriege, dass du irgendwelchen Ärger machst, egal was, dann werde ich kein Verständnis mehr haben. Ich werde nicht mal der Typ sein, der dich zum Ausgang des Campus bringt. Willst du wissen, was für ein Typ ich dann sein werde?«

Ich will es eigentlich nicht wirklich wissen, aber irgendwie habe ich das Gefühl, dass er es mir unbedingt sagen will, und ich glaube, es wäre schrecklich unhöflich, ihn das nicht tun zu lassen, und schrecklich unhöflich ist das Allerletzte, was ich in diesem Augenblick gegenüber Tomas Paonga sein möchte.

»Nein. Keine Ahnung. Was für ein Typ wären Sie?«

Und zum ersten Mal kriecht ein Lächeln auf Tomas Paongas Gesicht. Allerdings wärmt es mir nicht gerade das Herz. Sein massiger Schädel nähert sich meinem Ohr wie ein schwebender Todesstern.

»Ich werde der Typ sein, der *sagt,* er werde dich zum Ausgang des Campus bringen, der dich aber stattdessen zu einem netten, ruhigen Ort führt und dich windelweich prügelt. *Dieser* Typ werde ich sein.«

Das Lächeln erstirbt. Kein großer Verlust. Ich bin nicht sicher, ob es überhaupt je ein echtes Leben hatte.

»Jetzt sag mir«, sagt Tomas Paonga und lässt jedes Wort klingen wie eine Totenglocke, »bist du der Typ, der mir folgen kann?«

Ich kann gar nicht oft und schnell genug nicken.

»Oh, ja, klar. Keine Sorge. Der bin ich. Schon von Geburt an.«

Es braucht eine Weile, bis meine inneren Organe sich so weit entknotet haben, dass ich vollständig realisiere, was gerade geschehen ist und was es bedeutet.

»Dann … dann sagen Sie … Sie sagen, dass ich bleiben darf, ja? Sie zwingen mich nicht, zu gehen? Wollen Sie das sagen?«

Tomas Paonga hält es nicht für nötig zu antworten. Er hat genug geredet. Er lässt nur seinen Finger noch einmal kreisen, um mich an seine letzten Worte zu erinnern, dann dreht er sich langsam wie ein kleiner Planet um und geht den Weg hinunter, um seine stille Bahn um den Campus herum wieder aufzunehmen.

»Hey, danke, Mann! Danke, Tomas!«, rufe ich hinter ihm her. »Sie *sind* dieser Typ! Sie sind dieser *fantastische* Typ! Für mich werden Sie *immer* dieser Typ sein, Tomas. Immer!«

Ich kann nicht fassen, was gerade passiert ist. *Endlich* läuft mal was zu meinen Gunsten. Aber dann holt mich die Wirklichkeit ein, und meine Erleichterung und meine Freude verflüchtigen sich. Seit ich aus dem Kino geworfen wurde, sind nämlich rund zehn Minuten vergangen, und obwohl ich ein zweites, sehr gefährliches Zusammentreffen mit Tomas Paonga überlebt habe, stehe ich immer noch alleine hier.

Ich drehe mich zum Eingang um. Es wird jetzt rasch dunkel, und aus dem Inneren des Kinos fällt durch die Glastüren Licht auf die Treppe. Aber mehr passiert nicht. Am Eingang steht keine vertraute Silhouette. Niemand ruft mich. Es gibt kein einziges Anzeichen für ein irgendwie geartetes Happy End.

Ich schreibe Tolly. *Kein Glück gehabt. Komme zurück.*

Ich werfe einen letzten Blick auf die Automatiktür. Na ja, man kann nicht sagen, ich hätte es nicht versucht. Wie oft könnte ich noch »zurück zum Anfang« gehen? Hier bin ich, stehe herum wie ein Idiot und mache *genau dasselbe,* was ich vor sechs oder sieben Stunden getan habe: Ich starre auf eine blöde Automatiktür und warte darauf, dass ein Mädchen hindurchtritt. Und um die düstere Wiederholung zu komplettieren, kehrt ein altes, bewährtes Mantra wieder zu mir zurück. Nur fühlt es sich diesmal so perfekt und so angemessen und so goldrichtig an, dass ich die Worte unwillkürlich laut ausspreche: »Was bist du nur für ein Vollidiot.«

Von oben weht eine Stimme zu mir her.

»Du solltest vielleicht ein bisschen vorsichtiger sein. Ich habe gehört, dass Leute, die rumlaufen und Selbstgespräche führen, eingesperrt werden.«

Ich wirble herum. Hinter mir ragt eine hohe Stützmauer auf. Mit einem gelben Geländer. Ein Mädchen beugt sich darüber. Zuerst kann ich ihr Gesicht nicht erkennen, weil die Laterne über ihr mich blendet. Dann bewegt sie sich, sodass sie das Licht verdeckt und dadurch keine geheimnisvolle Silhouette mehr ist. Ich sehe jetzt ganz deutlich, wie sie zu mir herablächelt, während das Licht sich wie ein weicher Glorienschein um ihre Haare legt. Ein Rom-Com-Moment erster Güte.

Ich erwidere ihr Lächeln.

Von allen traurigen, armseligen Leben aller Vollidioten auf der ganzen traurigen, armseligen Welt tritt dieses Mädchen ausgerechnet in meins.

»Helena«, sage ich. »Hi.«

27.

DIE ZURÜCKGEWIESENEN

Ich gehe die Treppe hinauf zu der Stelle, wo sie steht. Ich hatte vergessen, wie perfekt sie ist. Kaum zu glauben, dass wir beide auf derselben Welt sind, gar nicht zu reden von demselben kleinen Stück Universitätscampus.

»Selber hi. Was murmelst du da unten vor dich hin?«

»Nichts Wichtiges.«

»Nein? Du hast nicht besonders froh ausgesehen.«

»Na ja, jetzt bin ich's.«

Die Worte haben meinen Mund verlassen, bevor ich kapiere, was sie sagen.

Helena lächelt und schaut kurz weg.

»Und wie war *Casablanca?*«

»Merkwürdig. Aber hat mir gefallen. Und wie ... war dein Film?«

»*Fast and Ridiculous 52*? Lass uns einfach sagen, dass der Film meine nicht besonders hohen Erwartungen voll erfüllt hat. Obwohl es wahrscheinlich unfair ist, wenn ich das Ding insgesamt beurteile, weil ich ... na ja ... ich habe während weiter Teile geschlafen.«

»Was? Du bist eingeschlafen? Geht das überhaupt? Haben dich die Explosionen, die Crashs der Autos, die quietschenden Reifen und die Schießereien nicht wach gehalten?«

»Nein, ich glaube, genau deswegen bin ich eingeschlafen. Es hat einfach dauernd gekracht. Das ist wie am Meer. Nach einer Weile hörst du die Brandung einfach nicht mehr. Corban hat mich wach gehalten. Oder es zumindest versucht. Meistens mit seinem Ellbogen.«

Die Vorstellung bringt mich zum Lachen.

»Freut mich, dass *du* das lustig findest. Corban fand es überhaupt nicht lustig. Hat sich sogar ziemlich darüber aufgeregt. Sein Problem war offenbar nicht das Schlafen, sondern das Schnarchen.«

»O Gott, du hast geschnarcht?«

»So hat man es mir gesagt. Ich kann es nicht hundertprozentig bestätigen, weil ich zu der Zeit möglicherweise geschlafen habe.«

Jetzt lachen wir beide.

»Eigentlich sollte ich keine Witze darüber machen. Wir hatten eine ziemlich heftige *Diskussion,* als der Film vorbei war.«

Sie bleibt stehen und zeigt auf den leeren Raum neben sich.

»Aus diesem Grund beehrt uns Corbs nicht mehr mit seiner Gegenwart. Wollte lieber mit seinen Kumpeln in die Stadt gehen. Ich wollte lieber nicht. Wahrscheinlich kann man sagen, dass wir mit an Sicherheit grenzender Wahrscheinlichkeit keine weiteren Filme mehr zusammen anschauen werden. Oder genau genommen auch sonst nicht mehr viel zusammen tun werden.«

»Tut mir leid, das zu hören«, sage ich mechanisch.

Helena lässt eine Sekunde verstreichen, bevor sie die nächste Frage stellt.

»Wirklich?«

Ich spüre ihren Blick auf mir und zögere ein bisschen mit meiner Antwort.

»Um die Wahrheit zu sagen, nein. Ich habe ihn nie besonders gemocht.«

Sie lächelt.

»Um *dir* die Wahrheit zu sagen, nehm ich dir das nicht übel.«

Das Geräusch der Bands, die ihre Instrumente stimmen, dringt vom

Great Court zu uns her und hilft, die unbehagliche Stille zu überbrücken, die sich zwischen uns ausgebreitet hat. Helena lehnt sich an das Geländer.

»Das erklärt also, warum *ich* alleine bin. Was ist mit dir? Wo ist deine Freundin? Wie hieß sie noch? ... *Frida?*«

»Ja«, stimme ich zu, um eine lange Erklärung zu vermeiden. »Äh, ich weiß nicht genau, wo sie ist. Bin tatsächlich auf der Suche nach ihr. Wir hatten auch eine Art *Diskussion*. Ich kann sie nicht finden. Vielleicht ist sie nach Hause gegangen.«

»Echt? Sieht so aus, als wären wir beide verlassen worden.«

»Schon möglich.«

Helena stößt sich von dem Geländer ab.

»Na ja ... Ich habe hin und her überlegt, ob ich aufbrechen oder mir noch das Konzert auf dem Great Court anhören soll. Ein paar Freunde von mir sind schon dort. Scheint, als würde es gleich losgehen.«

Sie wartet ab. Ich glaube, sie erwartet, dass ich etwas sage, aber ich bin mir nicht sicher, was ich sagen soll, deshalb ermuntert sie mich.

»Uuuund, was ist mit dir? Was machst du jetzt? Auch Lust, ein paar Bands auszuchecken? Vielleicht sollten wir Zurückgewiesenen zusammenhalten.«

Und hier ist es. In perfekte, mundgerechte Stücke geschnitten und auf dem Tablett serviert. Die ganze Sache könnte nicht Rom-Com-perfekter sein, wenn ich das Drehbuch geschrieben, die Kulisse ausgesucht, die Schauspieler gecastet und die ganze Szene selbst inszeniert hätte. Und es liegt auf der Hand, wie mein nächster Text lauten sollte.

Etwas ganz Simples wie »Super Idee. Lass uns gehen!« würde völlig ausreichen.

Vielleicht könnte ich auch etwas nett Witziges versuchen wie: »Ein Zurückgewiesener weist niemals eine Zurückgewiesene zurück. Das ist Regel eins der Gesetze der Zurückgewiesenen!«

Und was sage ich stattdessen?

»Ja, das wäre super, und ich würde wirklich gerne, aber, es tut mir schrecklich leid, ich kann nicht. Ich muss was erledigen.«

Von einem Zurückgewiesenen zurückgewiesen zu werden muss für Helena eine vollkommen neue Erfahrung sein, aber – und das ist ihr hoch anzurechnen – sie verbirgt ihr Erstaunen gut. Stattdessen mustert sie mich mit ihren Mandelaugen, als würde sie durch eine Kameralinse blicken.

»Und das, was du zu erledigen hast, kann nicht warten?«

Ein Teil von mir möchte rufen: »Verdammt, ja, für dich kann alles warten.«

Aber der Teil ist nicht groß genug.

»Eigentlich nicht«, sage ich.

»Ich vermute, es hat was mit deiner Kindergartenfreundin zu tun?«

»Ja, hat es. Ich muss sie finden.«

»Sie wieder retten, was?«

Irgendwas an diesem Vorschlag lässt mich aufhorchen.

»Na ja, die Geschichte, die sie dir erzählt hat, du weißt schon, dass ich sie vor dem tyrannischen Typen gerettet habe? Also, das stimmt nicht. Sie hat das nur erzählt, um mich gut aussehen zu lassen. Ich bin kein Held. Nicht mutig genug. Ich habe noch nie jemanden gerettet. Noch gar nie. Wenn jemand ein Held ist, dann sie. Sie ist der Held. Nicht ich.«

Das stimmt. Sie hat mich davor bewahrt, gegenüber Helena vor Scham zu sterben. Sie hat mich vor dem Zorn von Tomas Paonga bewahrt. Und sie hat mich davor bewahrt, ein Opfer des Theatersports zu werden. Vielleicht hat sie mich sogar vor der Stadtplanung bewahrt.

»So, so, eine Heldin«, sagt Helena. »Klingt so, als könnte sie sehr gut alleine auf sich aufpassen. Warum musst du sie denn so unbedingt finden?«

Ich schaue Helena an. Sie ist wirklich ein PWW. In Wirklichkeit sogar mehr als das. Und sie wartet auf eine Antwort. Ich stelle ihr stattdessen eine Frage.

»Hast du jemals den Film *The Big Lebowski* gesehen?«

Natürlich schaut sie mich an, als hätte ich den Rom-Com-Plot komplett vergessen oder versehentlich zwei Seiten des Drehbuchs überblättert.

»Nie gehört. Warum?«

Ich habe wirklich keine Zeit für Erklärungen. Außerdem ist das vielleicht sowieso nur ein Teil der Antwort. Und vielleicht sogar nicht einmal der wichtigste.

»Egal«, sage ich schließlich.

Helena runzelt die Stirn. Kann man ihr deswegen einen Vorwurf machen? Jetzt schüttelt sie den Kopf und lächelt. Wahrscheinlich denkt sie, dass es letztlich vielleicht doch nicht so schlimm ist, von jemandem zurückgewiesen zu werden, der so belanglose und unsinnige Fragen stellt.

»Aaaaalso, dann. Wenn das so ist, belassen wir es einfach dabei. Wenn ich dich in der Zwischenzeit nicht irgendwo treffe, sehe ich dich vielleicht wieder hier? ... So in einem guten Jahr oder so?«

»Hoffe ich sehr.«

»Ich auch. Man weiß ja nie, wann ich mir wieder einen Stift borgen muss.«

»Jederzeit. Ich bin immer für dich da. Mein Mäppchen ist dein Mäppchen.«

»Gut zu wissen.«

Sie schaut mich wieder an, als wäre ich eine abstrakte Skulptur, aus der sie irgendwie nicht richtig schlau wird.

»Also, bis dann.«

»Ja, tschüss.«

Als sie mir zuwinkt, fällt mir ein, was ich sie noch fragen wollte.

»Hey, Helena, hat dir jemals jemand gesagt, dass du Taylor Swift sehr ähnlich siehst?«

Sie wirft den Kopf in den Nacken und verdreht übertrieben die Augen.

»Würg. Ja, das höre ich oft. Einige meiner sogenannten Freunde ziehen mich gerne damit auf. Aber ich habe mich inzwischen daran gewöhnt, und wenn irgendjemand etwas sagt oder einen Witz darüber macht, versuche ich einfach ...«

Sie wackelt mit den Hüften und schlenkert die Arme in einem bekannten Tanzmove.

»... sie zu ignorieren.«

Mein Herz fühlt sich wieder an wie dieses zerfallende Eisschelf. Hört aber dann auf. Ich lache.

»Ich hab gesehen, was du da gemacht hast«, sage ich zu ihr.

Sie zwinkert mir zu, und ich schaue ihr hinterher. Nichts mehr mit »Ich schau dir in die Augen, Kleines«. Wer weiß, vielleicht gehe ich in einem anderen Rom-Com-Fantasieuniversum direkt neben ihr. Aber nicht hier. Nicht in meiner verrückten, vermurksten Welt.

Hier jogge ich zurück zu meinem besten Freund Tolly, während eine Nachricht in meinem Kopf klingelt, die ich unbedingt entschlüsseln will.

28.

DIE ANTWORT

Als ich wieder bei Tolly ankomme, hat er seine Muffins aufgegessen und den Orangensaft getrunken und ist damit beschäftigt, sich durch irgendwas auf seinem Handy zu scrollen.

»Keinen Erfolg?«, sagt er, als ich mich ihm gegenüber auf den Stuhl fallen lasse.

»Nein. Ich hab überall gesucht. Bist du sicher, dass du die Nachricht richtig verstanden hast?«

»Ich werde diese Frage nicht mal einer Antwort würdigen«, sagt er, während er den Bildschirm ausschaltet. »Aber warum hast du so lange gebraucht?«

Ich berichte ihm von den Tiefpunkten meines Besuches im Kino und lasse Helena aus.

»Beeindruckende Liste: während einer Filmvorführung von *Star Wars* fast einen Aufruhr anzetteln, Frauen in der Toilette belästigen, physisch aus einem Kino entfernt und von einem Sicherheitsmann bedroht werden. Was für ein pralles, abwechslungsreiches Leben du führst. An deiner Stelle würde ich meinen Eltern lieber nichts davon erzählen.«

»Mann, meinst du wirklich? Vielen Dank für die Warnung, Toll. Ich wollte eigentlich einen Blog darüber schreiben, die Bänder der Überwachungskameras mitschneiden und ihnen den Link schicken.«

Tolly setzt ein gequältes Lächeln auf und zeigt mit dem Finger auf mich.

»Das war jetzt sarkastisch gemeint, nicht wahr? Du kannst mich nicht hinters Licht führen. Ich weiß es.«

Ich ignoriere ihn und konzentriere mich auf das eigentliche Problem.

»Ich kapier es einfach nicht. ›Wenn du wieder neu anfangen willst, musst du zurück zum Anfang gehen.‹ Das hat sie gesagt, richtig? Und das habe ich auch gemacht, oder nicht? Ich war beim Anfang. Ich habe geliefert. Und warum war *sie* dann nicht da?«

Tolly legt sein Handy auf den Tisch.

»Lass uns die ganze Sache ruhig und logisch betrachten. Könnte es auch etwas anderes bedeuten? Gibt es möglicherweise eine andere Interpretation? Irgendetwas anderes, worauf es sich beziehen könnte? Irgendwas?«

»Das versuche ich ja die ganze Zeit herauszufinden, aber ich sehe nicht, wie es sonst gemeint sein könnte, du vielleicht?«

Aber die Antwort ist nur Schweigen und ein schiefgezogener Mund.

»Ich weiß nicht, Tolly. Vielleicht habe ich alles komplett falsch verstanden. Vielleicht hat sie nur einen schlauen Spruch weitergegeben wie auf diesen blöden Motivationspostern in unserem Klassenzimmer. *Um neu anzufangen, musst du zum Anfang zurückkehren!* Vielleicht muss ich gar nichts tun.«

Tolly grübelt über diese Möglichkeit nach.

»Nein, es muss mehr bedeuten als nur das. Vergiss nicht, nachdem sie mir die Nachricht an dich gegeben hatte, sagte sie, sie brauche Zeit, um irgendwohin zu gelangen. Das heißt, dass der Anfang real ist, ein physischer Ort.«

Ja, das ergibt einen Sinn. Aber was für ein Ort? Ich durchsuche mein Gehirn nach Möglichkeiten.

»Hey, denkst du, dass ich vielleicht beim Kino beginnen sollte, wo wir uns erstmals begegnet sind, und von da aus dann weitergehen?

Verstehst du, einfach unsere Spur nachverfolgen und an all den Orten vorbeigehen, an denen wir den Tag über waren? Also die Cafeteria, den Saal vom Theatersport, wo das Harztropfen-Ding war, und all diese Orte? Denkst du, ich finde sie irgendwo auf dem Weg, wenn ich das mache? Könnte sie *das* gemeint haben?«

»Mööööglich«, sagt Tolly auf eine Art und Weise, die sich übersetzen lässt in: »Nur ein Verrückter würde so was tatsächlich glauben.«

»Ja, aber was dann? Komm schon. Schließlich hast du das Gedächtnistraining für Fortgeschrittene absolviert. Mach dem alten tollyschen Superhirn-Computer mal ein bisschen Beine. Hilf mir hier raus. Gib mir *irgendeinen* Hinweis.«

Er breitet die Hände weit aus und wirft mir nur einen gequälten Blick zu. Mein Herz rutscht in die Nähe meiner Blase. Wenn Tolly ratlos ist, kann ich ja gleich einpacken.

»Weißt du was? Vielleicht denkt sie, dass man gar nicht neu anfangen kann, wenn man etwas so total vermasselt hat wie ich. Vielleicht war es ihre Art, Rache zu üben und mir eine Lektion zu erteilen, dass sie mich in ein leeres Kino geschickt hat. Und als sie sagte, sie brauche Zeit, um irgendwohin zu gelangen, bedeutete das vielleicht nur möglichst weit weg von mir.«

Tolly hört zu, sagt aber nichts zu meiner Theorie und macht auch keine eigenen neuen Vorschläge. Er spricht erst, nachdem das Aufleuchten seines Handys eine neue Nachricht angekündigt hat.

»Dad. Steht im Stau. Sagt, dass er in ungefähr fünfzehn Minuten am Treffpunkt ist.«

Ich schaue zu, wie er eine kurze Antwort tippt.

»Was hast du vor? Kommst du mit uns, oder bleibst du?«

Ich war schon entschieden, als ich Helena antwortete. Es geht jetzt um alles oder nichts. Wobei »nichts« als der klare Favorit drohend ins Blickfeld rückt.

»Ich bleibe. Wenn ich schon nicht herausfinde, was die Nachricht bedeutet, werde ich einfach auf gut Glück weiter nach ihr suchen.«

Tolly streicht tief in Gedanken versunken zuerst über die Haare an seinem Kinn und zupft dann an ihnen herum.

»Tolly, sei ehrlich. Denkst du, ich bin ein Idiot?«

Er nimmt meine Frage ernst. Ein bisschen zu ernst.

»Mal sehen. In einem Kino ausrasten. Eine Damentoilette belagern. Ich denke, die Fakten sprechen mal wieder ziemlich für sich, meinst du nicht?«

Das ist nicht gerade die unterstützende, Selbstvertrauen stärkende Antwort, die ich mir erhofft hatte. Aber er ist noch nicht fertig.

»Allerdings bin ich nicht sicher, ob das die richtige Frage ist, die du dir jetzt stellen solltest.«

»Nein?« Langsam verliere ich ein wenig die Geduld mit ihm. »Und wie lautet deiner Meinung nach die richtige Frage, die ich mir stellen sollte?«

Tolly stützt die Ellbogen auf den Tisch und legt seine Fingerspitzen aneinander.

»Die richtige Frage, die du dir meiner Ansicht nach stellen solltest, mein lieber Sebastian, lautet: Ist die *Ursache* deines idiotischen Verhaltens es wert, sich idiotisch zu verhalten?«

Wichtige Szenen und Bilder des Tages purzeln durch meinen Kopf, während ich über Tollys Frage nachdenke. Meine Antwort ist schnell gefunden.

»Ja«, sage ich zu ihm. »Ja, ich glaube, sie ist es. Sie ist es definitiv.«

Tolly lächelt.

»Ich glaube, da könntest du recht haben, junger Mann«, sagt er.

Ich würde ihn am liebsten umarmen, lasse es aber lieber sein.

»Danke, Toll. Aber wenn ich vielleicht weniger von einem Idioten hätte, wäre ich in der Lage, ihre Nachricht zu entschlüsseln.«

Tolly klopft mit seinen Fingerspitzen einen schnellen Trommelwirbel auf die Tischplatte.

»Okay, pass auf. Ich muss jetzt wirklich gehen, wenn du also *definitiv* entschieden hast zu bleiben, kann ich auch ...«

Ich hebe eine Hand und unterbreche ihn mitten im Satz. Eine der Schlüsselszenen, an die ich mich gerade eben erinnert habe, hat einen merkwürdigen Gedanken in meinem Gehirn aufgeworfen.

»Warte. Warte eine Minute. Denkst du, sie könnte gemeint haben ... Tolly, schnell, hast du eine Karte vom Campus auf deinem Handy?«

»Hab sie gerade gelöscht«, sagt er, zieht aber sofort eine Papierkopie aus der Innentasche seiner Jacke. »Aber hier ist eine, die ich früher schon vorbereitet habe.«

Ich schnappe sie mir und breite sie auf dem Tisch zwischen uns aus. »Wo könnte so was sein?«, murmle ich vor mich hin, während ich die Legende für die Gebäude und Einrichtungen überfliege. »Vielleicht irgendwo auf dem Sportgelände ... oder ... oder warte ... Es gibt doch nicht etwa einen *richtigen* ...«

Ich prüfe noch einmal die Legende. Sie haben einen. Ich finde genau das, was ich gesucht habe. Sie haben tatsächlich einen richtigen ...

»Das ist es! Das muss es sein, was sie gemeint hat. Der Anfang. Muss einfach!«

Ich schiebe schon meinen Stuhl zurück, um zu gehen, als Tolly seine beträchtliche Spannweite ausnutzt und mich am Arm festhält.

»Warte. Was ist los? Wohin gehst du? Zeig es mir!«

Ich lege einen Finger auf die Karte.

»Da! Nr. 9. Zurück zum Anfang!«

Tolly untersucht, worauf ich zeige, und checkt dann noch mal die Legende. Er grinst. Und versteht es sofort. Natürlich tut er das. Ist ja Tolly.

»Nicht schlecht für einen Idioten«, sagt er, während er sich mit seinen langen Gliedmaßen zwischen Stuhl und Tisch herauswindet. »Gut. Meine Arbeit hier ist getan.«

Ich sammle meine Sachen zusammen und bin auch bereit zu gehen. Aber dann zögere ich. Tolly bemerkt es.

»Probleme?«

Ja. Durchaus. Beim letzten Mal bin ich einfach wie ein Verrückter losgerannt. Aber das, was im Kino passiert ist, und die Sache mit Tomas und besonders Helena haben mich dazu gebracht, viel intensiver darüber nachzudenken, was ich hier eigentlich tue und was das für ein Mädchen ist, das ich zu finden hoffe.

»Es ist nur ... diese Geschichte ... was auf der Party passiert ist ... wenn all das, was sie über sich erzählt hat ... über ihr Leben ... Wenn das alles wahr ist ... was ... was tue ich dann, wenn ich sie finde? Was sage ich zu ihr? Wie helfe ich? Ich meine, ich kann nicht dafür sorgen, dass es besser wird, oder es ungeschehen machen. Nichts, was ich tun kann, wird *irgendwas* verändern.«

Tolly steht vor mir. »Wahrscheinlich nicht«, sagt er und drückt dann eine große, knochige Faust gegen meine Brust. »Aber wenn du meinen Rat willst: Tu es trotzdem.«

29.

DER ANFANG

Ich lasse Tolly stehen, jogge die Ringstraße entlang und folge dann einer Kurve hinunter zu den Spielfeldern. Hinter dem Sportpavillon nehme ich die nächste Abzweigung nach links. Vor mir sehe ich ein flaches Gebäude, das von einem brusthohen Zaun aus Stahlrohr umgeben ist. Als ich vor dem Gebäude stehe, reicht das Licht von der nahe gelegenen Straßenlaterne gerade noch aus, um das Schild zu entziffern:

Universitätskindergarten
Öffnungszeiten: Montag bis Freitag 8:00 bis 17:00 Uhr

Es war eine Reise mit Umwegen, aber ich glaube, ich bin endlich am Anfang angekommen.

Ein kurzer Pfad führt durch einen kleinen Garten zum Haupteingang, aber ich gehe am Zaun entlang zur Rückseite des Gebäudes. Sie grenzt an Buschland. Es ist genau die Art von »ruhigem Ort«, den Tomas Paonga auswählen könnte, um seine Drohung wahr zu machen. Rasch schiebe ich diesen Gedanken beiseite und inspiziere die Rückseite des Kindergartens etwas genauer.

Vor mir liegt ein großer Außenspielbereich, der teilweise von dreieckigen Sonnensegeln überdacht ist. Das Tageslicht ist fast verschwunden, sodass ich in großen Bereichen nur vage Formen und Schatten wahrnehme. Da ich Tomas Paonga auf keinen Fall einen Grund geben will, hier aufzutauchen, entscheide ich mich, ohne lange nachzudenken, auch gegen eine drastisch abgeschwächte Wiederholung meiner stimmlichen Darbietung im Kino. Stattdessen lasse ich meinen Rucksack innen am Zaun auf den Boden hinunter, packe mit festem Griff den Zaun und ziehe mich hoch. Mit zwei Händen und einem Fuß auf der obersten Stange und dem anderen Fuß fürs Gleichgewicht auf halber Höhe abgestützt, mache ich mich bereit für einen Sprung in das Halbdunkel.

Das wahnsinnige Klopfen meines Herzens übertönt jetzt fast den Beat, der vom Great Court herüberweht. Werde ich das jetzt wirklich tun? Werde ich »illegales Eindringen in einen Kindergarten« zu meiner bereits umfassenden Liste von Idiotien an diesem Tag hinzufügen? Wie würden meine Eltern reagieren, wenn sie mich jetzt sehen könnten? Für wie viel Angst und Sorge in ihren Augen wäre ich verantwortlich? Je mehr ich darüber nachdenke, desto mehr verschiebt sich mein Schwerpunkt auf die Außenseite des Zauns. Bis mir Tolly einfällt. Die Frage, von der er sagte, ich solle sie mir stellen. Die Antwort ist immer noch dieselbe. Ich beuge mich nach vorn, hebe den anderen Fuß zur obersten Stange und stoße mich ab.

Der Kunstrasen, auf dem ich lande, ist weich und federnd. Ich bleibe in der Hocke und mache mich darauf gefasst, dass Sirenen losheulen und ein wutentbrannter Tomas Paonga herbeistürmt und gegen mich prallt wie die menschliche Abrissbirne, als die er geboren wurde. Aber weder das eine noch das andere passiert, deshalb sammle ich meinen Rucksack ein, stehe auf und taste mich vorsichtig weiter.

Bis Sicherheitsleuchten aufflammen und zwei blendende weiße Flecken auf meine Netzhäute implantiert werden.

Ich gerate in Panik und stolpere weiter. Meine Hand stößt an etwas, das wahrscheinlich hölzerne Staffeleien sind, und sie fallen krachend zu Boden. Noch einmal bereite ich mich innerlich auf heulende Sirenen und einen total angepissten Tomas Paonga vor, der mich auf den Boden nagelt wie einen aufgespießten Käfer. Aber wieder passiert nichts. Diesmal bleibe ich einfach stehen, wo ich bin, und blinzle so lange, bis die weißen Flecken sich aufgelöst haben. Durch das Licht sind jetzt die vorhin verborgenen Bereiche des Spielgeländes sichtbar.

Und ich habe gefunden, was ich gesucht habe.

In der Ecke des Gartens befindet sich ein von allen Seiten mit Rundhölzern eingefasster Sandkasten. Und in dem Rechteck aus weißem Sand sitzt vornübergebeugt ein Mädchen. Ihre Arme sind fest um die Beine geschlungen, und ihr Kopf ruht auf ihren angezogenen Knien. Ein Vorhang aus weißen Haaren hängt über ihr Gesicht. Im Sand neben ihr stehen eine Tasche und ein paar Sandalen.

Als ich mich nähere, richtet sie sich auf und streicht sich die Haare aus dem Gesicht. Auf ihrer rechten Wange hat die Falte ihres Rockes einen Abdruck hinterlassen.

»Weißt du, wenn ich zwei gute Ohren hätte«, sagt sie zu mir, »hätte ich dich vielleicht sogar kommen hören.«

»Ja, aber ich kann es nicht fassen, dass Kinder sich hier aufhalten dürfen. Der Ort ist eine tödliche Falle.«

Ich lächle. Unbehaglich.

»Äh, glaubst du nicht, wir sollten lieber gehen? Ich habe so eine Ahnung, dass es ein merkwürdiges Gesetz gibt, das das Eindringen in Orte, die einem nicht gehören, verbietet. Und vielleicht hast du es ja gar nicht bemerkt, aber *irgendjemand* hat gerade die Lichter angeschaltet.«

»Setz dich«, sagt sie nur.

»Aber, es geht nur darum, wenn dieser Wachmann mich findet ...«

Jetzt hebt sie einen Finger und klopft auf den Sand zu ihrer Linken. Ich mache einen Schritt über die hölzerne Einfassung und setze mich neben sie. Ein paar Sekunden vergehen, dann sind wir in dunkle Schatten eingehüllt.

»Siehst du«, sagt sie. »Solange du nicht auf und ab hüpfst oder mit den Armen wedelst oder herumstolperst und Gegenstände umwirfst wie ein verwundetes Nashorn, bleiben die Lichter auch aus.«

»Alles klar.«

Dann wird es still, während ich versuche herauszufinden, was ich als Nächstes sagen soll. Sie kommt mir zuvor und spricht das Offensichtliche aus.

»Dann ... hast du mich also gefunden.«

»Jap. Ja. Habe ich. Na ja ... letztendlich.«

Wieder herrscht Schweigen. Diesmal breche ich es.

»Ich meine, ich will nicht meckern, aber meinst du nicht, du hättest die Nachricht, die du Tolly mitgegeben hast, *vielleicht* ein kleines *bisschen* klarer machen können? So in die Richtung wie ... ›Sag Sebastian, wenn er noch mal neu anfangen will, werde ich in einem Sandkasten unten im Universitätskindergarten sitzen‹. Das hätte ich wahrscheinlich *fast* sofort kapiert.«

Sie lächelt ein bisschen, aber ohne echte Freude.

»Tut mir leid. Ich war nicht wirklich sicher, ob ich gefunden werden möchte. Außerdem konnte ich es nicht zu leicht machen. Musste schließlich all diese Stadtplaner-Typen aussieben, nicht wahr?«

Wieder ein Seitenhieb gegen Stadtplaner. Aber ich nehme das nicht mehr krumm. Wenigstens redet sie mit mir.

»Genau. Na ja, vielleicht sollte ich meine Stadtplaner-Mitgliedskarte noch ein bisschen behalten, nachdem ich das Glück hatte, mich zu qualifizieren. Aber vergiss es. Immerhin bin ich lebend hierhergekommen.«

Sie dreht sich zu mir.

»Was soll das heißen?«

»Erinnerst du dich noch an deinen Freund Tomas vom Sicherheitsdienst? Nun, er hat mir freundlicherweise angeboten, mich – Zitat –

›windelweich zu prügeln‹, und im Hub arbeiten ein paar Leute, von denen ich jetzt sicher weiß, dass sie nur zu gerne mitmachen würden.«

»Was? Meinst du das ernst? Warum?«

»Nun, *offensichtlich* ist es nicht üblich, während einer Filmvorführung oder beim Eindringen in die Damentoilette wie ein Verrückter zu schreien. Sonst hätten sie wohl Schilder aufgestellt, wann das okay wäre, oder?«

Zwei große, erstaunt dreinblickende Augen schauen mich jetzt an. Sie scheinen meine geistige Gesundheit abzuchecken und sie fast mit Sicherheit für mangelhaft zu befinden.

»Das hast du getan? Warum solltest du?«

Ich hole tief Luft, um mir Mut zu machen.

»Weil *du* gesagt hast, ich solle zurück zum Anfang gehen und *ich* dachte, das Kino wäre der Anfang, denn dort haben wir ja, weißt du, irgendwie *angefangen*. Egal, dann habe ich wohl die Gastfreundschaft überbeansprucht und wurde gebeten, das Kino zu verlassen und niemals wieder zurückzukehren, aber irgendwie konnte ich das nicht tun, bevor ich nicht zu hundert Prozent sichergestellt hatte, dass du nicht doch dort irgendwo bist.«

»Indem du im Kino und in der Damentoilette rumgeschrien hast?«

»Ob du's glaubst oder nicht, das schien mir zu dem Zeitpunkt tatsächlich eine gute Idee zu sein.«

Sie macht eine ruckartige Bewegung mit dem Kopf und blinzelt, als hätte sie einen Schluck von etwas Hochprozentigem genommen.

»Wow. Dann kannst du wohl nur hoffen, dass der Ethikrat der Stadtplaner nie etwas davon erfährt.«

Sie schaut auf ihre Füße und gräbt sich mit den Zehen in den Sand ein.

»Hast du die Nachricht dann schließlich alleine entschlüsselt ... oder hat Tolly dir geholfen?«

»Tolly? Das Beinah-Genie? Er war eigentlich gar keine Hilfe. Wenn ich nicht schließlich doch noch draufgekommen wäre, müsstest du die ganze Nacht allein hier sitzen.«

»Das wäre nichts Ungewöhnliches«, sagt sie. »Aber du irrst. Das wäre nicht passiert. Ich wusste, dass du mich finden würdest. Wenn du es wirklich wolltest.«

Ihr Vertrauen in mich ist erfrischend, aber erstaunlich.

»Wie konntest du so sicher sein?«

Sie häuft Sand über ihre Füße und Knöchel und klopft ihn fest.

»Weil ich Tolly gesagt habe, wo ich sein würde.«

Ich drehe mich zu ihr, um zu schauen, ob sie einen Scherz gemacht hat. Aber es ist klar, dass das nicht so ist. Nur meine Angst davor, dass die Lichter wieder angehen könnten, hält mich davon ab, auf und ab zu hopsen, mit den Armen zu wedeln oder herumzustolpern und Gegenstände umzuwerfen wie ein verwundetes Nashorn.

»Was? Tolly hat es gewusst? Die ganze Zeit, in der mir fast der Schädel geplatzt ist, weil ich versucht habe, es herauszufinden, und ihn um Hilfe gebeten habe, hat Tolly es *gewusst*? Warum zum Teufel hat er mir nichts gesagt?«

»Weil ich ihn gebeten habe, es dir nur zu sagen, wenn du mich wirklich finden willst, aber selbst nicht auf die Lösung kommst.«

Auf einmal ergibt vieles einen Sinn, was Tolly gesagt und getan hat.

»Meine Güte, er ist wirklich bis ans Limit gegangen. Wenn ich den morgen sehe ...«

Sofort verteidigt sie ihn.

»Hey, du lässt Tolly in Ruhe, ja? Er hat nur getan, worum ich ihn gebeten habe.«

Sie hält inne und holt Luft, bevor sie mir einen reinwürgt.

»Was, meiner Erfahrung nach, nicht jeder tut.«

Mit dieser Bemerkung schlägt sie die Tür zu all unseren bisherigen

Gesprächen zu und sperrt alles aus außer den Worten, die der Grund waren, warum ich hierhergekommen bin.

»Es tut mir leid«, sage ich zu ihr. »Die Sache mit dem Ausweis. Es tut mir wirklich leid. Ich hätte ihn nicht anschauen sollen. Das war falsch. Ich weiß nicht, warum ich ... aber egal ... Es war einfach wirklich daneben, das zu tun. Ganz einfach. Ich hab mich wie ein Depp benommen. Genau wie Vogel. Aber ich wollte dich nicht kränken. Das ist das Letzte, was ... es tut mir leid.«

Sie betrachtet ihre Füße, die im Sand vergraben sind. Dann streckt sie den Fuß und wackelt mit den Zehen, sodass sie durch die Oberfläche brechen wie gerade geschlüpfte Schildkröten.

»Okay«, sagt sie schließlich. »Aber du bist überhaupt nicht wie Vogel. Ihm tut es nie leid.«

Das Schweigen umfängt uns und nähert sich wieder bedrohlich, kommt näher, immer dichter und drängender, als ob es auf die Frage wartete, die ich mich kaum zu stellen traue. Ich schaue durch die Lücken in den Sonnensegeln zu dem klaren Nachthimmel hinauf und sehe ein paar helle Sterne und einen fast vollen Mond. Es ist schön, aber es macht es nicht leichter, die Frage in meinem Kopf in Worte zu fassen.

»Was ... du vorhin gesagt hast ... oben auf dem Great Court ... über diese Party ... und Karen Kratzman ... all das über ihr Leben und was ihr zugestoßen ist ... war das ... ist das ... alles wahr?«

Ich höre, wie ihr Atem neben mir flach wird. Mein eigener Atem hat aufgehört. Die Antwort kriecht in einem erschöpften und gebrochenen Flüstern zu mir.

»Die ganze Wahrheit ... und nichts als die Wahrheit ...«

Ich drehe mich zu ihr und sehe, wie ein bitteres Lächeln ihr Gesicht verzerrt.

»So wahr mir Gott *nicht* geholfen hat.«

30.

DIE WAHRHEIT

Zum ersten Mal an diesem Tag möchte ich, dass sie mich anlügt. Ich möchte, dass alles eine ihrer aus der Luft gegriffenen Geschichten ist. Ich möchte ihr das Gegenteil beweisen.

»Aber die Zigaretten ... Du hast gesagt, sie wären ...«

Ich beende den Satz nicht. Sie schaut zu mir herüber, und ich zeige mit dem Finger auf die Innenseite meines Unterarmes.

Sie starrt darauf, ohne zu antworten. Dann beugt sie sich nach vorn und streckt die Arme aus. Ihr weißes Baumwoll-Top schiebt sich am Rücken nach oben. Selbst in dieser dunklen Ecke fällt genug Mondlicht auf ihre blasse Haut, um die kleinen dunklen Kreise zu erkennen. Eine ekelerregende Woge von Erkenntnis und Zorn überspült mich. »Verdammt, ich ... es tut ...«

Aber was soll ich zu ihr sagen? Dass es mir leidtut? Dass ich weiß, wie es ist? Dass jetzt alles gut ist, weil ich es irgendwie auf magische Weise besser machen werde? Das sind nur leere und nutzlose Wörter aus einem dummen Kitsch-Rom-Com-Drehbuch. Was nutzen sie ihr?

Sie lehnt sich zurück und wartet nicht, bis ich meine Stimme wiedergefunden habe.

»Weißt du, ich habe sie nie wiedergesehen. Das Mädchen auf der Party. Der ich mein Herz ausgeschüttet habe. Keine Ahnung, wer sie war. Ich wünschte, ich wüsste es.«

Sie streicht ein Stück Sand glatt und schreibt mit der Spitze eines weiß lackierten Fingernagels ein K in den Sand.

»Die Party war ... ein Tiefpunkt. Für mich.«

»Hey, hör zu, du musst nicht ...«

Ich bin mir nicht sicher, ob das, was ich sagen will, eher für mich gut ist oder eher für sie, aber ich werde sowieso unterbrochen.

»Vogel. Er war an diesem Abend auch da. In dieser Gruppe von Jungs. Die, vor denen man mich gewarnt hat.«

Sie gräbt sich mit den Fingern tief unter den Buchstaben, den sie geschrieben hat, und hebt ihn in einem Klumpen Sand hoch.

»Er hatte am Montag in der Schule viele Geschichten über mich zu erzählen.«

Sie spreizt die Finger und lässt den Sand zwischen ihnen hindurchrieseln.

»Nicht alle waren gelogen.«

Eine Enge legt sich um meine Brust und meine Kehle. Ich möchte etwas zu ihr sagen, aber ich finde einfach nicht die Worte, die irgendwas verändern würden.

Sie sieht, wie ich mit mir ringe, und kommt mir zu Hilfe. Wieder. Ihre Stimme ist jetzt fröhlicher und optimistischer, als ob ich derjenige wäre, der Trost und Zuspruch braucht.

»Aber, um es mal positiv auszudrücken: Ich muss es nur noch ein Halbjahr mit Versagern wie Vogel aushalten, und dann bin ich auf dem Kingston.«

Ich schaue in ihre Richtung, und sie bringt ein müdes Lächeln zustande.

»Ja, ob du's glaubst oder nicht, aber das Internatsstipendium ist eine Tatsache. Habe es durch so ein Wohltätigkeitsding bekommen. Du musstest nur schlau genug, arm genug und verkorkst genug sein, um eines zu bekommen. Ich habe alle Kriterien erfüllt.«

Sie streicht mit den Fingern wieder Sand über ihre Füße, während sie weiterredet.

»Meine Tante hat mich dazu gebracht, mich zu bewerben. Die Schwester meiner Mum. Ich wusste gar nicht, dass ich überhaupt Verwandte habe, bis sie mich in diesem Jahr aufgespürt hat. Hat ein paar Briefe oder so gefunden. Ich hätte bei ihr einziehen können. Muss besser sein als das Drecksloch, in dem man mich jetzt hält, denke ich mal. Aber ich bin nicht sicher. Auch nicht, was sie betrifft. Ich habe ganz offensichtlich ein Problem damit, anderen zu trauen. Zumindest darüber sind sich alle Therapeuten einig. Stell dir vor.«

Ich überlege, was das wohl für ein Drecksloch ist, in dem sie wohnt, frage aber nicht. Das Ausfragen hab ich abgehakt. Und ich werde auch nicht an irgendwelche Türen klopfen. Also warte ich einfach ab. Und höre zu.

Sie drückt den hohen Berg aus Sand fest, den sie über ihre Füße gehäuft hat, und hinterlässt ein gitterartiges Muster aus Abdrücken ihrer Finger auf der Oberfläche. Dann hört sie auf einmal auf und schaut in die Richtung, wo die Lichter im Zentrum der Universität schimmern. Ihre Augen spiegeln die Entschlossenheit wider, die jetzt auch in ihrer Stimme liegt.

»Ich will einfach nur hierher, mehr nicht. Das ist mein Ziel. Mir auf dem Kingston nächstes Jahr den Arsch wund lernen und dann hierherkommen. Hier fühle ich mich anders. Leichter. Lebendiger. Es ist, als könnte ich hier sein, wer immer ich sein möchte. Vielleicht sogar ich selbst. Aber dazu muss ich zuerst mal hierherkommen. Und dann werde ich tun, was deine Nanna Rose gesagt hat. Ich werde eine neue Seite aufschlagen. Ich werde die Vergangenheit begraben.«

Leidenschaft lodert in ihren Augen auf, flackert und erlischt dann langsam.

»Na ja, das ist zumindest der Plan. Das Problem ist, dass ich dieses

Aufschlagen einer neuen Seite schon früher versucht habe, und jedes Mal war die neue Seite am Ende genauso beschissen wie die alte und manchmal sogar noch beschissener.«

Sie stößt diese letzten Worte aus, als hätten sie einen schlechten Geschmack in ihrem Mund hinterlassen.

»Vielleicht sollte ich Nanna Rose nach ihrem Geheimnis fragen.«

Ich weiß, dass ich jetzt etwas sagen müsste. Ich weiß, dass ich die Worte sagen müsste, die ihre Zweifel infrage stellen und ihre Traurigkeit und ihren Schmerz nehmen. Aber was sind das für Worte? Es ist, als wäre ich im Scheinwerferlicht einer Theatersportbühne auf einmal stumm geworden, während das Publikum schon unruhig wartet.

Sie nimmt eine Handvoll Sand und wirft sie gegen die Rundhölzer, die den Sandkasten einfassen.

»Hey, ich glaube, ich hab es rausgefunden«, sagt sie mit wenig Begeisterung. »Nanna Roses Geheimnis. Weißt du, was ich tun sollte? Ich sollte mir ein echtes Fotoalbum besorgen. So eines, wie sie es hatte. Du weißt schon, eines dieser altmodischen Alben, wo du Fotos einklebst. Wahrscheinlich war das von Anfang an mein Problem. Denk einfach mal drüber nach. Mit digitalen Fotos auf deinem Handy oder irgendwo in der Cloud funktioniert das einfach nicht, oder? Wie kannst du mit denen irgendwas begraben? Es ist doch klar, dass du *echte* Seiten aufschlagen musst, die voll sind mit echten, in Schnappschüssen festgehaltenen, fröhlichen Erinnerungen. Wie blöd bin ich eigentlich? Genau das habe ich die ganze Zeit falsch gemacht. Na bitte. Problem gelöst. Jetzt beginnen die fröhlichen Tage.«

Das falsche Lächeln, das sie auf ihre Lippen gezwungen hat, wird schwächer und verwandelt sich schließlich in eine krumme Linie. Sie zieht die Beine an die Brust und legt die Stirn auf ihre Knie. Als ihre Stimme dann wieder ertönt, ist sie nur noch ein erschöpftes Murmeln.

»Aber der schwierige Teil ist, überhaupt an diese fröhlichen Aufnahmen zu kommen, auch die virtuellen für ein virtuelles Album. Das war für mich immer der schwierige Teil.«

Und endlich finde ich sie, die Worte, die ich zu ihr sagen muss. Die Worte, die ich zu ihr sagen *will*. Aber es sind riskante Worte, wenn man sie laut ausspricht. Gefährliche Worte. Worte, die sich, wie ich weiß, auch gegen mich richten und mich verletzen könnten.

Aber ich sage sie trotzdem.

31.

DIE WORTE

Vielleicht könnte ich dir helfen, an sie zu kommen.«

Keine Reaktion. Sie verharrt in ihrer knieumarmenden Position wie in einem engen Kokon.

»Was ich meine, ist, wenn du ein paar neue Erinnerungen brauchst … bessere … für die fröhlichen Fotos, von denen du gesprochen hast … ich dachte einfach, ich könnte dir vielleicht dabei helfen … dir helfen, sie zu erschaffen … wenn das okay für dich wäre … und wenn du es willst.«

Immer noch keine Reaktion. Ich weiß, dass sie mich hören kann, denn ihr gutes Ohr zeigt in meine Richtung, deshalb rede ich weiter. Etwas anderes bleibt mir nicht übrig.

»Und nicht nur ich. Tolly auch. Tolly würde ganz bestimmt auch helfen. Er würde gerne helfen. Ich weiß das. Er half mir nach Connor. Sehr. Und du magst Tolly doch, stimmt's? Es wäre also nicht nur ich. Wir beide würden helfen. Tolly und ich. Und wir sind wie Superhelden, weißt du noch? Hast du selbst gesagt.«

Immer noch keine Reaktion. Immer noch kein Ton. Mir fällt nichts anderes ein, was ich tun könnte, als weiter auf sie einzureden und zu hoffen, dass einige meiner Worte vielleicht zu ihr durchdringen.

»Und weißt du was? Vielleicht musst du nicht einmal warten, bis du zur Uni kommst oder bis nächstes Jahr, wenn du auf dem Kingston bist, um neue Erinnerungen zu erschaffen. Bessere. Vielleicht hast du schon damit angefangen. Ja. Genau. Denk mal darüber nach. Wir haben schon heute ein paar ziemlich gute Erinnerungen erschaffen. Wie wär's zum Beispiel mit dem Harztropfenexperiment? Das war doch ein lebensveränderndes Ereignis, wie es im Buche steht. Niemand kann derselbe Mensch sein, nachdem er so etwas gesehen hat. Das ist einfach nicht möglich. Ich meine, wir waren da, vor Ort, wir alle drei, du, ich und Tolly, als ... na ja ... *nichts* passierte. Überhaupt nichts. Und wir hatten Plätze in der ersten Reihe, um alles zu sehen, als es nicht passierte. Wie viele Menschen können das von sich sagen? Merkst du's, ich hatte gerade selbst ein bisschen Probleme, es auszusprechen. Also ja, das ganze Harztropfen-Ding, das wären doch schon mal ein oder zwei fröhliche Schnappschüsse für dein Album, oder?«

Eine Bewegung. Endlich. Sie streicht sich die Haare hinter ihr gutes Ohr und legt die andere Wange wieder auf ihre Knie. Ihre Augen öffnen sich jetzt, und sie mustert mich. Und wartet.

Worte. Ich brauche mehr Worte. Sie sind alles, was ich habe.

»Und ähm ... Was war damit, was du und Tolly beim Theatersport abgeliefert habt? Das sind ein Haufen Fotos für dein Album. Mindestens ein paar Seiten. Ach ja, und vergiss nicht, wie du an diesem Tag die erste Person in der Geschichte der Welt warst, die herausgefunden hat, warum Tolly heißt, wie er heißt. Das war genial. Und du wurdest zur Königin der Schlaumeier gekrönt, Herrgott noch mal. Also das muss auf jeden Fall rein. Davon brauche ich auch eine Aufnahme. Und ... ähm ... meine Güte ... wie konnte ich das vergessen? Tolly, der es Vogel in diesem Hörsaal vor all den Leuten gezeigt hat. Wie wär's mit einer ganzseitigen Vergrößerung von Vogels Gesicht, als Tolly ihn anwies, einfach nicht mehr so ein Arsch zu sein? Und was ist mit ... ähm ... warte, was ist mit ...«

Ich habe vor mich hin geplappert wie ein Wahnsinniger, aber jetzt gerate ich ins Stocken, weil der Strom meiner Worte versiegt. Sie wartet immer noch.

»... Ja, eine weitere wäre ... ähm ...«

Hier schweift ihr Blick ab. Ich verliere sie.

»... Wie wäre es damit ...«

Ihr Blick kehrt wieder zurück.

»Dass du dein Lied gespielt hast?«

Ihre Stimme ist so leise und ausgefranst, dass ich nicht sicher bin, ob ich gehört habe, was sie gesagt hat.

»Wie bitte?«

Sie räuspert sich und wiederholt ihre Worte. Diesmal lauter.

»Das könnte auch eine sein. Wie du dein Lied für mich gespielt hast.«

Ich glaube es. Ich bin an einem Punkt, an dem ich alles glauben würde.

»Ah, ja, klar. Klar, wenn du meinst. Du könntest bestimmt ein Foto davon haben. Es ist dein Album, und über Geschmack lässt sich nicht streiten ...«

»Wie du Ärger mit dem Sicherheitsmann bekommen hast und ich dir den Arsch gerettet habe?«

»Ja ... vielleicht ... aber warum ...«

»Wie Tolly dich bei dem Drohnen-Wettkampf zerlegt hat?«

»Moment mal. Was? Ich bin nicht sicher, ob ›zerlegen‹ hier genau das passende Wort ist.«

Sie hebt den Kopf von ihren Knien und stützt stattdessen das Kinn darauf ab.

»Was ist mit den Dingen, die ich gar nicht wirklich gesehen habe? Dinge, bei denen ich nicht dabei war. Zum Beispiel, wie du im Kino nach mir gesucht und all dieses merkwürdige Psychozeug gemacht hast und rausgeworfen wurdest? Könnte ich das auch mit aufnehmen, obwohl ich gar nicht dabei war, als es passiert ist?«

»Wie ich schon sagte, es ist vollkommen deine Sache, denk nur dran, dass du nicht alles in das Album aufnehmen musst, weißt du. Nur die wirklich guten Sachen.«

»Oh, nein, das will ich definitiv drinhaben.«

Und dann dringt die Bedeutung ihrer Worte endlich zu mir durch.

»O Mensch. Willst du damit sagen, dass es okay für dich ist ... was ich über das Erschaffen neuer Erinnerungen gesagt habe ... und dass ich dir dabei helfe ... und Tolly?«

Sie schaut mich an. Schatten von Angst und Zweifeln tanzen in ihren Augen. Ich kenne diesen Ausdruck.

»Vielleicht«, sagt sie endlich. »Aber nur unter einer Bedingung.«

»Klar. Alles. Wie lautet die Bedingung?«

»Dass ich dir auch helfen darf.«

Und jetzt bin ich völlig verwirrt.

»Mir helfen? Womit?«

Ihre blassen graugrünen Augen mustern mich von oben bis unten. Sie nimmt sich Zeit, als ob sie sicherstellen wollte, dass ihre Worte in der richtigen Reihenfolge herauskommen.

»Dir helfen, mehr zu sein, als *nicht dein Bruder*.«

Auf diese Worte bin ich nicht vorbereitet. Und ich bin auch nicht auf die Tränen vorbereitet, die in mir aufsteigen und mir in den Augen brennen und zu fließen drohen. Ich drücke die Zunge fest gegen den Gaumen, um sie zurückzuhalten. Zwar gewinne ich den Kampf, aber ich traue meiner Stimme nicht zu, fest genug zu klingen, sodass ich meine Zustimmung ihr gegenüber einfach nur durch ein Nicken kundtue.

Sie legt wieder das Kinn auf die Knie und starrt geradeaus vor sich hin.

»Und jetzt erzähl mir, warum.«

Wieder eine dieser vagen Fragen, die sie so gern zu stellen scheint.

»Warum was?«

»Warum alles. Warum bist du hier? Warum machst du das alles? Sagst all diese Dinge zu mir.«

Mir reicht's jetzt mit Geheimnissen. Vielleicht ist die Wahrheit das Einzige, was jetzt zwischen uns eine Zukunft hat.

»Das ist ziemlich einfach. Ich bin hier, weil ich hier sein will. Und ich will hier sein, weil du hier bist, und ich mag es, überall zu sein, wo du bist. Sogar beim Theatersport. Weil ich *dich* mag. Dein wahres Ich. Wer immer das ist.«

Ihre Augen fangen an zu glänzen, und sie dreht ihr Gesicht weg von mir und legt die Seite ihres Kopfes auf ihre Knie. Ein Ohr voller metallener Piercings zeigt jetzt zu den Sternen, und die kleinen silbernen Monde, die von ihrem Ohrläppchen herabhängen, fangen das echte Mondlicht von oben ein und reflektieren es.

»Und ich bin *auch* hier«, sage ich leise, »weil du keine Ahnung hast, wie schön du bist. Und das ist nicht hinzunehmen.«

Sie setzt sich wieder auf und wischt sich mit dem Handrücken über die Augen.

»Entschuldigung, was war das?«

Ich lächle sie an.

»Nichts«, sage ich.

Aber es ist nicht nichts. Es ist so ziemlich alles.

32.

DAS FOTO

Sie schaut mich einen Augenblick an und schüttelt den Sand von ihren Füßen. Dann steht sie auf und wedelt mit den Armen, bis die Scheinwerfer wieder aufleuchten.

»Okay, dann lass es uns tun, bevor ich kneife. Und danach könnten wir uns vielleicht noch die Bands anschauen, die ich so halb höre.«

Ich folge ihrem Beispiel und stehe auf, während ich meine Frage stelle.

»Was tun?«

»Das, wozu du hergekommen bist. Neu anfangen. Das heißt, wenn du das immer noch willst.«

»Ja«, sage ich zu ihr. »Klar will ich.«

»Also gut. Die offizielle Zeremonie des Neuanfangs kann beginnen.« Sie schaut mich an, holt Luft und streckt mir die rechte Hand hin.

»Hallo, ich bin …«

Sie schüttelt den Kopf ein bisschen, als könnte sie nicht glauben, was für eine verrückte Sache sie jetzt gleich tun wird.

»… ich bin Karen.«

Ich bewege meine Hand auf ihre zu.

»Hallo, Karen. Ich bin …«

Dann ziehe ich meine Hand zurück.

»Warte«, sage ich und ziehe mein Handy heraus. »Wenn es wirklich offiziell sein soll, müssen wir es festhalten.«

Sie scheint nicht total dagegen zu sein, also schalte ich die Kamera an und halte das Handy vor uns. Wir rücken dichter zusammen, und ich suche einen möglichst guten Bildausschnitt.

»Klappe, die Zweite«, verkünde ich, und sie streckt mir wieder die Hand hin.

»Hallo, ich bin Karen.«

Ihre Stimme ist jetzt kräftiger und sicherer.

»Hallo, Karen«, sage ich und bewege meine Hand zum zweiten Mal zu ihrer. »Ich bin …«

Ihr Blick findet meinen, und sie hebt die Augenbrauen, während sie wartet.

»… ich bin Seb«, sage ich zu ihr.

Sie lächelt, und als unsere Hände sich finden, tippe ich mit dem Finger leicht auf den Bildschirm. Dann inspizieren wir zusammen das Ergebnis.

»Hübsch«, sagt sie.

Und das stimmt. Auf dem Foto schauen wir uns lächelnd an. Und unsere Hände sind verbunden. Das ist vermutlich der Teil, der mir am besten gefällt. In Wirklichkeit hat das natürlich nur höchstens ein, zwei Sekunden gedauert, aber das Foto erzählt eine andere Geschichte. Dort trennen sich die Hände nicht. Diese Geschichte gefällt mir viel besser. Und wie ein gewisser Jemand einmal sagte: Was ist so toll an der Realität?

Apropos Realität.

»Dann stimmt es also doch«, sage ich. »Wir haben uns in einem Sandkasten im Kindergarten kennengelernt.«

Sie zieht ein Gesicht, als hätte ich gerade verkündet, dass die Erde rund sei.

»Natürlich. Würde ich dich bei so was anlügen?«

»Offenbar nicht. Und jetzt gibt es sogar einen Fotobeweis.«

»Das ist richtig. Ich brauche das Foto auch. Komm, lass mich noch mal sehen.«

Sie nimmt mein Handy und betrachtet die Aufnahme noch einmal genauer. Ich schaue zu, wie ihr Lächeln zuerst breiter wird, aber sich dann langsam abschwächt und aus ihrem Gesicht verschwindet. Sie hebt eine Hand zu den kleinen herabhängenden Monden an ihrem schlechten Ohr und schaut zu mir auf. Die Schatten der Angst und des Zweifels sind wieder in ihren Augen. Aber da ist auch noch etwas anderes.

Karen Kratzman drückt eine Reihe kleiner weißer Zähne in ihre Unterlippe und kneift die Augen zusammen, als würde sie sich auf einen Schlag gefasst machen.

Ihre Finger umfassen die winzigen Monde, als sie ihre Stimme findet.

»Willst du vielleicht mal mit mir Fotoalben shoppen gehen?«, fragt sie.

Und auf einmal öffnet sich die Tür.